Introduction of Marine Affairs

海洋事務概論

莊慶達　李健全　游乾賜　黃向文　碧　菡　著

五南圖書出版公司 印行

序一　拋磚引玉

　　在很長的一段時間，所謂「海洋臺灣」只是一個虛幻的名詞。

　　戒嚴期間，海洋與政策是隔離的，海岸是管制的，海洋對人民而言是陌生的地帶；解嚴以後，政府的基本思維仍然是重陸輕海，政策對海洋是冷漠的，以致為領土面積4.7倍大的「藍色國土」一直未被納入國土規劃之內；隨著世界性思潮的衝擊，我們對海洋的觀念，從1990年代中期後，有了一種覺醒的變化，並且開始「起而行」。

　　從2000年迄今，儘管國內曾經歷過兩次政黨輪替，但主要政黨對「海洋臺灣」卻都有著共同看法。2000年成立海巡署；2001年行政院出版第一本《海洋政策白皮書》；2004年，行政院設立「海洋事務行動委員會」，同年頒布「國家海洋政策綱領」；2006年，行政院出版第二本《海洋政策白皮書》；2007年，教育部出版第一本《海洋教育白皮書》；2008年，馬英九提出「藍色革命，海洋興國」的競選主張；2013年，在千呼萬喚下，海洋委員會可能正式成立，這些發展顯示臺灣正全方位地逐步邁向「海洋國家」之路。

　　十多年來，在這個旅程上，我有幸與「海洋臺灣」結下不解之緣。

　　2002年與2009年，我與剛卸下國立海洋大學校長職務的李國添，和現任立法委員邱文彥兩位教授，分別在高雄市與臺北市，舉辦兩屆「海洋與臺灣學術研討會」。這兩屆研討會都是海洋產、官、學界難得的跨部會，又跨領域的盛會。第一次研討會後，更整理出版四本叢書，並發表「高雄宣言」；第二次研討會後，也整理出版三本叢書，並發表「臺北宣言」。而基於對第一屆研討會的承諾，我結合了五位監察委員，共同立案調查「海洋與臺灣相關課題總體檢」，我們以大約七個月的時間，實地訪查全國約三分之一以上的漁港（約80個）、漁村，總共費時十七個月，於2004年提出一份超過二十萬字以上的調查報告，此一報告的最大意義，便是「在走訪過程上，將理念與實際的落差，以及階段性政策執行的結果，做一全盤性的檢討與省思」。

也正由於這種不解之緣，當我於2003年受邀在海洋大學50週年校慶專題演講時，我不禁有感而發地要先向所有海洋先行者表示敬意。

　　莊慶達教授也是海洋先行者之一，他們都經歷過孤獨的洗鍊，也都發揮了「海功精神」，堅持到底，並共同開創「海洋臺灣」的氛圍與環境。

　　但在即將迎接「海洋臺灣」最具指標性的組織──海洋委員會誕生之際，令人憂心的是，有關海洋事務管理領域的專著，在國內學術界卻不多，甚至可說稀少。因此由莊慶達、李健全、黃向文、游乾賜等幾位教授所著《海洋事務概論》一書，不僅是適時的，也是必要的。希望這本深入淺出、提綱挈領的「概論」，也有如二十多年前我所主持的臺灣研究基金會出版全國第一本《國防白皮書》（註）的心情一樣，代表一個拋磚引玉，引發國人更全面、更深廣的探討，使我國能安然走向「海洋興國」之路。

　　謝謝本書審校李健全教授的邀請寫序，謹向作者的努力致意。

監察委員

黃煌雄

寫於2013.1.1

註：目前兩岸政府先後都已有官方版的《國防白皮書》，每兩年出版一次。

序二

　　占有地表面積70.8%左右的海洋，是生命的起源，對於氣候調節、水文循環，及生態系統的運作，具有重要的功能。二十一世紀伊始，全球暖化的現象造成極端氣候的頻率日增、災害益烈，逐漸讓世人了解海洋與全球氣候的關係密不可分。對自然環境的影響之外，因陸地人口持續增加導致資源耗竭；加上資訊工業與交通科技的突飛猛進，帶動全球化的浪潮，更令世人將目光轉向海洋。近來，南海、東海風雲愈演愈烈，西太平洋情勢劍拔弩張，以及因極地融冰而露出水面的豐富資源及北極航道開通，正逐漸改變全球政經的均勢。世局一夕數變，波譎雲詭，在在說明海洋的重要性正快速提升，同時宣告海洋世紀的來臨。現今，海洋事務（Marine Affairs）已成為各國施政的重點，「藍色經濟」（The Blue Economics）更是海洋國家產業發展的重點。此一國際趨勢，足以證明國立臺灣海洋大學早在十年前即已成立「海洋事務與資源管理研究所」，是極具遠見的做法！

　　「海洋事務」是一新興的跨領域（inter-disciplinary）學門，顧名思義，乃指人與海洋互動，及人類在海洋環境中互動所衍生出包括環境、科技、污染、管理、安全、國防、外交、文化、教育、產業、觀光休閒等等複雜的相關問題，往往影響國家政策的釐定與文明的興衰存亡。現代以海洋自我定位國家，無不積極面對海洋事務日益龐雜的現實，並審慎訂定合乎國情與國家需要的海洋政策，無怪乎已有愈來愈多海洋國家設置管理海洋事務的專責機構，並積極培養處理海洋事務的人才。

　　我國海洋事務的發展，以1949年為分水嶺。政府播遷來臺後，基於臺灣四面環海的地理條件，為求生存發展，曾經大力扶植漁業、航運等海洋產業；解嚴後，民眾接觸海洋、認識海洋的機會也明顯增加。在體認到海洋資源並非「取之不盡，用之不竭」，以及開發海洋必須與環境保護結合的重要性；更為了臺灣在這一波國際競爭中不被淘汰，並能永續發展，

我國也重新自我定位，以「海洋興國」的宣示與政府組織再造開啓海洋世代，同時推動全民海洋教育與發展「藍色經濟」，以因應及掌握全球永續經營海洋的趨勢，並逐步落實「海洋興國」的政策目標。

　　政策成功落實的關鍵在於人，而人才的培育需以內容符合客觀環境與時代需求的教材為基礎。作為全國海洋教育的最高學府，肩負培養海洋專業人才的任務，對提供適用於全民的海洋教材更是責無旁貸，這正是本校對海洋事務學有專精的幾位老師們合力編著《海洋事務概論》一書的苦心孤詣。綜觀本書的內容，包括海洋環境與科技應用的介紹、海洋法政與國家安全、海洋文化與教育、海洋污染與生態保育、海洋產業經營……等課題，可謂多元而豐富，為進一步探討海洋事務領域者提供了相對完整的海洋學術研究圖像。身為國立臺灣海洋大學校長，欣慰與感謝之餘，盼望能有更多海洋事務的學者專家們樂於提供寶貴的經驗與意見，讓本書在日後再版時內容能更臻完備。

國立臺灣海洋大學校長

張清風　謹誌

CONTENTS
目　錄

第一章

緒　論

海洋占有地球超過70%的面積，其物理化學特性使地球自然環境維持穩定的狀態，孕育地球上多樣化的生物種類；其擁有豐富的天然資源，自古以來便為人類賴以維生。工業革命之後，隨著物質文明的發達與運輸、通信科技的突飛猛進，海洋已不再是地理的障礙，海洋雖然阻隔陸地，在今日卻已成為文明交流與國際貿易的重要通道。由於海洋交通日益的頻繁，衍生出許多國際政治、外交、經濟等相關問題；尤其在陸地資源即將耗竭的今日，海洋以其蘊藏豐富的資源，成為各國爭奪競逐的對象，進而提高海洋的戰略地位與價值。有鑑於海洋事務的日益紛繁，各國對海洋重視的程度也不斷提高，並紛紛成立海洋事務專責機構，制定專屬的海洋政策與法令，據以在各自的領海、專屬經濟水域與公海進行各項探勘、開發的行動。對於四面臨海的臺灣，陸地的發展受限，面對海洋時代的來臨，必須迎頭趕上海洋事務當道的潮流，以免在新世紀的國際社會被徹底邊緣化，因此在本章緒論中首先說明海洋與人類的關係、海洋事務的範疇、臺灣海洋事務的發展與當前的重要議題，作為進一步關切海洋事務的基礎。

第一節　海洋與人類

海洋在四十億年前形成，在三十五億年前開始孕育生命，人類在五百萬年前出現，開始利用海洋從事採捕、漁撈等行為。海洋在歷史悠久的文化與宗教中具有許多想像色彩，例如希臘神話中的海神波塞頓主掌海洋、海妖賽倫（Siren）的傳說隱含人們對於海洋的畏懼；中國神話中的四海龍王能控制雲雨；《聖經》中的摩西分開紅海的海水而開闢出埃及的道路；丹麥童話中的美人魚象徵人類對於海洋的憧憬。臺灣人民則透過媽祖的信仰，希望能保佑在海上辛勤工作的漁民平安豐收地返航。

在人類運用海洋的發展歷程中，用來捕魚以維生計的船舶可能出

現在四萬年前。腓尼基人（Phoenicians，分布於敘利亞、黎巴嫩、以色列一帶）在西元兩千年前便抵達紅海、印度洋。西元前325年；希臘探險家皮西亞斯（Pytheas）航行至英國，可能最北抵達冰島；西元981年，紅鬍子艾瑞克（或紅髮艾瑞克，Erik the Red）前往格陵蘭建立殖民地（Stowe, 1995）。在此時期，阿拉伯人活躍於紅海、波斯灣、印度洋；中國人在明朝時期就以高度的航海及造船技術，由鄭和率領龐大的艦隊包括62艘大船，27,800名人員七下西洋（1405～1433年），遠航至東非及阿拉伯半島，堪稱人類航海史上的空前盛況。

隨著船舶的建造、漁業技術的發展、海上航運的盛行，使得人類對於海洋不再僅只於想像，而能深入海洋，如1416年葡萄牙人發現加那利群島、1492年哥倫布橫跨大西洋；1519年麥哲倫率五艘船以及280名水手由大西洋經麥哲倫海峽前往太平洋、遠至印度洋，終於證明地球為圓形。之後，庫克船長（Captain James Cook）自1768年開展的三次海洋探索，納入更多科學元素，包括更精準地繪製海洋界線以及島嶼位置，系統性的蒐集海水的表水溫度、測量風速與洋流，蒐集珊瑚礁資訊；甚至發現船員食用德國泡菜可以防止壞血病，因為泡菜中的甘藍菜富含維他命C（Trujillo and Thurman, 2007）。由於航海技術突飛猛進，使得人類對於海洋更加了解，航運、漁業的蓬勃發展，不僅拉近了國家之間的距離，也促進全球化貿易的發展。

海洋可以為我們帶來哪些利益？海洋產業主要來自非生物資源（如礦產：原油）、生物資源（漁業及新興的海洋生態旅遊），以及設備技術（航運、鑽油平臺設備與技術、深層水）等。非生物資源部分，包括能源（石油、天然氣）、礦產（鹽、深海錳核、硫化物）等，隨著科技的發達，越來越多礦產被發掘與開採（Rona, 2008）。由生物資源所形成的漁業、生態旅遊，更提供糧食以及工作機會。其中的漁業是指利用遠洋、沿近海以及內陸水域進行採捕或養殖水產動植物，以供人類利用之行業。漁業資源不僅提供人類重要蛋白質來源，也創造許多工作機會，更是沿、近海家戶之重要經濟來源。2011

年全球漁產量達1億5,400百萬公噸，其中又以亞洲國家為多（FAO, 2012）。至於生態旅遊，則是新興產業，單就賞鯨、潛水以及休閒漁業，估計2003年全球產值高達470億美元，參與人次更達一億二千萬人次（Cisneros-Montemayor and Sumaila, 2010）。

因為海上資源的競奪，在不斷的衝突與協商之後，國際間開始思考建立對於海洋資源運用以及分配的原則，各國最早的共識為公海航行自由（freedom of the seas），此規範可回溯到1822年法國、德國、荷蘭、丹麥及英國在海牙簽署的「北海漁業條約」，前述國家為將他國漁船排除在外，將距岸三浬之外便稱公海，因為領海只及於當時砲彈射程的三浬。到了1945年，美國為了解決日本漁民在美國阿拉斯加外海捕撈鮭魚而引起的國際糾紛，杜魯門總統宣布美國有權在近海地區設立保育區以保護漁業資源。如此一來，已經在此水域內作業的外國漁民，必須透過國家之間的合作才得以繼續作業，其他漁民則不許進入。此項聲明獲得拉丁美洲國家的認同，紛紛宣布自己對於大陸棚的所有權。

在此時期，大西洋另一端的歐洲也為了鱈魚爭論不休。冰島為了保有日漸減少的鱈魚資源，於1950年宣布把領海擴張到四浬，以排除其他國家進入其水域捕撈鱈魚。此一行動剛開始時獲得不少國際支援；之後，由於鱈魚漁獲量持續下滑，冰島乃於1958年將領海擴展到12浬。當時英國漁船在冰島水域3浬外的公海作業，對於該作法頗不以為然，並嘗試衝撞冰島船艦，英國政府甚至派遣軍艦前往冰島水域，捍衛英國漁船作業的權益，以致發生「鱈魚戰爭」（克朗斯基，1999）。然而，英國海軍大舉遠征，仍僅能在有限的範圍內保護其漁船船隊，使得漁船作業大受限制，在事倍功半的情況下，英國最後不得不承認冰島的領海權益。然因各國的海運仍仰賴他國水域，因此在1958年等多次的海洋法會議中，仍無法達成共識將領海延伸（United Nations, 1958）。直至1973年的聯合國海床委員會中，由34個國家簽署200浬海域的聲明，多數是拉丁美洲、非洲、亞洲國家，冰島隨後於

1974年也將專屬經濟水域擴張到200海浬。而歐洲共同市場國家也無視於英國的反對，隨即於1976年宣布將其專屬經濟海域擴張為200浬。

因為專屬經濟水域等議題所衍生的海洋法規問題，使得聯合國開始討論海域的劃界以及管理問題。自1973年在紐約召開第一次會議開始討論到正式生效，經過五次會議，終於在1982年通過「聯合國海洋法公約」（United Nations Convention on the Law of the Sea of 10 December 1982, UNCLOS），接受各國的簽署與批准，直到獲得60個國家批准後十二個月，才於1994年11月正式生效；迄2012年6月，全世界已有162個國家批准，成為最廣為國際所接受的國際海洋規範。此聯合國海洋法公約乃「規定海洋各個海域的法律地位和法律制度，並調整各國在其中從事各種活動的原則、規則和規章制度的總體」，為國際法之重要部分。其重要貢獻之一，在於對海洋劃界、管理權責歸屬，以及環境保護、資源保育給予明確的定義、目的以及方法。此外，海洋法對於各國在海洋科學研究、海洋環境保護以及海洋資源運用的合作方面，都有許多原則性的規範，以建立全人類對於海洋運用的基本準則。

第二節　海洋事務與海洋政策

各國在競逐海洋資源的過程中，發展出各式海洋科學與技術，從最基礎的海洋資源、漁業捕撈行為，到運用到深海資源、石油鑽探等。交通科技的突飛猛進，造成人類循海洋途徑接觸、交往的情形日益頻繁。隨著人口增加以及資源有限的情況下，導致對海洋資源的過度開發利用與環境污染加劇的趨勢。各國之間衍生許多政治、外交上的衝突，人們意識到海洋空間的問題與人類文明的發展密切相關，使得海洋政策、海洋事務管理的概念以及法規因運而生。

從人類文明的演進來看，海洋事務最初是以漁業（fisheries）、航

海（navigation）及海洋生態（marine ecology）相關的事務爲主。對海洋資源進行開發、利用，是促使航運發達的主要原因，而船舶漏油的污染或失事留下的殘骸，會對海洋生態造成破壞，在這兩大主軸的交相作用下，衍生出產業、科技、環境、污染、管理、安全、國防、外交、文化、教育、觀光休閒等複雜的問題。尤其是海岸線較長的國家，海洋資源的開發利用、海上運輸與貿易、海洋生態與環境、資源的管理、對外關係與交涉等事務，往往影響國家發展政策的釐定與興衰存亡。

對於**海洋事務的定義**，居於國際海洋學研究領導地位的美國羅德島大學（University of Rhode Island）海洋學院，定義「海洋事務」爲「有關人類對於海岸、海洋空間及相關資源利用的系統性跨領域分析，包括分析人類使用海洋的複因素模式，其核心即是對有關（海洋）使用上之衝突及維持自然環境永續性需求之關切。」。於1991年成立之美國海洋事務與政策協會（U.S. Marine Affairs and Policy Association）則將「海洋事務學」定義爲：「將社會、政策、自然和物理科學等，與治理及海洋管理相關學門應用在海洋、海岸及廣大淡水環境及其維繫之自然資源的跨學門新興領域」。整體而言，「海洋事務」可涵括爲人與海洋互動，及人類在海洋的環境中互動所產生的所有事務。就聯合國祕書長歷年的海洋與海洋法報告書中可見，「聯合國海洋法公約」及其執行現況、海洋空間（各國主張與海域劃界）、海域安全（包括人安、船安、航安以及海上犯罪防制）、海洋環境、海洋資源與永續發展、海洋科學與技術、爭端解決、能力建構、國際合作與協調均爲海洋事務所關切之議題（胡，2007）。綜合上述，海洋事務的範疇可界定爲：「有關人類或國家，在海洋的使用上所產生之衝突與議題，或是從全球海洋、海床與海岸地區之經濟、法律、政治與社會層面，分析有關海洋法、港口與航運、海洋礦物、海洋與海岸地區管理、漁業、海軍事務、海洋生物技術與全球環境之公共議題。」

面臨全球化的發展，各國需積極面對海洋事務日益龐雜的現實，審慎訂定合乎國情與國家需要的海洋政策、海洋法律及海洋行政組織。**海洋政策的定義**包括：「政府為使用、開發和了解海洋所採取行動與措施的過程」（宋，1991）、「處理國家使用海洋之有關事務的公共政策或國家政策」（胡，1997）。論其內容可涵蓋海軍政策、漁業政策、海運政策、海洋環境政策、國際海洋法政策、海洋科學研究政策、海洋礦物資源政策、海岸地區管理政策等多面向，其目的在於平衡海洋運用的各項利益，以及增進與他國間的和諧以及保障國家權益。

　　至於海洋行政組織設立之目的，就是要將國家的海洋事務落實推展、有效管理，以維護其海洋權益與海域秩序、保護海洋生態環境、發展海洋產業與科技等重大意義。因此，海洋行政組織之設置，對於海洋事務之發展極為重要。然而，海洋事務千頭萬緒，牽涉甚廣。海洋行政組織應如何設置始能有效管理，並發揮最大效能，實為發展海洋事務之重要課題。

　　海洋雖然有諸多自然環境以及人為的定義，海洋生態系本身是一個開放、流動的系統。因此，單一國家的行為很可能會影響到其他國家。海洋事務管理的難度與複雜度就在於此。當今海洋所面臨的危機，以海洋污染為例，有80%直接或間接來自陸地。因此使得海洋政策更需要整合性的思考，正如米利班德及布萊德蕭部長（Ministers Miliband and Bradshaw）在《英國海洋政策白皮書》序言所言，雖然海洋相關政策、立法以及管理的歷史超過一世紀，但仍舊面臨許多疊床架屋的困擾，儘管如此，各國還是積極的尋求管理之道（IOC, 2007）。

　　美國擁有全球最大的專屬經濟水域，自1966年制定「海洋資源與工程發展法」後，開始有組織、有系統地開發海洋，在1974年成立國家海洋暨大氣總署（National Ocean and Atmospheric Administration, NOAA），1974年在國務院設立海洋與國際環境暨科學事務局

（Bureau of Oceans and International Environmental and Scientific Affairs）。美國涉及海洋事務之機關多達24個，相關法令達147項，在2004年頒布「二十一世紀國家海洋藍圖（An Ocean Blueprint for the 21st Century）」，期望透過「新的整合性的國家政策架構」、「將海洋科學知識轉化為管理用資訊」、「終生海洋教育以強化海洋意識」等三方向達到生態系管理（ecosystem-based management）的目標。歐巴馬政府於2009年成立跨部會海洋政策工作小組（Interagency Ocean Policy Task Force, OPTF），目的在整合相關政策方向。美國海洋政策的重要方向，在於運用海洋保護區、整合性生態系評估，以落實生態系管理，以及推動海岸與海洋區劃，並開展多項新倡議，包括減緩與適應氣候變遷、推動沿岸養殖、漁業政策（配額管理與海洋保護區）、能源發展、再生與風力能源、綠色經濟等（Fluharty, 2012）。後續於2010年完成海洋政策建議書，並於2013年正式公告其海洋政策行動計畫（National Ocean Policy Implementation Plan）。

　　加拿大早在1970年代宣示200浬專屬經濟水域；1996年公告的「海洋法」，以宣告加拿大的管轄水域；2002年依據「海洋法」制定海洋策略（Canada's Oceans Strategy），目標在於了解並保護海洋、支持永續經濟以及提供國際領導地位。其策略包括建立機構性治理機制（institutional governance mechanisms）、推動管理規劃以及教育推廣（promoting stewardship and public awareness）。政府部門則有25個不同單位負責管理海洋三大部門——漁業、航運以及能源。對於沿岸水域，則劃分為不同的大型海洋管理區（large ocean management areas, LOMAs），以海洋保護區的方式進行管理（McDorman and Chircop, 2012）。

　　中國大陸從1980年開始關注海洋計畫、1991年通過「中國海洋政策報告與工作綱領（China Ocean Policy and Working Outlines）」、1996年通過「中國海洋21世紀議程（China Ocean Agenda 21）」，目標包括捍衛國家海洋權益、開發利用海洋資源、保護海洋生態環境、

了解資源永續利用以及整合性發展（IOC, 2007）；2008年的國家海洋事務發展計畫則進一步設定六大重點，包括發展國家海洋事務、海洋污染防治、加速海洋經濟等等，並設定降低10%海洋污染等2020年具體目標（Zou, 2012）。

　　澳洲管轄的海域面積爲全球第三，海洋產業產值於2003年占GDP 4%且仍在成長中。其海洋政策是以整合型生態系管理爲中心，其目標包括善盡海洋國家之責任、了解並保護澳洲海洋生物多樣性以及環境，以生態永續的觀點促進經濟發展以及就業率、重視海洋自然與文化遺產，以及提升民眾海洋意識。由於澳洲係採聯邦政府之行政體系，故海洋事務是透過分區方式進行整合性管理（IOC, 2007; Tsame-nyi and Kenchington, 2012）。

　　韓國在1987年通過「海洋發展基本法（Marine Development Ba-sic Act, MDBA）」，海洋行政組織在1996年之前分散於漁業署、海事港務局、商業企業能源部、建設運輸部、環境部以及國家海洋警察署，金泳三總統在1996年成立海洋事務與漁業部（Ministry of Mari-time Affairs and Fisheries, MOMAF）加以整合，成爲海洋事務專責機構；不過，2008年李明博總統上任後，隨即將漁業部分回歸農林漁業部，MOMAF其他部門則回歸建設交通部後，改名爲國土交通海事部（Ministry of Land, Transportation, and Maritime Affairs）。在1996～2009年間，135項海洋相關計畫積極推動；而MOMAF於2004年公布之「海洋與漁業發展基本法」，更積極規劃將占全國GDP 7%的海洋產業在2030年達到GDP 11.3%，其企圖可見一斑（Cho, 2012）。

　　日本於2007年通過「海洋基本法」，三十八條條文宣示日本的海洋基本政策以及主管機關。包括由總理大臣擔任綜合海洋政策本部部長，下由內閣官房長官以及國土交通大臣擔任次長。以及釐清中央與地方政府權責，制定海洋計畫以兼顧海洋發展，建議採行措施則包括推動發展海洋能源、保護海洋環境、專屬經濟水域與大陸棚、海上安全、加強海洋調查、研究、海岸地區整合管理、離島保育、加強國際

合作等等。該計畫甫通過時，各機關的反應似乎不很積極；然而，經過幾年推動，其成效逐漸顯現，具體者包括在2008年修正「海事交通法」以及「海員法」、2009年通過「海洋能源發展計畫」、「海盜懲治法」、「島嶼保育管理法」等，而民間的參與更顯積極（Terashima, 2012）。

綜觀前述各國海洋政策，重點不外乎在健全海洋環境及資源永續利用的前提下，以整合性管理生態系統的角度出發，以兼顧海洋環境保護及經濟產業的發展。

第三節　臺灣海洋事務的發展

臺灣本島海岸線長約1,250公里，加上離島海岸線總長達1,700餘公里，土地面積約為36,000平方公里；所轄的領海面積約17萬平方公里，為領土的4.72倍（行政院研究發展考核委員會2006）。因為臺灣位於全世界海洋生物多樣性最高的印度洋馬來中心的北緣，四處有不同底質、水深的生態系，包括紅樹林、河口、沙地、珊瑚礁、深海，以及由赤道北上的黑潮與中國大陸沿岸冷水流南下交會經過（邵，1998），此良好環境使得臺灣漁業相當發達。

臺灣史前文化遺址中與海洋相關者不在少數，例如長濱文化分布於沿岸，圓山遺址出土骨魚叉，以及古高雄的貝塚。刻板舟及竹筏則顯示出原住民與海洋的聯結。在十七世紀荷蘭人及西班牙人大舉前來開拓國際貿易之時，臺灣開始受到國際的關注，成為歐洲國家與中國之間貿易的據點，漢人也開始源源不絕來到臺灣，留下不少中、日、荷經略臺灣的紀錄。十七世紀中期鄭成功來臺，建立中國式政權，使得原為南島語系民族為主的臺灣島，在西方殖民勢力占領之後，開始有中國移民來此定居。直到1717年，清朝禁止南洋貿易，阻斷臺灣的貿易之路（邱，2000）。日治時期，日本政府在臺灣發展漁業，奠定

臺灣鮪釣漁業的基礎。而國民政府遷臺之後，爲發展經濟，大力發展航運業、漁業。然在1988年解嚴以前，由於「動員戡亂時期戒嚴法」的規範，海洋與海岸屬於國防重地並受到嚴格管制，四周海岸有警總海防部隊防守，除常業漁民之外，一般人民不能輕易接近海洋。

在1970～1980年代，各國紛紛將領海從3浬擴張到12浬，臺灣政府有感於此一趨勢，乃於1979年10月8日以「68臺統（一）義字第5046號條例」，宣布將領海擴張爲12浬，並設立200浬專屬經濟水域。

臺灣海洋事務的發展，以1987年爲分水嶺。1987年前，政府基於臺灣四面環海的地理條件，爲求生存發展，大力扶植漁業、航運等海洋產業。另一方面，由於動員戡亂時期戒嚴令，基於國家安全考量，海岸地區嚴格管制，使得一般人民較難以親近海洋。而政府的海洋事務管理，也只著眼於經濟與國防的考量，未能針對海洋多元的價值，作全面性、統整性的規劃、布局、利用、管理。

在1987年解除戒嚴令後，海域的開放使得人民得以親近海洋，政府體認到海洋資源永續利用的重要性，開始朝向海洋國家的目標發展。行政院在1998年7月召開「國家海洋研討會」後，隨即於2001年發布我國第一部《海洋白皮書》（Ocean White Paper）（行政院研究發展考核委員會，2001），揭示我國發展海洋政策的四項願景、三項目標。並將海洋事務區分爲海域安全、永續海洋資源經營以及教育文化等三大篇。

在海洋事務相關機構方面，海洋事務相關事務分散在12個部會，其中海域安全部分由警政署水上警察局、財政部關稅總局、國防部（海軍及警備總部）、國家安全局、農委會等單位透過警備總部（後期改爲海岸巡防司令部）主導的行政院會報協調工作及情資。然由於事權不一造成許多困擾，因而在2000年通過「海岸巡防法」，設置海岸巡防署作爲海域安全專責機構。

《海洋白皮書》出版後，基於各項海洋事務的推動牽涉的部會甚多，爲建構分工合作的組織機制，行政院於2004年成立「海洋事務推

動委員會」（以下簡稱「海推會」），其下設海洋策略、海域安全、海洋資源、海洋產業、海洋文化與海洋科研六個組，由行政院院長親自召集、協調各相關部會共同推動海洋事務，並邀聘產官學界菁英出任委員。

海洋事務推動委員會於2004年發布「國家海洋政策綱領」，作為臺灣發展海洋的戰略指導及施政基礎；所提出的九大主張，作為我國海洋事務推展、執行之最高指導原則，期望能創造健康的海洋環境、安全的海洋活動與繁榮的海洋產業，振作國家海洋權益，積極保護海洋生態，建立永續家園，進而邁向優質之海洋國家。續於2006年以「國家海洋政策綱領」為架構，提出「海洋政策白皮書」強化原有白皮書之內容，提出建設臺灣成為生態、安全、繁榮海洋國家的願景（行政院研究發展考核委員會，2006）。

行政院於2008年8月將海推會修正為「行政院海洋事務推動小組」，延續作為推動海洋事務及跨部會協調機制平臺，並進而於2010年由立法院通過「政府組織再造四法」，將調整中央政府組織為14部8會3獨立機關，其中包括成立海洋委員會，除將原直隸行政院的海巡署納入為所屬單位外，下設綜合規劃、海洋資源、海域安全、科技文教及國際發展五個處，初步草案仍在審議中。

臺灣海洋事務在1990年代末期之後看似有長足的進展，包括海巡署、海推會的設立以及白皮書的制定，然而，相關單位是否確實履行海洋政策白皮書、國家海洋政策綱領的各項措施？其成效如何？則尚難評斷（Hu, 2012）。

第四節　臺灣之重大海洋議題

綜觀全球海洋事務的發展，目前臺灣的海洋事務管理仍處於發展階段，許多難解議題需要發揮創意與智慧，以下就臺灣在海洋相關政治、外交及產業、文化面舉其例：

一、政治外交的爭議

在東海部分，我國主張釣魚臺列嶼爲我國固有領土。然而，1960年代末期，聯合國所出版的一份報告書中提到釣魚臺列嶼附近海域可能有豐富的油氣資源後，日本隨即佔領該列嶼，並有效控制迄今。除我國與日本外，對岸的中國亦主張擁有該列嶼之主權。釣魚臺列嶼主權主張之爭議，自2012年起逐漸增溫，特別是中國與日本之間，衝突更有一觸即發之趨勢。我國則僅一貫地提出外交抗議，象徵性地以海巡艦艇前往該處海域「護漁」，並以擱置主權爭議、與日本以協商該列嶼海域漁權之策略爲之。

此外，日本與中國在東海亦爲了海底油氣之開發產生爭議。然而，依據我國在1998年所通過之「中華民國專屬經濟海域與大陸礁層法」，上述地點屬於我國所主張大陸礁層之範圍。中國與日本開發該處油氣資源，明顯地損害我國在該處之主權權利。惟我國目前對此議題並無任何回應。

在南海部分，我國早在1947年即在南海劃設一條U型線，主張線內所有島礁之主權均爲我國所有，並對線內的海域擁有管轄權。然而，我國目前實際上只控制兩個島礁，包括東沙島及南沙群島中最大的太平島，其他島礁分別被中國、越南、馬來西亞、菲律賓及汶萊所佔領或主張。中國、越南及菲律賓在南海議題的動作不斷，譬如在外大陸礁層劃界議題上向聯合國祕書長提交文件，並申請國際司法仲裁。此外，其他區域外的國家（如美國與日本）亦開始涉入南海議題，使南海情勢更爲複雜。我國則受限於國家地位之問題，無法與這些國家進行正式官方的協商，亦無法向聯合國祕書長提交文件，只能象徵性地提出外交抗議，並有限地強化南沙太平島之防衛。

由於此等問題並非單純法律問題，牽涉到複雜的政治以及國際外交，特別是臺灣的特殊國際地位，使得問題更加複雜化。

二、環境保護與產業發展的兩難

　　臺灣四周環海，為漁業發展以及相關產業奠定良好基礎；而為了發展經濟，歷年積極開發海岸地區，設置火力發電、核電廠、六輕等各工業區。這些建設固然為臺灣賺取了大量外匯，也提升了經濟成長率；但多年來對於環境保護以及資源保育的輕忽，所產生負面效果也逐一浮現，包括漁業資源減少、海岸水質污染乃至影響人民健康等等，如國光石化案及中華白海豚的保育爭議，便是極具代表性的實例；加以近期海洋遊憩活動蓬勃發展，包括未受管理的潛水、賞鯨行為，可能破壞珊瑚礁生態或驚擾海豚；而臺東美麗灣開發案等，未經適當的環評即在海岸地區大舉開發，破壞海洋生態的情況也時有所聞。

　　資源保育意識開始抬頭，因應國際保育組織建議，開始有劃設海洋保護區（Marine Protected Area, MPA）之構想。臺灣在2007年成立第一個海域型的國家公園——東沙環礁海洋公園；2009年臺江國家海洋公園亦涵蓋大面積的水域範圍。然而，後續在彭佳嶼等北方三島以及澎湖南方四島保護區的推動上，則引發當地漁民及相關利益團體不同的意見。再者，劃設各類海洋保護區之後，是否能有足夠的執法能力以確保其發揮效應，不致成為紙上公園，也是各方關注的焦點。特別是對臺灣沿近海漁業資源衰竭的問題，因為船數過多、大小通吃的過漁結果，使得臺灣雖然擁有高度海洋生物多樣性，但漁獲體型的縮小以及漁獲變少是不爭的事實，是否能夠說服漁民及相關的利益關係人，並透過保育措施加以改善，也是一大困難。

三、海洋文化 VS. 海鮮文化

　　加強公眾對於海洋的認知及了解，有助於海洋環境保護工作的推動（McKinley and Fletcher, 2012）。戒嚴時期對於海域的嚴格管制，使得多數臺灣人民難以接近、親近海洋。而臺灣漁民在公海大量捕

撈，造成國際間不少視臺灣漁業只會濫捕而不懂得保育，加上臺灣人民偏好各種海鮮的狀況下，遭致臺灣只有海鮮文化而沒有海洋文化的批評，然而，此種說法是否真實地反映臺灣人對待海洋的態度，以及政府對於海洋政策的漠視？果真如此的話，臺灣的當政者又該如何透過海洋教育以及海洋文化的深植，以提升臺灣民眾的海洋意識？

第五節　本書架構

「海洋事務」已成為一門新興的跨領域（inter-disciplinary）學門，各國無不積極培養處理海洋事務的人才。對於四周環海的臺灣，屬於海島國家之列，海洋事務在臺灣屬於新興之公共行政事務，仍在萌芽、發展的階段。因此，本書宗旨在於介紹與全球海洋相關之事務，並著重於臺灣海洋事務相關議題的發展。

全書分為總論與各論，各有六章。總論闡述海洋事務的基本架構、內涵，簡介海洋環境的自然、人文特色，並就國際海洋相關法規、外交以及海洋政策與願景等議題，探討目前國際對於海洋管理已然成型之法制面共識與原則。各論則涵蓋海洋安全執法、海洋教育文化、海洋環境保護及污染防制、海岸管理、海洋資源保育以及海洋相關產業發展，希望藉由更深層的教育與文化向下紮根，深化海洋在國人心中的價值，並介紹各項保護海洋之積極措施，作為海洋事務管理人才培育之基礎。

海洋觀察站

寫在2012年「世界海洋日」

自2009年聯合國指定每年6月8日為「世界海洋日」起，今天是第四次慶祝這個對全人類而言意義極為重大的紀念日，為此，即將試營運的國立海洋科技博物館與基隆市各界在今天早上聯合舉辦了

海洋日活動。記得聯合國祕書長潘基文於2011年的「世界海洋日」活動中曾致詞：「……（這個節日）使我們有機會思考海洋對人類永續發展的重要性，也是一個可體認到與海洋相關的很多嚴峻挑戰的時機。這些挑戰涉及諸多方面，從漁業資源的衰竭、極端氣候的影響和海洋環境的惡化，到海上安全與保障、海員的工作條件及越來越多經由海路移徙的問題。」

的確，約占地球面積的71%的海洋，是地球生命的起源，也是全球環境的調節中心，維繫著無數生物的存活與繁衍。人類約有16%的食用蛋白質、42%的能源取自海洋；95%的國際貿易量必須依賴海運，海洋是人類永續發展的機會所在。由於運輸與通訊科技的進步，海洋已不再是地理的障礙，反成為國際交流的通道。日益頻繁的接觸與資源的加速開發利用，使二十一世紀成為海洋的世紀。臺灣雖然不是聯合國會員國，但因四面環海，且以海洋國家自我定位，當然更應積極參與國際海洋事務，以落實「藍色革命，海洋興國」的政策理念。

全球海洋計畫（The Ocean Project）與海洋網絡（The World Ocean Network）對於2012年「世界海洋日」的主題訂為「青年：下一波改變的浪潮」。在全球青年就業普遍困難的情況下，海洋能源、科技與產業的需求，提供了青年發展的機會；為了因應全球暖化造成的氣候變遷，除了節能減碳，更需要發展因應環境危機的相關技術。因此，許多海洋國家包括中國大陸、日本、南韓、英國……都投入了大量人力與資金從事潮汐、波浪發電的研究；尤其南韓，更將研發、輸出潮汐發電的技術與設備模組作為國家的目標策略產業；而荷蘭為了因應全球暖化造成海平面上升，已開發出興建水上住宅的工程技術和城市規劃；更不用說南海、北極海已成為各國角逐的戰略要地。比比皆是的例子，說明了未來國家競爭力是建築在海洋科技與產業能否領先的基礎上。

當電子業作爲我國策略性產業三十年後，已顯出強弩之末態勢的今天，政府爲落實「藍色革命，海洋興國」的政策理念，更應加強全民海洋教育，並制定明確的海洋產業政策，整合所有屬於知識經濟的人力與資金，有效地將其引導到海洋科技與產業的發展方向，並以實質的獎勵措施號召青年加入開發與保育海洋的行列。已有太多證據告訴我們：有永續的海洋，人類才有永續的未來。對於陸地的發展相對受到限制的臺灣，海洋更是未來希望之所寄。

　　作爲全球人類愛護、保育海洋的行動象徵，「世界海洋日」將會在人類生存危機日益升高的未來，提醒我們：人類（尤其是臺灣）的希望和青年的未來在海洋！

第二章

海洋現況概述

人類的海洋知識，起源於自古以來在沿海與海上從事生產活動時的直接觀察和簡單推理，所掌握到的直觀而籠統的海洋性質。直到十九世紀，才真正對海洋展開專業的探索。百餘年來，英、德、法、美、瑞典等國學者相繼投入，逐漸爲今日的海洋研究奠定基礎，讓我們對於海洋有更多認識。本章內容在介紹海洋環境的基本知識，包括海洋科學、海洋物理、化學、地質、生物，各種海洋生態系、海洋資源特性與價值，以及臺灣的海洋海岸環境，作爲認識海洋、擬定海洋政策時之重要參考。

第一節　海洋科學

西元前六～七世紀，被稱爲「科學與哲學之祖」的希臘哲學家泰勒斯曾指出：水是世界的基本元素和萬物的本源，而大地是漂浮在浩瀚無際的水上。西元前四世紀，亞里斯多德在所作的《動物志》中記述170多種愛琴海中的動物；西元前三世紀的希臘學者畢塞亞斯在北海考察中，曾對潮汐和地磁偏角進行初步的觀測；西元一世紀的東漢時期，王充在《論衡》一書中指出潮汐運動和月亮運行的對應關係。上述這些對海洋的觀察與見解，從今天的標準看來仍然十分精采，但也只能算是個人智慧的靈光，相較於十八世紀以後，因自然科學和航海事業的發展，所建構起來完整的海洋知識體系，這段漫長的歲月，只能視爲海洋學的萌芽期。

海洋學（Oceanography）的名稱在1870年代被提出，泛指了解海洋環境的科學，又稱爲海洋科學（marine science），研究對象包括海水、其中的生物以及其下的地質，後隨技術演進，研究範圍也延伸到海洋相關產業，例如漁業與海洋環境的互動等等。基本上，海洋學可概分爲：

一、物理海洋學（Physical oceanography）

　　包括海洋氣象學（marine meteorology）、動力海洋學（dynamic oceanography）、水下音學（under-water acoustics）以及光學海洋學（optical oceanography）等。物理海洋學主要在研究各種類型的海水運動，包括海流、洋流（currents）、波浪（waves）、潮汐（tides）、水層結構、海水循環及海底沉積等水文與大氣、岩圈相互作用的現象、過程與規律，為海況和天氣變化的監測及預報提供依據，因而部分主題與氣象學關係密切。此外，研究海洋中的聲、光、電等物理性質和現象，以掌握其變化和機制的學問，即所謂的海洋聲學、海洋光學、海洋電磁學；而有計畫地在海上進行現場的觀測、探測和實驗，包括水量和熱量的平衡，溫度、鹽度、密度等水文狀態參數的變化與分布，則發展出流體動力學和熱力學。

　　隨著現代科技的發展，以遙感、遙測、遙控、自動化和電腦技術為基礎的海洋探測系統迅速發展，包括從空間對海洋表面的遙感技術、水下的海底聲學遙感技術、海洋浮標技術、深潛觀測技術等，形成了立體的海洋探測研究，對海洋的物理性質及現象變化可以更精確地掌握。

二、化學海洋學（Chemical oceanography）

　　包括有機化學（organic chemistry）、無機化學（inorganic chemistry）、物理化學（physical chemistry）、分析化學（analytical chemistry）與生物化學（biological chemistry）等。化學海洋學研究包含兩方面，一方面是探討海洋中不同物質的化學特性和分析方法，另一方面是利用化學原理和技術去研究海洋中的各種現象。這兩方面雖然著眼點有所不同，但卻相輔相成。以海水分析為例，由於海水含有很高的鹽分，使得一般的水質分析方法往往不適用。就後者來說，因為海洋可以調節二氧化碳（最重要的溫室氣體）的消長，為了解海洋對整

個地球氣候的影響，可利用放射性同位素化學的方法來探討海洋二氧化碳系統的問題。近年來因應氣候變遷，對於各種化學物質在海洋以及大氣之間的循環更成為研究焦點。

三、地質海洋學（Geological oceanography）

包括地形學（Geomorphology）、地球物理學（Geophysics）、礦物學（Mineralogy）、沉積學（Sedimentology）、地層學（Stratigraphy）、地球化學（Geochemistry）、地震學（Seismology）以及古生物學（Paleontology）等。

地質海洋學是具有高度綜合性的科學，不但是地質學的一部分，又與海洋學關係密切。其研究範圍包括海底與海岸的地形、岩石的構造與性質、海底沉積物與礦藏，以及海洋地質的演化過程與規律。從中得到的資訊，不但可了解海洋的歷史，也是開發海底礦藏、興建海底工程（如海底電纜、隧道等）與港埠建設的基礎，且有助於海洋邊界的勘測；尤其在開發海洋資源日益頻繁的今日，重要性更與日俱增。

人類對海洋地質的研究始於十九世紀末，最初只限於研究淺海的沉積物，直到1920～30年代，聲納技術（電子回聲探測儀）被運用於海底地形的調查後，陸續在三大洋發現了綿延海底數萬公里的中洋脊，對海底的構造與形成有進一步的認識。二次大戰期間，由於戰爭的需要，地球物理的探測方法如震測、磁測、重力探測等技術，被大量運用於海洋研究，除陸續發現蘊藏豐富的石油、天然氣、鈣、矽、錳、鐵、銅、鎳、鎂、鉛等海底礦藏；並根據得到的海洋地質資料，繪製了詳細的海底地形圖；而對深海沉積物的取樣，透過古生物法、古地磁法、放射性同位素測年法等技術，更對海底環境的變動與年代的測定，提供精確的數據。以此建構的板塊構造、大陸漂移與洋底擴張的學說，推翻傳統的海洋理論，使地球科學的發展向前邁進一大步。時至今日，海洋地質學界透過國際合作模式，運用精密的聲波測

深與定位等技術，致力於深海鑽探以驗證板塊構造理論，不但了解海底地震發生的原因，並確切掌握海洋地質與地殼變動的規律與發展。這些研究成果，使得大型海底工程的興建與礦產資源如油田與天然氣被大規模開發、利用，在可預見的未來，都將得以實現。

四、生物海洋學（Biological oceanography）

包括分類學（Taxonomy）、形態學（Morphology）、胚胎學（Embryology）、生態學（Ecology）、遺傳學（Genetics）等，用以探討海洋生物間的互動，以及生物與環境間的關係等。

海洋生物的觀測早期著重於大型動物與植物，自十八世紀林奈氏記錄數百種的海洋動物與植物，建立命名系統；至1839年愛德華・富比士（Edward Forbes）開始探討海洋動植物與環境之關係，發現海面下越深，則生物種類越少，並認為300噚（約550公尺）以下水深就沒有生物。之後達爾文也在海洋生物方面有許多發現，包括提出珊瑚礁成長的理論。在二十世紀初，美國陸續成立加州Scripps海洋研究所以及Woods Hole 海洋研究所，對於大洋生物有更深入的研究。目前，人類對於海洋生物的探索已延伸到對浮游生物、海中光合作用、魚類生理生態、迴游路徑、食物鏈、海洋生態系等全面性探討，乃至於漁業生物等經濟產業需求面的資源評估分析。

以上各項海洋學屬於基礎科學，隨時代演變以及人類需求，海洋科學有更多應用面的發展，包括在海洋工程、海洋資源開發、海洋資源評估、航海科學，乃至於國防科學；而研究方法也從水中延伸到太空（利用衛星遙測了解海洋變化），使得海洋科學的範疇持續積極地發展。

第二節　海洋環境

一、海水特性

　　「海洋」是地球表面陸地以外廣大的含鹽水域，覆蓋地球表面約71%，總面積約為3億5,525萬5千平方公里，相當於陸地面積的2.5倍，超過一半的區域深度超過3,000公尺，平均深度約3,800公尺。全球海洋容積約為13.7億立方公里，相當於地球總水量的97%以上。

　　海水密度會受鹽度、溫度以及壓力影響，比純水略高，約在1.026。平均鹽度（salinity）在35‰左右，也就是每1000公克的海水含有35克溶解物質，其中以氯化物比例最高。大洋區的鹽度介於34‰～37‰，河口附近則因為有淡水注入而鹽度接近零。但在紅海，因為屬於封閉水域，其鹽度可高達40%。海水中含有多種溶解鹽類和礦物，目前已發現80餘種化學元素，主要有氯、鈉、鎂、硫、鈣、鉀、溴、碳、鍶、硼、氟等11種，占海水中全部溶解元素含量的99%，絕大部分呈離子狀態；其餘稱為海水微量元素。而來自大氣中的氧、氮和二氧化碳等溶解氣體以及磷、鈣、矽等營養元素，對海洋生物的生存極為重要。海水中主要元素的量和組成，與許多低等動物的體液幾乎一致；而一些陸地高等動物，甚至人類的血清所含的元素也與海水類似，為「生命起源於海洋」提供的具體證據，無怪乎海洋被稱為「生命的搖籃」。

　　由於海水的溫、鹽特性及高緯度的低溫影響，海水會形成海冰（sea ice）及冰山（icebergs）。海冰是海水受到低溫（-30℃）而形成，在結冰過程中鹽會被排出。海冰可分為兩種，一種是於沿岸形成之固定冰，另一種是海上浮冰。海冰對於高緯度港口或者海上航行，都可能造成危險；大量海冰在形成與溶解的過程，都可對周遭環境的水循環以及氣象造成影響。冰山則是從冰川（glacier）斷裂漂流至海上，所以冰山的成分是純水，而海冰之中仍有部分礦物質殘留。由於

冰山體積大且堅硬，倘與船舶擦撞容易導致船難，著名的1912年鐵達尼號即是因爲碰撞冰山而沉沒。依據觀測，自北大西洋紐芬蘭海域，每年持續形成數千座冰山，隨洋流南行，因此國際間自1913年開始成立國際冰山監控中心（International Ice Patrol），監控北大西洋冰山動態，以確保船舶航行安全。

二、海洋形態

　　海洋的形成有許多學說，其中以德國地質學家魏格納（A. Wegener）於1912年提出板塊漂移說（Continental drift hypothesis）最被廣爲接受。魏格納認爲花崗岩質的大陸架構於玄武岩層的上面，由於太陽以及月球引力的影響而形成陸塊；也因類似的拉力，又使得板塊分裂，造成美洲從歐洲與非洲的邊緣分裂，向西漂移，形成大西洋；非洲從亞洲分裂形成印度洋。此一學說的成因爲各大陸外型猶如完整拼圖的一部分，加上南美、非洲、印度以及澳洲古生代以前的動植物化石極爲類似等證據，而成爲海洋形成學說的主流。

　　海洋被陸地分隔爲若干區域。位於北半球的海洋面積約占60%，南半球海洋比例則高達80%。其中面積較廣闊的鹹水水域稱爲「洋」（Ocean），較小的或陸地邊緣的爲「海」（Sea）。全球目前共有五大洋，包括太平洋（the Pacific Ocean）、大西洋（the Atlantic Ocean）、印度洋（the Indian Ocean）、南極洋（Antarctic Ocean或Southern Ocean，或稱南冰洋）以及北極洋（Arctic Ocean，或稱北冰洋）。其中太平洋面積最大，約占所有海洋50%，大西洋次之，約26%，印度洋僅有21%。而海則面積較小，鄰近者包括臺灣附近的東海（East China Sea）、黃海（Yellow Sea）、南海（South China Sea），大西洋鄰近的地中海（Mediterranean Sea）、北海（North Sea）、波羅地海（Baltic Sea），以及中美洲的加勒比海（Caribbean Sea）等（見圖2-1）。

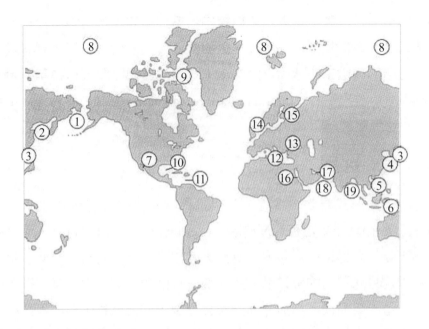

太平洋Pacific Ocean	大西洋 Atlantic Ocean	印度洋Indian Ocean
1.白令海 Bering Sea	8.北極洋Arctic Ocean	16.紅海Red Sea
2.鄂霍次克海Sea of Okhotsk	9.北極地中海 Arctic Mediterranean	17.波斯灣Persian Gulf
3.日本海Sea of Japan	10.墨西哥灣Gulf of Mexico	18.阿拉伯海Arabian Sea
4.黃海 Yellow Sea	11.加勒比海Caribbean Sea	19.孟加拉灣Bay of Bengal
5.南中國海 South China Sea	12.地中海 Mediterranean Sea	
6.其他亞洲內海Other Seas of the Asiatic Mediterranean	13.黑海 Black Sea	
7.加利福尼亞灣Gulf of California	14.北海North Sea	
	15.波羅的海Baltic Sea	

圖2-1　全球海洋

參考資料：Stowe, K. (1995) "Exploring Ocean Science", 2nd ed.

三、海岸與海底地形

在大陸邊緣，高出暴浪作用之上者稱為海岸（coast），由平均低

潮位以上至暴浪所能到達之處稱為海灘（beach），海岸與海灘連接之線稱為海岸線（coast line）；低潮面至高潮面者稱為海濱（shore）。

海底部分，由陸塊延伸的海稱為大陸棚（continental shelf），一般坡度平緩，可延伸數百公尺遠，約占海洋面積的7～8%，該部分水域又稱為近海（offshore）。之後急遽下降，水深可達3～5公里，稱之為大陸斜坡（continental slope）。大陸斜坡邊緣坡度減緩，稱為大陸隆起（continental rise），水深在3～5公里，地形平坦之處則稱為海底平原（abyssal plain）。有些海底平原會因為海底洋脊（submarine ridge）的切割而分裂，這些中洋脊通常是不同板塊交接之處，也因此常有海底火山活動，最著名的中洋脊為中大西洋脊，將南大西洋切割為東西兩大海盆。有些地區的海底平原則會被深達7～11公里的海溝（trench）切割，目前已知最深的海溝為馬里亞那海溝（Marianas Trench），深達11,022公尺。此外，有些地區有海底山丘（seamount），是由獨立的火山活動形成而單獨隆起於海底平原上。

由於海水因深度不同而有截然不同的物理、化學特性，因此形成不同的海洋生態系，赫吉佩斯（Hedgepeth, 1957）建議依據垂直以及水平深度，分為以下幾個區域：

(一)海底區（benthic）：指海洋的底層區域。

(二)表水區（pelagic）：可依據離海遠近又分為：

　1. 近海區（neritic）──包括大陸棚以上的水體，又分為：

　　（1-1）亞潮帶（sublittoral）或棚架（shelf）：位於大陸棚表面的海底區，為海洋生物最為豐富之水域。

　　（1-2）至於在前述環境交界之處的區域則有兩種，包括河海口交會之處的半淡鹹水區域（estuary），以及潮間帶（inertial，或稱 littoral），都是生物多樣性高的水域。

　2. 大洋區（oceanic）──依據深度區分為

　　（2-1）透光帶（photic，或稱euphotic），因為光線能夠照射，乃海洋基礎生產力之所在，深度通常約100～200公尺，

又稱爲上層帶（epipelagic）。

（2-2）中層帶（mesopelagic），屬於弱光帶（disphotic），水深約達1,000公尺。

（2-3）無光帶（aphotic）則可依深度細分爲

(i)深層帶（bathy-pelagic），深約2,000～4,000公尺；

(ii)深淵帶（abysso-pelagic）約4000～6000公尺；

(iii)超深淵帶（hadal-pelagic）：約6,000～10,000公尺。

以上三者，相對的底棲環境稱爲深海底區（bathyal）、深淵底區（abyssal）以及超深淵底區（hadal）。

四、海流

海洋是地球表面最大的儲熱體，海水受到輻射熱、蒸發、降雨、風壓、地球自轉力、日月引力等多項作用，而造成不同形式的海流。其中因爲日月引力而發生的潮漲（flood）、潮落（ebb）現象稱之爲潮汐，因爲密度不同、地球自轉與季風的多重影響下，依照規律而明確的形式循環不息地流動，稱爲洋流（currents）。

洋流是地表最大的熱能輸送帶，使得海洋中的養分得以上下交換。被洋流帶上表層的海底礦物質，提供海中浮游植物豐富的營養，進而作爲浮游動物及魚類食物來源。三大洋主要洋流包括北太平洋之北赤道流、黑潮、北太平洋洋流、加利福尼亞流、親潮、反赤道流；南太平洋之南赤道流、東澳洋流、西風漂流、祕魯洋流、合恩角流；印度洋之北赤道流、反赤道流、南印度洋環流、阿拉哥斯流、西風漂流、北大西洋之灣流、拉不拉陀流、北大西洋洋流、加納利流、北赤道流、東格陵蘭流、幾內亞流以及南大西洋之賓加拉流、南赤道流、巴西流、福克蘭流以及西風漂流。

洋流可分爲寒、暖流，暖流將低緯度之暖水帶往高緯度，寒流則將高緯度之冷水帶往低緯度，對於氣候、航運都可能造成影響。而在某些地區，風力驅動溫度較低、密度較大、通常富含營養的深層海水

流向海面，取代溫度較高、通常缺乏營養的表層海水，造成海水垂直循環，形成湧升流（upwelling）。此類洋流活動頻繁之處，往往成為良好的漁場。以北太平洋洋流為例，該洋流深約二到三百公尺，寬達數公里到數十公里，由美國加州橫越太平洋到菲律賓東岸，再向上經過臺灣東部，此即我們所熟知的黑潮；再向北到日本後折向東回到北美洲。臺灣東岸的飛魚、旗魚都是順著洋流來到臺灣沿海。又如著名的祕魯洋流，為祕魯帶來豐富的鯷魚資源，使祕魯成為全球前十大漁產國。

五、海洋生物

海洋是生命的起源，海中物種多樣性遠多於陸地上的生物。究竟海洋中有多少物種？這是全球海洋生物科學家想探究的問題。因此，由八十個國家科學團隊所組成的海洋生物普查小組，在歷經十年的合作之後，評估海洋中可能存在著超過百萬種的生物，而有75%尚未被發現（Census of Marine Life, 2010）。依據分類階層，海洋生物分布於七界，至少85門當中，已確認之種類將近二十二萬種，最新資訊可參考世界海洋物種名錄（World Register of Marine Species, WORWS, http://www.marinespecies.org/index.png）。

1. **海洋微生物**（marine microorganisms）：泛指肉眼無法辨別的病毒（virus）、細菌以及部分真菌及原生動物等，體長在數微米以下的生物。病毒可以寄生在細菌等生物體內，其高感染率及高繁殖率可能會造成海洋中的浮游植物如矽藻、藍綠藻或鞭毛藻大量死亡；細菌（bacteria）從南極到北極無所不在，在水生生態系扮演重要角色，型態非常多樣化，包括藍綠藻等自營菌，具有固氮作用；腐生細菌（saprobic）可分解海洋生物的屍體或排泄物，是重要的分解者。

2. **浮游生物**（plankton）：可用顯微鏡看到的較大型真菌、原生動物及浮游動植物，因為不具有主動游泳能力而稱之。浮游植物

雖然微小，但數量龐大，是海洋中最重要的生產者。全球的浮游植物每年可消耗約20億噸的二氧化碳，對於降低溫室效應有其貢獻。浮游動物的種類繁多，包括常見的橈腳類、枝角類、有孔蟲、水母、多毛類、磷蝦類，乃至於許多魚類的幼體期。浮游動物攝食浮游植物，又成為許多大型動物的食物，因此在食物鏈中扮演重要角色。

3. **海洋植物**（marine plants）：主要包括大型海藻（marine macrophyte）以及海草（seaweed）兩大類。藻類為含有葉綠素A、能行光合作用、具有簡單生殖構造的無維管束植物，因此沒有根莖葉的區別。海藻分為十大門，臺灣有紀錄者達五百多種。藻類一般可分為漂浮性與固著性。漂浮性藻類藉由氣囊維持在水面上，以吸收光線行光合作用；固著性藻類則需附著於底質上。許多大型海藻可提供其他海洋生物作為棲地，對於漁業資源扮演重要角色，而有些如紫菜、海帶、龍鬚菜等，也可作為人類的食品之用。

4. **海洋無脊椎動物**（marine invertebrates）：泛指無背脊之海生動物，種類繁多，包括海綿、海葵、珊瑚、扁蟲、刺胞動物（水母）、環節動物以及軟體動物（烏賊、牡蠣）、節肢動物（蝦、蟹）、海星、棘皮動物（海參）等。

5. **海洋脊椎動物**（marine vertebrates）：其中種類最多者為魚類，目前紀錄達二萬多種，也是人類主要的糧食來源之一；爬蟲類包括海龜、海蛇與海鬣蜥；鳥類包括信天翁、鸌鳥等可常年在海上飛翔的種類；海洋哺乳類包括海牛目、食肉目、鰭足目與鯨目，不若爬蟲類與鳥類，牠們可以在海上繁殖，不需要回到陸上。

六、海洋生態系

生態系探討的是生物與環境的關係，因此，生態系至少應包含

四項元素：能量來源、能運用能量製造有機物的生物、運用有機物質的其他生物，以及非生物環境提供生命所需物質，例如氧、水、氮等等。海洋生態系的能量來源為陽光，基礎生產力（primary productivity）主要來自浮游植物以及各種藻類行光合作用，唯有少部分是來自化學合成自營菌；次級生產力（secondary productivity）則來自初級消費者（primary consumers）所累積之有機物質，而漁業行為所捕撈的漁獲量便屬於次級生產力的一部分。海洋生態系可依其分布所在地理位置分類如下（邵，1998）：

(一)河口（estuary）

河口位於淡、海水交會地區，為半封閉的水體，因為淡水及海水彼此更新營養鹽、有機物以及氧氣，使得此區域生產力特別高。

河口地形可進而區分為沿海三角洲（coastal delta）、河口三角洲（estuarine delta）、潟湖（lagoon）、河口性潟湖（estuarine lagoon）以及峽灣（fjord）。河口水域的鹽度變化大，對於海洋生物造成的壓力較大，因此大型生物種類較少；不過此類水域往往有很高的基礎生產力，底棲生物多，而成為水產養殖場所。但也往往因為人們的過度使用，導致河口資源被破壞，造成短期及長期的經濟損失。

(二)紅樹林（mangrove）

紅樹林泛指生長於熱帶及亞熱帶沿海的潮間帶泥質濕地之喬木或灌木，具耐鹽性，全球有五十餘種，多分布在熱帶及亞熱帶地區，能夠適應泥質濕地、根部分布廣且淺，因而容易獲得氧氣，也具有護岸功能；有些紅樹林種類則具有鹽腺，或以反滲透壓的機制排除鹽分，且具有相當高的初級生產力，能夠製造許多落葉及有機碎屑，經由分解作用成為海洋生物養分的來源，也能提供許多仔稚魚成長的棲地，成為魚類重要哺育場所。而紅樹林的擋風抑浪功能，也能夠在颱風或海嘯來襲之時形成為緩衝帶，以穩定海岸線，防止海灘侵蝕與流失。紅樹林植物並具吸收重金屬等污染物毒性的淨化能力，甚至在某些地區會直接成為木材、紙漿等家庭用品的來源。

(三)潮間帶（intertidal zone）

居於高低潮線間的海域，所占面積雖少，但生物種類多，與人類關係密切，研究亦較為詳盡。潮間帶受潮汐影響，每天約有一半時間暴露於空氣中，溫度、鹽度變化劇烈且有周期性、波浪作用強，因此生活在其中的沿岸生物在生理、生殖及行為上均有節律性現象（rhythm），且必須具有抗旱、熱平衡、抵抗機械式衝擊、能夠保護呼吸器官以及生殖週期等特性。

(四)岩礁區（rocky shores）

以岩石為底質之海岸，有些地區或有珊瑚生長，岩礁地形有許多孔隙提供各種動物棲息，因此生物數量相當多，可能僅次於珊瑚礁生態系。大型海藻是岩礁區的主要生產者，許多以刮食為生的貝類則是主要的動物，其中的龍蝦、九孔更是重要商業經濟資源，此地區生物往往因地型潮汐而呈現帶狀分布。

(五)沿海濕地（coastal wetland）

國際「拉姆薩公約」（Ramsar Convention）將濕地定義為：「不論是天然或人為、永久或暫時、流動或靜止、淡水或鹹水，由沼澤、泥沼、泥煤等水域所構成之區域，包括低潮時水深在六米以內的海域均屬之。」，濕地又可分為沿海濕地（coastal wetland）及內陸濕地（inland wetland）。沿海濕地指的是海陸交界處，水深少於六公尺的淺水域，依據底質又可分為砂質濕地與泥質濕地，砂質濕地粒徑較大，能提供水生生物較佳的棲息環境；泥質濕地顆粒相對較小、穩定度高、保水性低，底質容易缺氧，因而生物種類較少。

由於濕地兼具生態保育、社會經濟以及環境維護之功能，也提供地下水源、木材、景觀遊憩與生態教育等多項功能，因此備受重視。

(六)珊瑚礁（coral reef）

珊瑚礁生態系是海洋生態系中生物多樣性最豐富的地區，素有海中熱帶雨林之稱。珊瑚蟲屬於腔腸動物門，可分為石珊瑚、軟珊瑚、柳珊瑚以及生長在深海珍貴的紅珊瑚，能夠進行複雜的生理作用，使

碳酸鹽與鈣離子結合堆積成碳酸鈣骨骼，並持續進行鈣化作用，形成巨大地質構造，也就是造礁珊瑚（reef-building coral）。珊瑚礁多存在於水溫高過20°C的水域，可分裙礁（fringing reefs）、堡礁（barrier reefs）及環礁（atoll reefs）三種。裙礁的分布最常見且廣泛，如墾丁海岸即為裙礁。世界上最大的堡礁為澳洲昆士蘭的大堡礁，面積達34萬平方公里，環礁則是環狀礁岩，南海群島的東沙、西沙及南沙皆屬於此類。珊瑚礁生態能提供大量生物各種棲地，能維持海水品質，降低波浪能量及高度，降低地區傷害。

(七)大洋區（oceanic zone）

泛指大陸棚以外的水域，生活於此的生物通常具有良好的游泳能力，多集中分布於海洋表層（～200公尺），包括高度洄游的鮪旗鯊魚類。在中層（200～2000公尺）則有磷蝦、烏賊、燈籠魚等，部分能夠自行發光用以辨識同類、搜尋獵物等。至於深水層與海底，近年發現生物種類也很多，多仰賴上層沉降下來的生物體或有機碎屑，有部分大型魚類，如巨口魚等。屬於脆弱生態系，近年有越來越多研究以及保育工作的投入。

(八)深海生態系（deep-sea）

深海泛指大陸棚斜坡以下或無光帶，正確的定義是指深海底區（bathyal）或者深淵底區（abyssal）之海底深層。深海並非沙漠，不但生物多樣性高，體型變化大；且深海區因為食物少，反而會形成生物體型巨大化，以因應高壓低溫環境的現象。深海熱泉（hydrothermal vent）的發現，更揭開深海生態系研究的新頁；特別是深海熱泉因為水溫較高以及富含硫化氫（H_2S），使得化學合成硫化菌成為能量來源，並孕育較高的生物多樣性，以及更多過去不為人知的新物種。

七、大型海洋生態系

為管理保護全球海洋重要生態系，國際間特別將全球海洋區劃為大型海洋生態系（large marine ecosystems, LME）作為保育的主要標

的。LME的概念在1984年被提出，希望屏除政治因素，從水深、水文、生產力以及營養層關係劃分出六十四個海洋生態系（見圖2-2），每個大型海洋生態系面積均超過二十萬平方公里，其涵蓋80%的漁業產量，並且是海底天然氣、石油、礦產、油氣的中心（Sherman and Hempel, 2009）。

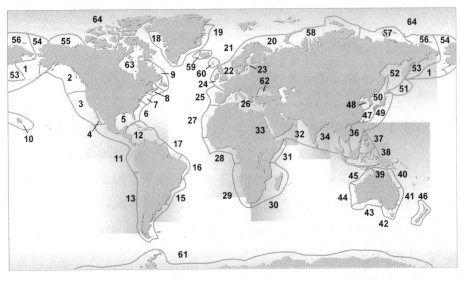

1.東白令海	17巴西北部棚	33紅海	49黑潮
2阿拉斯加海灣	18西格陵蘭大陸棚	34孟加拉灣	50日本海
3加利福尼亞洋流	19東格陵蘭大陸棚	35泰國灣	51親潮
4加利福尼亞灣	20巴倫支海	36南中國海	52鄂霍茨克海
5墨西哥灣	21挪威大陸棚	37蘇祿—西里伯斯海	53西白令海
6美國東南部大陸棚	22北海	38印尼海域	54楚科奇海
7美國東北部大陸棚	23波羅的海	39北澳大陸棚	55波弗特海
8蘇格蘭棚	24凱爾特比斯開灣大陸架	40東北澳大利棚—大堡礁	56東西伯利亞海
9紐芬蘭 拉布拉多棚	25伊比利亞半島沿海	41東中澳洲棚	57拉普捷夫海
10太平洋夏威夷列島	26地中海	42東南亞澳大利亞棚	58喀拉海
11太平洋美國中部海岸	27加納利洋流	43西南澳大利亞棚	59冰島大陸棚
12加勒比海	28幾內亞洋流	44西澳大利亞中部棚	60法羅海
13洪堡洋流	29本格拉洋流	45西北澳大利亞大陸棚	61南極
14巴塔哥尼亞大陸棚	30阿古拉斯洋流	46紐西蘭棚	62黑海
15巴西南部大陸棚	31索馬里沿岸流	47中國東海	63哈得遜灣
16東巴西棚	32阿拉伯海	48黃海	64北冰洋

圖2-2　全球六十四個大型海洋生態系

參考資料：Sherman, K. and Hempel, G. 2009.

2002年約翰尼斯堡高峰會訂定海洋保育的四項期程，包括期望在2006年有效減少陸源污染、2010年引入生態系管理保育資源、2012年

建立海洋保護區網絡、2015年維護並復育魚類資源到永續生產之目標時，當時便開始著手以LME的方向進行各項整合工作。透過生產力、漁業、污染、生態系健康、社會經濟因素以及治理等五個面向作為具體評估指標（圖2-3），能夠有效了解海洋生態系的健康與否。

圖2-3　評估大型海洋生態系永續性之五項評估指標
參考資料：Sherman, K. and Hempel, G. 2009.

第三節　海洋資源

一、海洋資源的特性

　　浩瀚深邃的海洋，蘊藏著數量龐大的資源，為海洋所固有，若與陸地資源相比，海洋資源具有的特殊性質如下：

(一)流動性與連續性

海水是向水平或垂直方向運動的，溶解於海水的物質隨著海水的流動而位移，污染物也經常隨著海水的流動在大範圍內移動和擴散；部分魚類和其他海洋生物也具有洄游的習性，因而使人們難以對這些流動的資源進行明確而有效的占有和劃分。世界海洋是相連的整體，魚類無視人類的疆界而四處洄游，造成不同國家間利益和保育責任的分配問題；而污染的擴散和移動，則可能對其他地區造成損害，甚至引起國際爭端，這些都為海洋資源的開發和管理造成難題。

(二)立體性

海水作為一種介質，具有三維的特性；海洋資源的分布亦然。例如，可在海水中進行光合作用的植物，平均分布在100公尺的深度範圍；而陸地森林的平均高度，大約僅有10公尺左右。海中生物、海底礦物以及海濱風光等資源，也呈立體狀分布於海洋範圍內，往往可以由不同的部門同時利用；而污染物質的擴散，也在某種程度上呈立體狀。海水的立體性，使得人類在建立固定設施時，遭遇到比陸地上更多的困難。

(三)複雜性

海洋環境中的諸多自然條件，對人類活動的制約和支配，比陸地要大得多，如風浪、鹽分及海洋天災等因素，使得海洋開發不僅危險艱鉅、技術要求也高；尤其人類對許多海洋的了解尚不充分，更增加了這種安全和投資的風險（莊等，2008）。

(四)公有性

海洋通常屬於國家或各國所共有，早期公海範圍廣大，而公海捕魚自由也是國際間的共識，直至1982年通過聯合國「國際海洋法公約」，制定專屬經濟水域制度，第五十六條賦予沿海國「在專屬經濟海域內有：以勘探和開發、養護和管理海床上覆水域和海床及其底土的自然資源（不論為生物或非生物資源）為目的的主權權利，以及關於在該區內從事經濟性開發和勘探，如利用海水、海流和風力生產能

等其他活動的主權權利」之權利。第七十七條也強調沿海國對大陸礁層的權利，包括「沿海國爲勘探大陸礁層和開發其自然資源的目的，對大陸礁層行使主權權利」。至於公海資源，第八十條明文規定，公海對所有國家開放，不論其爲沿海國或內陸國，包括航行、飛越、鋪造海底電纜和管道的自由，建造國際法所容許的人工島嶼和其他設施的自由、捕魚自由，以及科學研究的自由。因此，近年來大規模的海洋調查、探勘和開發，經常採取國際合作的模式，甚至成立國際海洋開發組織；而以海洋資源問題爲中心的國際爭端更是不勝枚舉。

二、海洋資源種類

狭義的海洋資源指的是與海水本體有著直接關係的物質和能量，包括海水中的生物、溶解質、海水蘊藏的能量及海底礦藏。廣義的海洋資源，則可囊括港灣、航線、加工的水產資源、海洋上空的風、海底地熱、海洋景觀、海洋空間，乃至海洋的納污能力，不但提供作爲科學研究的對象，並據以發展出項目可觀的海洋產業。

海洋資源不但種類、數量難以計數，所能發揮的功能與潛在的利益，亦超乎想像。近年來，海洋的空間資源逐漸受到重視，基於研究的方便，大都依照人類開發／使用後的存量增減和後續影響，區分爲非再生性及再生性兩大類：

(一)非再生性資源

主要是如海底礦物，包括各式礦產、錳核、石油與天然氣等。淺海區具有海綠石、磷灰石、重晶石等物質，可提供肥料以及藥品、油漆、塗料等材料。其次在深海礦床蘊含許多重金屬元素，包括金、銀、銅、鋅、鉛、鎳、鋇、錳、鐵等等，具有經濟價值。其中錳核主要元素包括錳、鐵、矽、鋁、鈣、鎂、鈉、鉀、鈦、鎳、銅、鈷爲多種元素組合而成，成分因地而異（Rona, 2008）。世界洋底蘊藏著大約3兆噸錳核資源，其中太平洋占一半以上，爲重要海礦資源，至於是否開採需要視技術以及對於環境污染影響程度。海底火山中亦含有經濟

價值極高的礦物資源，如硫化物礦床中所含的銅，以新技術開採的成本幾乎只有在陸地上採礦取銅的一半，未來勢必成為我們重要的金屬礦床之一。

其次，海底石油與天然氣資源也是人類重要能源來源，其分布並不平均，主要在中東以及美國墨西哥海灣，該資源總量估計約近1,350億噸、天然氣大約有140億立方公尺，約占世界油氣總資源量的40%。目前，海上油氣開採總量約占全球油氣開採總量的30%。此外，在海底沉積物中發現天然氣水合物，由於含量豐富，可水解成水與甲烷，也被視為是重要開發對象。不過，由於多數海洋地質資源隱藏在深達四千公尺的海底，因此需要發展出海底礦產資源開採設備，使大量開採變為可能。且因此類資源存量較固定，一旦開發利用，資源就會減少，因此不應過度的開發利用。

(二)再生性資源

1. 海洋能源，例如透過海流、潮汐、波浪及溫差等能量轉換以換取電力，由於其本身來源為太陽輻射能或者萬有引力，因此，可再生使用。再者，利用此類能源屬於清潔能源，對於環境污染程度較火力發電以及核能發電為低，因此受到各國重視以及積極開發。臺灣東岸由於地勢陡峭以及具有暖水流的黑潮經過，因此具有溫差以及潮流發電之開發潛力。

2. 魚、貝、海藻等生物資源，被利用後會自行補充而恢復其資源量，倘妥善運用，則得以永續經營，然如果取用過量，也會破壞其再生的能力。從古至今，人類為了增加食物來源，大量利用海洋生物資源，進而發展出漁業資源開發應用的知識，並為人類提供22%的動物性蛋白質，更可供作醫藥、輕工業、化工業、建築業的原料。據估計海洋初級生產力每年有6,000億噸，其中可供人類利用的魚蝦、貝類和藻類等，每年有6億噸。全球產量從1950年代年漁獲量2,000萬公噸，到2008年達一億四千萬餘公噸，成長了七倍（見圖2-4），平均每人每年食用漁產品19

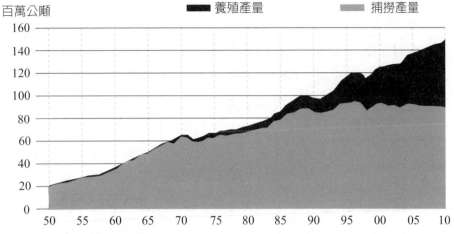

圖2-4　全球歷年漁業生產量1950～2010

參考資料：FAO, 2012.

公斤。然而，近百年來，由於人口成長造成的糧食需求問題，也使得百分之三十的海洋商業物種面臨過度漁撈的狀況，必須採取管制措施以避免資源無法永續利用（FAO, 2012）。

三、海洋資源的價值

海洋資源價值不僅僅在經濟面，其生態面的價值，特別是對於地球環境的穩定更扮演重要角色：

(一)生態價值

1. **平衡大氣**：海洋中有數萬種藻類，所進行的光合作用，每年可吸收900億噸二氧化碳，製造360億噸氧氣，占地球大氣氧含量的70%；所吸收的二氧化碳，可緩解地球暖化。

2. **調節氣候**：海水能吸收和蓄積熱量，使夏天氣溫不致太高，冬季時釋出熱量，使氣溫不致過低。海洋吸納地表的水，經蒸發形成雲霧雨雪，回降地面，形成「水迴圈」。

3. **生態迴圈**：海洋以食物鏈的形式自成一個具有多樣性的複雜生態系統，透過人類和兩棲生物，和陸上的生態系統產生連結，

形成全球生態迴圈中不可或缺的部分。

(二)經濟價值

  1.**海洋產業**：海洋生物作為人類食物的來源，發展出最早的一級產業——漁業；以海洋作為交通、運輸的媒介，形成全球航運業；近代人類開採海底礦藏，形成海域油氣探採產業；現代由於生物科技的進步，使海洋生物成為許多藥物和營養補充品的來源；製鹽、海水養殖、海底深層水和物理性能源，都是經由海洋資源的開發、利用所發展出來的產業。

  2.**觀光休閒**：海洋的遼闊與美景，本就是藝文創作的靈感來源，在交通技術達到相當程度後，海洋除了用於運輸，也成了觀光旅遊的目標。二十世紀以降，社會高度工業化的結果，造成人類生活的緊張，海洋觀光休閒便成了抒解工作壓力最好的方法，也直接促進海洋觀光產業的發達，甚至成為二十一世紀的黃金產業。

(三)科學文化價值

  1.**科學研究**：海流、波浪、潮汐、溶解於海水中的化學物質、海洋的生態、天氣變化等等現象，從十九世紀末成為許多科學家研究的對象，而先後發展出海洋物理、海洋化學、海洋生物、海洋氣象……等學科，總稱為海洋學，讓人類對自然的了解邁出了一大步。

  2.**海洋文創**：海洋是生命的搖籃，為人類提供了精神的撫慰、體能的鍛鍊，更是智慧與美感的主要來源之一；而海洋與人類歷史長期交互的作用，形塑了底蘊深厚的海洋文化，進一步催化了文學藝術的創作。如將得自於海洋或海洋文化的素材，結合工藝和生產製造的手段，所發展出的海洋文創產業，已被許多海洋國家選定為新世紀國家發展的策略性產業。

  以上所舉海洋資源在現今已可確定的價值，讓人對海洋資源的豐富性與多樣性大為驚嘆。而其經濟價值更引來人類競相開發、利用而

衍生出種種問題。為了讓海洋資源能被人類永續利用，海洋資源管理應運而生，成為保護、復育海洋資源的必要途徑。

儘管海洋有著如此豐富的資源，但由於開發海洋資源具有一定的難度而受到限制，進入二十世紀後，人類對開發自然資源的企圖強大，加上科技發達，僅從礦產資源來看，自70年代以來，世界金屬的消耗量幾乎超越過去兩千年間的總消耗量；近二十年內對能源的開發利用量是過去一百年的三倍。自然資源是人類賴以為生存的物質基礎，然而，目前自然資源對人類社會長遠發展的支持能力遭到嚴重的損害；同時，現代社會還面臨著環境惡化和人口增加過快等問題。基於上述種種情形，人類逐漸認識到海洋和陸地一樣，是社會經濟發展的資源，也是人類的第二生存空間和可持續發展的重要支柱。另一方面，人類生產力的發展也為開發海洋奠定了物質基礎，加上科技的進步以及對海洋認識的加深，為開發海洋資源提供了條件，使海洋資源的開發進入了一個新領域，無論深度和廣度都在日漸提升中。

第四節　臺灣海洋、海岸環境與資源

亞洲大陸外緣的西太平洋散布著連串的島嶼，自北到南為白令海南邊的阿留申群島、千島群島、日本諸島、琉球群島、臺灣島到菲律賓群島，統稱為花采列島。花采列島屬於火山島嶼，緊鄰太平洋海板塊與歐亞大陸板塊交界處，因此火山、溫泉、地震等地殼活動頻繁。臺灣位於花采列島的中央、太平洋西緣大陸棚上，擁有廣闊的陸棚、複雜的海洋環境，以及多樣的海岸地形與生態環境，以下分別說明：

一、臺灣海洋環境

臺灣本島北起富貴角，南到鵝鑾鼻，南北長約395公里，東西寬從濁水溪口到秀姑巒溪口，直線距離約140公里。東側面臨太平洋，西側

為臺灣海峽。臺灣海峽海底地形平緩，深度約在200公尺以內，最淺處不到100公尺。相對的，東部太平洋一側則短短40公里內急遽下降至4,000公尺深，使得東西岸呈現截然不同的海岸地形。本島之外，臺灣尚有85個離島，包括擁有64座島嶼的澎湖群島，以及散布在四周的21個島嶼，是一個典型的海島國家（見圖2-5）。本島海岸線長約1,250公里，加上離島海岸線總長達1,700餘公里，土地面積約為36,000平方公里；所轄的領海面積約17萬平方公里，為領土的4.72倍（行政院研究發展考核委員會，2006）。

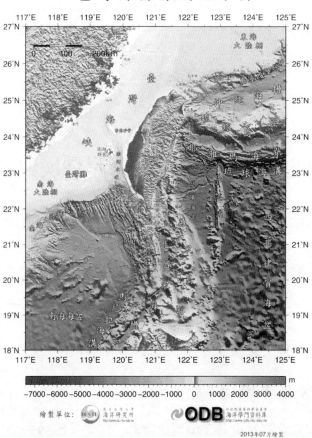

圖2-5　臺灣周圍海域海底地形圖
資料來源：資料由國立臺灣大學海洋研究所／國科會海洋學門資料庫授權使用。

二、臺灣海岸與生態系

臺灣位於太平洋西緣大陸棚上，擁有廣闊的陸棚與複雜的海洋環境，以及多樣的海岸地形與生態環境。影響臺灣海岸地形者，包括風流、洋流與潮流。風流部分，包括夏季之西南季風與冬季之東北季風；洋流部分主要為東海岸的黑潮。以上因素導致臺灣的海岸地形可大致分為北部沉降海岸、東部斷層海岸、南部珊瑚礁海岸與西部隆起海岸（李，2010），其中北部海岸為火山邊緣緩坡地與海岸交會的上升海岸、岬角和海灣交互出現；東部海岸則為斷層岩岸，海岸平原及潮間帶都很窄；西部海岸則為平直緩降的隆起沙岸，分布許多沙洲、沙丘、灘地及潟湖；南部則是珊瑚礁海岸。外島部分，蘭嶼及綠島為火山島、小琉球為珊瑚礁島嶼、澎湖群島則以礁岩地形為多，包含部分玄武岩地形。位於南海之東沙、南沙等群島則多屬於環礁地形。以下分區概述臺灣的海岸以及離島與相鄰之海洋生態系種類：

(一)北部沉降海岸

北部沉降海岸西起淡水河口，東至三貂角，全長約85公里，為火山邊緣緩坡地與海岸交會的上升海岸，由於強烈海浪侵蝕，使得較軟的岩層成為海灣、較硬者切割成為岬角，奇岩怪石遍布，為地形學上有名的沉降海岸。其間較著名地形包括淡水沙崙沙岸地形、淡水金山間由大屯火山群形成之的火山海岸、東北角飽受東北季風強烈吹襲造成之海蝕地形——岬灣海岸。也由於此處豐富多樣化的地形，因此設有北海岸及觀音山國家風景區、東北角暨宜蘭海岸國家風景區管理處，著名景點包括淡水漁人碼頭、野柳風景區、水湳洞陰陽海、龍洞海洋公園、福隆海水浴場等。

(二)東部斷層岩岸

臺灣東側海岸北起三貂角，南至恆春半島的旭海，全長約380公里，屬於斷層海岸地形。本區由於位於太平洋高壓西側，面臨冬季的強大東北季風以及夏季的熱帶性低氣壓或颱風吹襲，加上受到中央山

脈及海岸山脈的地質相對鬆軟的影響，造就此處平原狹小、斷層林立的海蝕地形。河口之處則有沖積平原，包括蘭陽平原、東澳沖積扇平原、和平沖積扇平原、立霧溪沖積扇平原、花蓮溪河口平原與卑南大溪沖積平原，部分成為人口聚集之處。

㈢西部隆起海岸

西部海岸北起淡水河口，南至屏東楓港，全長約460公里，由於西部有廣大的台地與海岸平原，岩石鬆軟，加上河川泥沙堆積，地盤隆起，因此多屬於平直緩降的隆起沙岸，分布著許多沙洲、沙丘、沙灘及潟湖。西部海岸地區有許多因為河川泥沙堆積所造成之潟湖與濕地，如王功、鹿港、芳苑、台西等地被利用為魚塭、鹽田或水產養殖用。部分地區，如南寮、通霄、安平、西子灣、旗津等地則闢為海水浴場或濱海遊憩區。其中曾文溪口北岸之七股，該水域昔稱台江內海，現已被列為台江國家公園。大鵬灣則被列為國家風景區。

㈣南部珊瑚礁海岸

主要為介於臺東大武斷層海岸與西部隆起海岸之間的恆春半島，地形以低山及丘陵、臺地為主，南端有鵝鑾鼻及貓鼻頭，中間為墾丁南灣，主要屬於珊瑚礁海岸。已被劃為國家公園保護區範圍，並依據各地特性劃分為四處海域生態保護區、香蕉灣生態保護區、社頂高位珊瑚礁生態保護區、南仁山生態保護區等分區保育。

㈤離島：臺灣的離島部分（見圖2-6），包括：

1. **北方三島**：包括彭佳嶼、棉花嶼及花瓶嶼，屬於火山岩島嶼，其中彭佳嶼為最大，距臺灣最近之處僅有56公里，政府並將該島嶼與臺灣本島間之海域劃入內水。由於該三島嶼位處寒暖流交匯，擁有豐富漁業資源，屬於重要漁場。彭佳嶼設有燈塔，並有氣象局以及海巡署人員進駐。而花瓶嶼及棉花嶼則因為有燕鷗、鰹鳥等海鳥棲息而被列為野生動物保護區，以避免閒雜人等登島。

2. **基隆嶼**：位於基隆東北方3浬，原為著名之釣場，但因為過漁，

圖2-6　臺灣離島地圖
參考資料：交通部觀光局。

使得魚類資源減少，現有娛樂漁船承攬登島遊憩業務。

3. 釣魚臺列嶼：位於臺灣東北部，距基隆約98浬，包括釣魚臺、北小島、南小島、沖北岩、沖南岩、黃尾嶼、赤尾嶼及飛瀨等八島嶼。總面積約6.32平方公里，附近海域為蘇澳漁民重要漁場。該島嶼早在六百多年前的明朝即被中國人發現，中日「馬關條約」後與臺灣一併割讓給日本，戰後由美國代管；之後美國政府將其行政管轄權交給日本，因此引發保釣爭議。日本則將之命名為尖閣群島，劃歸沖繩縣。有關釣魚臺主權爭議，請參見第三章「海洋觀察站」之「釣魚臺主權爭議風雲再起」一文。

4. 龜山島：位於宜蘭以東約5.4浬，為火山島嶼，以其島型而得名。因位於沖繩海槽邊，海底斷層活動劇烈，造成鄰近有海底熱泉，加上海底琉氣等，形成當地海域之特殊景觀。行政院已

將其劃入東北角暨宜蘭海岸國家風景區，採取低度開發。

5. **蘭嶼**：距臺東48浬，早期稱為紅頭岩，後因盛產蝴蝶蘭而改稱蘭嶼。當地原住民達悟族發展出獨特的海洋文化，特別是春夏之間的飛魚祭最為人所熟知，並已結合該島周邊的海洋資源，發展成為島嶼觀光的特色。

6. **綠島**：原稱火燒島，距臺東東方18浬，為我國領海基線最東方之點，為火山岩地形，具曲折多變的海岸景觀，早年曾為關禁政治犯之監獄，解嚴後開闢為綠島人權紀念園區，並積極開發海洋遊憩，為潛水者的樂園。

7. **金門群島**：包括本島、列嶼、大膽、二膽等15個大小島嶼，主要為花崗岩地形，西與廈門相對，東與臺澎距約150浬，戰略地位重要，於1995年設置為戰地國家公園，是第一座以文物史蹟為主的國家公園。目前透過兩岸小三通推動方案及執行計畫，成為兩岸人貨中轉門戶。

8. **馬祖列嶼**：距基隆114浬，包括南竿、北竿、高登、亮島、大坵、小坵、東莒、西莒、東引、西引等16個島嶼，位處臺灣海峽海運要衝，與金門群島同為軍事重地，也是東亞候鳥遷徙中繼站，因為有黑嘴鳳頭燕鷗在此繁殖，公告為馬祖燕鷗保護區。

9. **澎湖群島**：由64個島嶼組成，為隆起之玄武岩地形，其開發歷史比臺灣本島還早，屬於海島縣，周圍海洋資源豐富，居民多以漁業為生，漁港及廟宇比例相當高，其中望安島因有綠蠵龜產卵而被劃設為澎湖縣望安島綠蠵龜產卵棲地保護區。

10. **琉球嶼**：又稱小琉球，為隆起的珊瑚礁島嶼，島上淡水水源不足，主要由本島以海底水管送往，以漁業為主，包括海洋漁業以及箱網養殖，並開始發展觀光休閒。

11. **東沙群島**：位於南海北部東沙環礁，包括北衛灘、南衛灘及東沙環礁等三個環礁，其生物多樣性豐富，居南海、太平洋、印

度洋交通樞紐，扼臺灣海峽南方咽喉，1946年由海軍駐守；2000年起由海巡署接替駐防，強力取締非法捕魚。並於2007年成立東沙環礁國家公園。

12. **南沙群島**：為南海最南端水域中部的島礁裙，地處要道，又具有礦產、石油、天然氣、漁業等豐富天然資源，成為各國爭相競奪的目標。該群島中，太平島為最大的珊瑚礁島，距臺灣遠達864浬，自然條件最好，為唯一擁有淡水的島嶼，二次世界大戰後由國軍太平艦接收，故以該艦命名，為我國實質擁有；其他鄰近島嶼則陸續為環南沙群島國家所占領。

三、臺灣的海洋生物

臺灣海洋生物種類繁多，海藻與海草方面，多分布於岩礁岸，已知至少有524種，其中以龍鬚菜及紫菜分布最廣，供食用或作為養殖之用，大多在澎湖、金馬地區；而馬尾藻、石花菜及翼枝菜可作為洋菜；部分海藻亦可作為醫藥、飼料、肥料之材料。惟臺灣進行海藻、海草研究者較少（邵，1998）。

臺灣的海洋無脊椎研究主要在甲殼類、珊瑚以及貝類、棘皮動物。研究已發現珊瑚蟲綱達三百餘種、軟體動物估計有2500～3000種；甲殼動物包括蝦蟹有500餘種、棘皮動物有120餘種。以上為1990年代初期的估計成果，預計隨調查工作進行，應有更多種類會被發現（邵，1998）。

臺灣沿近海魚類紀錄物種則高達2,300餘種，占全世界魚種的十分之一，主要是因為臺灣位於全世界海洋生物多樣性最高的印度馬來中心的北緣，四處有不同底質、水深的生態系，包括紅樹林、河口、沙地、珊瑚礁、深海，以及由赤道北上的黑潮，以及中國大陸沿岸冷水流南下交會經過所致。其中約有1,500餘種是生活在珊瑚礁區的小型魚類，其次則是中表層或底棲洄游之商業經濟物種，深海魚種則相對研究較少；爬蟲類有紀錄的，海蛇約有20種、海龜有5種，惟近年僅有綠

蠵龜較爲常見；海洋哺乳類方面，由於賞鯨旅遊業的興起，目前估計沿近海曾有32種出現，包括7種鬚鯨以及25種齒鯨（邵，1998）。

前述海洋生物的分布亦各有所屬，而非平均分布。海洋生物分布會受底質、溫度、洋流的影響，因此，臺灣西部自淡水河到枋寮，海底平緩、潮間帶寬廣，以蝦、蟹、貝類及底棲性魚類爲多，河口則是許多仔稚魚、蝦蟹幼生聚集之處。東海岸則因爲地形陡峭，多以洄游性魚類爲主。至於臺灣南北兩端則有較多的珊瑚礁區，因此魚類種數多，生物多樣性高，如墾丁之珊瑚礁魚類即達1,100種以上。

四、臺灣的海洋資源

(一)礦產與天然氣

臺灣油氣探採自1965年開始籌劃，經過多年鑽探後，已經在新竹外海開發長康油氣田等（行政院研究發展考核委員會，2001）；至於東海、黃海礦區，則因爲主權爭端，至今尚未開採。鹽業則受限於臺灣鹽灘土地以及設備能量，目前年產量精鹽約10萬公噸，晒鹽20萬公噸，因不敷使用，需由國外進口因應。至於溫差、潮差發電，雖在臺灣東部海域及金門馬祖外島有其開發潛能，但受關鍵技術的因素影響，仍有所侷限。由此可知，臺灣附近雖有非生物能源，但受限於技術、人力，實際能開發者相當有限。

(二)漁業

漁業是臺灣重要的初級產業。由於黑潮自臺灣東部流過，其寬度約100公里，流速約每秒一公尺，受到地形影響，在臺灣東南以及東北外海形成湧升流，造成優良的漁場。而臺灣西部沿海的海水來自南中國海，水溫很高，在冬季時，因爲冷暖不同的水團在澎湖群島附近相遇，水溫變化大，造成每年冬至前後大群烏魚洄游到此，成爲臺灣重要的漁業資源。

臺灣漁業可分爲遠洋漁業、近海漁業、沿岸漁業與養殖漁業，奠基於日據時期，日本殖民政府在臺灣積極進行水產調查與試驗，並引

進多種漁法，使得臺灣漁業在1920年代快速成長至23,000公噸；1930年達57,000公噸；1940年達120,000公噸。其中海洋漁業占10萬公噸，各式船筏達11,000餘艘。然因太平洋戰爭，使1945年產量下降至10,000餘公噸，遠洋僅有68公噸。國民政府來臺後，積極推動以生產為目標的漁業政策，至1952年即恢復至12萬公噸，之後更逐年迅速成長，至2002年已達140餘萬公噸；產值自1952年的新臺幣5億餘元，增加到2002年近1,000億元，漁產貿易順差達新臺幣200餘億。產量在全球亦名列前茅，2010年之海洋漁業產量位居全球前20名，其中鮪魚、魷魚、秋刀魚更位居前三名。以臺灣地小人稠的情況而言，如此成就，著實不易（圖2-7）。

臺灣的遠洋漁業，早期以拖網為主，作業漁場在南中國海，甚至遠赴澳洲鄰近水域；之後由於各國實施200浬專屬經濟水域而產量縮減。鮪延繩釣以及圍網船亦為遠洋漁業的大宗，鮪釣船數最高時曾達600艘；之後因應國際漁業組織配額調整而縮減至400餘艘；圍網船近年更只剩34艘。至於在西南大西洋作業之魷釣船有100餘艘，其中部分漁船會季節性至北太平洋捕撈秋刀魚。

上述遠洋漁業年產量，約占臺灣漁產總量60%左右，產值接近50%，為最重要產業之一。其次為養殖漁業，包括淡水養殖、鹹水養殖以及淺海養殖，主要種類包括吳郭魚（又稱臺灣鯛）、鰻魚、虱目魚、石斑魚、鯛魚、海鱺、牡蠣及文蛤等等，總年產量約17萬公噸，居全球第15名（FAO, 2010）。

至於沿、近海漁業，即在專屬經濟水域內作業之漁船，其總船數約2萬艘，作業漁法繁多，包括拖網、延繩釣、一支釣、流刺網、火誘網、鯖鰺圍網、定置網等等，船數雖多，但近來年產量約25萬公噸，僅占總產量的20%。較之早期臺灣沿、近海年漁獲量可達40萬公噸，漁業資源枯竭問題可想而知（胡等，2007）。

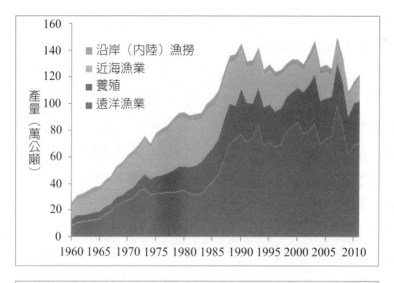

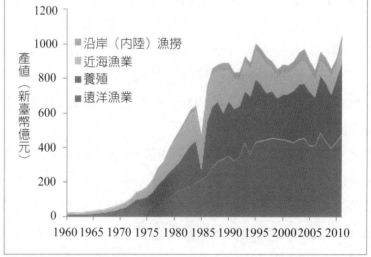

圖2-7　臺灣歷年漁業產量及產值。

資料來源：行政院農業委員會出版之《中華民國台閩地區漁業統計年報》。

海洋觀察站

「瑞興輪」船難事件的省思

　　10月3日凌晨在基隆大武崙澳外海擱淺的巴拿馬籍貨輪，因船身斷裂，300多噸燃油外漏，造成綿延3公里、寬達40公尺的東北

角海域污染，以及7死3失蹤的生命、財產損失。這次重油污染海洋事件，其嚴重性僅次於2001年1月14日在墾丁外海失事的希臘籍貨輪阿瑪斯號。當阿瑪斯號油輪船難發生後，環保署曾於民國93年10月修正核定「重大海洋油污染緊急應變計畫」；但「徒法不足以自行」，尤其船難污染海洋屬於突發事件，如果平時缺少處理海洋油污染標準作業程序（SOP）的演練，一旦發生事故，難免手忙腳亂而延誤了先機，造成污染的擴大，後果更不堪設想。

根據報導，瑞興輪是一艘船齡36年的砂石船，曾因船體的設備缺失，遭海峽兩岸的港口多次扣船。這次為了節省移船費，竟不顧狂風巨浪，以壓艙水未打滿的空船出港，又選擇靠岸航行，失事的主因固然是船長的疏忽冒進；但船東不肯汰換老舊的船舶，又為了節省區區幾萬元移船費，卻造成臺灣海岸嚴重污染的大災難及7死3失蹤的慘劇。雖說本次船難是由於颱風與東北季風的雙重影響所造成的不幸，但對船東貪小失大的行徑，法律實不應輕輕放過。在為罹難的船員哀悼之餘，也該進一步探討天災之外，有無應為這次嚴重的海域污染負起責任的人為疏失？

當船員家屬指責港務局「趕船」，是本次海難的主要原因之一；港務局則宣稱，當晚仍有空船席可供泊靠，且船舶選擇何時離港屬船長的權限。我們要質疑港務單位的是有無告知：如此天候及海象，船舶實不宜離港？如果沒有適時提醒而導致此起船難的發生，雖不必然要負法律責任；卻也逃脫不了「我不殺伯仁，伯仁因我而死」的道德譴責。可以想見的是，船難污染海洋的事故一旦發生，牽涉的單位又得忙得人仰馬翻，包括內政部、交通部、國防部、環保署、海巡署、農委會漁業署、縣市政府、中油公司等單位，通通都得投入搶救的工作和處理後續的相關事宜，所耗費的社會成本和經濟損失，又是一筆難以統計的天文數字；而遭到破壞的海岸生態，需要多久才能復育更是難以估計；沿海漁民及觀光業者

所蒙受的損失，誰來賠償他們？

　　十年來，東北角海岸已至少發生過六次類似的船難。而臺灣本島1,200多公里的海岸線，不論那一部分受到重油污染，都會帶來嚴重的後果和損失。對這次瑞興輪的船難事件，社會在檢討之餘，一定要嚴格督促政府相關部門，做好防範措施；至少在天候惡劣時，一定要以明顯的信號、標幟，警告行駛在臺灣附近海域及進出港口的船舶，千萬不要冒險航行，以免不幸發生船難，貽害寶貴的海洋生態環境，並造成生命財產的重大損失！

第三章

國際海洋法

法律是人類社會的產物，規範社會成員間的權利義務關係及解決紛爭之方法，以維持社會秩序。其規範的對象除自然人外，尚包括法人、非法人團體；在國際法上，國家及國際組織則成為主要規範對象。

　　國際海洋法既是國際法，所以不像國內法有成文法典；其法源與國際法相同，包括國際習慣法、國際條約、一般法律原則、司法判例及學說等。本章第一節介紹國際法的法源，第二節介紹國際海洋法發展概況及1982年聯合國海洋法公約的重要內容，第三節介紹我國與海洋相關的法律，第四節列述當代國際重大海域爭議的議題。

第一節　國際海洋法的法源

　　依照國際法院規約（Statute of I.C.J.）第三十八條規定，國際海洋法的淵源可區分為五種，即國際條約、國際習慣、一般法律原則、司法判例及學說。前三者為主要法源（principal sources），後二者為輔助法源（subsidiary sources），乃作為「確定法律原則的補助資料」（姜皇池，2008）。以下依序介紹國際海洋法規範產生的緣由，及其在國際間的法律效力。

一、國際條約

　　「條約」係指「國際法人間共同締結，受國際法規範之國際書面協定」，而發生一定的法律效力者（俞寬賜，2007）。國際法人包括國家及國際組織，因此，國家相互間、國際組織相互間，或國際組織與國家之間所締結的協定皆是條約。國際法人間的協定，除「條約」以外，尚有其他各種名稱，如公約、協定、議定書、宣言、憲章、規約、盟約、換文及行政協定等。由兩個國際法人所締結的，稱為「雙邊條約（bilateral treaty）」，由三個以上國際法人所締結之條約，稱

為「多邊條約（multilateral treaty）」。

條約可區分為契約條約和立法條約，其性質及功能如下：

1. **立法條約**：是規定全體締約國的一般行為規範，為「提供國際間處理共同問題之一般法律原則」，又稱「規範條約」，例如：1945年的「聯合國憲章」、1961年「外交關係公約」均屬之。立法條約係國際海洋法最重要也是最直接的淵源。（俞寬賜，2007）

2. **契約條約**：是締約國用以處理關於其間特殊利益的法律行為，例如為了通商而訂約或為劃界而訂的條約均屬之。契約條約是解決締約國間爭端的重要依據，其效力僅存在於締約各方，惟如其中某項規則多次為其他國家所接受或仿傚，則該項規則亦得以普遍化，進而成為國際習慣法。（俞寬賜，2007）

二、國際習慣法

(一)國際習慣法的形成

國家相互間對於某種特定的情形，採取某種特定的作法，久而久之成為習慣。此習慣復經國際社會普遍遵行，當各國開始明示或默示承認此習慣有法律上之拘束力時，此一習慣即成為「國際習慣法」。故國際習慣法具有三個特性：1.通行於國際社會；2.具有法律上的拘束力；3.不斷地演進。

國際習慣法既為不成文法，而且不斷地在演進，因此比其他成文法較有變通性，而容易衍生複雜的國際關係；換言之，因為國際習慣法是不成文法，缺乏精確性，故實際適用上，難免會發生困難。

國際法院規約第 38 條第1 項第 2 款規定：國際法院所依據之國際法包括「國際慣例，作為通例之證明而經接受為法律者。」因此，習慣法的定義包涵兩個因素：1.通例，或稱「習尚」。2.經接受為法律。換言之，習慣法需有主客觀之要件：習尚存在與否為客觀要件，而是否被接受為法律則為主觀要件。因此，一個行為經普遍且重複仿效

後，成為習尚；倘行為者從事此種行為時，認為該行為具有法之信念或義務（opinio juris sive necessitatis）（丘宏達，2006），即成為習慣法。舉例而言，國際禮儀屬一種習尚，具有客觀要件，然缺乏法之確信要素，故仍非屬習慣法。（姜皇池，2004）

(二)持續反對原則

習慣法一經產生，原則上即對所有國家產生拘束力，惟如某一國家自習慣法形成之前，即一直明確反對此一習慣，則此習慣法即不適用於該國。例如美國卡特總統自1979年起，推行「自由航行計畫」，當時大部分國家均主張領海為12浬，美國則反對領海寬度超過三浬。假設美國持續反對領海寬度超過三浬，則領海寬度為12浬的國際習慣法，即不能對美國適用。不過，美國因「自由航行計畫」與許多國家產生衝突，最終於1982年接受領海寬度為12浬的國際習慣。（姜皇池，2004）

案例：英、挪漁業爭端案

二十世紀初，英國與挪威經常為英漁船闖入挪威沿海漁區捕漁而發生漁業爭端。為了保護本國利益，挪威國王於1935年7月12日頒布敕令，宣布以挪威沿岸外緣的高地、島嶼和礁石（石壘）上的48個基點，以直線連成基線之內側水域作為內水，向外平行劃出四浬作為專屬漁區，並扣留進入此區捕魚的英國漁船。

1949年9月28日，英國在與挪威政府談判失敗後，向國際法院提起訴訟。英國主要論點為：根據國際法上通行的標準，領海基線應是實際的低潮線，而直線基線法僅適用於海灣；挪威以直線基線測算領海寬度及劃定漁區的方法，違反了國際法。對於英國的指控，挪威則反駁：英國所提的規則不適用於挪威。挪威所採的基線劃定法，無論就那一方面來說，都符合國際法。因為，早在1812、1869、1881和1889年，挪威國王即已分別頒布敕令，申明某些段落

的領海是採取兩個突出點之間的直線劃出的，且從未遭到包括英國在內的任何外國所反對，因此，英國應已默認挪威對領海及漁區的區劃。

　　1951年12月18日國際法院對本案作出判決，駁回英國的要求，判定挪威1935年敕令劃定漁區的方法和採用直線基線法確定領海基線並不違反國際法。國際法院的論點為：低潮線雖為各國通常採用的劃界標準，但並不適用於挪威海岸迂迴曲折的鋸齒狀峽灣地形，以及當地居民賴漁業為生的特殊性；最重要的是，挪威自1869起到爭端發生時這長達六十多年間，一直採行直線基線劃界制度，包括英國在內的各國從未向其提出異議，只在1933年7月27日的備忘錄中才提出正式而明確的抗議。但法院為英國作為一向極關注海洋法及捍衛海洋權益，且在北海漁業中享有極大利益的海洋大國，不可能忽視挪威國王自1869年以來的敕令。因此，挪威的長期實踐、國際社會的普遍寬容，以及英國長期的默認，使國際法院以10票對2票裁定：挪威1935年法令所採取的劃定漁區方法不違反國際法；並以8票對4票裁定：該法令所劃定的直線基線不違反國際法。

　　以上國際法庭對英、挪漁業爭端的判決，使直線基線法在法律上首次得到承認，從而迅速為國際社會所採用，為國際法理論與實踐的結合。而本案英國有無對於挪威使用直線基線法則劃定基線的作法持續表示反對，也是本案勝負的重要關鍵。

(三)國際習慣之編纂

　　由於習慣法產生的方式特殊，一般僅能作原則性的規定，其內容及範圍通常較不明確；而且習慣法隨著時間不斷演進，因而，各國在適用及舉證上均有困難。為解決上述問題，使國際習慣法更精確而容易引用，國際間乃積極推動國際習慣規則編纂運動，例如1961年「維也納外交關係公約」、1969年「維也納條約法公約」均屬之；1982年

的「聯合國海洋法公約」也納入許多國際習慣。（俞寬賜，2007）

三、一般法律原則

「國際法院規約」第38條規定，國際法院除援用條約和國際習慣法外，尚可適用文明國家所承認之一般法律原則。一般法律原則之設定，乃授權常設國際法院在沒有條約或習慣法可資適用時，得有機會找到適法的根據，以審斷訟案，因為法院不得以缺乏法律為由而不予裁判。

一般法律原則是指各主要法系國家國內法所共同採納的基本法律原則，要認定一般法律原則之存在，即須透過比較法的研究來達成。一般法律原則可區分為：一、「國內法所普遍承認」的原則；二、「導源於國際關係」的一般法律原則；三、「可適用於國際與國內關係」之一般法律原則（黃異，2006）。例如國家獨立的尊重、國家繼續的原則、契約神聖的原則、誠信原則、權利濫用的禁止、既得權益的尊重、一事不再理原則、時效原則、不可抗力原則、契約需出於自由同意的原則、時效的原則、自衛權等。（俞寬賜，2007）

四、司法判例

國際法院的判例，是國際法間接的補助法源。依據「國際法院規約」第38條及第59條規定，司法判例可以作為確立法律原則之補助資料；但僅對於當事國及該特定的爭端具有拘束力。

然而，國際法院在其判決或諮詢意見中，常有引述以往判決中之國際法原則或推理；在仲裁裁決中，亦常有引述其他仲裁裁決之意見（俞寬賜，2007）。因此，援引判例或仲裁裁決以確定國際法規則，在國際實踐已成為一個慣行。此外，國際法院的判決或意見，對於國際法的發展常具有相當影響，尤其是新法則的發展或法則的重新修正，這就是通常所稱「司法立法（judicial legislation）」的問題（劉少欽，2012）。

由上述可知，判例雖為輔助法源，然判例是國際法適用的法例，其中所表現的意見是國際法的真正內涵，在說明與證明國際法的原則或規則方面，具有很大的功能，從而，在實務上，判例之重要性並不亞於上述三種主要法源（劉少欽，2012）。

五、學說

早期國際社會，國際條約不多，故國際法多半以習慣法為主，因此學者所發表的學說，對國際法規則的確定及國際法發展方向，有很大影響。因此，國際法學者的著作或國際法學研究團體之報告，得以表現出當代國際法規之內涵和趨勢。例如：被喻為國際法之父的格魯秀斯（Hugo Grotius）之「海洋自由論」對國際社會有頗大之影響力。近代，一些重要的國際法學術團體，如國際法協會、國際法學會等，其成員為大多數國家的學者，其表達的意見相較於個人意見，更具有權威性（俞寬賜，2007）。

至於國際法內國法化的問題，國家固然有落實國際法的義務，惟如何落實，則需視國際法的內容而定。然而，目前國際法並未規定國際法在國內法領域中直接具有國內法效力，因此必須經由國內法規定，將國際法引入國內法領域。國際法在引入國內法領域之後，始在國內法領域中具有效力。至於引入國內法領域的機制，國際法亦無統一規定，而是委由各國國內法自行規範。在此種狀況下，各國國內法遂自為規制把國際法引入國內法的機制。

有關國際法引入國內法的機制，及引入後在國內法之地位為何，與現行法律衝突時應如何解決及適用等事項，均屬我國法制上之重大事項；唯現行憲法及相關法律均未做規定，僅由外交部訂定之職權命令「條約及協定處理準則」，用以處理條約締結後公布施行的問題。另外，司法院大法官會議針對條約之法律位階，亦於「釋字第329號」解釋理由書釋示：「總統依憲法之規定，行使締結條約之權；……立法院有議決條約案之權，憲法第38條、第58條第2項、第63條分別定有

明文。依上述規定所締結之條約，其位階同於法律。」其他部分則付之闕如。因而，我國有關國際法引入國內法的機制，及引入後在國內法之地位爲何，與現行法律衝突時應如何解決及適用等問題，均屬我國法制上之重大事項，應爲我國現階段需先解決之重大問題。（劉少欽，2011）

第二節　現行主要海洋法國際公約

　　國際海洋法的五種法源，以國際條約、國際習慣法及一般法律原則爲主，司法判例與學說爲輔。而國際條約、國際習慣法及一般法律原則三者之中，又以國際條約最爲具體，於處理國際爭端時最先被考慮，也突顯了國際條約之重要性。國際條約中的多邊條約因有較多國家簽定，影響力比雙邊條約大，故本節將以國際公約爲主，介紹目前國際間主要的國際海洋法公約。

　　在1958年第一屆聯合國海洋法會議以後，有關海洋法的基本規範，均納入四大海洋法公約：「領海及鄰接區公約（Convention on the Territorial Sea and the contiguous Zones, TSC）」、「公海公約（Convention on the High Seas, HSC）」、「大陸礁層公約（Convention on the Continental Shelf, CCS）」、「捕魚及養護公海生物資源公約（Convention on the Fishing and Conservation of the Living Resources of the High Seas, HFC）」。此四者屬立法性質的公約，對國際間影響較大。到了第三屆聯合國海洋法會議，於1982年通過「海洋法公約」，全文共分17部分、320條，內容包括國家管轄權範圍、海洋生物與礦物資源、國際經濟衡平原則、海洋環境維護、海洋科學研究及海洋爭端解決等（俞寬賜，2002）。該公約自1994年11月16日因批准的國家已達60個而正式生效。迄2012年12月，全球已有164個國家批准。1982年「聯合國海洋法公約（The United Nations Convention on the Law of the Sea, UNCLOS）」的內容涵蓋甚廣，影響今日國際社會甚巨。儘管如此，國際間除了「聯合國海洋法公約」外，尚有其他重要公約，譬如「國際海上人命安全公約」、「國際海上避碰規則公約」、「海上救助及撈救統一規定公約」等。為求周延，本節將當前國際海洋法主要公約分成海域劃分及權限、海事安全、海洋環境保護及海洋科學研究等四部分，加以重點介紹。

一、海域劃分及權限

海域劃分在釐清各國管轄海域之界限，及行使權利之範圍，以避免發生爭端。海域劃分，以「聯合國海洋法公約」為主。該公約將海洋區域劃分為內水、領海、鄰接區、專屬經濟海域、大陸礁層及公海等幾個部分，以下分項說明：

（一）內水

「聯合國海洋法公約」第8條第1款規定：「除第四部分另有規定外，領海基線向陸一面的水域構成國家內水的一部分。」

「內水」可分為廣、狹二義：廣義之內水包括領海基線向陸一面之所有水域（包括淡水與海水）；而狹義之內水則僅限於領海基線向陸一面之海水水域，即限於鹹水水域（姜皇池，2004）。

「內水」在法律上的意義與國家陸地領土相同，屬於國家領土主權管轄範圍，故國家原則上可自由處理，因此，聯合國海洋法公約並未就內水作詳盡的規定。沿海國就其內水享有完全的領土主權，因此內水原則上並不存有無害通過權。唯依公約第8條第2款規定，如果按照第7條所規定的方法確定直線基線之結果，使原來並未認為是內水的區域被包圍在內成為內水，則在此種水域內應有公約所規定的無害通過權，是為例外，此一規定的用意應係為了便利國際間海上的交通。

（二）領海

1982年「聯合國海洋法公約」規定，沿海國的主權及於其陸地領土及其內水以外鄰接的一帶海域，此海域稱為領海（territorial sea），

其寬度自基線算起不超過12浬。領海主權及於領海上空及其海床和底土，唯需容忍其他國家船舶「無害通過」其領海。

沿海國得制定管理領海的法規，對於通過其領海之船舶，除無害通過之船舶外，原則上均享有民事及刑事管轄權。

(三)鄰接區

「鄰接區」（contiguous zone）係指從基線量起，不超過24浬鄰接領海的水域。沿海國在鄰接區之權力不如在領海之強大，沿海國僅得就海關、財政、移民、衛生等特定行政目的，行使管轄權。

(四)專屬經濟海域

專屬經濟區（the exclusive economic zone, EEZ）係指位於領海以外鄰接領海之海域，其寬度自領海基線算起，不得超過200浬。

沿海國在專屬經濟區享有以探勘、開發、養護與管理海床之上覆水域、海床及其底土生物與非生物資源為目的之主權權利（soverign right），以及關於在該區內從事經濟性探勘和開發，如利用海水、海流和風力生產能等其他活動的主權權利；唯於行使其權利時，應適當顧及其他國家的權利和義務，並應符合公約規定的方式行事。其他國家則享有航行、飛越及鋪設海底電纜及管線之自由；唯應適當顧及沿海國的權利和義務，並遵守沿海國按照本公約的規定和其他國際法規則所制定之法律及規章。

(五)大陸礁層

國際法上大陸礁層（或稱大陸架，continental shelf）的概念，源自地質學及地形學上之大陸棚的觀念。綜合聯合國海洋法公約之規定，大陸礁層的外部界線，包括以下幾種情形：

1. 依其陸地領土的全部自然延伸，如果從測算領海寬度的基線量起，到大陸邊的外緣的距離未達200浬，則擴展至200浬。

2. 依其陸地領土的全部自然延伸，如果從測算領海寬度的基線量起到大陸邊的外緣超過200浬而未達350浬，或不超過2,500米等深線100浬時，則大陸邊外緣即為大陸礁層之外部界限。

3. 當大陸邊外緣自基線起算超過350浬，且超過2,500米等深線100浬時，則大陸礁層之外部界線，可自「基線起算350浬」或「2,500米等深線外100浬」中取較遠者為主張。

沿海國在大陸礁層享有探勘及開採自然資源、建造，或授權建造與操作使用人工島嶼、進行海洋科學研究、開鑿隧道以及開發底土等權利；其他國家仍享有大陸礁層之其餘權利。故沿海國對大陸礁層權利之行使受有限制，即不得影響上覆水域或水域上空的法律地位、沿海國不得對其他國家船舶航行以及公約規定之其他權利和自由有所侵害或干擾。

㈥公海

「公海」（the high seas）係指「國家管轄海域以外之鹹水海域」（俞寬賜，2002）。依據「聯合國海洋法公約」規定，公海對所有國家開放。不論沿海國或內陸國，任何國家不得有效地聲稱將公海的任何部分置於其主權之下，此即所謂「公海自由原則」。

「公海自由」的內涵包括：公海航行自由、飛越自由、鋪設海底電纜與管線自由、人工島嶼和其他設施建造自由、捕魚自由及科學研究自由。除上述例示之自由外，任何國家對於公海的利用，只要在合乎「聯合國海洋法公約」規定，並適當顧及其他國家行使公海自由之利益原則下實施，皆應承認其為公海自由之內容。（姜皇池，2009）

為維持公海上之秩序，在公海上事件之處理係以「船旗國專屬管轄」為原則，而不干涉其他國家在公海上之航行等活動。然而公海上仍可能發生重大犯罪活動或嚴重侵害沿海國利益之行為，例如於公海上發生的海盜行為、販賣奴隸、非法販運麻醉藥品或精神調理物質、從事未經許可之廣播等，則除船旗國外，各國針對特定事項，亦具有管轄權。

二、海事安全

(一)航行安全

船舶適航性的發展，於1924年「海牙規則」出現後，各海運國紛紛以之爲藍本，制定適合本身的法律，對全球航運影響至鉅。及至1960年國際間海事諮詢組織制定「海上人命安全國際公約」後，船舶適航性逐漸受到各國的重視。

聯合國海洋法公約規定：船旗國必須就船舶海上航行安全採取必要措施，包括船舶的構造、裝備和適航條件；船舶的人員配備、船員的勞動條件和訓練；同時考慮到適用的國際文件、信號的使用、通信的維持和碰撞的防止；且採取上述必要措施時，必須「遵守一般接受的國際規章、程序和慣例，並採取爲保證這些規章、程序和慣例得到遵行所必要的任何步驟。」爲避免各國對船舶適航性與船員資格各訂標準、各行其是而引發混亂，國際社會因而發展出一致的國際標準以促進航運安全。此等相關的國際公約，多由「國際海事組織」所制定，內容重點如下：

1.航行安全之國際規範

(1)1974年國際海上人命安全公約

「國際海上人命安全公約」（International Convention for the Safety of Life at Sea, SOLAS）乃最主要之海事安全公約，其規定非常詳細，包括航行安全、船舶安全結構、救生設備、穀物運裝、無線電報與無線電話、危險貨物運裝與核能船舶之特殊規定等。（姚忠義，2005）「該公約締約國有義務將公約所載之相關規定，以內國立法模式要求懸掛該國旗幟之船舶遵守」，並主要由船旗國負責公約之執行；而港口國有權檢視停泊其港口之其他締約國船舶，且船上必須載有公約所要求之船舶安全證書（姜皇池，2009）。

(2)1966年國際載重線公約

「國際載重線公約」（International Convention on Load Lines,

LL）乃用以處理船舶超載問題，避免因超載而發生海難。公約「主要
規範船舶得乘載之總量，船舶必須依規定核對總和勘劃標誌」，並備
有「國際載重線證書」；其執行模式與海上人命安全公約類似，主要
仍由船旗國執行，而港口國於船舶欠缺必要與詳細之國際載重線證書
時，得滯留該船。（姜皇池，2009）

(3)1972年國際海上避碰規則公約

1972年「國際海上避碰規則公約」（Convention on the International Regulations for Prevention of collisions at Sea 1972）乃避免船舶
海上碰撞之規則，「規定在能見度不佳的情形下之駕駛和航行規則、
安全航速、避免碰撞所採行為、峽水道航行、分道通航制、追越、燈
號與號型、聲響和燈光信號」等事項（姜皇池，2009）。

(4)1978年船員訓練、發證、當值標準國際公約

1978年「船員訓練、發證、當值標準國際公約」（International Convention on Standards of Training, Certification, and Watchkeeping for Seafarers, STCW）就船員標準賦予明確規定，「以避免不充分的
訓練或不適任之船員導致航行事故發生」；「該公約規定船長及其他
高級船員證照之強制最低限度要求，以及為航行與輪機當值之基本原
則」（姜皇池，2009）。

2. 海上搜索及救助之國際規範

1979年「海上搜索及救援國際公約」（International Convention on Maritime Search and Rescue, SAR），規範對人員之救助應建立搜索
及救援計畫，使海上搜索及救援之國際合作更為順利。1989年「海難
救助國際公約」（International Convention on Salvage）則是針對他人
船舶與財產之撈救（姚忠義，2005）。

3. 制止海上非法行為之國際規模（姚忠義，2005）

鑑於對錨泊與航行中之船舶的威脅，以及其他非法行為、事故數
量之日增，對旅客及船員造成危險，國際海事組織於1983年通過「防
止海盜行為與武裝搶劫船舶措施」決議，敦促各國政府優先採取一切

必要措施，以防止在其水域或鄰近水域中對船舶之海盜與武裝搶劫行
為。1988年通過「制止危及海上航行安全非法行為國際公約」（Convention for the Suppression of Unlawful Acts Against the Safety of Maritime Navigation, SUA），於1992年生效。

㈡港口國管制

在1929年之「海上人命安全國際公約」中，「港口國管制」（Port State Control, PSC）一詞，即已有所規範，然各國多未嚴格遵行。1978年3月7日在法國海域發生 M.T."Amoco Cadiz"油輪擱淺事件，使得歐洲之法國、比利時、丹麥、芬蘭、德國、希臘、愛爾蘭、義大利、荷蘭、挪威、葡萄牙、西班牙、瑞典及英國等14個國家之海事當局，於1980年12月間在巴黎簽署一項宣言，「強調需要加強海上安全、保護海洋環境及改善船上生活與工作條件」。嗣於1982年1月簽署「巴黎備忘錄」（Paris Memorandum），開啟區域性港口國管制制度，並自同年7月1日起實施（劉少欽，2012）。

以下介紹國際間對港口國管制之規範：

1. 國際海事組織有關公約

根據國際海事組織（International Maritime Organization, IMO）所制定之港口國管制公約，計有：1966 年「國際載重線公約」有關監督之規範；1974 年「海上人命安全國際公約」有關監督之規範，以及「國際安全管理章程」有關發證、查證及管制之規定；1973之「防止船舶污染國際公約」；1978 年之「航海人員訓練、發證及當值標準國際公約」第10 條，有關監督之規範；1969年「國際噸位丈量公約」，要求各締約國政府實行公約及其附錄之各項規定，以核對船舶之主要特徵是否符合與該公約及其附錄之規定（姜皇池，2009）。

2. 國際勞工組織有關公約

國際勞工組織與港口國管制最直接有關係者為「商船最低標準公約」。

3. 1982年聯合國海洋法公約

當外國船舶不符合無害通過之意義時，則其通過將視爲非無害，沿海國即可對之實行管轄權。

㈢災難救助

海上遇難船舶的人命救助責任與義務，源於古典習慣國際海洋法，它來自於俠義的騎士道精神法則（rules of chivalry）及基督教的教義（Christian teachings），直至1910年的「關於海上海難協助和救援法則統一公約（The Convention for the Unification of Certain Rules of Law Respecting Assistance and Salvage at Sea，1910）」出現，始將海難救助法律成文化，開創海難救助國際統一立法之新時代。船舶發生碰撞或擱淺等海難事件，不僅造成人命財產重大損失，對沿海國之海洋環境亦造成莫大危害，如1911年5月發生之英國巨型客輪「鐵達尼」號所發生之重大海難事件（劉少欽，2012）。故國際間亦建立若干相關之海難救助規範，以下擇要介紹。

1. 1910年海上救助及撈救統一規定公約

1910年9月23日由比利時政府邀請7個國家開會，通過「1910 年海上救助及撈救統一規定公約（Convention for the Unification of Certain Rules of Law Respecting Assistance and Salvage at Sea，1910）」訂定救助海上人命的人道主義原則，即船長於不甚危害其船舶暨其船員與旅客範圍內，對於發現在海上行將淹沒之任何人，縱係敵人，應盡力救助。

2. 1958年日內瓦公海公約

1958 年「日內瓦公海公約（Convention on the Hight Sea）」開始有各沿海國應爲海面及其上空之安全，提倡舉辦並維持適當與有效之搜索與救助事務之概念，唯尚屬「倡議」階段。

3. 1974年海上人命安全公約

1974年「國際海上人命安全公約」係最先規範航運安全之國際公約。係國際海事組織召集討論而採納的公約，於1980年5月25日開始生

效，其目的在促進航運安全、保全及海洋環境保護。該公約要求範圍涉及船舶構造、設備、管理、及保全等，內容詳盡。

4. 1982年聯合國海洋法公約

1982年「聯合國海洋法公約」第98條規定：每個國家應責成懸掛該國旗幟航行船舶的船長，在不嚴重危及其船舶、船員或乘客的情況下，救助在海上遇到之任何有生命危險的人；並在碰撞後，應對另一船舶之船員及乘客給予救助。

5. 1989年海難救助國際公約

為解決陷入海難危險之船舶、其他財物之安全，以及對於環境之保護等問題，國際海事組織於1989年通過「海難救助國際公約（International Convention on Salvage, 1989）」，對救助陷入海難危險之船舶或其他財物之人員，給予適當的鼓勵。

三、海洋環境保護

傳統海洋環境保護措施主要集中在避免污染，但隨著觀念之演進，海洋環境保護措施逐漸化被動為主動，轉而著重於確保海洋環境之永續發展。因此，海洋環境保護措施不僅避免海洋污染，更進一步保護棲息地和海洋生物多樣性。在國際法上，針對海洋污染部分，傳統國際習慣法已有一些處理海洋環境問題之原則和義務，國際社會也逐漸發展出有關海洋污染習慣法之「普遍原則」。就保護棲息地和海洋生物多樣性方面，則採用「海洋保護區」（Marine Protected Areas, MPAs）概念，作為易受傷害的海洋棲息地和物種之主要保護方式（姜皇池，2009）。以下就海洋污染及海洋保護區分別論述：

(一)污染防治

由於人類的活動將物質或能量排入環境內，並直接或間接地危害、或可能危害人類的健康、福祉或資源，即成為污染。由於人類直接或間接地把物質或能量導入海洋或河口、江口，造成污染，因而傷害生命資源和海洋生態，危及人類健康，妨害海洋活動及海洋使用。

海洋環境污染議題，近年來日益受到國際社會重視，並訂定規約加以防制。目前以1982年公布的「聯合國海洋法公約」之規定較為周延。

「聯合國海洋法公約」之第12部分為「海洋環境之保護與保全」，明定各國有保護和保全海洋環境的義務。凡涉及海洋污染的所有問題，包括防止傾倒、陸源、船舶、大氣層及海底活動等所造成的污染，公約均要求各締約國在適當情形下，個別或聯合地採取一切符合公約的必要措施，以防止、減少和控制任何來源的海洋環境污染。對於防止、減少和控制不同的污染來源，各國制定之國內法律和規章，應符合通過主管國際組織及一般外交會議制定之國際規則和標準相同之效力，並執行相關措施。另對於海洋環境污染管轄及國家責任，「聯合國海洋法公約」就不同之污染源，分別律定由船旗國、沿海國及港口國具有管轄權及採取必要措施。至於公海上船舶污染規章的制定權，則歸予國際海事組織負責。

(二)海洋保護區

首度提出設立「海洋保護區」之構想，是在1962年舉行之「第一屆世界國家公園大會（First World Conference on National Parks）」。後來，各國紛紛劃設國家海洋公園及海洋保護區。為了「整合海洋管理體系」，乃設立大型的、多目標使用的海洋保護區的目的，藉由海洋保護區的區域整合，以保護生物棲息地及多樣性，並協助維持獨立發展之漁場（姜皇池，2009）。其主要之國際規範體系如次：

1. 1982年聯合國海洋法公約

「聯合國海洋法公約」第12部分「海洋環境的保護和保全」，尚未明文規定「海洋保護區」一詞。因在公約訂定時，「海洋保護區」觀念尚在發展而未臻成熟；唯從「聯合國海洋法公約」之規定，已可推論出「海洋保護區」概念之創設。首先，「聯合國海洋法公約」係保存生物多樣性和海洋環境相關行動之法律依據，而該等規定與「海洋保護區」之目標相同，故可視為「海洋保護區」概念之體現（姜皇池，2009）。

2. 1992年生物多樣性公約

自70年代開始，生物學家已向世界發出生物多樣性消失之警訊。因而區域性、甚至國際性的保育公約陸續形成。1992年「聯合國環境與發展會議」（United Nations Conference on Environment and Development, UNCED）「通過生物多樣性公約，以全球性觀點處理保護生物多樣性之議題」；生物多樣性公約以「保護區」（protected areas）作為保護生物多樣性及生物資源永續利用之方法；此外，生物多樣性公約之締約方更於1995年通過「雅加達海洋及海岸生物多樣性訓令（Jakarta Mandate on the Conservation and Sustainable Use of Marine and Coastal Biodiversity）」，以促進生物多樣性公約之落實（姜皇池，2009）。

四、海洋文化及海洋科學研究

㈠海洋文化

目前在海洋文化之相關議題中，以水下文化遺產與考古較受重視。「水下」涵括內水、領海、鄰接區、專屬經濟海域以及公海等各水域，在此等區域下之文化遺產又可概分為「沉船和孤立的物體（Shipwrecks and Isolated Objects）」以及「沉沒的遺址（Submerged Sites）」兩類，而以沉船為大宗。水下文化遺產具有發掘不易以及保存良好之特色，此為與陸上文化遺產之最大區別，更彰顯其重要性（蘭明忠，2003）。

目前與此議題相關之主要國際公約為1982年「聯合國海洋法公約」，及由聯合國教科文組織（UNESCO）所推動之「保護水下文化遺產公約（Convention on the Protection of Underwater Cutural Heritage）」。

1. 聯合國海洋法公約

「聯合國海洋法公約」有關水下文化遺產與考古事項，僅有第149條與303 條2條規定，今說明如下：

(1)第149條

「在區域內發現的所有考古和歷史文物，應爲全人類的利益予以保存或處置，但應特別顧及來源國，或文化上的發源國，或歷史和考古上的來源國的優先權利。」

(2)第303條

「各國有義務保護在海洋發現的考古和歷史性文物，並應爲此目的進行合作。爲了控制這種文物的販運，沿海國可在適用第33條規定時推定，未經沿海國許可將這些文物移出該條所指海域的海床，將造成在其領土或領海內對該條所指法律和規章的違犯。本條的任何規定不影響可辨識之物主的權利、打撈法或其他海事法規則，也不影響關於文化交流的法律或慣例。本條不妨害關於保護考古和歷史性文物的其他國際協定和國際法規則。」

由上述可知，聯合國海洋法公約對於水下文化遺產之保護規定，其保護之客體不甚明確，且僅偏重區域及鄰接區內之保護，尚乏全面保護與管理之規範。

2. 保護水下文化遺產公約

聯合國教科文組織（United Nations Educational, Scientific and Cutural Organization, UNESCO）於1994年即開始水下文化遺產保護法制之發展，並於2001年11月2日，正式通過「保護水下文化遺產公約（Convention on the Protection of the Underwater Cultural Heritage）」，於2009年1月2日正式生效。此公約就內水及領海、鄰接區、專屬經濟海域與大陸礁層及區域等不同海域區劃中，水下文物之保護均有較詳盡之規範（姜皇池，2009）。

(二)海洋科學研究

海洋科學研究範圍廣泛，包括「任何足以增加人類對海洋環境了解之研究或相關科學實驗」，凡涉及「海洋地質、生物、物理、化學、水文、氣象、潮流等學科之研究」均屬之（姜皇池，2004論文）。

二次世界大戰之後，國際上開始有就海洋科學研究進行管控之趨勢，1958年簽署之「日內瓦海洋法公約」首次出現關於海洋科學研究之具體規範，並於1982年公布之聯合國海洋法公約中趨於完備。

1. 1958 年日內瓦海洋法公約

日內瓦海洋法公約關於海洋科學研究之規範，主要分成4個部分：公海、領海和內水、大陸礁層及專屬捕魚區。

「公海自由」雖未明文包括海洋科學研究自由，然依國際習慣法，一般咸認在公海上從事海洋科學研究，亦屬「公海自由」原則。內水，從其法律性質可知，惟有在沿海國同意之下，始得在該國內水進行海洋科學研究。領海爲沿岸國主權範圍，其他國家僅有「無害通過權」，因此，若欲在一國領海內從事海洋科學研究，亦必須得到該國之准許。在大陸礁層從事科學研究，主要規定於1958年之《大陸礁層公約》（the Continental Shelf Convention, CSC），凡欲在大陸礁層從事實地科學研究，必須徵得沿海國之同意。在專屬捕魚區從事科學研究，是否應得沿海國之同意容有疑義，然從國家實踐及大陸礁層公約規定觀之，在專屬捕魚區從事科學研究，事實上受到限制。（Churchill and Lowe, 1999）

2. 1982年聯合國海洋法公約

⑴關於海洋科學研究之一般原則

①第238條規定，所有國家以及「各主管國際組織」，在本公約所規定之其他國家的權利與義務之限制下，均有權進行海洋科學研究。

②第240條規定，海洋科學研究應「專爲和平目的進行」；海洋科學研究應以符合本公約的適當科學方法和工具進行；海洋科學研究不應對符合本公約之其他正當用途有不當之干擾，而其他用途也應尊重此種海洋科學研究；海洋科學研究之進行，應遵守本公約制定的一切有關規章，包括關於保護和保全海洋環境的規章。

③第241條規定海洋科學研究不應構成對海洋環境任何部分，或其資源的任何權利主張的法律根據。

(2)內水及領海之海洋科學研究

聯合國海洋法公約第245條規定，領海內的海洋科學研究，應經沿海國明示同意，並在沿海國規定的條件下才可進行。關於內水之科學研究，公約並未規定。依內水之法律地位及習慣國際法之規定，沿海國就內水享有管轄之專屬權利，與領海相同。

(3)專屬經濟海域和大陸礁層之海洋科學研究

在專屬經濟海域與大陸礁層的科學研究活動，依公約第246條第2款規定，第三國（或國際組織）若欲在沿海國之大陸礁層或專屬經濟海域進行科學研究，必須取得沿海國同意；第8款規定，在專屬經濟海域或大陸礁層從事科學研究活動時，不應對沿海國行使公約所規定的主權權利和管轄權所進行之活動有不當干擾。

(4)超過兩百浬外大陸礁層之海洋科學研究

依據聯合國海洋法公約第76條規定，沿海國之大陸礁層有可能延伸至350浬，則超過200浬外大陸礁層之上覆水域，其法律地位應為公海，依聯合國海洋法公約第78條及257條規定，所有國家和各主管國際機構均有權在200浬外之水域進行海洋科學研究，沿海國並無權過問。而「區域」內之海洋科學研究，應專為和平目的，並為謀求全人類的利益而進行。

第三節　我國的海洋相關法律

行政院海洋事務推動委員會於2006年所編印之《海洋政策白皮書》，將我主要海洋相關法令規章加以表列，爰以之為本，就法律部分稍予增刪，臚列於下，並敘明其與海洋相關的部分，同時將法律主

管機關列於法律名稱之後：

一、海洋策略部分

1. **中華民國領海及鄰接區法（內政部）**：宣示我國領海主權及鄰接區權利。

2. **中華民國專屬經濟海域及大陸礁層法（內政部）**：宣示我國專屬經濟海域及大陸礁層之權利。

3. **國家安全法（國防部）**：海防管制區部分。

4. **區域計畫法（內政部）**：區域資源環境規劃使用管理。

5. **都市計畫法（內政部）**：港埠都市分區使用規劃管理。

6. **國有財產法（內政部）**：海洋天然資源開發、利用、變更、撥用、處分等。

7. **土地法（內政部）**：海岸一定限度內土地、可通運之水道及其沿岸一定限度內之土地不得私有，土地權限及使用之規範。

8. **建築法（內政部）**：海岸建築管理。

9. **臺灣地區與大陸地區人民關係條例等（陸委會）**：大陸船舶進入規定。

二、海洋安全部分

1. **海岸巡防法（海巡署）**：海岸巡防、海域安全。

2. **災害防救法（內政部）**：災害防救之計畫、組織、預防、應變措施、復原重建。

3. **海關緝私條例（財政部）**：沿岸24浬內查緝走私。

4. **懲治走私條例（法務部）**：對私運管制物品進出口之犯罪與處罰。

5. **海上捕獲條例等（國防部）**：海上臨檢、搜捕等規定。

三、海洋產業部分

1. **促進產業升級條例（經濟部）**：海洋產業租稅減免、開發基金、技術輔導、工業區設置、創投等規定。
2. **漁業法（農委會）**：漁業權漁業、特定漁業、娛樂漁業、水產資源保育及管理。
3. **漁港法（農委會）**：漁港規劃設置經營管理。
4. **海商法（交通部）**：規範海上運輸過程中之契約行為。
5. **航業法（交通部）**：船舶運送之經營管理。
6. **引水法（交通部）**：在港埠、沿海、內河或湖泊之水道，引領船舶航行之規定。
7. **航路標誌條例（交通部）**：海上交通標誌。
8. **商港法（交通部）**：商港水域管理。
9. **船員法（交通部）**：規範船員之資格、執業、培訓、雇用、勞動條件、福利、航行安全與海難處理事項。
10. **船舶法（交通部）**：規範船舶國籍證書、船舶檢查、船舶丈量、船舶載重線、船舶設備、客船及小船等事項。
11. **船舶登記法（交通部）**：規範船舶之保存、設定、移轉、變更、限制、處理及消滅等事項。
12. **發展觀光條例（交通部）**：水域遊憩活動種類、範圍、時間及行為限制等。
13. **農業發展條例（農委會）**：漁業發展。
14. **礦業法（經濟部）**：規範海域礦產資源之申請開發管理。
15. **土石採取法（經濟部）**：規範海域砂石之開發與管理。

四、海洋環保及海洋文化部分

1. **文化資產保護法（文建會）**：海洋相關古蹟、遺址、文化景觀、藝術、民俗文物、古物及水下所蘊藏過去人類生活所遺留

具歷史文化意義之遺物、遺蹟及其所定著空間之調查保存、管理、維護。

2. **文化資產保存法（農委會）**：具保育價值之海洋自然區域、地形、植物及礦物之調查、保存、管理維護。

3. **水土保持法（農委會）**：海岸水土保持。

4. **國家公園法（內政部）**：具有國家資源之海岸、海洋地區劃設為國家公園。

5. **野生動物保護法（農委會）**：海洋野生動物之保育經營管理。

6. **森林法（農委會）**：海岸造林、保育區管理。

7. **漁業法（農委會）**：漁業權漁業、特定漁業、娛樂漁業、水產資源保育及管理。

8. **土壤及地下水污染整治法（環保署）**：海岸地區及地下水防治措施、調查評估、管制、整治復育、財物責任等。

9. **山坡地保育利用條例（農委會）**：海岸山坡地之保育利用。

10. **水污染防治法（環保署）**：海洋水體分類、水質標準及防治。

11. **海洋污染防治法（環保署）**：防治海洋污染、保護海洋環境、維護海洋生態、確保國民健康及永續利用海洋資源。

12. **廢棄物清理法（環保署）**：規範禁止海洋棄置之物質。

13. **環境影響評估法（環保署）**：預防大型開發案對海域環境之衝擊之申請審查評估規範。

綜合上述，與海洋相關之法律共42種。其中，整部法律與海洋相關者，有「中華民國領海及鄰接區法」、「中華民國專屬經濟海域及大陸礁層法」、「海岸巡防法」、「海商法」、「航路標誌條例」、「海關緝私條例」、「海上捕獲條例」、「海洋污染防治法」、「船舶法」、「船舶登記法」、「船員法」、「航業法」、「商港法」、「漁港法」等；亦有多種法律僅其中一部分與海洋相關，如「農業發展條例」、「野生動物保育法」、「土石採取法」、「礦業法」、「森林法」、「水土保持法」、「廢棄物清理法」、「環境影響評估

法」等。42種法律之主管機關有內政部、國防部、財政部、交通部、法務部、經濟部、環保署、海巡署、農委會、文建會等10個部會。從海洋法律之繁多,可知海洋事務之浩繁;從海洋法律分屬10個主管機關,可知整合國家海洋政策的重要性;而於建構海洋行政組織時,更需認知海洋事務的多元性。

以上將海洋相關之國內法全面性概要介紹,以下再依維護國家海洋權益、海域安全與海洋環保等面向,擇要闡述。

一、維護國家海洋權益

我國目前並非聯合國會員國,無法締結大部分國際海洋法公約,尤其是有海洋憲法之稱的1982年「聯合國海洋法公約」。迄2012年底,全球已有164個國家批准該公約,我國卻無從參與。該公約彙集甚多國際習慣,對沿海國的海域主權及權利,皆有明確規定,誠然為一套新的海洋遊戲規則。我國雖未能批准加入該公約,然為維護我國海洋權益,並與國際接軌,我國政府乃以該公約之內容為藍本,於1998年制定了中華民國領海及鄰接區法,及中華民國專屬經濟海域及大陸礁層法,通稱「海域二法」。

在「海域二法」中,就我國海域基線的劃設、領海、鄰接區專屬經濟海域及大陸礁層的範圍、權利義務、與鄰國海域重疊的劃界原則均具體規定。1999年2月,行政院公告中華民國第一批領海基線、領海及鄰接區外界線;2009年11月,公告中華民國第一批領海基線、領海及鄰接區外界線修正案。我國海域劃界原則雖已明定,唯與鄰國主張的海域重疊問題,協商不易,例如臺、日間的漁權談判,涉及政治、經濟、社會等複雜因素,迄今未達成協議。

二、維護海域安全

我國於2000年元月制定公布「海岸巡防法」,其目的是為維護我國海域秩序與資源保護利用,並保障人民權益、確保國家安全。同年

並成立行政院海岸巡防署負責執行。該法賦予海岸巡防機關之職掌，包括船舶入出港安全檢查、海域犯罪之查緝、安全情報的調查處理，並維護海上交通秩序、海上災害事件之處理、漁業巡護及海洋環保等重要事項，故「海岸巡防法」實爲維護我國海域安全最重要的法律。

對於走私行爲的處罰，依其走私之品項及數量，以定適用之法律。詳言之，私運管制物品逾公告數額者，依「懲治走私條例」處罰；未逾公告數額者，依「海關緝私條例」處罰。如走私毒品或槍械者，則刑事特別法即「毒品危害防治條例」及「槍砲彈藥刀械管制條例」，亦有處罰規定，應依法律競合之原理，決定適用何種法律。「海關緝私條例」賦予海關搜索、扣押、勘驗及沒入與罰鍰的行政處分權。

三、維護海洋環保

1. 海洋保護區

目前我國相關法令中尚未出現「海洋保護區」一詞。儘管如此，我國國內法若干海洋資源管理、保護及管理之方式，實已隱含有「海洋保護區」的精神。

我國與海洋資源保育相關的國內法主要有：「國家公園法」、「野生動物保育法」、「漁業法」、「文化資產保存法」、「觀光發展條例」、「中華民國領海及鄰接區法」、「中華民國專屬經濟海域及大陸礁層法」，以及「海岸法草案」、「國土計畫法草案」、「國土復育條例草案」等（陳荔彤，2007）。在我國尚無海洋保護區之母法前，僅能依據現有的國內法規範，並輔以「國際自然保育聯盟」所設立之標準及「聯合國海洋法公約」與「生物多樣性公約」等相關國際公約，作爲劃設海洋保護區之基礎，例如「東沙環礁國家公園」，即是依照海域資源整體調查研究成果，參考「國際自然保育聯盟」訂定之海洋保護區劃設原則，以及國際海洋保護區劃設先例，進行分區劃設（劉少欽，2010）。

2. 海洋污染防治

臺灣地區海洋生物資源非常豐富，海洋生物種類繁多，國人的活動無不與海洋環境互為影響，故維持海洋環境永續發展，乃關係我國社會經濟與人民生活的品質；加以臺灣地狹人稠，經濟發展快速，四周海洋生態環境每下愈況，因而亟需立法保護生態環境。

過去我國有關海洋污染防治，並無法律完整規定，而散見於「商港法」、「船舶法」等行政法規，無法有效整合。2000年10月，我國制定公布「海洋污染防治法」，顯示我國對於海洋環境保護工作的重視。該法採事前預防及事後處理，並強化污染防治之應變。

「海洋污染防治法」規範的內容，主要在防止陸上污染源污染、海域工程污染、海上處理廢棄物污染、船舶對海洋污染等四大污染來源，並對污染者予以處罰，並規定其負損害賠責任等事項。該法為我國目前海洋污染防治最為完備的法律。

四、維護海事安全

1. 航行安全

我國為因應國際公約及基於實際的需要，於民國23年制定「航路標識條例」；而有關航行安全，因無「海上交通安全」的專法，遂分別納入「商港法」、「船舶法」、「海商法」等法規中。近年來，相關國內法規諸如：「中華華民國領海及鄰接區法」、「災害防救法」、「海岸巡防法」及「船員法」等之相繼公布，因各該法皆涉及航行安全管理事務，故對航行安全亦自各個不同角度加以規範。由於主管機關不同，各法之間難免有重複、扞格或未儘符合國際間之要求與規定之處，因此，我國實有必要制定海上交通安全法，以健全海事安全法制（姚忠義，2005）。

2. 港口國管制

為加強海上安全、保護海洋環境及改善船上生活與工作條件，以落實全球對海上人命安全與海洋環境保護的共識，以及「巴黎備忘

錄」之內容，區域性的港口國管制制度在90年代陸續形成，並在全球網路技術的助益下，各區域性港口國管制制度的串聯，已成爲消除次標準船舶（Substandard Vessel）與落實聯合國海事組織規定最有效的制度。至於我國有關港口國管制之制度，則規定於「商港法」、「船舶法」及「船員法」中。

3. 海上災害防救

　　我國現行國內海上災難預防及搜尋救援法規，計有「災害防救法暨施行細則」、「商港法」、「海商法」、「船員法」、「海岸巡防法」、「漁業法」、「商港港務管理規則」、「臺灣地區漁船海難救護互助辦法」、「海難救護機構組織及作業辦法」等。其中商港法第50條規定：本法未規定事項涉及國際事務者，交通部得參照有關國際公約或協定及其附約所訂規則、辦法、標準、建議或程式，採用施行。另外，「民用航空法」第121條亦規定：「本法未規定事項，涉及國際事項者，民航局得參照有關國際公約及其附約所定之標準、建議、辦法或程序，報請交通部核准採用，發布施行」。行政院海岸巡防署在其編訂之《海難救護作業手冊》第1章總則中亦闡明：「雖然我國並非國際海事組織之會員國，但仍秉承人道立場，善盡我海上搜救服務區應有之義務及責任，加強搜救能力及鄰國之搜救合作，以期向建立全球搜救體系之目標邁進。」（周登賢，2006）可見海上救難是本於人道立場不分國界。

第四節　當代國際重大海域爭議

　　由於1982年「聯合國海洋法公約」賦予沿海國廣大海域之管轄權，沿海國可擁有其管轄海域中之生物與非生物資源採取權，特別是捕魚權、石油、天然氣及各種礦物開採權，因而加劇島嶼及海域之權利爭奪與衝突。本節即針對當代國際間重大海域爭議問題始末略述於下。

一、海域重疊國家的劃界爭議

依據「聯合國海洋法公約」規定，沿海國可主張12浬領海、200浬專屬經濟海域及350浬之大陸礁層。然而，各沿海國間之地理位置與海洋分布不一，換言之，相鄰或相向國家間的海域如果不夠寬廣，則彼此主張之海域範圍就會產生重疊問題，需要劃定海域界線以解決紛爭。因而，全世界約有370多處國家間海域需要劃定，目前已劃界者約占三分之一，仍有三分之二尚未解決，（陳荔彤，2008）臺日間專屬經濟海域重疊問題，歷經16次漁權談判，迄未解決，即為一例。

海域重疊時，依據「聯合國海洋法公約」規定，彼此應協議解決之。協議之原則，要優先考慮領海重疊部分是否有歷史性所有權或其他特殊情況，其次再考慮用等距原則劃定中間線；（第15條）專屬經濟海域重疊及大陸礁層重疊時，依公約第74及83條規定，應依衡平原則協議劃定（陳荔彤，2008）。因協議曠日費時，所以在達成協議前，各國應基於諒解及合作精神，盡一切努力作出臨時性安排，如經過合理期間仍未能達成協議時，應訴諸公約第十五部分所訂定之各種解決程序，包括自願調解、強制仲裁，或強制司法解決和強制解決等。

二、南海群島主權爭議

南海諸島包括東沙、西沙、中沙及南沙群島。南海是重要的海上交通要道，北向經臺灣海峽、巴士海峽，可通東海、太平洋；東向經巴拉巴克海峽，可通蘇祿海和蘇拉威西海；南向經卡里馬塔和望加錫海峽，可通爪哇海；西向經麻六甲海峽，可通安達曼海，直達印度洋，是亞洲通往中東和歐洲的主要海上通道；日本、南韓、臺灣所需的石油80%以上經此輸運。因此，南海航道是上述國家的海上「生命線」和包括美、俄等國在內的重要貿易通道，以及中國與世界交流往來的重要通道之一。從軍事著眼，占領南海島礁，就等於直接或間接

控制了從麻六甲海峽，甚至西亞、非洲及歐洲到東亞的航道，可見其戰略地位的重要。

南海問題的爭端起源於資源的誘惑，包括蘊藏豐富的油氣、礦藏及漁業資源。1968年，聯合國亞洲暨遠東經濟委員會的勘察報告指出，南海東部及南部海域蘊藏豐富的油氣資源。由於南海的石油、天然氣地質儲量超過200億噸油當量[1]，因此被稱為「第二個波斯灣」；其他礦物資源有錳、鐵、銅、鈷等35種金屬和稀有的錳結核；又有2,850多種海洋生物生存其中，因而盛產各類水產品。由於國際油價不斷攀升，部分國家處心積慮以各種措施強化在南海的「主權」，並與域外國家達成資源合作開採協議。近年來，資源的競奪成為部分爭端國南海政策的根本目標和動力。

冷戰結束後，隨著南海在地緣政治和海上交通方面的價值不斷提升，以及海底資源陸續被發現，1994年「聯合國海洋法公約」生效前後，周邊各國紛紛進一步對南海島嶼、專屬經濟區和大陸架提出權利主張，導致中國與東南亞國家的領土主權和海洋劃界爭端逐步升溫，引起東盟及美、日等國的關注，使南海局勢更趨複雜，成為國際社會和東亞各國關注的焦點。

從國際法觀點剖析，有關南海諸島的主權爭議，在於哪一國家最先發現並「有效占領」，而得以主張對該「無主地」之先占取得。故單純的發現而未有效占領，並不足以對抗歷史上長期「持續和平占有」之「時效取得」（傅崐成，2003）。其次，由於南海諸島，星羅密布，依照聯合國海洋法公約之規定，各國主張之海域權利，不管是

---

[1] 油當量（oil equivalent）：主要能源項如煤炭、天然氣、石油、水利、風力等熱質的計算單位均有差異，為方便統計及量化，逐以石油每單位的熱質可揮發能量為計算基準，將各項能源的使用質量統一換算成油品為基準單位，是為油當量。基本換算為每1單位油當量為900萬卡／公升。此外，每公升車用汽油約為0.8667油當量；每立方公尺天然氣為1油當量；每公升柴油為0.9778油當量。（資料來源：360°財經網站 http://www.digitimes.com.tw/tw/dt/n/shwnws.asp?CnlID=10&cat=50&id=0000111580_C796GL3Z7J01T917JBXUV&ct=2#ixzz2CG0Ug100）

領海、專屬經濟海域甚或大陸礁層，彼此重疊的情形必然極為嚴重，如何協商劃界，實為一大課題，而於劃定界線前彼此亦可商定一些暫時性之措施。此區域除島嶼外，尚有岩塊（rocks）、低潮高地（low-tide elevation），在聯合國海洋法公約第13條、第121條均有規範其定義，也影響相關國家的海域權利。

三、釣魚臺列嶼主權爭議

釣魚臺列嶼位於東海南部、臺灣東北部、琉球群島西部。中國大陸稱為釣魚島及其附屬島嶼；日本稱為尖閣諸島。釣魚臺列嶼包括釣魚臺（島）、南小島、北小島、大南小島、大北小島、飛獺島、黃尾嶼、赤尾嶼，總陸地面積約6.16平方公里。釣魚臺列嶼海域風浪較大，僅主島釣魚臺有淡水溪流，目前各島均為無人島。

根據中國文獻記載，釣魚臺列嶼是在明朝或更早即發現並使用，直到清朝甲午戰爭之前，都由中國控制。十九世紀末期，甲午中日戰爭結束之後由日本控制，至第二次世界大戰後由美國管轄。1972年5月15日，美國將琉球群島主權移交日本時，一併將釣魚臺列嶼的行政管轄權也交給日本；但我國政府與中國大陸皆認為釣魚臺列嶼不論依地理、歷史和法理，均為臺灣附屬島嶼；而日本官方則主張該列島係日本依「無主地先占」的原則擁有主權，並附屬於沖繩（琉球）群島，因而引發持續四十年來愈演愈烈的主權爭議。

1996年「聯合國海洋法公約」生效後，日本立即根據其對釣魚島的管轄擴大專屬經濟海域，當時我國政府及中國大陸均正式向日本提出「嚴正抗議」。

2005年2月9日，日本政府單方面宣布接管，由日本右翼政治團體於1978年在釣魚島上設立的燈臺。此舉引起中國大陸強烈的反彈和抗議。自該年起，日本在釣魚島海域扣押臺灣漁船的事件日益頻繁，甚至一度爆發臺灣漁船包圍日本巡邏艇的事件。2008年6月10日更發生了臺灣「聯合號」海釣船在釣魚臺海域被日本海上保安廳巡邏船撞沉事

件。

2010年9月7日，日本海上保安廳巡邏船在釣魚臺海域衝撞中國大陸漁船「閩晉魚5179號」並扣押中國船長詹其雄。

2012年4月，日本東京都知事石原慎太郎發起日本國內民眾捐款從私人手中購買釣魚臺活動；6月開始，日本政府提出由「國家購買」，企圖使釣魚臺「國有化」。此購買計畫激起了海峽兩岸民間和政府的激烈反應，「世界華人保釣聯盟」更於8月13日由海峽兩岸及港、澳保釣人士聯合搭乘啓豐二號漁船出海，並於15日登上釣魚臺宣示主權，隨即遭日本海上保安官及警員逮捕、遞解出境。

2012年9月，日本政府不顧臺海兩岸政府多次交涉、反對，按計畫完成了對釣魚臺「國有化」的行動，導致中日釣魚臺領土主權爭端危機急劇上升。9月10日，中國大陸發表了「關於釣魚臺列嶼領海基線的聲明」，強烈抗議日本政府「購買」釣魚臺的行爲。中國大陸官方的海監船、漁政船等公務船，自9月11日開始，經常在釣魚臺列嶼領海基線延伸的12海浬「領海」內巡航，大陸漁船也在釣魚臺附近海域正常進行捕撈作業，引起日本漁民抱怨，恐其受影響不能到該附近海域捕魚。臺灣漁民更在9月24日下午集結75艘漁船，在我國海巡署超過10艘艦艇的護航下，於9月25日突破日本海上保安廳艦船的阻攔進入12海浬範圍，甚至有漁船駛至離岸僅2.1海浬處宣示主權。

「聯合號」海釣船事件

2008年6月9日晚間，娛樂漁船「聯合號」報關出海，預定前往釣魚臺列島的黃尾嶼北方約20浬處釣魚。該船於10日凌晨遭遇日本保安廳巡防艦PL-123號以廣播喊話驅離。聯合號因引擎噪音過大聽不清楚，與日艦發生擦撞，隨後又被由右側駛來的日本巡防艦「甑號」撞擊，導致聯合號右舷破裂進水後沉沒。海巡署獲報後，立即出動和星、臺中、連江三艘巡防艦馳援；然而，船上13名釣客及包

含船長何鴻義在内的3名船員卻被日艦載往石垣島接受偵訊。

　　事件發生後，我方朝野震驚，漁民團體等民間組織包圍日本交流協會示威，外交部則召見日方代表嚴正抗議；中國大陸官方也譴責日方行為，甚至聲稱擁有釣魚臺主權；日方則發表所謂「調查報告」，表示事故責任在「聯合號」。最後在我外交部的交涉及臺北縣長周錫瑋聘請專研國際海洋法律師，準備循法律途徑控告日本政府，並求償索賠。日方政府終於在6月20日正式為聯合號撞船事件向我方道歉，並承諾賠償。

　　截至目前為止，釣魚臺列島主權爭端仍在持續發展中。

　　有關釣魚臺列嶼的主權爭議，從國際法之角度，其關鍵在於哪一國家最先「發現」與「有效占領」。惟本案若未走上國際法院，則彼此間的角力難免。本文認為我國應持續據理力爭，和平理性處理。

四、南韓與日本獨（竹）島爭端

　　獨島（日本稱為竹島）位於日本海南段，靠近日韓水域交界地帶，面積0.18平方公里，為人跡罕至的蕞爾小島。但因獨島扼日本海往來東海之咽喉，其雷達偵測範圍可涵蓋日本西側大半區域，能就近監視韓國東南海、空軍各軍事據點，戰略形勢十分重要；且其周邊海域出產大量的漁獲及海底蘊藏豐富的礦產；在政治上，雙方皆可藉對獨島之捍衛凝聚民心士氣、鞏固政治地位，所以日、韓兩國近年來為此龐大的國家利益，不惜反目成仇。

　　日本主張：獨島是於1905年依「無主地先占」的國際法理所取得的固有領土。南韓則堅持「獨島固有土地說」，否定日本依先占取得獨島主權之聲明，並突顯韓國對獨島的「有效控制」，原係符合國際法作為確立領土主權的核心要件，以佐證對獨島擁有領土主權的合法性，雙方各有主張（許金彥，2009）。目前獨島係由南韓占領中。

釣魚臺爭議風雲再起

釣魚臺名稱始於明朝初年將其劃入版圖，不但自古即是最靠近的臺灣漁民們之傳統漁場，也是明、清時期特使出訪琉球的必經之地。《四庫全書》收錄明代出版的《順風相送》（原本現藏於英國牛津大學鮑德芮氏圖書館〔Bodleian Library〕）、《籌海圖編》等官方或民間著作中都有記載，構成國際法中領土歸屬的原始權利。日本於1895年甲午戰爭期間，趁清廷拒敵之不暇，由內閣會議祕密決議將釣魚臺以「無主地先占」爲由，擅自劃入日本版圖，對外則密而不宣，以至於1895年4月17日簽署「馬關條約」時未提及釣魚臺問題。二戰末期，珍珠港事變發生後，中、美、英三國於開羅舉行領袖會議，會中美、英承諾戰勝後將「臺灣、澎湖列島等」在「馬關條約」中割讓的土地歸還中國。時任軍事委員會委員長的蔣介石一心收復臺、澎，在沒有心理準備的情況下，未接受羅斯福總統兩度建議將琉球交由中國接管，事後雖懊惱不已，但已無可挽回。1945年7月26日二戰結束前夕，中、美、英三國領袖在波茨坦會議中共同發表宣言，明確規定戰敗後的日本主權僅限於本州、四國、九州及北海道，以及北緯30°以北的小島，位於北緯25°的釣魚臺並不包括在內。1951年簽署的「舊金山合約」規定日本放棄臺、澎；北緯29°以南諸島則交由聯合國託管。1953年，美國琉球民政府根據「舊金山和約」，將管轄的區域延伸到包括北緯24°以北、東經122°以東區域內各島及領海，將釣魚臺列嶼也包含在內。

1968年，聯合國遠東經濟委員會發現釣魚臺海域可能蘊藏大量石油、天然氣及漁源豐富的報告，引起國際矚目。而美國卻在1971年5月26日照會當時仍維持與美國邦交的中華民國，要將釣魚臺「行政權」（非主權）交與日本，因而引發第一波「保釣運動」。繼而因國際海洋法的發展，擴大沿海國領海範圍，尤其能維持人類居住

或其本身經濟生活的「島嶼」，更可享有專屬經濟區及大陸礁層的權利。這些「聯合國海洋法公約」中明確的規定，使得釣魚臺列嶼的經濟利益更為可觀而誘人；加以近年來石油價格攀升，陸上能源日趨匱乏，海洋的資源更成為人類未來希望之所寄，釣魚臺的主權之爭因而愈演愈烈。

　　依據「聯合國海洋法公約」第76條第1項規定：「沿海國的大陸礁層包括其領海以外依其陸地領土的全部自然延伸，擴展到大陸棚外緣的海床和底土。如果從測算領海寬度的基線量起到大陸邊的距離不到200公尺，則擴展到200浬的距離。」上述條文的重點是規定緊鄰海岸的陸棚區，都應該屬於該國經濟海域（至少具有優先權）。據此作為解決海域資源權利重疊的判斷基準，則釣魚臺應屬中華民國已無疑義。由以下截取Google Maps的海底地形圖，清晰可見臺灣與日本之間有一道深達3000公尺的沖繩海槽，南側是日本的琉球群島，北側是臺灣與大陸共享的東海大陸棚，釣魚臺就在東海陸棚邊緣最靠近臺灣的位置，與日本的任何島嶼完全沒有地形與地質上的絲毫關聯！正如同彭佳嶼，釣魚臺列島是臺灣的附屬離島！即使訴諸國際法庭，也無人可以否認這個事實。

圖3-1　釣魚臺及周邊海域地圖

2008年6月10日凌晨，臺北縣籍聯合號海釣船在釣魚臺南方海域十二浬海釣時，遭日本海上保安廳巡防艦撞沉事件，讓長期以來的釣魚臺主權爭議再度浮上檯面。2012年，日本政府宣稱將購買釣魚臺列嶼使其成為國有，此一大動作引起中國大陸與臺灣的強烈不滿，馬英九總統更親自登上彭佳嶼宣示臺灣對釣魚臺的主權；中國大陸則於9月18日在北京、上海、成都等52個城市發起抗日遊行，並主張對日本經濟制裁，逼得日本野田首相公開表示購買釣魚臺列嶼的作法是誤判形勢。在民間方面，中國、香港及臺灣，兩岸三地的保釣人士，則聯合登上釣魚臺插國旗；亦有臺灣漁船、工程船不畏日本阻攔，駛入釣魚臺鄰近海域。

　　目前，臺灣、中國大陸及日本皆主張擁有釣魚臺列嶼的主權，美國則希望各國以和平解決爭端。民眾對此一爭端如何收場？結局如何？甚為關切。誠然，相關國家的智慧、軍事、經濟、外交實力，以及人民的支持度等，均為影響事件發展的因素；惟國際爭端和平解決途徑，包括談判、斡旋、調停、調解、仲裁或司法判決等，方式不少，相關國家本於理性謹慎處理，避免擦槍走火而引發戰端，才是明智之舉。

第四章

海洋行政組織

隨著1982年「聯合國海洋法公約」的生效施行，爲全球帶來新的契機與規範，各沿海國的藍色國土（Blue Territory）與管轄產生了很大的改變。各國爲了管轄與管理其藍色國土，相繼建構相關法規及管理機構。海洋相關法規已在第三章介紹，本章將介紹海洋管理機構，亦即海洋行政組織。本章首先分析海洋行政組織的型態，並介紹海洋事務發達國家的海洋行政組織、探討理想的海洋行政組織，進而論述我國海洋行政組織之現況與展望。

第一節　海洋行政組織型態分析

海洋事務可分爲政策與執行兩個層次，故海洋行政組織亦有政策層級與執行層級之別，前者稱爲海洋事務主管機關，後者爲海洋事務執行機關。主管機關負責政策釐定、法令研擬、法令疑義的解釋、違反法令的裁罰等事項；執行機關則負責巡邏、檢查，如發現違法行爲，即依法取締、蒐證、移送主管機關處理。

海洋事務浩繁，故其主管機關通常爲數甚多。以我國爲例，海洋事務主管機關分別爲內政部、外交部、國防部、經濟部、財政部、行政院農業委員會、行政院衛生署、行政院環境保護署、行政院國家科學委員會、行政院海岸巡防署……等。爲統籌海洋政策，有些國家設有專責海洋事務機關，並掌理部分核心的海洋事務，如印尼之「海洋開發暨漁業部」；有些國家則設海洋事務協調機構，以協調海洋事權，如日本之「海洋政策綜合本部」、澳洲之「海洋管理委員會」。

其次，關於海洋事務的執行，有設機關專責執行者，稱爲專責型；亦有未另設機關，乃指定某機關協調其他機關辦理者，稱爲協調型。專責型又分爲統籌式專責機關與分散式專責機關。海洋事務之執行，設單一機關統籌執行者，爲統籌式專責機關；設多機關分別執行者，爲分散式專責機關。例如日本於二戰後海域門戶洞開，海上犯罪

猖獗，其海上事務分由海關、警察機關、水產局、海運局及檢修所等機關執行，屬分散式專責機關型態；至1948年5月成立海上保安廳，統一海上執法事權，則成為統籌式專責機關。又如法國未設海上執法專責機關，為協調型之海上執法模式，由海軍指揮協調相關部會所屬單位，運用各單位之人力及裝備，執行海上搜救、取締海上犯罪、維護海洋環保等任務（游乾賜，2006）。

綜合言之，海洋事務繁雜，如任由多個主管機關各行其事，則因缺乏統一的方向與步調政府效率必難以提升；然而，如果設置單一機關專責掌理所有海洋事務，其組織規模又過於龐大，難度太高，就整個政府組織而言，也會大小失衡，不盡合理，（游乾賜，2009）故各國趨向設立指導與協調機構，或掌理海洋核心事務之主管機關，或兩者兼具。如日本之海洋政策本部，屬指導與協調機構；韓國設國土交通暨海洋部、印尼設海洋事務暨漁業部，屬掌理海洋核心事務之主管機關。美國設美國海洋政策委員會，並於商務部設國家暨大氣總署；澳洲設海洋管理委員會及環境暨遺產部，則同時兼具兩種功能。海上執法的層面若是多頭馬車式的執行，介面太多，步調不一，相互推諉，在所難免。因而，多數國家的海洋執法組織，多建立成統籌式專責機關，以辦理各項海域執法工作，如美國設海岸防衛隊、日本設海上保安廳、韓國設海洋警察廳等。

第二節　相關國家海洋行政組織簡介

綜觀世界各國政府組織，設有專責海洋事務機構的國家尚屬少數。探究其原因，乃人民普遍缺乏海洋意識、政府團隊缺少海洋專業人才與智囊、主政者仍以陸域管理理念統治國家所致。我國原是一海島國家，四面環海，有足夠的條件發展成為海洋國家；主政者與執政團隊成員，亦有海洋相關背景，馬英九總統更是國際海洋法專家。環

顧世界，有些國家已設立專責海洋事務機關，如世界主要海權大國的美國設有「國家海洋暨大氣總署（National Oceanic and Atmospheric Administration, NOAA）」、加拿大設「漁業暨海洋部（Department of Fisheries and Oceans, DFO）」、中國國土資源部設「國家海洋局（State Oceanic Administration）」、印尼設「海洋事務暨漁業部（Ministry of Marine Affairs and Fisheries）」，均為統合海洋政策、法政、保育，以及具有規劃、研究和執法能力的海洋專責機關之顯例。本書以海洋事務較發達的美國、澳洲，以及亞洲地區之日本及中國之海洋事務組織架構為探討對象，分析如下：

一、美國

㈠1970年間，美國總統的「海洋學專案小組」提出設立「國家海洋局」的類似建議。尼克森總統於1970年10月明令於商務部設置「國家海洋及大氣總署（National Ocean & Atmospheric Administration of the Department of Commerce, NOAA）」，此一作為對於美國海洋研究、發展與管理產生很大的動力。（胡念祖，2002）國家海洋及大氣總署的成立宗旨是為了瞭解與預知地球環境的變化，及保護與管理國家的海岸和海洋資源。NOAA的任務包括：國家海洋調查、維護國家海洋保育區、海洋探勘、海洋預報、環境科學探勘船與飛機載具任務、國家海岸及海洋科學中心等。

㈡美國為解決其海洋管理制度缺乏之問題，於2000年依「海洋法」（the Ocean Act of 2000）規定設美國海洋政策委員會（U.S. Commission on Ocean Policy, USCOP），以評估美國海岸及海洋與其管理之狀態，並提出計畫書以建立有效與協調的海洋政策。其任務為制定一項可執行的、規範化、長久的國家海洋政策，以幫助和指導制定一個跨黨派、跨地區、各利益集團皆參加的21世紀海洋綜合議程，加強海洋的整合管理，逐步

實現海洋的永續利用和保持生態平衡。另設「海洋政策諮詢議會」及「科學與技術諮詢議會」作爲國家發展海洋政策的諮詢機構。（The Nippon Foundation, 2005）

㈢海岸防衛隊（US Coast Guard），於1967年隸屬於運輸部，2003年改隸新成立的國土安全部。海岸防衛隊平時負責查緝毒品、保護港口海岸航道及沿海安全、海上搜救、海洋環境保護及破冰作業等事項；戰時則歸海軍指揮，擔任港口安全及執行禁運等任務。海岸防衛隊下設大西洋司令部及太平洋司令部，兩個司令部下分設地區、群及站等單位。其人員以海軍爲主，並任用部分文職人員，另召募有志工約三萬人，協助辦理船舶安全檢查、港區巡邏、公衆航行安全教育、海難救助及海洋環境保護等事項。（U.S.Coast Guard Home）

二、澳洲

澳洲爲聯邦體制，聯邦政府下轄 六大州（State）及澳大利亞首都領地與北領地（Territorry）。其海洋行政組織分爲協調、專責及諮詢機構。

㈠協調機構：「海洋管理委員會（Ocean Board of Management, OBOM）」由環境暨遺產部部長擔任主席，由各部會（如漁業、資源、觀光等）部長擔任委員，共同組成，成爲澳洲國家海洋政策之諮詢與決策論壇，其建議對環境與遺產部長具有相當大之影響力。其次，「澳洲政府議會（Council of Australian Governments; COAG）」負責溝通跨州與領地政府，爲澳洲聯邦政府管轄與協調的主要機構，其成員包括首相、州總理、領地首長及澳洲地方政府協會之首長，在澳洲政府議會領導下召開部長會議，並召集各管轄區域的代表與會，共同討論特定的海洋問題 。

㈡專責機構：澳洲聯邦政府之環境與遺產部負責主導海洋政策發展過程。環境與遺產部的海洋處（Marine Division）負責發展及

執行海洋政策與海洋規劃，並提供支援及技術議題的建議予其他團體與機構。故環境與遺產部應為海洋政策的主辦機關，海洋處則為專責海洋事務之單位。

(三)諮詢機構：設國家海洋諮詢小組（National Oceans Advisory Group, NOAG）、海洋政策科學諮詢小組（Oceans Policy Science Advisory Group, OPSAG）、規劃與諮詢委員會（Planning and Advisory Committees），向澳洲政府、社區、利益團體、主要利害關係人等 提供建議或諮詢。（The Nippon Foundation, 2005）

在海域執法方面，澳洲並無統籌之專責機關，而是分由各州的水上警察與海事安全局、皇家海軍及海關負責，屬分散式的專責組織型態。分工上，各州水上警察負責海域執法及犯罪偵查，海關負責取締走私行為，海事安全局負責海難搜索與救助、海況監控及海洋環境保護。此外，尚有民間自願團體，包括澳洲自願海域巡防協會及澳洲皇家自願海域巡邏隊等，協助政府從事無線電監聽海上求救訊號、在主要水道上安全巡邏及海難搜救等事項（邊子光，2012）。

三、日本

(一)政治統合與指導機關：日本於2007年7月20日，依據其「海洋基本法」設立「綜合海洋政策本部」，由內閣總理大臣擔任本部長，所有國務大臣為本部員，內閣官房長官和國土交通大臣擔任「綜合海洋政策本部」副本部長，而國土交通大臣兼任海洋政策擔當大臣，負責擬定海洋政策基本計畫相關事宜共同強力推動海洋綜合性管理政策事務。

日本的「綜合海洋政策本部」其職掌依據海洋基本法第30條規定包括：

1.海洋基本計畫之建案及其實施之相關業務的推展；

2.相關行政機關，以海洋基本計畫為基礎，實施綜合調整的施政策略；

3.除前2項所列事務外，海洋相關施政策略上重要的企劃及立案及綜合調整之相關事務。

㈡海域執法機關：日本於1948年5月1日成立海上保安廳（Coast Guard of Japan）綜合執行海洋事務，目前隸屬於國土交通省，屬統籌式專責型的海域執法機關。海上保安廳本部設於東京，下轄11 個海上保安部；人員總計一萬兩千餘人，其其職責為確保海上安全與保安，其職掌包括：犯罪搜查、海難救助、海洋環境之保全、災害應變、航行安全之確保及海洋情報蒐集與提供等（日本海上保安報告，2011）。

四、中國大陸

㈠海洋政策專責機關

中國大陸於國土資源部設國家海洋局（State Oceanic Administration），為「負責監督管理海域使用和海洋環境保護、依法維護海洋權益、組織海洋科技研究的行政機構」。國家海洋局專門從事海洋行政管理，其他尚有許多部會也負責一部分海洋事務，也分別承擔部分海洋管理的任務，這些部會包括：交通運輸部、農業部、國土資源部、環境保護部等（中國海洋發展報告，2009）。國家海洋局的主要職掌如下：

1.綜合協調海洋監測、科研、傾廢、開發利用。
2.建立和完善海洋管理有關制度，起草海岸地區、海島和管轄海域的法律法規草案。
3.海洋經濟運行監測、評估及信息發布。
4.規範管轄海域使用秩序。
5.海島生態保護和無居民海島合法使用。
6.保護海洋環境。
7.組織海洋調查研究，推進海洋科技創新。
8.海洋環境觀測預報及海洋災害預警報。

9.組織對外合作與交流，參與全球和地區海洋事務。

10.依法維護國家海洋權益。

11.承辦國務院和國土資源部交辦的其他事項。（中國國家海洋局網站）

(二)海域執法機關

國家海洋局下設中國海監總隊，主要職責為「海洋權益維護、海域使用管理、海洋環境保護執法、海上設施保護及海洋開發秩序維護」等事項。在海域執法層面，除國家海洋局設中國海監總隊外，其他海洋事務主管機關亦本於權責，分別在海上交通安全、海洋漁業資源利用與保護、海洋環境保護與海洋權益等方面，各自建立海上執法機關，計有交通部中國海事局、農業部漁政漁港監督管理局、公共安全部邊防管理局、中國海關緝私局等，各自依據相關法規執法 。（中國海洋發展報告，2009）

上述海洋事務執行機關，組織均相當龐大，亦各有其職掌，屬分散式專責機關型態。中國海洋局海洋戰略研究所企劃，由海洋出版社出版之2011年「中國海洋發展報告」，其中第五部分「海洋政策與海洋管理」指出：「海洋戰略已直接影響國家總體戰略，就中國海域執法分由海監總隊、海事、漁政、邊防海警及海關緝私警察等五人團隊辦理的現況而言，容易產生疊床架屋、職權重疊的情形，因此建議將建立相對統一之海上綜合維權執法隊伍，逐步形成統一之海上綜合執法力量。」（陳泰廷，2011）觀其意旨，似希望未來能建立統籌式專責型之海洋事務執行機關。

第三節 理想的海洋行政組織

沿海國之領域包含海洋與陸地。國家為有效治理，依事務之性質，於政府機關設置許多部會以兼管陸地與海洋，例如我國依事務

之性質設內政部、外交部、國防部、財政部、教育部、經濟部、交通部、行政院新聞局、環保署、陸委會、國科會、農委會、勞委會、文建會、海巡署等部會，海洋事務之管理自然分置於各個部會。

　　一般在討論海洋事務行政機關時，焦點多集中於納編機關數量多少、控制幅度大小、整合海洋事務多寡等，企圖設立一個專責機關以解決所有海洋議題。然而海洋議題複雜多元，且各海洋事務間相互關聯，因此，如何設置理想之海洋行政組織，恐需詳加思考。以海洋環境保護爲例，當外籍船舶發生海難後，時常伴隨產生油污問題，對於海洋油污染破壞我國海洋生態資源，得要求船東損害賠償；當必須跨國索賠時，往往需要外交單位的協助；而預防海難涉及船舶設備、船員素質，也需要沿海國、港口國完善的管制措施，可見已涉及交通部、外交部、環保署、農委會等部會之業務。又如海洋環境之污染源，相當部分來自陸上河流污水排放或港灣之污染，此一海洋議題即涵蓋海域及陸域層面，如僅運用海洋防治及管理措施，亦難以有效防治海洋污染。由此可見海洋事務的複雜廣泛，單純設立一個專責機關，並無法綜合、有效地解決所有的海洋議題。

　　2009年3月13日，聯合國第64屆大會祕書長發表「海洋及海洋法」報告，在其中的「管理辦法」部分，特別提及：「大會認識到『海洋空間的各種問題彼此密切相關，有必要視爲一個整體，從綜合一體、跨學科和跨部門的角度加以考慮。』這反映了協商過程討論的情況，表明大家廣泛地承認海洋綜合管理和管理生態系統的方法，是管理有關海洋活動的有用模式」[1]，意指：國際海洋科學與技術、海洋漁業資

---

[1] http://www.un.org/zh/documents/view_doc.asp?symbol=A/64/66&referer=http://www.un.org/chinese/ga/64/docs/sgreport.shtml&Lang=E，檢視日期2009年7月9日，其原文為: As a reflection of those discussions and the widespread recognition that integrated ocean management and ecosystem approaches to ocean management provide useful models for the management of ocean-related activities,the General Assembly has recognized that "the problems of ocean space are closely interrelated and need to be considered as a whole through an integrated, interdisciplinary and intersectoral approach".

源、海洋生物多樣性、海洋環境、海上安全等任何海洋議題，不可能由單一國家獨立完成，而是需要透過聯合國大會討論、國際間協調合作及各國努力，才能推動解決議題。這段話更突顯海洋議題之多元性與複雜性，需透過完善機制，方能有效處理或解決。在國際間如此，在國內亦然。所以本書主張海洋事務行政組織需要有「套裝」思維，才能以建構一個理事完善之「套裝模式」的海洋事務行政組織。

申言之，由於海洋事務多元繁雜之特質，若欲有效治理與發展，恐非單純設一海洋事務專責機關，或協調性的委員會可以竟其功。本書進一步分析如下：

一、如要將浩繁之海洋事務統整成立一超級機關，猶如「小行政院」之部會，其組織控制幅度過於龐大，難以管理，且勢必將現行相關部會整體性之功能切割、撕裂，弊病更大。目前國際上亦無任何國家成立此種機關。因而海洋事務必然散置於數個部會，而部會之上需要建立海洋事務協調及決策之機制。

二、需要有一個機關負責海洋政策之擬定、部會間海洋事務之協調及追蹤海洋政策之執行。

三、海洋事務涉及各種專業及科技，需有不同領域專才組成之政府與民間的諮詢小組，為政府機關提供專業諮詢及建議。

試以「護漁」議題為例，我國於1998年1月21日公布中華民國專屬經濟海域及大陸礁層法，主張200浬專屬經濟海域；行政院於2003年11月7日核定「暫定執法線」後，在暫定執法線範圍內之護漁事項，分由行政院農委會研訂配套措施並加強宣導，交通部協助解決漁船VMS通訊問題，海巡署負責執行護漁，國防部負責支援，外交部則負責與日本、菲律賓等相關國家之聯繫溝通，以確保我國漁船海上作業安全。可見在「護漁」事項，涉及多部會之權責，在行政院決定護漁政策後，相關部會即分頭執行。

案例：「富祥16號」漁船遭日本公務船追逐案

2006年6月29日我國籍「富祥16號」在基隆東北方292浬處海域（我國暫定執法線外2.5浬）作業，遭日本水產廳以越界捕魚為由，派出白萩丸號等7艘公務船取締追趕。我國海巡署獲報後，亦派遣和星艦等7艘巡防艦艇前往現場保護「富祥16號」漁船。經航行約175浬後，與「富」船會合，並戒護該船返臺；唯日方公務船持續尾隨，要求將「富」船交該國處理。當天深夜，雙方公務船在海上形成對峙，情況緊急，海巡署乃召集應變會議，並急電外交部及農委會透過外交管道協處，於次日達成共識，由雙方共同派員登檢「富」船，並在日方人員製作處分書交船長簽名，及我駐外單位擔保後，該船在海巡署艦艇戒護下，於7月1日晚返抵礦港，終於化解一場紛爭。

上述富祥16號案件雖幸獲解決，唯其他事件難保均無閃失，倘遇具體個案涉及跨部會權責時，因協調不順或部會間相互推諉，導致延誤時機而衍生事端，將嚴重危害國家利益。由於我國目前尚無專責海洋事務機關，各部會間亦無既定規則與機制，遇有海上事務或爭端，各部會只能自行設法處理。因此，在各部會之上，如有協調決策機制以為統合，並有專責海洋事務機關主政協商，對相關事件之處理，因權責分明，效率必然提升。而且，如有海事專家學者組成之諮詢小組，除提供國際海洋事務最新知識及海洋工程科技發展外，並可提供海洋事務未來建設發展建議；且專家學者顧問團可建立第二管道，聯繫國際組織或國際知名學者，建立互動機制，有助於區域性或國際性交流合作，提升我國海洋事務之專業能力。

綜合上述，鑑於海洋事務之性質特殊，其行政組織並非設置單一機關得以完足，而需要「套裝」式之機制。按，「套裝」一詞原為女士著裝之用語，「套裝」通常包含上衣、裙子及外套，於外出或正

式場合穿著，後來被廣泛引用如「套裝軟體」、「套裝行程」等，寓有配備完足或規劃完妥之意，故本文亦引用之，稱海洋事務行政組織為「套裝模式」，猶如女士之套裝，需上衣、裙子及外套齊全，始為完備。其「套裝模式」之具體內涵，即是「協調與決策機構」、「專責海洋政策機關」及「專業與科技諮詢小組」，三者缺一不可。其次，此三者扮演如何之角色？按，協調與決策機構猶如負責思考之大腦，故最為重要；專責海洋政策機關如人之手腳，依大腦之指揮執行任務，當然不可或缺；專業與科技諮詢小組則如顧問或名師，提供專業意見，指引正確方向，也至為重要。因而，若無「協調與決策機構」，則形同無大腦指揮，由各部會自行其事，行動必然雜亂無章，缺乏整體思考，甚至彼此爭執或相互推諉；倘無「專責海洋政策機關」，則事權分散，各行其事，難以整合，海洋事務必難以推展；如無「專業與科技諮詢小組」，則如欠缺明師指點，加上專業不足，政策易流於偏頗或無法落實。

　　檢視前述國家之海洋事務組織，其協調與決策機構，有日本之「綜合海洋政策本部」及澳洲之「海洋管理委員會」與「澳洲政府議會」；專責海洋政策機關有美國商務部之「國家海洋暨大氣總署」、澳洲之「環境與遺產部」、中國大陸之「國家海洋局」；專業與科技諮詢小組有美國之「海洋政策諮詢議會」及「科學與技術諮詢議會」、澳洲之「國家海洋諮詢小組」、「海洋政策科學諮詢小組」及「規劃與諮詢委員會」。

　　「套裝」較完整的首推澳洲，其協調與決策機構有「海洋管理委員會」及「澳洲政府議會」；而聯邦政府「環境與遺產部」，主導海洋政策發展；所屬海洋處，負責海洋規劃及海洋政策之執行。故「環境與遺產部」應為海洋政策之主辦機關，「海洋處」則為專責執行海洋事務之單位，專業與科技諮詢小組則有「國家海洋諮詢小組」、「海洋政策科學諮詢小組」及「規劃與諮詢委員會」等。其次為美國，有「海洋政策委員會」建立通盤與協調海洋政策之平衡與實務計

畫書，有「商務部國家暨大氣總署」為專責海洋事務機關，以及專責執行海洋事務之海岸防衛隊，專業與科技諮詢小組，有海洋政策諮詢議會及科學與技術諮詢議會。其次為日本，有「綜合海洋政策本部」為協調與決策機構，「海上保安廳」為專責執行海洋事務。中國大陸之「國家海洋局」屬專責海政策務機關，另有中國海監等海洋執法機關。

綜合上述，澳洲與美國之組織最健全，其海洋事務之發展有目共睹；日本雖缺乏專責海洋事務機關，然其協調與決策機構「綜合海洋政策本部」層級高，組織健全，又積極運作，對海洋事務之發展，海洋權益之維護不遺餘力。從近年該國對釣魚臺及「沖之鳥礁」之主權維護，可見一斑。中國大陸設專責海洋政策機關，亦展現發展海洋之決心。

第四節　我國海洋行政組織現況與展望

我國海洋事務與世界各國相仿，乃分由多個部會主管，包括內政部、外交部、國防部、財政部、教育部、經濟部、交通部、行政院新聞局、環保署、陸委會、國科會、農委會、勞委會、文建會、海巡署等。

2004年1月7日，行政院為協調各相關部會共同推動海洋事務與海洋資源的開發管理及永續利用，並強化海域及海岸秩序的維護、保護海洋生態環境、加強海洋科技研究發展、確保國家海洋權益，因而設置「行政院海洋事務推動委員會」，由行政院院長擔任召集人，相關部會首長及延聘專家學者擔任委員。該委員會並通過「國家海洋政策綱領」，提出「生態、安全、繁榮的海洋國家願景」；繼而通過「國家海洋政策發展規劃方案」，由該委員會下設之「海洋策略」、「海域安全」、「海洋環保」、「海洋產業」、「海洋科技」及「海洋文

化」六個分組，共研議105個方案，由各主、協辦機關分年編列預算支應，總經費約351億餘元。該委員會並規劃辦理「2005臺灣海洋年」系列活動，共舉辦252項親海、近海活動，如東海岸飛魚祭、高雄海洋博覽會、福隆海洋音樂季、南島大使船活動、海安三號聯合演習等，深獲民眾喜愛，並造成廣大迴響。

　　馬英九總統於2008年提出其海洋政策之競選政見，主張積極推動「藍色革命，海洋興國」，並設立「海洋部」以統籌海洋事務，以及其他發展海洋之策略。2008年8月，將「行政院海洋事務推動委員會」更名為「行政院海洋事務推動小組」，由副院長擔任召集人，持續推動海洋事務。

　　2010年1月12日立法院第七屆第四會期通過行政院組織改造方案，將現行的組織整併為14部、8會、2總處、1行、1院及 3獨立機關等29個部會，包括即將設立的海洋委員會；但由於相關配套的法律通過遲緩，預計海洋委員會最快將在2013年以後正式成立、運作。

　　綜合上述，我國近年來對海洋事務政策層級之行政組織頗為重視，先後於2004年設「行政院海洋事務推動委員會」、2008年改設「行政院海洋事務推動小組」，為行政院層級之協調及決策機構。至於專責海洋政策的機關部分，亦先後擬議成立海洋事務部或海洋委員會。最終通過成立海洋委員會，並可望於2013年以後開始實施，實為我國海洋事務發展之重要里程碑。

　　至於海洋事務執行層級之行政組織，原散置於不同機關。臺灣光復後，沿襲日本警制，於各縣市警察局成立馬公等9個水上派出所；1947年更成立基隆、高雄等港務警察局，以協助港口安全與港口緝私；1958年，政府將臺灣省民防司令部、保安司令部、臺北衛戍司令部、臺灣省防衛總司令部等單位合併編成臺灣警備總司令部，成為戒嚴時間最大的海岸守備機關。（陳純瑩，2005）嗣為防止中共武裝快艇沿淡水河偷襲臺北首都，政府乃於1969年成立臺灣省淡水水上警察巡邏隊。

戒嚴時期（1949～1987），除警察機關外，海軍與警備總部亦肩負海岸警備、船舶電信管制、漁航保防等海岸巡防職務。而海關主要負責查緝海上走私。1987年政府宣布解嚴後，兩岸走私、偷渡案件大增，嚴重打擊我國治安與經濟秩序，且原本肩負海岸巡防之海軍及警備總部，因未具備司法警察身分，難以取締犯罪。再者，我遠洋漁船於公海違法捕撈鮭魚，行政院農業委員會受美國壓力，協調內政部希望成立遠洋護漁警察隊。因此，警政署於1990年擴編淡水水上警察巡邏隊，成立保安警察第七總隊，同時編組遠洋巡護中隊，擔任遠洋護漁任務。國防部於一九九二年宣布裁撤警備總部，設立海岸巡防司令部，以承接其海岸巡防、查緝走私之業務，唯仍未具司法警察身分。

海軍為傳統的海上國防武力，然在裝備、訓練與心態上不適於執法勤務，且欠缺法律授權，以執行「警察」的功能。海關雖具完整的典章制度，然其力量尚嫌不足，仍需軍憲警聯合緝私。而保七警察總隊雖屬司法警察，唯其任務不明確、力量不足，難以滿足警衛領海之水上警察的要求（胡念祖，1997）。

1998年為國際海洋年，聯合國呼籲各國正視海洋的重要性，並採取更積極的行動來保育海洋資源、防治污染及海洋環境保護。政府為突顯海洋管理之意志，乃於是年成立水上警察局，職掌仍為「依法協助執行」海岸巡防事務，而非直接明定為「掌理事項」。（胡念祖，2001）且負責海防任務分屬軍方、警方及海關，事權不一，各行其是，致使各機關間爭功諉過之情事時有所聞，難以有效協調聯繫。有鑑於此，政府於2000年納編海岸巡防司令部、水上警察局、關稅總局，成立行政院海岸巡防署（邊子光，2005）。

綜合上述：光復初期，海岸巡防工作僅著重於港灣及沿海取締工作、港口安全與港口緝私；戒嚴時期則為轉以軍事為重的海岸管制事務，海岸巡防事務從查緝走私偷渡擴增至護漁、保護航運、海上搜救……等。隨著國際對海洋及海洋環境管理日益重視，解嚴之後，海岸巡防事務更涉及海洋災害之救護、海洋環境保護及保育、海上涉外

警察事務……等。目前可謂海岸巡防事務最多元之時期，行政院海岸巡防署不僅須負責上述之任務，尚需負責海洋事務研究發展及海岸巡防政策之擬訂。該署成立後，納編軍、警、海關及文職人員，經過磨合期，終使該署人員對新機關產生認同，了解不同背景人員的文化，並經由教育訓練，學習各項專業技能，以遂行所負任務，總算順利轉型。十餘年來，就其三大核心任務——海域執法、海事服務及海洋事務等面向，均有優異的表現。來年，行政院海洋委員會成立，該署將改隸於海洋委員會，成為中央三級機關；機關名稱亦改為「海巡署」。

茲以套裝模式檢視我國目前海洋事務行政組織，「協調與決策機構」部分，有行政院層級之行政院海洋事務推動小組；「專責海洋事務機關」尚付闕如；「專業與科技諮詢小組」部分，則行政院海岸巡防署海洋事務研究委員會應屬諮詢性質，唯規模有待加強。自2012年起，因行政院組織改造而有變動，「協調與決策機構」部分，未來是否設行政院以上層級之協調與決策機構，目前尚乏明確資訊；「專責海洋政策機關」部分，行政院海洋委員會應屬之；「專業與科技諮詢小組」部分，行政院海洋委員將設有海洋事務諮詢小組。

行政院海洋委員會即將成立，各界對之期望甚殷。

按：即將設立之行政院海洋委員會，本身已具有與各部會協調之功能，其下又設海域執法專責機關——海巡署，具有執行力，預期應會發揮相當作用。或謂：行政院海洋委員會本身已具有協調及決策功能，無需在部會層級之上另設「協調決策機構」；其實不然。蓋海洋事務仍散置於許多部會，行政院海洋委員會與各部會居於同一部會層級，欲統合各部會海洋政策並有效推動，恐有實質的困難，非仰賴行政院層級之機構不可。目前設置之行政院海洋事務推動小組雖具有協調、統合各相關部會之海洋政策功能，唯如能參考日本做法，於海洋基本法明定設置依據，並設置適當人員，成為經常性機構，則功能將更彰顯。行政院海洋委員會依上述協調及決策機構之決議及指示執

行，並與相關部會協調、聯繫，追蹤決議案執行之情形，倘行政院海洋委員會有較充裕之預算，執行當更順暢。其次，行政院海洋委員會未來主管之海洋事務，依目前規劃，局限於海岸巡防為主。俟委員會成立後，可從實踐中體認何項海洋事務移入該委員會主管較為合適；或經由協商、修法程序，將主管事務轉移至海洋委員會，以發揮更大功能。至於海洋事務「專業與科技諮詢小組」部分，可分法政、環保、科技、產業等組別，妥為設置。

在海域執法方面，未來將於行政院海洋委員會下設海巡署，為統籌式專責海域執法機關。行政院海岸巡防署於2000年設立伊始，屬部會層級高度，使得該署與內政部、國防部、交通部、財政部、法務部、農委會、環保署等機關之協調聯繫極為順暢；與行政院及其他各院，甚至國安機構之溝通亦頗為順利。行政院海岸巡防署成立十餘年來，機關內部整合、轉型，外部協調、聯繫，其最艱困階段皆已經過，未來隸屬於行政院海洋委員會，成為中央三級機關，與部會以上機關之協調聯繫，仍可經由行政院海洋委員會為之；且綜觀世界各國之海域執法機關，未有如行政院海岸巡防署之部會層級者，故海巡署組織層級之改變，尚稱允當。

海巡署未來將增設七個地區分署及偵防分署、人力發展中心各一。地區分署下設海巡隊、岸巡隊及偵防隊，有利岸際與海域兵力與警力之整合，應可發揮更強大的行政效能，展現海巡威力。唯軍、警兩大體系，文化背景、社會經驗、法令認知及待遇福利等差異極大；再加上海關及文職人員共冶一爐，人事多元複雜，在人事制度達成一元化之前，各個成員必須拋棄成見，打開胸襟互相包容、彼此砥礪，期能相輔相成，合作無間，發揮整體戰力，達成海巡之神聖使命。

海洋委員會vs.海洋部

打開電腦，連上網路，只要在搜尋引擎的對話框中打上「人類、未來、希望」這幾個關鍵詞，所開出來的網頁內容都指向「海洋」。「海洋是人類未來的希望」已是二十一世紀人類的共識，作爲執政者，在擬定國家大政方針之際，不可能刻意迴避這麼重要的議題，問題只在於企圖心的大小，以及視野的遠近罷了。

近幾年來，紛紜難解的國際政經、外交問題，除了千年世仇的以阿衝突，其餘都跟海洋脫離不了關係，如海洋資源的競奪、海島主權的歸屬、經濟海域的重疊、列強勢力的擴張……無不涉及國家級的海洋政策。以釣魚臺主權爭議爲例，便涉及臺、美、中、日的國家利益；而刻正發展中的南海風雲，所涵蓋的區域更廣，一旦有突發狀況，國際均勢即會瞬間丕變。

正因爲海洋在全球化浪潮中的重要性日益突顯，從本世紀伊始，就不斷成爲各方討論的政策議題。馬總統於首度競選大位時，推出以「藍色革命，海洋興國」的海洋政策，內容洋洋灑灑、格局宏遠；尤其宣示成立「海洋部」以統籌海洋事務，更是提綱挈領的見地，讓人對打造臺灣成爲海洋國家充滿無限的期待與憧憬。然而，2010年1月12日公布、經立法院三讀通過的「政府組織再造法」中，卻只見海洋委員會的機關名稱，而所賦予的功能則包括總體海洋政策、海洋資源、海域安全、海岸巡防、海岸管理、海洋文教政策之規劃、推動與協調。以其二級機關的定位，要「規劃」對臺灣未來發展影響如此重大的政策，然後「協調」層級在它之上的各相關部會，進一步「推動」幾乎涉及所有單位的業務，表面看來可謂任重道遠；仔細一想，不免對海洋委員能否達成如此艱鉅的任務產生疑慮。

歷經年初以來接二連三來自海洋的「風暴」衝擊，任誰都看得

出來：這些糾結難解、屬於國際政治、外交範疇的議題，哪是二、三級機關所能解決的？放眼未來，開發海洋資源、發展海洋經濟也好，解決海島主權爭端也罷，都有必要將海洋事務的處理層級適度地提升。環視全球的海洋國家，遠的如加拿大、澳洲；近的像中國大陸、韓國、印尼，都將統籌海洋事務的機構劃歸中央直接管轄。因此，有人主張應成立海洋部，才能使日益紛雜的海洋事務得到妥善的處理。然而，就我國行政組織中「部」與「會」的權責劃分，前者屬執行單位，後者以規劃、協調為主。一旦成立海洋部，則在執行國家海洋政策時，難免會與權責相關的單位如經濟部、外交部、交通部、國防部等，產生功能的重疊而相互推諉或爭權，導致政策無法順利推展，政策目標也必隨之落空，這應是政府最後決定設置「海洋委員會」的主要考量。

　　根據行政院現轄的各委員會及國外的例子來看，委員會能否達成預設的任務，往往與高層對其權責是否重視，或主任委員能否充分發揮自身影響力有密切關係。如能仿效我國以往或某些國家的做法，由較高層級的政務官兼任海洋委員會主委，應能更有力地主導海洋政策的規劃，並在各執行部會間順暢地發揮居中協調的功能。或許這正是到底要設置海洋部，還是海洋委員會這兩難的折中之道吧？

第五章

海洋外交

對於海洋資源的利用，各國之間的關係從劍拔弩張的競爭轉為尋求合作以及追求永續利用。如何了解國際趨勢，體察各國立場，並透過外交手段達到最大整體利益，是外交處境艱困的臺灣所應該深思的議題及努力的目標。本章從海洋外交為出發點，針對海洋外交的範疇與特性，介紹與海洋相關之國際組織以及運作的方式，說明各國推動海洋外交的方式，並特別論述臺灣如何在國際地位艱困的情況下，藉著我國在漁業外交的領域，披荊斬棘，開拓出一條不同的道路。然而，外交管道雖能解決多數國家之間的爭議，卻並非萬靈丹，本章最後提出幾項國際間如何透過外交、條約共同管理爭議性水域以及藉由漁業推動外交的案例，作為思考方向。

第一節　海洋外交的範疇與多邊國際組織

外交（diplomacy）一詞，源自古希臘文diploma，由diplo（意為「摺疊為二」fold in two）及ma（意為「物件」an object）所組成。原意指「摺疊的文件，用以證明持有人的身分，以及所賦予的通行和其他的權利。」在羅馬帝國時代，diploma「指可以在帝國道路旅行或過境的文件」如護照或通行證之類。十八世紀，法國人開始稱呼他們與外國使館打交道的官員為「外交人員」，意指代表政府從事交涉談判的人（王，2008）。

「外交」一詞所涉及的內涵，係指：主權獨立國家與國家在主權平等的基礎上，處理彼此政府間的國際關係之程序或藝術，它通常是雙邊（bilateral）進行，有時亦多邊（multi-lateral）活動，以交涉談判為主要的手段；二十世紀後又擴大範圍，將高峰會議（Summit Meeting）和其他的國際會議（International Meeting）納入其中，以求達成協議和解決國家與國家之間的問題。外交人員進行交涉時，亦可施用威脅或壓力；但其範圍和效果，則由一國家或施用國家的相對實力而

定（王，2008）。

外交工作可以包括國與國，或多國之間透過各種「外交機制」、手段達成各方面的「利益」。「外交機制」包括外交談判、雙邊換文承諾、諒解備忘錄、意向書、雙邊安排或協定、多邊協定或安排、區域性或國際性公約之締約、區域性或國際性漁業組織之加入、參與等。「利益」涵蓋範圍更廣，大至兩國或多國間各種產品貿易、關稅協商。就海洋環境而言，可包括海洋環境保護以及資源保育之永續利用，漁業而言，可包括漁場取得、漁撈技術之取得、漁業資訊交換、漁場探勘、漁業科學研究合作、打擊非法漁撈之合作、漁產品衛生標準規範合作、漁產品市場通路開發之合作、漁產品關稅之互惠合作等。

國際間對於海洋資源的競爭由來已久，然自1956年聯合國第一屆海洋法會議揭示國際合作的精神後，國際組織紛紛成立，單以漁業管理組織而言，迄2012年間，區域性漁業組織已增加至44個。由於區域漁業管理組織有權進行配額分配，而遠洋漁業國大部分需仰賴公海漁場，足夠的漁獲配額爲其業者生存之所繫，爲達到獲得配額之目的，相關國家必須與各區域漁業組織充分合作，透過多邊協商方式取得共識，並配合執行各組織所通過的管理措施。此雖屬非政府及民間的交流，亦可視爲外交工作的一部分。以下就多邊組織的類型與運作方式加以說明：

國際性組織參酌維也納公約法的架構運作，原則上由國家作爲會員主體，成立委員會。下設有會員大會以及各種常設／任務性次委員會，就各項目標討論並制定管理規範，以下依功能性簡介與海洋相關之國際性組織：

一、綜合性政經組織

(一)聯合國（United Nations, UN）

成立於1945年，爲現存最大的國際組織，下設海洋事務與海洋

法司（Division for Ocean Affairs and the Law of the Sea, Office of Legal Affairs）則主要負責海洋相關法規的推動與制定。次級機構中之國際海事組織（International Maritime Organization, IMO）、糧農組織（Food and Agriculture Organization, FAO）、聯合國教科文組織（United Nations Education, Science and Culture Organization, UNESCO）與海洋有密切關聯。

㈡經濟合作暨發展組織（Organization for Economic Cooperation And Development , OECD）

　　OECD於1961年成立，由於大部分會員為工業先進國家，會員國國民總生產毛額占全球3/2以上，因此又被稱為「富人俱樂部」。OECD以研究經濟與促進社會發展為主軸，並透過研究報告與統計資料之發布，提供OECD或其他國際組織在進行經貿談判與擬定發展策略之重要參考。下設多個產業委員會，其中「農業委員會（Committee for Agriculture）」在「食品及農漁業處（Directorate for Food, Agriculture and Fisheries）」的行政支援下，討論各項農業議題。「漁業委員會」則討論有關漁業管理、補貼等議題。臺灣於2005年起成為OECD漁業委員會之專案觀察員。

㈢亞太經濟合作（Asia Pacific Economic Cooperation, APEC）

　　亞太經濟合作（APEC）為環太平洋經濟論壇，成立於1989年，為21個經濟體高階官員的溝通交流論壇，討論議題廣泛涵蓋國際經貿、投資自由化與區域合作，我國自1993年開始參與。對於海洋，APEC下設海洋資源保育工作小組（Marine Resources Conservation Working Group, MRC WG）及漁業工作小組（Fisheries Working Group, FWG），主要任務為就海洋相關議題交換意見。環保署曾於1998～2000年間擔任MRCWG主事國，漁業署則於2004～2006年擔任FWG主事國。上述兩工作小組已於2012年合併為「海洋與漁業工作小組（Ocean and Fisheries Working Group；OFWG）」。

APEC與海洋有關之部長會議稱爲「海洋相關部長會議（APEC Ocean-related Ministerial Meeting，簡稱AOMM）」。名稱之所以採用海洋相關部長而非海洋部長，就是因爲許多國家尙無海洋專屬部會，而以「相關」兩字廣義涵蓋之。三屆海洋相關部長會議分別於2002年於韓國漢城、2005年於印尼峇里島及2010年於祕魯利馬召開，並通過「漢城海洋宣言（Seoul Ocean Declaration）」、「峇里行動計畫（Bali Plan of Action，BPA）」以及「巴拉卡斯宣言（Paracas Declaration）」。

二、海洋環境保護及科學研究組織

㈠聯合國環境規劃署（United Nations Environment Programme, UNEP）

聯合國環境規劃署負責推動大陸礁層計畫，包括透過挪威「阿倫達爾全球研究資訊資料庫」的協調，協助發展中國家和小島國家劃定其大陸礁層之外部界限，並提供技術支援，包括幫助確定、蒐集或分析現有資料。

㈡聯合國教科文組織（United Nations Educational, Scientific and Cultural Organization, UNESCO）

總部設於法國巴黎的聯合國教科文組織成立於1945年，現有193個會員以及7個準會員，其宗旨在於利用教育、科學、文化來促進各國合作。下設「政府間海洋學委員會（Intergovernmental Oceanographic Commission）」，以發揮資料和資訊交流的功能；特別強調發展中國家透過其海洋資料和資訊網路、海洋教師和海洋教師學院計畫，以及比利時奧斯坦德政府間海洋學委員會海洋資訊交換所計畫辦公室（the Intergovernmental Oceanographic Commission project office for the Exchange in Oostende, Belgium）」組織的培訓計畫，增進海洋事務之國際合作。委員會還舉辦有關資料和資訊管理、海平面資料分析與建模、海洋生物多樣性，以及遙感探測在沿岸管理中的應用等培訓課

程。至於環境研究的線上查閱，是國際公共和私營機構合辦的聯合項目，由環境署、耶魯大學，以及重要的科學技術出版社進行合作，目的在使開發中國家能獲得有關環境科學的研究資料。

㈢瀕危野生動植物國際貿易公約（Convention on International Trade in Endangered Species of Wild Fauna and Flora, CITES）

「瀕危野生動植物國際貿易公約」倡議於1963年，1973年開放簽署、1975年生效，2012年會員數達177個。由於公約於美國華盛頓特區簽署，故又稱「華盛頓公約」。該公約目的係透過貿易，管制保育瀕危野生動植物。該公約建立三類附錄：

附錄1：瀕危物種基本上禁止國際貿易，如長鬚鯨、大翅鯨、中華白鱀豚、江豚等多種鯨豚類便在此列。

附錄2：物種雖沒有立即滅絕危險，但需要管制交易狀況避免影響其存續。

附錄3：在某些國家或地區被視爲需要保育的物種，必須經由本公約監督，以管制其貿易。

目前總計有5,000種動物與29,000種植物被列入保育範圍。其中海洋物種並不多，主要是海洋哺乳動物之鯨豚類；近十年開始有部分鯊魚（鯨鯊、大白鯊、象鮫）被列入附錄2；而大型迴游魚種如大西洋黑鮪，則在2010年首度被提案列入附錄1，但未通過。

三、國際航運相關組織

㈠國際海事組織（International Maritime Organization, IMO）

國際海事組織前身爲1958年成立於日內瓦之政府間海事諮詢組織（Inter-Governmental Maritime Consultative Organization, IMCO），於1959年改隸聯合國，並於1982年改名爲IMO。總部位於英國倫敦，成立宗旨爲改善船舶航行安全以及防止海洋污染，現有會員169個，附

屬會員包括法羅群島、香港及澳門。我國曾爲會員，於1972年退出。為加強對漁船船員福利的保障，國際海事組織（IMO）於2012年10月在南非開普敦通過「2012年開普敦協定」（Cape Town Agreement of 2012 on the Implementation of the Provisions of the 1993 Protocol relating to the Torremolinos International Convention for the Safety of Fishing Vessels, 1977），討論國際漁船安全公約。

㈡國際勞工組織（International Labor Organization, ILO）

於1919年成立，聯合國成立後改隸屬爲聯合國專屬機構，目的在保障勞工權益。海員屬勞工之一種，因此ILO對於海員之訓練、雇用、資格、體格、工作、工時、待遇、福利，以及童工最低年齡等，均有詳盡之規定。ILO會員在2006年通過保障船員工作和生活條件的國際海事勞工公約（Maritime Labour Convention），規範船員的工作條件、健康、安全、最低工作年齡、招聘錄用、工作時間、船上居住條件等。該公約預計於2013年8月生效。

ILO會員進而於2007年通過漁業工作公約（Work in Fishing Convention, 2007），保障漁船船員的勞動條件，包括更好的衛生和安全條件，傷病漁船船員能夠得到海上和岸上治療，享有充分休息時間，以及和其他勞動者相同的社會福利保障等。

四、國際漁業組織

㈠糧農組織（Food and Agriculture Organization of the United Nations, FAO）

FAO於1965年成立「漁業委員會（Committee on Fisheries，簡稱COFI）」，負責蒐集、分析和傳遞漁業訊息、研擬各項漁業政策和建議，以及提供會員國發展漁業方面的協助，該組織每兩年召開一次會員國大會，討論漁業相關議題以及發展方向。COFI針對特定議題，均交由有意願之國家召開專家諮商會議（Expert Consultation Meetings），邀請相關學者專家參與討論；在得到初步結論後，再由FAO召

開技術諮商會議（Technical Consultation Meetings），由各會員國代表與會，並將結論送交COFI大會討論通過文件提供各會員國做為政策管理參考。

（二）區域性漁業管理組織

區域性漁業資源管理組織負責專屬水域的海洋資源科學評估研究以及制定保育措施。各組織依據公約定期召開各類科學會議，由科學家交換漁業資訊，進行資源評估，並將評估結論及管理建議提交委員會，由委員會通過各項決議或建議，以落實資源永續之目的。目前全球有四十餘個區域性漁業組織，茲摘其與我重要相關者說明如次：

1. **美洲熱帶鮪類委員會**（Inter-American Tropical Tuna Commission, IATTC）

IATTC係依據美國與哥斯大黎加於1949年所簽定的公約而成立，是目前五大鮪漁業組織中成立最早的，初期係針對西經150°以東，南北緯40°間之太平洋熱帶水域的鮪類（以黃鰭鮪為主）為管理對象。在加入國家逐漸增加之後，管理水域擴大到南北緯50°間水域，管理魚種亦擴增至長鰭鮪、黑鮪、鯊魚等冷水溫魚種。IATTC為因應國際漁業環境之變遷，於1998年決議成立修約工作小組，針對1949年公約進行修訂，以擴大會員國參與，終於在2003年通過「安地瓜公約（The Antigua Convention）」，並於2010年生效，目前有包括我國等21個會員。

2. **大西洋鮪類國際保育委員會**（International Commission for the Conservation of Atlantic Tunas, ICCAT）

ICCAT於1966年通過公約，1969年生效，迄今已有四十餘年歷史；管轄水域涵蓋大西洋以及鄰近地中海水域，至2012年，締約國已達48個，是目前鮪類漁業組織中最多者。ICCAT每年召開科學諮商會議，包括「研究與統計常設委員會（Standing Committee on Research & Statistics, SCRS）」會議及「各資源評估工作小組」會議，以探討各國之漁業狀況（包括漁獲量及船數變動）、各類漁業資料之蒐集情

形、評估模式之應用與評估結果之檢討，及對ICCAT建議案或決議案之執行成果等。最後擬定合適之評估結論及管理建議，提交委員會參考，以對各鮪類擬訂管理措施。歷年通過決議案已超過三百項，近年也開始採取貿易措施、觀察員、統計證明書等多項管理措施。

3. 南方黑鮪保育委員會（Commission for the Conservation of Southern Bluefin Tuna, CCSBT）

南方黑鮪保育委員會由日本、澳大利亞及紐西蘭三國於1993年簽署「南方黑鮪保育公約（Convention for the Conservation of Southern Bluefin Tuna）」，並於1994年正式生效。委員會宗旨為「經由適當的管理，確保南方黑鮪保育與最適利用」，故CCSBT致力於蒐集並保存與南方黑鮪及其生態相關系群之科學資訊、統計資料，有關南方黑鮪之相關法律、規章、行政措施，以及其他任何有關南方黑鮪之資訊；且為能保育、管理及最適利用南方黑鮪資源，每年會訂定總容許捕獲量及各會員國之配額。該組織是唯一以單一魚種為管理目標的漁業組織，並無特定管轄水域，主要以南方黑鮪洄游的南半球高緯度水域為主，後期加入者包括臺灣、韓國、印尼等國。

4. 印度洋鮪類委員會（Indian Ocean Tuna Commission, IOTC）

IOTC的前身係由聯合國發展計畫署所資助，並於1982年成立之印度太平洋鮪魚開發管理計畫（Indo-Pacific Tuna Development and Management Program, IPTP），FAO於1993年11月25日在羅馬召開之第105屆FAO理事會依其組織憲章第14條規定通過成立印度洋鮪魚委員會（Indian Ocean Tuna Commission, IOTC），該協定於1996年3月27日生效，會員包括日本、韓國、歐盟、中國等遠洋國家以及印度洋沿岸國家等31國。

5. 中西太平洋漁業委員會（Western and Central Pacific Fisheries Commission, WCPFC）

中西太平洋水域2010年漁業產量達全球14%以上（FAO, 2012），也是我國最重要的漁場之一。由於此水域（見圖5-1）主要為太平洋島

國所擁有，故包括我國、日本、歐盟、美國等在內的遠洋漁業國家，必須透過入漁方式作業，使得公約談判較其他水域為晚且複雜。WCP-FC公約於2000年9月4日始於夏威夷檀香山完成「中西太平洋高度洄游魚類種群養護與管理公約」，並於2004年12月生效。由於本公約議定時間較晚，因此涵蓋有關公海登檢、觀察員制度等，更為完善的監控措施其會員國包括我國、美國、日本、歐盟等遠洋漁業國家以及太平洋島國的25個。

6. 南太平洋區域性漁業管理組織（South Pacific Regional Fisheries Management Organization, SPRFMO）

南太平洋區域漁業管理組織由紐西蘭、澳洲、智利等國發起，主要目的是管理南太平洋海域中的眞鱈、橘棘鯛及魷魚等非高度洄游魚類（非鮪類）漁捕活動，於2009年12月完成公約協商，參與會員包括澳洲、貝里斯、智利、庫克群島、古巴、歐盟、法羅群島、韓國、紐西蘭、俄羅斯以及臺灣等，該公約於2012年8月生效。

7. 北太平洋漁業委員會（North Pacific Fisheries Commission, NPFC）

北太平洋漁業委員會乃由美、日、韓、俄四國發起，加拿大、中國大陸及我國等國參與磋商，以北太平洋非鮪類資源為管理標的，包括海底山脈、深海熱泉及冷水珊瑚等「脆弱海洋生態系（Vulnerable Marine Ecosystems；VMEs）」北太平洋公海漁業資源管理公約（Convention on the Conservation and Management of High Seas Fisheries Resources in the North Pacific Ocean）。該公約於2011年3月完成協商，未來將對北太平洋之公海漁業，進行100%觀察員、事前提報作業計畫、漁獲監控計畫及資料蒐集計畫之嚴格管理措施，並透過各參與國之公務船舶、飛機嚴格監控執行。

五、國際非政府組織（International Non-Governmental Organizations）

國際非政府組織由於代表一定程度的民意以及世界潮流，因此，

其影響力日益重要，包括世界野生動物保育基金會（World Wildlife Foundation, WWF）、綠色和平（Greenpeace）、國際鳥盟（Birdlife International），以及近年甫成立的ISSF（International Seafood Sustainability Foundation, ISSF），都在科學研發以及保育措施遊說方面扮演重要角色。而由於國際非政府組織也具有參與國際漁業組織的身分，因此臺灣也曾經以國際非政府組織的身分參與相關國際組織正式會議，擴大我國際參與的空間。

此外，關於海洋生物多樣性議題，國際自然保育聯盟（IUCN）參與全球海洋生物多樣性倡議（the Global Ocean Biodiversity Initiative）。此倡議的目的是協助各國以及區域和全球性組織，利用現有與新的資料、工具及方法，以確定具有生態或生物重要意義的區域，重點首先放在國家管轄範圍以外的海洋。該倡議在2010年開展能力建構活動，並召開一系列區域研討會，以解決與確定具有生態或生物重要意義區域之相關問題，包括獲取現有資料和選擇適當的工具和方法。該倡議建立一個專屬入口網站（http://openoceansdeepseas.org）和網路地理資訊系統的工具，以便分享經驗和進行案例研究。這個網站的內容為相關主題資料彙編，其中包括科研報告、網上資料來源和各種工具等。

另一項值得注意的倡議是「海洋生物普查（Census of Marine Life）」，由80個以上國家，二千多位研究人員組成的全球網絡，用10年時間進行科學評估和解釋海洋生物的多樣性、分布和豐度。這是世界上首次對海洋生物進行的全面普查。

第二節　外交運作

前述各國際組織，特別是區域性漁業管理組織的目標在於保育物種的永續利用，因此必須透過科學研究評估漁業資源，提出建議，之

後由委員會通過管理建議，要求會員國遵守，因此形成海洋外交領域中十分重要的一環，以下進一步說明：

一、國際組織架構及運作模式

在組織架構上，各國際漁業委員會通常在會員大會下設三類組織，包括處理行政事務的部門、科學性次委員會、紀律性次委員會，並視任務需求而成立的工作小組。以ICCAT為例（見圖5-1），所屬單位包括財務與預算次委員會、魚種小組、研究統計常設委員會、保育管理紀律委員會、統計改善常設工作小組等。各組織亦可視管理狀況設有特別次委員會，例如WCPFC北方國家為排除島國對於北方水域的管轄權，特別設立北方次委員會，使北方水域之保育管理措施僅能由北方委員會會員決定，南方島國無置喙的空間。

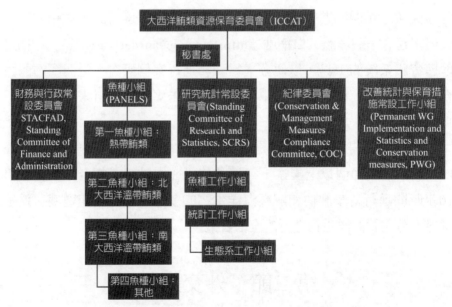

圖5-1　ICCAT 組織架構圖（本章作者整理）

依據各區域性漁業組織之目標，多遵循以下會議模式進行諮商：

(一)全席會議

此會議由全體會員參加,是組織的最高決策機構,其權責包括對於旗下各機構(次委員會)行使協調監督之功能,監督及審查所有活動、審核年度報告及預算,並針對各項次委員會／工作小組會議提出之建議案進行討論,決定是否採取保育管理措施,或酌情制定總容許捕撈量、分配標準等,並促進會員間的合作,以及協調、解決爭端。

(二)次委員會／工作小組會議

針對漁業組織所關切之議題,以次委員會或工作小組形式舉行會議,大致上分兩類:

1. **科學性質**:針對特定魚種進行資源評估,對象可能涵蓋目標商業魚種(如鮪、旗魚類),或者混獲物種(如鯊魚、海鳥、海龜),由各國科學家提供各國漁獲資料估計之漁業豐度指標,共同進行資源評估,估計最大可持續生產量;並視漁獲狀況,決定是否建議委員會採取總容許捕撈量或者其他(如體長、禁漁區、禁漁期、漁船數量限制等)管制。以上工作,亦可由組織本身聘請科學家或委託專業科學研究機構進行,並邀請會員科學家參與討論;近年亦開始採取同儕檢視(peer review)的方式審視評估,以提高其公開性與可信度。

2. **行政管理性質**:主提供委員會資訊、技術諮詢與建議,包括漁船與漁具辨識、保育管理措施等,並審查各會員是否遵守,並確實履行組織通過之各項保育決議案,考量對於不遵守者採取貿易措施。

(三)其他會議

在討論各項決議案的過程中,由於牽涉到各國的產業利益,通常需要透過冗長的諮商及政治決定。為能夠確保自身利益,許多國家會在會前透過雙邊／多邊的不定期會議,事先交換意見;甚至以利益交換的方式,追求彼此的最大利益。而對於爭議性大的議題,大會也可能透過(團長)閉門會議的方式,限縮與會代表人數,以期達成共

識。

　由前述可知，談判諮商以及共識之達成，往往需要長期間的交流與溝通，絕非一蹴可幾。而許多會議之決議，往往在正式會議開始以前已經成形或定案，因此，參與國際外交工作，需要縝密規劃以及長期培訓人才。培訓的內容包括：

1. **語文能力**：英文為必要語文，特別是會議英文及專業用語必須能善用。
2. **專業領域素養**：例如海洋生態系管理、魚種資源評估基礎理論。
3. **法政知識**：特別是「聯合國國際海洋法」、國際區域性漁業組織法規與各項建決議案、議事規則，才能善用相關法令為我爭取權益。
4. **熟悉對手特性**：特別是不同文化背景的談判者，其溝通協調模式各有所好，應適時察言觀色，方得以勝任。

二、各國海洋外交事務機構

　因應前述各項繁複的海洋外交事務，主要的海洋國家均設有不同的海洋事務處理單位，且多半涉及外交單位以及主管權責單位，僅在分工上略有差異。除涉及法制問題外，凡涉及漁業問題之合作、磋商，大部分國家皆由漁業主管單位負責。實質上，這些由漁業單位所進行之工作，本為外交工作的一部分。在少數國家，其外交部設有專門處理漁業外交事務之單位，以實際參與多邊及雙邊公約、條約及協定制訂之談判，亦參與公約、條約及協定之非漁業事務，特別是法制、預算方面的運作。試舉數國為例：

(一)美國

　美國國務院設「海洋暨國際環境及科學事務局（Bureau of Oceans and International Environmental and Scientific Affairs）」，以下並設海洋保育室（Office of Marine Conservation），負責之海洋事務範圍

包含國家安全、船舶自由航行、漁業、海底礦產、港口、休閒活動、觀光等。特別是美國在海洋科學研究方面，一向居領導地位，對了解海洋及解決利用海洋所帶來之問題，及海洋環境保護等包括海洋污染防治、生物保育、氣候變遷等至為重要。該局人員多具有法律背景，專門處理雙邊或多邊海洋相關事務，如參加兩國間之漁業諮商會議、國際漁業會議、磋商漁業公約之制訂；特別是有關法制問題之會議，這些官員毋需如其他外交人員一樣輪調駐外，俾有助於其在國際組織建立良好之人脈，並具有充分之海洋知能。同時，美國NOAA「國家海洋漁業局（National Marine Fisheries Service, NMFS）」亦設有國際處，專責與各漁業國際組織就漁民管理事務與國務院密切合作，以收相輔相成之效。目前美國30個國際相關組織保持聯繫，與9個國家簽署雙邊合作備忘錄（包括臺灣），並與數十個相關組織（如APEC）以及國家（如法國、韓國、摩洛哥）進行合作計畫（Office of International Affairs, 2012）。

（二）歐洲聯盟（European Union）

歐洲聯盟本身即為歐洲國家組成之合作機構，其下設有「漁業與海洋事務理事會（EU Directorate-General for Fisheries and Maritime Affairs）」，為漁業及海洋事務之最高決策單位，由各會員國之相關部長組成，任務為提出立法建議，交由議會通過。

依前述架構，EU之會員國已將涉外漁業事務委由歐洲委員會（European Commission）漁業處（Fisheries Directorate-General）代為處理。換言之，歐洲委員會代表其會員國作為漁業管理公約之締約方，以取代以往由會員國各別加入為締約方。而歐盟漁業處之主要業務為執行「共同漁業政策（Common Fisheries Policy）」，包括所有漁撈活動、水產養殖、漁產品加工及運銷；漁業協定；可捕總量及配額訂定等。其對外事務是由「國際事務及市場組（Division of Inter-national Affairs and Markets）」負責，內設四科，分別負責：海洋法與國際漁業組織等國際事務（International Affairs, Law of the Sea and

Regional Fisheries Organizations）、漁業資料整合管理（Integrated Fisheries Data Management）、雙邊協定及國際水域漁業監控（Bilateral Agreement and Fisheries Control in International Waters），及市場與貿易（Trade and Markets）。歐盟所參與之鮪魚管理組織，是由國際事務科所負責，該科連科長共10人左右，對外負責所有歐盟所涉國際及區域性漁業組織之談判、交涉會議；對內需整合會員間不同之意見，工作相當繁重。

（三）日本

日本由「農林水產省水產廳」主管漁業外交事務，其下之「資源管理部」為國際事務之實際負責單位，內設審議官（councilor）統領國際漁業交涉。大部分國際交涉，特別是國際漁業管理組織中之運作，則交由該部參事官（counselor）負責；而資源管理部另設漁業交涉官，協助審議官及參事官處理國際漁業管理組織之運作。此外，水產廳派任各國際漁業管理組織之委員（commissioner），大多為審議官、參事官及漁業交涉官。

日本雖在「外務省經濟事務局（Economic Affairs Bureau, Ministry of Foreign Affairs）」設有「漁業室（Fishery Division）」，但功能與美國國務院之海洋保育室不同，其官員不一定參與所有國際漁業事務，大部分仍由水產廳官員處理。

（四）臺灣

臺灣現行模式與日本相近，實質內容由專責業務單位負責，外交部負責國際條約等法規面事務。例如公約制訂之談判由外交部國際組織司（Department of International Organizations）及條約法律司（Department of Treaty and Legal Affairs）處理。至於專業性事務，例如漁業事務由農業委員會漁業署處理，環境議題則交由環保署負責等。由於我國國際地位特殊，在國際談判的場合往往居於不利的地位，在過程中更是辛苦備嘗。

舉例而言，2005年我國參與中西太平洋漁業委員會（WCPFC）談

判時，中國要求不能讓臺灣同桌議事，我代表團憤而退席抗議。及至次年會議，經過充分溝通，各國代表理解我國立場，終接受我國和其他與會國家同桌議事。直至2010年，在其他組織協商會議，中國同樣表示僅主權國家始可與會，我國不能與各國同桌議事。地主國要求我代表團接受中國條件，我外交人員舉手發言，主席刻意忽略而不讓我代表發言；我國代表為此鄭重抗議，乃致造成主席的壓力。由以上實例，即可見我國海洋外交工作困難之一斑。

至於雙邊之漁業合作（fisheries cooperation）、入漁協定（access agreements）等，由於臺灣外交地位特殊，早期有少數協定為政府間之協議，例如與美國、南非之雙邊入漁協定，之後由於專屬經濟水域管理日嚴、臺灣地位特殊加上資訊不足，造成不少漁業糾紛或扣船事件。為此，政府於1989年成立「財團法人中華民國對外漁業合作發展協會」，突破官方的外交限制，以民間外交形式協助政府及業者爭取、推動對外漁業合作，漁船遭扣案因而大為減少。之後雙邊漁業合作逐漸交由民間漁業團體，如公會、漁會與外國政府或業者達成協議；或者以租船合作（chartering）、聯合投資（joint venture）方式行之，再向政府報備，以符合國際區域性漁業組織之要求。

第三節　臺灣的海洋漁業外交

海洋外交涵蓋廣泛，舉凡海洋環境保護、科學研究、漁業資源利用等均有合作空間。特別是臺灣由於遠洋漁業發達，促使臺灣能夠在受限於特殊政治地位的情況下，在漁業外交方面有突出的表現，也成為海洋相關事務中少數得以會員身分正式參與的國際組織。因此，本節重點在於介紹臺灣在漁業外交方面的表現。

一、區域性國際組織參與

臺灣自1960年代退出聯合國後，由於國際地位特殊，在正式參與國際組織時往往因為身分問題受到排擠而不得其門而入，充其量取得觀察員身分，或者以雙邊協商的方式盡量維持我國權益。目前我國能夠正式參與的重要國際性組織首屬亞太經濟合作（APEC，1991加入）以及世界貿易組織（WTO，2002加入），其他僅有少數科學研究型組織。

在諸多海洋相關事務中，以漁業之國際化程度最為特殊。臺灣自1970年開始發展遠洋漁業，作業漁場多在公海，捕撈對象為高度洄游魚種。基於「維也納條約法公約」（United Nations, 1969），臺灣並非締約國，無需履行會員義務。然臺灣在1980年代積極發展漁業，卻又無需遵守國際區域性漁業組織規範的情況下，使得其他國家擔憂國際漁業資源保育措施無法有效被執行。也因此，聯合國在諸多會員協商解決方案的情況下，於1995年「履行1982年12月10日聯合國海洋法公約有關跨界魚類種群與高度洄游魚類種群之保育與管理協定（Agreement for the Implementation of the Provisions of the United Nations Convention on the Law of the Sea of 10 December 1982 relating to the Conservation and Management of Straddling Fish Stocks and Highly Migratory Fish Stocks，簡稱Fish Stock Agreement）首創第一條第三項設計「捕魚實體」（fishing entities）一詞，表示該協定「准用」（*mutatis mutandis*）於在公海有漁船進行漁撈活動的捕魚實體，此舉開創臺灣正式參與各區域性漁業組織合作管道，也在我國海洋外交上扮演重要的地位，臺灣近二十年來參與加入組織包括（各組織概況等詳如表一）：

1. 中西太平洋漁業委員會（WCPFC）：我國以「捕魚實體」（fishing entity）身分、中華臺北名稱參與其安排；並於2004年提出參與文書，正式成為WCPFC的會員。此係我國自1971年退

出聯合國以來，正式以政府名義參與國際組織，並取得委員會會員地位的首例。

2. 美洲熱帶鮪類委員會（IATTC）：IATTC原公約於1949年通過，並無捕魚實體的相關條文。該組織有鑑於各項新公約的通過，於1998開始修訂新公約，我國均積極參與相關修約會議，終於2003年完成新議定之「安地瓜公約」。該公約第28條屬捕魚實體之條文，使得我國以捕魚實體身分及「中華臺北」（Chinese Taipei）名稱參與，該公約於2010年經我立法院審議通過，並於2010年8月提出加入文書，成為IATTC正式會員。即便如此，在2010年「安地瓜公約」生效的首次會議中（IATTC第八十一屆會議），中國去函強烈要求會議安排將臺灣與其他會員分列，包括必須分席而坐，並禁止使用中華民國、臺灣、行政院、外交部等字眼等。我國對此提出強烈抗議，其他與會會員對於中國見解也多不能接受，在此情況下，中國杯葛所有決議案的通過，造成IATTC議事困擾。此風波雖經事後協調而稍歇，也可知我國參與國際組織會議之艱辛。

3. 南方黑鮪保育委員會（CCSBT）：早期僅有日本、澳洲以及紐西蘭三個會員，為廣納相關漁撈國家共同強化管理措施，加上中國並非本組織成員，在我國政府積極推動下，CCSBT於2001年第七屆年會通過「建立延伸委員會及延伸科學委員會」之決議，接受臺灣以「臺灣捕魚實體」（Taiwan Fishing Entity）名稱成為延伸委員會的會員，臺灣於2002年正式成為CCSBT延伸委員會（Extended Commission）之會員，得以與其他會員同桌議事，並享有提案、決策、繳納會費等權利與義務。

4. 大西洋鮪類保育委員會（ICCAT）：其公約規範必須為聯合國成員始得為會員，臺灣參加的時間，最早可回溯自1970年代。在1996年中國加入ICCAT之後，我國在政治現實妥協的情況下，接受中華臺北名稱繼續參與ICCAT，藉以保有我國在IC-

CAT的實質漁業利益。ICCAT並於1998年通過第97-17號合作非會員之決議案（原決議名稱爲Resolution by ICCAT on Becoming a cooperating party, entity or fishing entity），接納我國以「合作非會員」方式參與，臺灣亦充分配合ICCAT相關措施，包括每年自願性捐款，並充分配合ICCAT相關保育決議案，加上與相關會員間充分合作，才取得較佳之席次，主席得酌情讓我代表盡早發言而無需排在所有會員之後，以及取得提案權。

5. 南太平洋區域性漁業管理組織（SPRFMO）與北太平洋漁業委員會（NPFC）：早期我國欲參與非鮪類組織時，例如「南極洋生物保育委員會（Convention on the Conservation of Antarctic Marine Living Resources, CCAMLR）」、「信天翁與鸌鳥保育公約（Agreement on the Conservation of Albatrosses and Petrels, ACAP）」，往往受限漁業規模有限，或者政治身分問題而多次遭受閉門羹。由於有WCPFC、IATTC參與模式在前，使得我國在參與SPRFMO以及NPFC時較爲順利，包括在SPRFMO獲得委員會會員資格，且是第一個我國得參與並具會員資格之非鮪類區域漁業組織。NPFC則自2009年參與該公約第7次磋商會議，並於2011年所舉行之第10次公約磋商會議中，再次成功取得委員會會員地位。

6. 印度洋鮪類委員會（IOTC）：臺灣有龐大的鮪漁船隊在印度洋作業，每年捕撈鮪、旗魚超過10萬公噸，係印度洋最主要的捕鮪國家。唯其爲FAO架構下所成立之政府間漁業管理組織，只限FAO會員或聯合國及其專門機構之會員參加，因此臺灣無法參加該組織之活動。經我方不斷與祕書處溝通，2001年IOTC同意邀請我方之專家以個人身分參加年會，稱爲「受邀專家」（invited expert）。之後於2005～2007年間，歐盟曾經推動將IOTC脫離FAO的芻議，一方面提高IOTC運作以及財務自主性，一方面也可以建立我國正式參與的管道；然此倡議在諸多因素

之下於2007年胎死腹中，因此，我國只能依循受邀專家的方式
參與各項科學及管理型會議。面對越來越多漁船白名單、公海
轉載觀察員、公海作業漁船觀察員、貿易措施等管制措施的情
況下，我國漁業發展與穩定，相對受到許多限制。

表5-1　我國參與之政府間區域性漁業管理組織概況

組織	成立年	管轄水域	我國參與狀況	2012配額
中西太平洋漁業委員會（WCPFC）	2004年	中西太平洋	臺灣與中國共同全程參與公約議定之多次多邊高層會議，並於2000年9月4日公約通過後，共同參與多次籌備會議。中西太平洋漁業委員會於2004年12月9日正式成立。我國則於2004年6月29日經立法院通過及總統公布該公約及附屬文件，並於同年11月2日正式通知該組織以Chinese Taipei之名成為會員。	大目鮪15,720公噸
南方黑鮪保育委員會（CCSBT）	1994年	三大洋南緯南方黑鮪洄游水域	CCSBT為能接納我又不需修改公約經我與該委員密切交涉後，該委員會於2001年決議將委員會功能虛化，另成立延伸委員會作為實質管理機構。臺灣以Fishing Entity of Taiwan加入為其延伸委員會會員。	南方黑鮪1,000公噸
美洲熱帶鮪魚委員會（IATTC）	1949年	東經150度以東太平洋	IATTC為因應UNFSA之出現，於1998年開始研議修約，我國與中國同時全程參與，並於2003年於瓜地馬拉安地瓜達成最終協議，俟新約生效後，我得以委員會委員身份參加。目前我國以Chinese Taipei之名，申請成為合作非會員。	大目鮪7,953公噸

組織	成立年	管轄水域	我國參與狀況	2012配額
大西洋鮪類保育委員會（ICCAT）	1969年	大西洋及鄰近水域（地中海）	由於會員須為FAO或聯合國相關機構成員，因此我國無法加入成為締約方。1999年ICCAT首創合作非會員／漁業實體制度供我參與。目前臺灣係以Chinese Taipei之名，維持合作非會員之身分。	大目鮪16,500公噸 北長鰭鮪3,850公噸 北劍旗魚310公噸 南劍旗魚720公噸 紅肉旗魚187公噸 黑皮旗魚330公噸
印度洋鮪類委員會（IOTC）	1996年	印度洋	臺灣自2001年起以invited expert受邀參加其相關會議。	大目鮪35,000公噸
南太太平洋區域性漁業管理組織（SPRFMO）	2009年	南太平洋	SPRFMO自2006年2月起召開第1屆籌備會議，臺灣即派員與會，中途曾因大會明顯歧視而退出以示抗議，迄2009年7次籌備會議，臺灣均派員出席，以展現對該組織管理目標之認同與支持。	
北太平洋漁業委員會（NPFC）	2011年	北太平洋	首屆會議於2006年由美國、日本、韓國、俄羅斯4國發起，我國自2009年8月間第7屆會議時起受邀與會，迄第10屆完成公約協商。	

資料來源：作者整理。

參考資料：行政院農業委員會漁業署及各國際組織網頁。

二、漁業雙邊合作

　　漁船一旦航行出該國的專屬經濟水域或公海，進入他國作業水域時，就涉及雙邊漁業合作。因此，如何透過官方雙邊協議，或以民間

協議方式取得漁場，便是雙邊合作的重點。遠洋漁業不單單是捕魚，更負有外交的功能，近年來，臺灣擁有1,800艘大小型遠洋鮪延繩釣漁船、34艘大型鰹鮪圍網漁船、106艘魷釣漁船。此一近二千艘的龐大船隊，經年在海外作業，利用他國港口整補、卸魚，是臺灣與世界聯結最前線的尖兵。而所聯結的對象主要為以下國家或地區（黃，林，2012）：

(一)美國

我國早期面臨較大的國際壓力，係來自公海流網漁業。因為臺灣、日本、韓國等遠洋漁業國家利用大型流網在公海捕撈鮪魚及魷魚，該漁法會混獲其他非目標物種，特別是海洋哺乳動物，造成國際間要求停止該類型漁業的壓力如排山倒海而來。

1991年12月20日，聯合國通過流網漁業決議，要求於1992年12月31日起全面暫停公海流網漁船作業。為有效管理公海流網漁船，因應聯合國第46/415號「中止公海流網作業決議案」，臺、美簽訂「中美太平洋流網漁業協定」，加強查緝違規作業漁船。1992年，中美流網漁業協定於我國公告禁止漁船赴公海流網作業後亦終止。之後雙方於2002年簽訂「臺美漁業及養殖合作備忘錄」，在美國同意協助臺灣參加國際漁業組織之承諾下，臺灣願合作執行1995年「FAO責任制漁業行為規約」及管理漁撈能力（International Plan of Action for the Management of Fishing Capacity, IPOA-Capacity）、減少延繩釣漁業對海鳥的意外捕獲（International Plan of Action for Reducing Incidental Catch of Seabirds in Longline Fisheries, IPOA-Sea Birds）、養護及管理鯊魚（International Plan of Action for the Conservation and Management of Sharks, IPOA-Shark），以及嚇阻及消除非法未報告及未規範捕魚（International Plan of Action to Prevent, Deter and Eliminate Illegal,Unreported and Unregulated Fishing, IPOA-IUU）四項國際行動計畫及UN46/215大型流網決議案；臺灣並保證依據生效後之1995年Fish Stock Agreement及1993年「促進公海漁船遵守國際保育與管理措

施協定」來管理我國漁船。該備忘錄於2007年更新，進一步明確並強化兩國在國際漁業組織架構內雙邊應加強合作事項。

(二)日本

臺灣與日本在遠洋漁業發展的過程中，有著緊密的關聯。1990年代初期，聯合國為因應流網漁業之發展，基於兩國均是流網漁業大國，命運與共，雙方資訊交流頻繁，後續為對鮪漁業進行管理，促成臺日雙方於1999年2月及2003年4月二度簽定行動計畫（Action Plan）、2006年訂定行動計畫（Action Program），臺灣允諾加強管理措施，以消除由公民及企業體所從事之IUU漁業（Illegal, Unreported and Unregulated fishing之簡稱；指非法、未報告及未受規範漁業）漁撈、削減因違反國際決議所新增加的漁撈能力、加強遠洋小型鮪延繩釣漁船管理等；日本則在國際漁業組織中，協助臺灣爭取公平的漁獲配額分配。該行動計畫正式透過外交管道換文確定，雙方在國際漁業組織保持合作關係。除鮪漁業外，臺日雙方為解決周邊水域的漁業衝突，迄2013年止，共舉行了17屆臺日漁業會談。臺日之間為漁業科技合作交流，自2008年10月底，於我國召開「臺日漁業科學研究合作會議」，藉年度諮商之模式，形成臺日漁業科技交流合作的平臺，並於2013年4月議定臺日漁業協定。

(三)東南亞國家

離臺灣最近的菲律賓呂宋島北方之呂宋海峽，為我漁船作業之傳統漁場，也是往返南太平洋漁場必經之道，雙方於1991年7月於臺北簽訂「臺菲海道通行協定暨農漁業合作備忘錄」；唯因菲方於1998年因應新漁業法之實施，而結束本備忘錄。臺灣與泰國的漁業合作，主要建立在臺、泰農業合作備忘錄之架構下。雙方依據該備忘錄，定期互訪，並提出相關資料蒐集合作計畫。另在印尼方面，我國與印尼於2004年簽訂「臺灣、印尼漁業合作備忘錄」，雙方互相承諾加強管理合作。

（四）中美洲國家

　　由於我國在中美洲有薩爾瓦多、聖文森與格瑞那達與貝里斯、巴拿馬等邦交國，彼此透過雙邊經貿管道，促成我國漁業前往投資，協助發展當地漁業。2000年之後，合作內容主要在促使我國人所經營之外國籍漁船遵守國際規範。我國曾與聖文森與格瑞那達、千里達、貝里斯、巴拿馬等國，就公海漁業管理交換意見，並鼓勵聖文森與格瑞那達加入ICCAT成為會員國。聖文森與格瑞那達於2006年成為ICCAT會員後，進一步協助其建構VMS管理體系，並自2010年起每年轉讓2010年北大西洋長鰭鮪配額給聖文森與格瑞那達，以及2012～2013年北大西洋長鰭鮪配額給貝里斯，以具體行動實踐協助開發中國家漁業發展的承諾。

（五）太平洋島國

　　由於臺灣漁業的實力，臺灣三十餘艘圍網船與中西太平洋島國有長期入漁合作，經由業界的牽線，促成臺灣與吉里巴斯、馬紹爾群島等島國建交；巴布亞紐幾內亞雖與臺灣無邦交，亦聘請我國漁業界人士蔡定邦先生為駐臺名譽總領事，每年收取我國圍網漁船入漁經費，維持良好合作關係，臺灣業界並於2009年協助吐瓦魯建造大型圍網船，並以共同經營之方式協助吐國發展其漁撈能力。

三、其他海洋事務

　　除漁業之外，在海洋環保、污染防制、學術研究等方面，行政院環保署亦與其他國家進行合作，包括2009年成立東沙監測站，加入美國太空總署（NASA）氣膠監測網（AERONET），監控大氣中氣膠光學厚度（Aerosol optical thickness, AOD）[1]的變化；2010年於南沙執

---

[1] 氣膠光學厚度（aerosol optical thickness）：氣膠（aerosol）為懸浮在空氣中粒徑小於100毫米的微粒，環境中有各種不同粒徑和不同化學組成的氣膠微粒，對人體健康、氣候、能見度及生活品質可造成不同程度的影響，在環工、工業安全衛生及工業製程都有一定的重要性。氣膠光學厚度（或氣溶膠光學厚度）的定義為介質的消光係數在垂直方向上的積分，是描述氣溶膠對光的衰減

行南沙環境品質聯合監測計畫：2010年起與美國大氣總署（NOAA）合作，加入碳循環溫室氣體監測網（Carbon Cycle Greenhouse Gases Group, CCGG），與全球同步監測溫室氣體變化情形，並定期赴東沙島進行空氣樣品採樣，所採收的空氣樣品定期送至美國海洋大氣總署（NOAA）進行同步分析；監測項目還包括二氧化碳（CO_2）、甲烷（CH_4）、氧化亞氮（N_2O）、六氟化硫（SF_6）等，有助於我國掌握南海地區溫室氣體變化情形，可作為我國未來制訂減碳政策之參考。

第四節　多邊／雙邊之未解海洋外交僵局

　　雖然目前各國大多能依循「聯合國國際海洋法公約」進行各項海洋事務的合作，但全球仍有許多海域因為劃界問題而爭議不休，而尋求以多邊方式合作，以下舉例說明：

一、北冰洋（Arctic Ocean）

　　北極（North Pole）係指以北極點為中心的廣闊地帶，總面積約2,100萬平方公里，陸地部分約800萬平方公里，分別為周圍的俄羅斯、美國、加拿大、丹麥、挪威、瑞典、芬蘭、冰島等八國所擁有；而鄰近的十個海峽也都被列入領海範圍，只有靠近北極點的北冰洋（Arctic Ocean）區域被認定為公海，各國可自由進行科學研究。由於北冰洋在政治、軍事經濟上的價值日益重要，加上海底資源以及北冰洋融冰範圍漸增，使得沿岸各國無不加強對北冰洋的探勘，希望取得優勢地位。

作用的。氣膠會影響傳輸至地面的太陽輻射、空氣品質、能見度以及氣候，由氣膠的含量可以評估影響的程度，但是氣膠含量隨時間和空間變化很大，所以使用衛星資料提供大範圍的資訊，進行反演氣膠光學厚度。（資料來源：http://tw.knowledge.yahoo.com/question/question?qid=14051127 16440、http://baike.baidu.com/view/2442779.htm、http://fedetd.mis.nsysu.edu.tw/FED-db/cgi-bin/FED-search/view_etd?identifier=oai:thesis.lib.ncu.edu.tw:970202004&index_word=氣膠光學厚度）

北冰洋具有多方面的價值，包括北海航道（Northern Sea Route）及西北航道，一旦因融冰而開通，將能大幅縮短歐洲到北美的航行距離，有助於物資運補；且北冰洋底蘊藏著龐大的石油、天然氣、礦產等資源。根據美國的研究發現：北冰洋地區的原油產量預估約可達900億桶，相當全球儲量的13%；另外還有豐富的金屬礦產。依據「聯合國海洋法公約」第56條，沿海國擁有200浬專屬經濟水域以及該海域內的資源；不過因為經濟海域有重疊的現象，目前北冰洋仍有五處劃界爭議，包括挪威與俄國斯在巴倫支海（Barents Sea）、美國與俄羅斯在白令海峽（Bering Strait）、美國與加拿大在波佛特海（Beaufort Sea）、加拿大與丹麥在漢斯島（Hans Island）以及挪威與美歐各國在思瓦爾巴得群島（The Svalbard archipelagos）附近的爭議。

為爭取更多的水域管轄權，俄羅斯在1997年向聯合國申請在其水域200浬外大陸礁層的權利。該申請雖因數據不足被駁回，卻引發北極諸國更積極爭取。而在環境方面，北極受到氣候變遷、環境污染、航運造成的油污威脅，以及旅遊業的噪音污染。對此，俄羅斯仍積極加強軍事演習及戰略部署；美國則聲明其固有權益，以及多邊治理的主張，並認為西北航道及北海航道應屬國際航道；相反的，加拿大積極想壟斷西北航道，並擴大其軍事存在；丹麥則藉由對格陵蘭島的主權，強調應該著重於安全保障及共同開發；挪威一面獨占其水域資源，一面主張北冰洋資源共享。由此可見各國均主張自身的權益，實質合作的難度不低。在此同時，北約以及歐盟也開始積極介入，主要國家在1996年成立「北極理事會」，希望推動北冰洋地區的永續發展；「國際北極科學委員會」及「世界自然基金會」也積極參與相關科學研究與保育工作。上述的多元化現象，顯示各國雖然角力不斷，但也意味著北冰洋可能將進入多邊共管的階段（蔡及李，2011）。

二、南極（Antartica）

從1950年代起，陸續有一些國家派遣科學家到南極駐站進行研

究；有的國家因為鄰近南極而宣稱擁有南極水域的主權，包括英國、阿根廷、智利、澳洲、紐西蘭、美國、俄等國皆欲分一杯羹。為解決衝突，1958年6月起，阿根廷、澳大利亞、比利時、智利、法國、日本、紐西蘭、挪威、南非、美國、英國、蘇聯等12國代表經過六十餘次會議，終於在1959年12月1日於華盛頓簽訂「南極條約」，凍結各國的領土及主權要求，強調南極僅能用於和平用途，不得在條約區從事任何帶有軍事性質的活動，鼓勵科學研究及合作，且相關研究結果必須公開分享。其後，會員國逐年增加到50國（包括日本、中國、韓國、印度等亞洲國家）。目前重大決策的實施，主要靠每年一次的「南極條約例會（The Antarctic Treaty Consultative Meeting）」，討論南極地區研究成果及建議等。

　　至於「南極條約體系（Antarctic Treaty System）」則是包括「南極條約」、「南極環境保護議定書（Environment Protocol）」以及南極條約協商國簽訂的有關保護南極的公約，與歷次協商國會議通過的各項建議和措施。《南極環境保護議定書》於1991年通過，1998年生效，其中包括「南極環境評估」、「南極動植物保護」、「南極廢棄物處理與管理」、「防止海洋污染」和「南極特別保護區」及「南極環境突發事件之責任」等6個附件。議定書對南極環境保護作出嚴格規定，各締約國需負責清理遺留在南極大陸的垃圾；對固體廢棄物、食品廢棄物、化學藥品廢棄物及可燃性廢棄物要採取不同處理方式，以避免對環境造成損害。2009年4月第32屆「南極條約」協商會議，與會國一致同意美國提出的對前往南極的遊船大小及遊客數量設限的建議，以減少人類活動對南極環境的影響。

　　其他公約則包括1964年簽訂「保護南極動植物議定措施」、1972年簽訂「南極海豹保護公約」、1980年簽訂「南極生物資源保護公約」、1988通過「南極礦物資源活動管理公約」的藏事議定書。該公約在向各協商國開放簽字之時，由於「南極條約環境保護議定書」的通過而中止。但由於「南極條約環境保護議定書」中的很多條款係直

接引自「礦物資源活動管理公約」，因此，「南極礦物資源活動管理公約」仍被視為可引為參考的重要法律文件。

三、漁業合作？外交？

跨國漁業合作模式層出不窮，其形式包括由政府簽訂的正式雙邊協定，或者民間簽定的入漁合作合約，其背後之目的，究竟是為糧食供應，增加經濟收入？或者作為外交合作的橋梁？與其說是單一目的，更多時候是相輔相成，各取所需。

以中西太平洋為例，包括臺灣、日本、韓國、中國、歐盟等許多國家都與各島國簽訂入漁合作，業者以付費方式進入該等國家專屬經濟水域內作業；近年則轉以購買漁船作業天數的方式進行（Vessels Days Scheme）。以美國與中西太平洋島國的合作為例，美國早期並不認同單一國家對於高度洄游物種有專屬的管理權利，因此不願意與單一國家簽訂協定。但到80年代，美國考量到俄羅斯欲與太平洋島國建立合作關係，唯恐其影響亞太地區外交情勢，故積極與島國協商，最終於1988年與太平洋16個島國共同簽署多邊協定（Multi-lateral Agreement），並經1993年、2002年二度續約至2013年，復於2012年展開新約協商。該2002年協定提供美國40艘圍網船以及5艘合作船的入漁權利，入漁費用包括由美國業者支付300萬美元，其中約50萬美元作為太平洋漁業局（Forum Fisheries Agency）行政管理費用，其他入漁費之15%平分給各合作島國，其餘85%則視漁獲量分配給漁場國；至於觀察員以及訓練費用另計。此部分每艘船每年約需支付5萬美元，美國政府則另外支付約1,800萬美元作為地區經濟發展之用（Office of International Affairs, 2012）。由此可見，本協定援助開發中島國之外交目的不亞於漁業合作。

對歐盟來說，即便歐盟國家已擁有高達7萬公里海岸線，25萬平方公里專屬經濟水域，仍大量仰賴公海及他國專屬經濟水域資源。依據歐盟統計：歐盟國家2004～2006年漁獲量有8%來自雙邊入漁合作，

20%來自區域性漁業管理組織管轄的公海水域。歐盟除了參與十七個區域性漁業組織（包括六個鮪類組織以及九個非鮪類組織）以取得公海作業權利外，也透過雙邊或多邊的漁業方式合作（圖5-2），包括兩個主要面向：

   (一)與挪威、冰島、法蘿群島等北方國家之「北方協定（Northern Agreements）」，簽定有關鱈魚、鯡魚、鯖魚等北海魚類的年度配額，其配額可能每年或每數年議定，總容許捕撈量可達數十萬公噸。

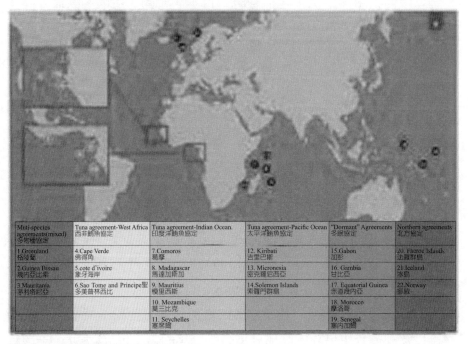

Multi-species agreements(mixed) 多物種協定	Tuna agreement-West Africa 西非鮪魚協定	Tuna agreement-Indian Ocean. 印度洋鮪魚協定	Tuna agreement-Pacific Ocean 太平洋鮪魚協定	"Dormant" Agreements 冬眠協定	Northern agreements 北方協定
1.Greenland 格陵蘭	4.Cape Verde 佛得角	7.Comoros 葛摩	12. Kiribati 吉里巴斯	15.Gabon 加彭	20. Faeroe Islands 法羅群島
2.Guinea Bissau 幾內亞比索	5.cote d'ivoire 象牙海岸	8. Madagascar 馬達加斯加	13. Micronesia 密克羅尼西亞	16. Gambia 甘比亞	21.Iceland 冰島
3.Mauritania 茅利塔尼亞	6.Sao Tome and Principe聖多美普林西比	9. Mauritius 模里西斯	14.Solemon Islands 索羅門群島	17. Equatorial Guinea 赤道幾內亞	22.Norway 挪威
		10. Mozambique 莫三比克		18. Morocco 摩洛哥	
		11. Seychelles 塞席爾		19. Senegal 塞內加爾	

圖5-2　歐盟國際漁業合作夥伴
資料來源：European Union, 2012.

   (二)與非洲、太平洋開發中島國等第三世界國家之漁業夥伴協定（Fisheries Partners Agreements, FPAs），其中包括十一個鮪魚雙邊協定（維德角、葛摩、象牙海岸、加彭、吉里巴斯、馬達加斯加、莫三比克、索羅門群島、聖多美普林西比、塞席爾、

密克羅尼西亞）以及其他與格陵蘭、茅利塔尼亞、幾內亞比索、幾內亞及摩洛哥等國的多邊協定，各國合作船數從數十艘到數百艘不等，入漁金額則達數十萬歐元乃至數百萬歐元（European Union, 2012）。

臺灣早期的漁業入漁合作由政府簽訂雙邊協定開始，經過多年合作關係之後，目前多由民間業者獨力進行，近十年來在三大洋合作國家超過40個國家，包括在大西洋（巴西、加彭、英屬亞松森、英屬查哥斯、南非、福克蘭群島、阿根廷等）、印度洋（印尼、塞昔爾、安曼、肯亞、馬爾地夫、斯里蘭卡、馬達加斯加、肯亞、莫三比克等）、太平洋（密克羅尼西亞、帛琉、索羅門群島、吉里巴斯、巴布亞紐幾內亞、馬紹爾群島、萬那杜、吐瓦魯等）。其中，由於臺灣漁業的實力，經由業界的牽線，促成臺灣與吉里巴斯、馬紹爾群島等島國建交。此等漁業實力作為官方參與國際區域性漁業管理組織談判之籌碼，在促成臺灣正式參與國際區域性漁業管理組織時扮演關鍵性角色，益發突顯官方／民間多重管道建立外交合作關係的重要性。

海洋觀察站

海洋外交的過去、現在與未來

十五世紀大航海時代來臨之前，國際外交活動絕大多數在陸地上進行。隨著文明的進展，造船及航海技術的改良精進，讓人類冒險犯難的天性有了發揮的空間；而新航路的發現，促使區域之間的貿易往來日益頻繁，讓國際外交有了以利為基礎的發展空間，形成所謂的「商業外交」；也讓軍事力量強大的國家以「尋找新天地」為藉口，而跨越海洋進行大規模的侵占、掠奪與征服。即便有交涉談判的需要，弱勢的一方，也不得不屈服在武力的威脅下，形成由霸權主導的「砲艇外交」。

歷史上規模最大、也最成功的海洋外交，非「鄭和下西洋」的歷史事件莫屬。1405年7月，鄭和奉命率領2萬8千餘人及62艘大型船

艦，將來華參加明成祖即位大典的三十餘國大使一一送回東南亞及非洲的國家，不但圓滿達成敦睦邦交、宣揚國威的任務，期間還幫助友邦平定內亂，促進國際貿易的發展。直到西元1431年，其間共執行七次海洋外交任務，所到之處不但廣受各國歡迎，刻石立碑以紀盛事之外，中國文化因而在異域發揚光大，並開發出幾十條海上貿易的航線。這些成就，就連二十世紀最著名的法國漢學家伯希和都不禁讚嘆是「十五世紀初，中國人的偉大海上航行」。只可惜持續二十餘年傾一國之力所進行空前的大規模海上活動，終究造成國庫空虛、民生凋敝，讓反對者有理由力主廢止表面看來是好大喜功的外交措施，也讓十五世紀中國稱雄海洋的局面戛然中斷。

就在鄭和船隊活躍於海洋的同時，歐洲的葡萄牙和西班牙也開始在大西洋展開貿易和劫掠的活動，卻因海洋勢力範圍的爭奪日趨激烈；尤其在哥倫布發現美洲後，糾葛日形嚴重，逼得教皇亞歷山大六世不得不介入調停，推動西、葡兩國於1494年簽定「托爾德西里亞斯條約（Treaty of Tordesillas）」，以大西洋佛得角群島以西1,100哩、約為西經46°37'的經線為界，線以西歸西班牙、以東屬葡萄牙的勢力範圍。麥哲倫發現太平洋後，兩國又於1529年簽定「薩拉戈薩條約」，在太平洋中再劃一線，將全球海域劃分為二，分屬西、葡兩國。這就是印度洋多葡萄牙屬地，西印度群島和南美洲多受西班牙殖民的原因。而從十二世紀於南美建國，歷經四百年文明高度發展、繁榮昌盛的印加帝國，竟於1572年在西班牙人火砲刀槍的屠戮下被徹底毀滅的血史，充分顯現西方人「利與力」的海上外交行為本質。百餘年來，飽受西洋船堅砲利威迫、屈辱的華人，對西方海上霸權的所作所為，想必體會更深、更有切膚之痛。

二十世紀以來，歷經兩次世界大戰的洗禮，全球的政治形勢已大致底定，縱使強大如冷戰時期的美、蘇，也不可能明目張膽地以船艦越洋的方式入侵他國；而今日陷入經濟困境的歐洲諸國，更

已無力向外擴張。然而，西太平洋的島嶼之爭卻方興未艾。以西太平洋而言，從北到南，有日韓的竹（獨）島之爭、東海的釣魚臺之爭，南海諸島的歸屬之爭，其動機無非是海洋資源的競奪，當事國多想利用200浬經濟海域的國際法，以實質占領島嶼作為資源開發的基地罷了。

　　隨著全球暖化、極地融冰的現象日趨嚴重，億萬年來凍結在海底的資源逐漸呈現在世人眼前。在可預見的未來，北極航道的開通勢必引發另一波資源競奪的熱潮，並牽動全球均勢的改變與失衡；而海平面上升的結果，將造成若干島嶼與濱海國家的消失或淪沒，國際的救援與因應氣候變遷的合作，也應是日後海洋外交的另一重點。

　　究竟是海洋資源的增加，反而激化了人類爭奪、對抗的行為？抑或氣候變遷造成的災難，會激發人類關懷互助的善性？兩種可能對人性的考驗，實在值得我們密切地觀察。

第六章

海洋政策與願景

一個國家要如何發展海洋事務？通常是先設定目標，繼而要決定達成目標的策略與方法。這些目標、策略與方法即是國家海洋政策的內容。海洋政策的目標，從捍衛國家主權，到維護國人海上安全或維護漁民捕撈行為，不一而足，是較為具體的方向，不同於「海洋立國」或「海洋興國」，乃宣示國家對海洋事務重視的程度，指引施政的大方向，非屬海洋政策的目標。至於海洋政策，乃依據目標考量而作出之決定；而達成目標的方法，通常為成立機關或制定法令；不過有些情況則只需下達行政命令，譬如政府欲派兵防衛南海，則行政院只需以行政命令指示國防部即可達成。

　　為闡明海洋政策的重要性與形成的過程，本章內容包括：第一節陳述海洋政策的背景，包含海洋的重要性及臺灣海洋之特質；第二節介紹國際間海洋政策發展的概況；第三節闡述我國的海洋政策與願景，以及海洋政策之六大內涵：維護海洋權益、維護海上安全、保護海洋環境、發展海洋產業、深耕海洋文化及海洋科學研究等；第四節論述國際海洋治理的願景。

第一節　海洋政策的背景

　　以往我國因海防事權分散，黑槍、毒品走私泛濫，政府乃設定「防杜黑槍及毒品走私入境」的目標；其「策略」為統合海上事權，「方法」為成立行政院海岸巡防署，將國防部海岸巡防司令部、內政部水上警察局及財政部海關緝私隊納編成一個機關，並制定海岸巡防法，作為執法依據與準繩。果然，行政院海岸巡防署成立後，由於事權統一，執法有據，海上黑槍及毒品走私已被有效控制，既定的海洋政策目標從而獲得實現，也印證了當初制定海洋政策之明智。

一、海洋的重要性（海洋政策白皮書，2006）

海洋表面積約占地球71%，維繫無數生物之存活繁衍，乃地球生命之起源。1992年6月在巴西里約熱內盧召開的「聯合國環境與發展大會」通過的「二十一世紀議程」（Agenda 21），形容海洋為「地球維生系統不可分割的一部分，也是人類永續發展機會所在的重要資產」。

海洋蘊藏豐富的礦產包括石油、金屬、天然氣之外，也蘊藏許多替代能源，如風力、潮汐、溫差和甲烷水合物等。海水本身則可提煉食鹽、鎂、溴、鉀、鈾等化學元素和藥用物質，海水亦可淡化為生活用水，或用於海上養殖；海洋深層水更是具有高產值的海洋資源。海洋也提供觀光遊憩、研究教育及產業發展所需的空間與素材，對於全球經濟、產業及文明，貢獻極大。

除了蘊藏豐富的資源，海洋猶如天然屏障，更具有戰略價值。因此，世界各國不斷運用科技探索海洋，提升對海洋生態與環境的了解、強化海洋事務管理、促進海洋產業發展，從而促使二十一世紀成為「藍色革命（Blue Revolution）」新世紀。如今，海洋產業正朝多元化方向發展，包括生活與生產空間逐漸向海推進，如水上運動、人工島、海底倉儲、海底隧道之建設等；而海底文化的探勘、考古及保存，更使水下觀光、水下城市成為新的觀光活動焦點；而港灣利用除基本機能外，也加入休閒遊憩設施和資訊網路等多元化的功能。

由於海洋的重要性與日俱增，各國更積極主張海洋權利。1982年「聯合國海洋法公約」所規範的海洋權利，包括領土主權、領海主權、海域司法管轄主權、海洋資源開發權、海洋空間利用權、海洋污染管轄權及海洋科學研究權等。同時，對所有人類的海洋活動與使用，及各國在海洋上所享的權利與應盡的義務均明確規範；對於公海、安全、生物資源、環境保護科學的研究、爭端的解決等，也給予詳細的規定。公約也確立了12浬的領海、200浬專屬經濟海域、大陸礁

層及公海管理等制度，以及確定海底資源爲全人類共同資產的原則。

二、臺灣海洋之特質

臺灣位於西太平洋第一島鏈的，戰略地位極爲重要。自十六世紀中葉起，臺灣已是東北亞與東南亞航運的中繼站，「時至今日，臺灣海峽扼守著太平洋至印度洋之通道，控制中東石油通往東亞之油路」，儼然是海空交通樞紐；加以黑潮經過，漁源豐富，足見臺灣地理位置的優越（許惠祐，2005）。

臺灣除本島外，尚有85個島嶼：在北方海域有北方三島（花瓶嶼、棉花嶼及彭佳嶼）、基隆嶼、釣魚臺列嶼；東方海域有龜山島、綠島及蘭嶼；西方海域有金門、烏坵、馬祖、澎湖群島及琉球嶼；南方海域有七星岩、東沙群島、中沙群島、西沙群島及南沙群島等，島嶼林立，各有特色，也具有經濟及戰略價值（王進旺，2009）。臺灣包括離島在內，海岸線總長1,819.8公里（許惠祐，2005），「西岸有豐富的沙灘、沙丘、潟湖、河口、紅樹林和寬廣的潮間帶，東岸面對太平洋、地形陡峭」（海洋政策白皮書，2006）。

我國的藍色國土包含內水、領海、鄰接區、專屬經濟海域及大陸礁層，內政部已公布第一批領海基線及領海與鄰接區外界線。至於兩岸之間，政府則另依「臺灣地區與大陸地區人民關係條例」授權，公告限制及禁止水域，作爲在我國海域上對於中國大陸人民及船舶行使管轄權之依據（王進旺，2009）。

近年來，國際海洋事務發展蓬勃，海洋周邊國家競相爭奪海洋資源，與我國不免產生衝突。例如：臺灣西邊海域有中國大陸地區漁民越界捕漁，我海岸巡防人員依法驅離或查扣船舶、人員，或處以罰鍰；唯兩岸關係自2008年以來，交流互動日趨頻繁，「江陳會談」已達成各項協議，爲兩岸的海洋事務發展開創新局，不過大陸地區漁民越界捕魚仍未終止。在北方，由於臺、日之專屬經濟海域重疊，歷經十餘次臺日漁業會談，雙方各有堅持，迄未達成協議，因而我國漁船

在重疊海域捕魚，常遭日本公務船干擾，尤以2008年6月「聯合號」海釣船事件及全家福號的保釣事件最受矚目。臺日海域重疊以及所引發的問題，仍需賡續處理解決。至於南方，則「南海歷史性水域疆界線內的水域爲我國管轄之水域」，我國目前有效治權及於東沙群島與南沙群島之最大島「太平島」，還有太平島附近的「中洲礁」（海巡署南巡局），其餘島礁由中國大陸、越南、菲律賓、馬來西亞及汶來等聲索國[1]分別占據，並不時進行海床鑽探、興建機場等活動，爲南海主權，不斷角力，造成複雜緊張的情勢。此外，在索馬利亞沿岸、西非海岸及東南亞常發生海盜事件，因此，聯合國及北約等國際組織已組成聯合艦隊，在亞丁灣海域防制索馬利亞海盜，中國大陸、韓國及日本也先後派艦前往護航，海盜氣焰雖因而下降，然並未完全平息。（王進旺，2009）

第二節　國際間海洋政策之發展

　　二十一世紀是海洋的世紀，海洋在國際事務中的份量與重要性日益提高；而海洋資源的快速消耗，也促使國際社會的覺醒而成立各種型態的保育組織，或簽署保護海洋環境的公約、規章等。此一全球性的大趨勢，往往影響各國海洋政策的釐定。本節試舉其影響較大者說明如下：

一、近年來間影響各國海洋政策的重要事件

　　㈠1992年在巴西舉行的聯合國環境與發展會議中，海洋議題成爲國際合作的焦點之一，除達成「沿海國承諾對管轄區內的沿

---

[1] 如果一個地區被一個國家和平的、公然的占有50年，而其他國家沒有異議，那麼，該地區就在法律上成爲其領土。因此，爲了宣示本國對該地區的主權，就必須發出聲音，索取該領土的主權，即爲「聲索國」。

海區和海洋環境進行綜合管理及永續發展」之共識，並通過「二十一世紀議程」、「森林原則」及「生物多樣性公約」等。

㈡1993年，第48屆聯合國大會決議，要求各國將海洋綜合管理列入國家發展議程；同年，世界海岸大會宣言中，也要求沿海國家應建立綜合管理制度。

㈢聯合國糧農組織大會於1993年通過「促進公海漁船遵守國際保育與管理措施協定」；1995年通過「責任漁業行為準則」；同年，聯合國「跨界魚群與高度迴游魚群會議」通過「履行1982年12月10日聯合國海洋法公約關於跨界魚群與高度迴游魚群養護與管理條款之協定」。上述文件對國際海洋漁業資源養護與管理，產生劃時代之影響。

㈣聯合國定1998年為「國際海洋年」。一整年中，從西方的葡萄牙里斯本舉辦了世界海洋博覽會，至東方的中國大陸推動大規模的「海洋國土」宣導活動，世界各國都舉辦了各式各樣的愛海、護海的活動。

㈤2001年，聯合國教科文組織通過「保護水下遺產公約」，沿海國對於內水及領海之水下文化，有管理及批准開發活動之權利。

㈥2002年在南非約翰尼斯堡召開的「世界永續發展高峰會議」，通過「約翰尼斯堡宣言」，對漁業保育及海洋生物管理有所期待。

㈦2005年在澳洲召開「全球海洋保護區會議」；亞太經濟合作組織（APEC）也於印尼召開第二屆海洋部長會議。

㈧2007年歐洲委員會在部魯塞爾制定通過「歐盟綜合海洋政策」及行動計畫。

二十一世紀初始，有關海洋議題的國際會議、雙邊及多邊會談正蓬勃進行，世界各海洋國家也不斷隨著國際議題的進展而調整本國的

海洋政策，並提出新的政策白皮書。至今，美國、澳洲、日本及中國大陸等，均已完成其國家海洋政策，許多國家更斥鉅資投入各項海洋科技研發，顯示各國對於海洋產業、技術、生態環境之重視。

二、各國海洋政策概述

「他山之石，可以攻玉。」海洋事務在我國尚屬發展階段，因此，海洋政策的釐定，有必要參考其他海洋國家的做法與經驗，才能為自己量身打造務實的海洋政策。以下針對美國、澳洲、日本及中國大陸等國的海洋政策作一概述：

(一)美國的海洋政策

1970年間，美國總統的「海洋學專案小組」提出設立「國家海洋局」的類似建議。尼克森總統於1970年10月明令於商務部設置「國家海洋及大氣總署（National Ocean & Atmospheric Administration of the Department of Commerce, NOAA）」，此一作為對於美國海洋研究、發展與管理產生很大的動力。（胡念祖，2002）國家海洋及大氣總署的成立宗旨是為了瞭解與預知地球環境的變化，及保護與管理國家的海岸和海洋資源。NOAA的任務包括：國家海洋調查、維護國家海洋保育區、海洋探勘、海洋預報、環境科學探勘船與飛機載具任務、國家海岸及海洋科學中心等。

美國嗣於2000年制定「海洋法（the Ocean Act of 2000）」，並依該法規定，設美國海洋政策委員會（U.S. Commission on Ocean Policy, USCOP）以評估美國海岸及海洋與其管理之狀態，並提出計畫書以建立有效與協調的海洋政策（胡念祖，2002）。2004年，美國海洋政策委員會發布了「美國海洋政策告」草案；2009年，美國政府公布由各部會間草擬的綜合海洋政策草案；2010年，美國總統公布了2009～2010美國海洋政策。歐巴馬政府建立美國第一個國家海洋政策，「國家海洋委員會（National Ocean Council）」為新政策執行機構，可互相協調管理美國的海洋、海岸和五大湖相關事務。

在以生態系統爲基礎的政策下，海洋管理落實在特殊活動的管理法規，例如石油和天然氣開發，將會考慮到是否影響廣大的生態系統。這是美國首次對於沿岸和海洋空間發展，建立並改善現有的聯邦、州政府、部落、當地以及區域的決策和計畫過程。海洋空間規劃的目的爲保護海洋生態系統，透過科學基礎決策方式，減少因爲新舊海洋利用方式不同所產生的衝突，以及涉及相關利益者與公共利益的問題。民間智庫及優海洋委員會（Pew Oceans Commission）和美國海洋政策委員會（U.S. Commission on Ocean Policy）在2003及2004年曾提出警告，聯邦機構間缺乏協調的不良管理方式，將會威脅到我們的海洋、海岸和五大湖的健康狀況與經濟生產。海洋新政策內容，即包括美國海洋政策委員會所提的建議，及美國總統對美國海洋政策委員會之反應及說明（洪美惠，2010）。

(二)澳洲的海洋政策

澳洲爲全球第六大國，也是擁有最多永久移民的島嶼。由於澳洲擁有1400萬平方公里的海域，因此爲全球最大的海域管轄國。澳洲爲聯邦體制，聯邦政府下轄：西澳大利亞州、南澳大利亞州、昆士蘭州、新南威爾斯州、維多利亞州及塔斯馬尼亞州等六大州（State），及澳大利亞首都領地與北領地（Territorry）。六個州是1901年之前曾各自獨立的英國殖民區，其餘沒有殖民區管轄的地方，在1901年以後就成爲聯邦政府直接管轄的領地，就是北領地和首都領地。州各自設州政府，有州長（Premier）、州總督（State Governor），而領地沒有這些職位，領地可以自組政府的權力來自聯邦的授權，領地的最高行政負責人是行政長官（Chief Administrator）。州和領地的立法權有所分別，州在某些領域可以自行立法，聯邦不能干預。領地也可以自行立法，但其立法權乃聯邦政府所授與，故聯邦政府對領地所制定的法律，如有不滿就可廢止。

1998年，澳洲國家海洋政策以協調海洋活動爲目標來開展，以創造一個有效率的海洋管理制度。澳洲聯邦政府的海洋政策操作係採合

議制的協調機制模式，由環境暨遺產部部長擔任主席，由各部會（如漁業、資源、觀光等）部長擔任委員，共同組成「海洋管理委員會」（Ocean Board of Management, OBOM），成為澳洲國家海洋政策的諮詢與決策論壇，其建議對環境與遺產部長具有相當大的影響力。其次，「澳洲政府議會」（Council of Australian Governments; COAG）負責溝通跨州與領地政府，為澳洲聯邦政府管轄與協調的主要機構，其成員包括首相、州總理、領地首長及澳洲地方政府協會的首長，在澳洲政府議會領導下召開部長會議，並召集各管轄區域的代表與會，共同討論特定的海洋問題。

澳洲海洋管轄權為六個州、領地及澳洲聯邦政府所共用；澳洲聯邦政府的環境與遺產部負責主導海洋政策發展過程。環境與遺產部的海洋處（Marine Division）負責發展及執行海洋政策與海洋規劃，並提供支援及技術議題的建議予其他團體與機構。故環境與遺產部應為海洋政策的主辦機關，海洋處則為專責海洋事務之單位。

由於澳洲的海洋事務領域甚廣，因此設計一個廣泛的諮詢機制，諮詢對象包括澳洲政府、社區、利益團體、主要利害關係人等。在體制上，澳洲目前已成立許多技術工作小組、代表小組及諮詢小組來執行海洋政策下的特定計畫，諸如國家海洋諮詢小組（National Oceans Advisory Group, NOAG）、海洋政策科學諮詢小組（Oceans Policy Science Advisory Group, OPSAG）、規劃與諮詢委員會（Planning and Advisory Committees），向各級政府及相關機關提供建議或諮詢（The Nippon Foundation，2005)。

(三)日本海洋政策

日本的海洋事務一直政出多門，在現行體制下，經濟產業省主管海底資源開發、農林水產省主管水產、文部科學省主管研究開發、國土交通省和環境省則分管海上保安和海洋環境安全，各省之間聯繫有限，其原因乃欠缺海洋整體戰略所致。近年來，由於聯合國海洋法公約的施行，帶動全球海洋治理的發展，日本發現鄰近國家海洋法制、

海洋戰略不斷發展（宋燕輝，2008），不能落於人後，並自省過去的行政機制偏重縱向管理，各部會橫向協調聯繫不足（魏靜芬、李明峻，2008），因而於2007年4月27日制定「海洋基本法」（Basic Act on Ocean Policy），並於同年7月20日生效，生效當天，「綜合海洋政策本部」就正式掛牌運作。當然，海洋基本法的通過，日本財團及海洋政策研究基金會（Ocean Policy Research Foundation）的推動，也功不可沒（秋山昌廣，2008）。

海洋政策基本法之內容，係根據海洋基本法研習小組（Basic Ocean Law Study Group）所擬定的海洋政策指導方針草擬而來。以下介紹海洋政策基本法之內容。

1. **海洋政策基本法分為四章：**

   第一章 總則：規範國家地方政府、事業者及國民的責任與義務。

   第二章 明定政府應如何制訂海洋基本計畫。

   第三章 明定12條基本對策。

   第四章 明定綜合海洋政策本部之設置，而設置目的為「集中且綜合性地推動海洋相關政策」。

2. **海洋政策基本法的基本理念：**（第2-7條）

   ⑴海洋的開發、利用與海洋環境保護間的調和

   ⑵確保海洋安全

   ⑶海洋科學知識的充實

   ⑷海洋產業的健全發展

   ⑸海洋綜合管理

   ⑹國際協調

3. **基本對策：**（第17-28條）

   ⑴促進海洋資源的開發和利用

   ⑵保護海洋環境

   ⑶促進對專屬經濟海域和大陸礁層的開發、利用和保護

⑷確保海上運輸安全

⑸確保海洋的安全

⑹促進海洋調查研究

⑺推動海洋科學和技術的研究發展

⑻振興海洋產業，強化國際競爭力

⑼海岸地區綜合管理

⑽保護偏遠島嶼

⑾確保國際合作

⑿增進國民對海洋的了解和開發人力資源

　　海洋基本法公布施行後，第一年實施促進全面性海洋政策的過程似乎非常緩慢，而海洋相關的部會與機關也不願進行新的海洋計畫。然而近年來，新的提議一直被提出，新措施也逐步地實施，似乎海洋相關部會和機關已經開始考量如何利用新的海洋體制來履行各自的使命（Hiroshi Terashima, 2012）。

㈣中國海洋政策

　　中國成立初始，其海洋政策以海洋防衛為主，改革開放以後至20世紀末，則著重在海洋經濟的發展。到了21世紀，全球已進入全面開發海洋的新時代，在這樣的背景下，中國政府轉而從國家發展的高度，以戰略的眼光部署海洋的開發與保護。2003年5月，中國國務院訂頒「全國海洋經濟發展規劃綱要」，提出建設海洋強國的明確目標；2007年，中國共產黨第17次全國代表大會再提出「加快轉變經濟發展方式，推動產業結構優化升級」的政策要求。中國海洋產業最主要的是發展海洋漁業、交通運輸及海洋汽油業，也制定了相關的政策與法規，積極開展（中國海洋發展報告，2009）。

　　2008年2月，中國國務院首次發布了海洋領域總體規劃，即「國家海洋事業發展規劃綱要」，印發沿海各省、自治區、直轄市人民政府。綱要指出，其發展海洋的最終目標為「建設海洋強國」；海洋事業發展的基本原則是「堅持統籌兼顧原則，深化海洋綜合管理；堅持

權益優先原則，提高安全應對能力；堅持可持續發展原則，加強資源環境保護；堅持指導服務，促進海洋經濟發展；堅持改革創新原則，發揮科技支撐作用」。這是中國海洋事業發展新的里程碑（中國海洋發展報告，2009）。

　　中國近年來對於海洋法律的制定，頗為著力，其規定也日趨完備，重要的法律有中華人民共和國領海及毗連區法、中華人民共和國專屬經濟區和大陸架法、中華人民共和國海域使用管理法、中華人民共和國海上交通法、中華人民共和國漁業法、中華人民共和國礦產資源法、中華人民共和國環境保護法、中華人民共和國海洋石油勘探開發環境保護管理條例、中華人民共和國自然保護區條例及建立環境影響評估法、港口法、再生能源法、島嶼保護法等。（中國主要法規彙編，2007；Keyuan Zou, 2012）。

　　中國在海洋政策制訂過程中，最主要的政府部門為國土資源部之國家海洋局。國家海洋局為海洋行政主管機關，其組織龐大，在黃海、渤海、東海及南海均設有分局，並設中國海監為海域執法機關；在地方也建立完整體系，大陸沿海11個省的省、市、縣都設各級海洋管理機構及海監隊伍，形成了上下四級的海洋管理與執法體系。國家海洋局的主要職掌為「海域使用管理、海洋環境保護、海洋權益維護及海洋科技發展」等事項。其他尚有許多部會也負責一部分海洋事務，包括：交通運輸部、農業部、國土資源部、環境保護部等（中國海洋發展報告，2009）。

第三節　我國海洋政策與願景

　　我政府鑑於海洋事務的重要，於2004年元月7日設「行政院海洋事務推動委員會」，以協調相關部會推動海洋事務。同年10月13日，委員會發布「國家海洋政策綱領」，確立我國海洋政策之願景、目標與

策略，乃我國海洋政策的指導文獻（海洋政策白皮書，2006）。本節將以國家海洋政策綱領以及2006年由上開委員會編印之海洋政策白皮書為藍本編寫，扼要介紹我國海洋政策與願景。

一、我國海洋政策的願景

澳洲政府於一九九八年宣布澳洲的海洋政策願景為「健康且具生產力之海洋，以提供現在及未來澳洲人多方面之利益」。其義涵是為現在及未來所有人的利益著想。對於海洋要加上研究瞭解，善加保護照顧，於使用海洋時要經過思考規劃，智慧地使用，不要過度利用，才能維護海洋的健康，寓意十分深遠。

我國海洋政策之願景為「生態、安全、繁榮之海洋國家」，亦即「創造健康的海洋環境、安全的海洋活動與繁榮的海洋產業，邁向優質海洋國家」。此願景包含三個重點：健康的海洋環境、安全的海洋活動與繁榮的海洋產業。

海洋環境易受到來自陸地、海洋及天空的污染，如陸地之污水、食品加工廢棄物、工業廢棄物、放射性物質、農藥、肥料等，經過河流排入海洋；或海上船舶排放污水、食品加工廢棄物、貨輪或油輪發生海上事故造成之油污染、海底資源探勘造成之污油及礦物污染；或來自大氣之落塵，如放射性物質等。

為防治海洋污染，須透過教育、宣導，尤須立法加以規範，如海洋污染防治法、廢棄物清理法、水污染防治法等。海洋遭到污染，將傷害海洋生態、危及人類健康、妨害捕魚和其他海洋活動、損害到海水的使用品質等。故維護健康之海洋環境，使海洋得以永續利用，極為重要。此為海洋「生態」之義涵。

俗云：「行船走馬三分險」，意謂海上活動危險多。海象不佳，或遇颱風、海嘯，船舶可能故障、翻覆、碰撞；漁船、客貨船在某些海域易遭海盜襲擊，生命財產被劫。故在海上活動，如何維持海事安全，使得「航安、人安、船安」，是極為重要的課題。又，海洋遼

闊，海岸線綿長，私梟常利用海路走私槍械、毒品及民生用品，人蛇集團亦常安排海上偷渡，這些非法行為嚴重影響國家安全、社會秩序及國民健康。因此，除制定海關緝私條例、懲治走私條例、毒品危害防治條例、槍砲彈藥刀械管制條例、臺灣地區與大陸地區人民關係條例及入出國管理法等法律規範外，更賴行政院海岸巡防署及司法、警察機關有效執法，加以防杜。此為海洋「安全」的意義。

海洋擁有非常豐富的生物與非生物資源，除漁業的開發、養護、管理，已較具規模外，其他資源，特別是能源及礦產，均有待開發。在陸地資源逐漸匱乏以及油價高漲之現代，海洋資源益顯重要。海洋資源之探勘、開發，涉及海域權利、科技技術及經費等問題，均須一一克服解決。又如航運為極重要的運輸方式，需有設備優良的港口配合；且航運發達，象徵海洋產業興盛，而海洋觀光遊憩，亦為海洋產業重要的一環，因而海洋的合理利用，已成為當今各國努力之方向，我國更須加快腳步，不落人後，此為「繁榮」之義涵。

相信「成為真正海洋國家」的願景，在全民的熱列期待下必可實現。屆時，中華民國不但具有優質健康的海洋生態，國人得以安全地從事海上活動，而且各種海洋產業興盛發達。

二、我國海洋政策的目標與策略

我國海洋政策目標有六大項:維護海洋權益、維護海上安全、保護海洋環境及資源、發展海洋產業、深耕海洋文化及深更海洋科研。茲析論如下：

1. 維護海洋權益，確保國家發展

達成本項目標之策略有四:掌握國際發展趨勢、增進海洋國際合作、強化海洋政策法制、健全海洋行政體制。1982年聯合國海洋法公約已逐步落實海洋治理的內涵，臺灣雖非締約國，且受限於外交困境，無法與國際間就海洋資訊進行交流。惟臺灣仍應更精密掌握全球海洋議題，努力以各種可行的名義，參與各種國際海洋事務之組織與

活動；特別是在漁業方面，宜因應國際海洋規範之變遷，調整管理觀念與作為，開展參與政府間區域漁業組織之機會，並與鄰近國家建立海洋事務長期合作的機制，諸如推動信心建構措施或爭端解決機制。對臺灣固有島嶼諸如東沙、中沙及南沙等群島之海洋環境的基礎瞭解與保育應予加強，並參與相關國際合作計畫來促進國家整體利益。

2. 「強化海域執法，維護海上安全」

達成本項目標之策略有四：強化海域執法功能、健全海域交通秩序、提升海事安全服務、充實海域維安量能。

海上治安維護與災害防救的內容包含走私、傳染病入侵、漁權歸屬、海上糾紛及海上救難等問題，不但事務繁雜，且各具專業，不論在岸上或海上執法、海難搜救、海洋環境保護與資源保育、海上交通安全維護等，都需要相當專業的人才及設備才能收到成效。未來在整體策略上應加強海域執法功能，以此確保海域交通秩序及海事安全服務之品質。

為健全海域交通秩序，應檢討、制定航行安全的相關法規，完備海域交通法制，並加強國籍船舶航行安全，維護交通秩序；建置船舶自動辨識系統（AIS）及漁船船位監控系統（VMS），強化船舶交通服務中心（VTS）設備與功能，並成立「全國船舶動態資訊中心」；整合航行、海象、水文及海上交通管制資訊，提供即時航行安全服務資訊，並製作與維護主要航道電子海圖；整合輔助航行管理機關及人力，充實海域航行安全助航設施及功能，並落實監控及維護工作；切實執行港口國管制制度及分道通航制。

3. 保護海洋環境、厚植海域資源

本項目標之策略為：提升污染防治能量、健全保護自然海岸、永續經營海洋資源、加速推動復育工作。

由於各種港灣的開發多基於短期需求以及政治利益，過度開發的結果造成海岸難以回復的破壞，而海岸開發亦缺乏完整的規劃，而呈雜亂現象。故而政府必須確保海岸區域開發符合其容受能力，深入調

查海岸地區的生態組織，同時研究海洋保護區的維護及管理機制，並制定符合永續的海洋產業政策；且以生態系統為基礎理念，研究海洋資源的分布及承載能力，積極推動保護海洋棲地及海洋生物多樣性的政策。

海洋環境一旦破壞，將造成棲地惡化、生物多樣性銳減、景觀醜陋、功能消失等後果，導致人類直接或永久地喪失許多利益與發展機會。2001年「阿瑪斯號」貨輪擱淺於墾丁國家公園海岸的事件，用於清理的人力、物力十分可觀；且受到嚴重破壞的當地珊瑚礁和海洋環境，至今仍未復原。阿瑪斯號貨輪擱淺案堪稱國人共同保護海洋環境的新里程碑，同時也是我國積極建置海域油污染緊急應變能力的轉捩點。我國於事件發生後逐步充實應變處理污染的器材、建置衛星導航遙測監測技術、培訓海洋污染防治人員、設置海洋污染緊急應變及現場聯絡中心之相關通信設備、完成一艘海上平臺工作船之建置，總算初步完成海洋重大污染緊急應變體系之建置。

4. 健全經濟環境，發展海洋產業

本項目標之策略為：強化航港造船產業、推動永續海洋漁業、拓展海洋科技產業、擴大海洋觀光遊憩。

過去臺灣海洋產業主要偏重在航運、漁業跟海洋科技產業等領域。面對國際海洋產業的蓬勃發展，同時延續本身現有的優勢，政府應該著重在強化航港造船產業，推動永續海洋漁業，拓展海洋科技。

海洋從海面、水體乃至海底，所蘊藏的各項非生物資源內容極廣，可概分為海洋能源、海洋礦產資源、及海水資源等三大類。近年來生物科技蓬勃發展，如將生物科技應用在海洋傳統產業上，可提昇附加價值，海洋科技產業的重要性可見一斑。目前，我國海洋生物科技產業之發展，朝向建構海洋生物科技園區，推動海洋生化資源、水產食品加工及水產養殖等相關生物科技產業；行政院更於民國94年4月通過《海洋深層水資源利用及產業政策綱領》，為我國發展深層水產業進入新的里程碑。

在礦藏開採方面，應評估我國專屬經濟海域熱液礦床、錳結核礦床、稀土元素等金屬礦產資源賦存之潛能。為穩定能源供應，除掌握國內外能源礦產，可運用石油基金，獎勵石油及天然氣之探勘與開發。截至目前，臺南盆地的致昌構造已探獲大量油氣蘊藏，其鄰近地區亦陸續證實有不同的儲集類型油氣蘊藏；而海域石油探勘係採中國石油公司自力探勘，及與外商合作探勘兩種方式同時進行，其中長康（CBK）油氣田累計生產天然氣8億2,442萬立方公尺，凝結油38萬8632公秉。我國研究船曾在臺灣東部採得錳核標本，錳核有很大的核心，外殼富含鐵、錳、銅、鈷、鎳等金屬。此外，臺灣沿海海岸沙洲蘊藏重砂礦床，估計總重約有50萬噸，含有磁鐵礦、鈦鐵礦、鋯石及獨居石，其中以獨居石及鋯石較為重要，具有開發利用的價值。

5. 深耕海洋文化，形塑民族特質

本項目標之發展策略為：重建航海歷史圖像、打造海洋空間特色、保存傳揚海洋文化、形塑海洋生活意象。

臺灣位居西太平洋海域交通的重要樞紐，有著豐富的文化移動與傳播歷程，長期居住於臺灣的南島民族、四百年來陸續從中國大陸東南沿海遷居於本島的閩粵漢族，以及1949年迄今源源不絕移入新住民，長期聚居與環境互動，發展出多元的海洋文化體系。如何保存並發揚豐富的海洋文化特質，既保有自我風格，又具有發展雄心，實為國家在21世紀的全球合作與競爭中的重要課題。

海洋文化歷史的研究與史觀的建立，不僅可強化海洋研究的學術基礎，也形成海洋教育的基礎資訊。未來海洋研究可以涵蓋漁業、航運、港口、貿易、移民、海權、海洋政策及思想文化等不同層面，並逐漸整合為總體海洋史觀。

至於推廣海洋文化藝術，也就是鼓勵民眾運用本身具有的海洋特質與環境來從事文化藝術創作，提升人民的文化涵養，使得臺灣的海洋文化透過特殊化的過程，反而得以在全球化的浪潮中突顯本身的特色。

提升人民海洋意識，強化民眾參與海洋事務，是海洋治理的一項重要原則。政府除了盡力推動重建海洋歷史圖像，也應該鼓勵民眾參與海洋生態保育、環境保護、資源調查及社區營造行動，藉由全民的參與，以提升國人對海洋文化的認知。

6. 培育海洋人才，深耕海洋科研

本項目標之策略為：強化教育、培育人才、提升科研、整合資訊、建構安全永續的海洋環境及推出海洋產業的開發科技。

海洋科學研究包括漁業資源評估及調查、水文監測、衛星遙測、深海探測、生物技術、基因、通訊及其他資訊科技、研究船、全方位聯繫運作機制、水產養殖、食物安全與健康產品等。海洋科學研究是臺灣據以向國際主張海洋主權的基礎，能掌握新科技發展者，對於技術商業化將具有領先的優勢，故海洋科學研究是理性決策的重要基礎，也是臺灣形塑海洋政策的基石。

近代人類對海洋進行有系統的科學探測，早自1876年間英國「挑戰者號」所完成的大西洋、南冰洋、澳紐海域與中西太平洋探測研究。國際間進行多次的海洋探測計畫，如1957年至1958年的「國際地球物理年」、1962年的「國際合作黑潮探測計畫」等等。過去我國學界積極參與的國際研究包括「海洋鑽探計畫」、「世界海洋環流實驗」、「國際聯合通量研究」等。目前國際海洋研究推動的趨勢大致可分為：參與國際海洋研究大型計畫活動、特殊區域海域的研究與各國於其經濟海域的資源探勘、保護、開發研究等三種。

國際上有許多跨國的海洋研究組織，如「政府間海洋委員會」、「國際海洋探測會」、「北太平洋海洋科學組織」等，與UNESCO合作，推動各項海洋研究，如氣候變遷、二氧化碳排放、珊瑚礁、人口增加對海岸生態的影響等計畫。迄今最有影響力的，當屬美國的「海洋及大氣總署」，其推行的各類海洋研究，對全球海洋研究具有指標性的影響。

未來全球海洋科學研究，將以全球氣侯及其變遷為主；但各區

間各國經濟海域內的調查及永續利用，亦將為未來海洋科學研究的主流。國內主要研究單位有行政院農業委員會水產試驗所，不但從事漁業資源的調查研究，並曾參與國際黑潮探測活動。目前國立臺灣大學、國立中山大學、國立臺灣海洋大學、國立成功大學、國立中央大學等校，均有海洋科學相關系所，經由國科會、教育部、經濟部、交通部、農委會等部會的支持，執行相關研究計畫，為國內海洋科學研究與教學的主力。

　　國內目前海洋研究人力大致可分為三大部分：海洋工程、海洋科學及漁業與生物科學。主要研究船隸屬行政院國家科學委員會科學中型研究船「海研一號」一艘、小型研究船「海研二號」與「海研三號」兩艘，可提供各大學院校進行海洋觀測及漁業資源調查工作；而2,700噸級新研究船「海研五號」已於2012年8月10日交船，並正式下水營運。

　　目前於南海進行的兩項基礎海洋研究：「北南海變化研究」及「南海時間序列研究」，頗受各方矚目。前者引起美國海洋學者注意，並主動進行合作研究；而後者更獲得國際認同，將其列為全球第五個海洋生地長期研究測站。

　　國科會於1997年以計畫方式在國立臺灣大學校內成立「國家海洋科學研究中心」，其重要任務之一，即蒐集、整理、儲存、展示學界所量測的資料，其發行的海域地形圖也已廣泛被民眾使用。2004年公布其支助研究計畫交繳資料庫的規定，使海洋資料除應用於科學研究外，亦能有助益於國計民生。

　　我國海洋研究發展正面臨的課題，為無一統籌海洋資料庫及資源共享機制，致使海洋環境保護政策無法落實；海洋科技投資不足，研發經費及研發所需之完整內在結構尚待建立；缺乏海洋科研發展相關配套立法，海洋專業知識在政府的決策中無法落實；海洋科研事務缺乏整體政策領導機制，跨領域的橫向聯繫與合作仍待加強。

　　未來我國應有效運用海洋科技資源、促進海洋資訊之整合與交

流；建立海洋生態與海洋環境監測能力、發展水下探測技術與海況模式、維護海洋生態及生物多樣性的永續發展與利用；推動大洋及大陸礁層資源之研究與調查、強化海域探測能力，提升海洋資源調查與開發技術水準、促進海洋產業之開發與升級。

海洋文化的維繫與發揚實非一蹴可就，必須自最基礎的人才培育開始紮根，始能可大可久。文化人才要能落實，需仰賴普及且深入的海洋教育。惟有全民在各行各業中皆能深受海洋知識的洗禮，才能在各種科技、工藝、文學、藝術、經濟活動、生活方式上，反應出海洋深邃寬廣、豐富多元的特性。目前培育海洋的專業人才和海事從業人員的正統教育系統，越來越趨於多元與完整，然卻尚無專責的海洋研究機構，只有以計畫形式運作的國科會國家海洋科學研究中心。

海洋文化及人才培育，應以增加國民對海洋的知識，認識國家所處的海洋環境與願景為原則，引導全民關心國家海洋事務的發展，建立具有全球海洋觀的文化社會為目標。其策略為普及海洋知識，加強人才培育、建立公眾參與機制、建立宏觀前瞻及有持續更新能力的海洋文化。

三、結語

臺灣海洋治理依循國際海洋議題變遷的影響，從過去的陸權思維逐漸成為具有海洋意識的海洋國家。此種轉變，係經由法律、組織與政策等層面之改變而成，並依循「國家海洋政策綱領」，形塑未來臺灣發展的藍圖。

在全球化的趨勢下，臺灣未來之海洋政策須朝全球化與在地化兩項途徑邁進。政府與全民皆應體認海洋永續發展的重要性，依循責任、符合層級、預警、適應性的管理、成本分攤及參與等原則，建構符合生態永續、經濟效率以及社會公平的海洋永續治理。政府尤該思考國際需求及臺灣特色，輔助航港造船、永續海洋漁業及海洋科技等三項重點海洋科技產業的發展。以在地化強調臺灣特殊脈絡的精神，

在硬體層面，臺灣必須確保海洋權益以及國家安全，強化鄰近海域的執法，提升臺灣海上的安全及秩序、善用海洋資源以促進國家發展；在軟體層面，則是透過文化藝術的推動與民眾參與，擴展海洋文化，形塑臺灣的海洋民族特質。

海洋議題與科技研發息息相關，不論是產業發展或是環境保護，臺灣若想要在海洋議題上顯出特色，並與國際接軌，勢必要積極培育海洋人才，投注更多心力在海洋科學的研究。我們必須把海洋議題視爲臺灣轉型的契機，有效規劃以及執行，發展臺灣成爲富強之海洋國家。

第四節　國際海洋治理的願景

廿一世紀是一個全球化的世紀，毫無疑問的也是一個海洋世紀。全球海上運輸交通在自由化的推波助瀾之下，正以極快的速度成長。海洋在人類社會發展、文化交流、經貿活動上將扮演更重要的角色。因而，國際海洋治理已成爲全球優先性的議題。

海洋治理涉及各種不同的層面，包括管轄、管理、開發、使用等相關活動之規範與秩序，也因而牽連到國家主權、國際法規及公海監控執法等。最終將觸及海洋和平使用、海洋環境正義，以及海洋永續經營等核心課題。

1994年聯合國海洋法公約（UNCLOS）正式生效後，基本上已爲國際海洋治理提供了一個相當完整的基本參考架構。而隨後成立的國際海洋法庭（International Tribunal for the Law of the Sea, ITLOS），加上既有及新增國際海洋管理組織功能的強化，更使得國際海洋治理的能力更加完備。然在實務上，國際海洋治理在下列各點上，仍有待持續加強：

1.**海上安全維護**：包括船舶安全設計、國際航線規劃，導航避

撞、船員福利，無害通行及海盜防制等。

2. **海洋污染防制**：包括各種陸源與船源的污染，以及因海洋資源探勘、開發與海域利用所帶來的污染。

3. **海洋資源開發**：包括海洋生物與非生物資源的開發，特別是漁業、生物資源及海床礦產的開採。

4. **海洋能源利用**：包括利用潮汐、波浪、海流發電，海上風力發電。海底石油及水化甲烷的開採。

5. **海洋科學研究**：包括海洋暖化、洋流、氣象，聖嬰與反聖嬰現象，以及海嘯、地震、深海熱泉之研究。

6. **海域動態監控**：包括以全球衛星定位與通信系統，建構海上船舶的觀測、監視、控制（MSC）系統。

7. **海洋爭端調處**：包括以科學、法律為基礎，以和平方式處理涉及主權、管轄權、漁權及其他海事紛爭。

　　海洋治理是一個多面向、全方位的議題，而國際海洋治理更涉及國與國之間的歷史、文化糾葛，要達成全球性一致而和諧的國際海洋治理目標殊屬不易。然而，海洋這一塊人類在地球上最後的疆域，卻又是人類賴以存活的終極領域，對於國際海洋治理，我們必須基於海洋是人類共同資產（Common Pooled Resource）的觀念，進行積極而有效的治理，並採取預警性的措施（Precautionary approach）以避免海洋步上公共財的悲劇（Tragedy of the Commons）。國際海洋治理的願景應是以和平的方式，經由聯合國及相關國際組織的主導、協調，共同開發、利用海洋之各種資源，並在兼顧國際公平、環境正義的前提下，創造海洋產業更大的經濟產出，以增進全人類的福祉，達到「永續海洋」的目標。

公共財的悲劇（Tragedy of the Commons）

人類在面對可以自由使用的公共資源時，往往只顧個人盡情享用，不會想到會傷害別人的權益，結果每個人都忽略了公共利益，因而加速公共資源的耗竭與對環境的破壞，最明顯地例子就是公海漁業。

由於公共漁場原可任捕撈，因此，每個國家都派出的捕魚船隊規模愈來愈大，加上現代工業化捕魚技術的高效率，使得魚類繁殖趕不上捕撈的速度，結果造成漁業資源銳減，全球都受到損害，成為公共財悲劇的典型。

海洋觀察站

臺灣有海洋政策嗎？

2012年6月下旬全球最熱門的新聞，應屬中國大陸繼神舟九號與天宮一號在太空對接成功後，又發布了「蛟龍號」載人潛水器下潛探測超過7000米的馬里亞納海溝的世界記錄。對照全世界因歐債危機引發的政經紛擾，也難怪各國對中國大陸既上天、又下海的行動，產生「具有軍事目的」的疑慮。

臺灣四面環海，探測、開發海洋母寧是我們的「天職」；雖標榜「藍色革命、海洋興國」，但比起中國大陸以實際行動朝向海陸並重型國家蛻變，似乎顯得力不從心。姑不論中國大陸是否真如美日所擔心的別有戰略目的，僅就其在海洋資源的競爭中捷足先登，獲得聯合國批准多處海底礦藏的探勘與開採權，就足以令各國既羨又妒。

過去因我國疏於經營釣魚臺列島，以致讓日本有機可乘的教訓之慘重已不待言。何況日本從1987年起開始，就在位於東海、距離

東京1700餘浬遠、固定露出海水的面積不到10平方米的幾塊岩礁—沖之鳥礁的四周建築堤防、設置氣象觀測裝置；近年更斥巨資發展珊瑚養殖、興建太陽能燈塔和海水溫差發電站，並向聯合國申請爲其合法領土。如果聯合國果眞核准日本的申請，判定沖之鳥礁爲其所屬島嶼的話，日本將可能擁有周邊43萬平方公里的專屬經濟區，而成爲全球疆域第六大的國家。

對照日本這種處心積慮「創造疆域」的作爲，國際社會對中華民國擁有太平島主權的事實則從未有過異議，因此，我國對太平島的任何經略措施都是天經地義的。何況民國52年，行政院退輔會已於太平島成立「中華民國南海資源開發小組」；民國69年，臺灣省水產試驗所也在太平島成立「駐南沙群島漁業工作站」，由工作人員輪駐南沙太平島，以強化對太平島的主權。這段往事應可強化國人守疆護土的信念和行動，絕不可以未參與簽署《南海各方行爲宣言》爲藉口，而迴避南海主權的爭議；仍可根據《聯合國海洋法公約》的規定，開發太平島周邊資源或發展海洋相關產業，以免合法的傳統權益無端成爲南海紛爭中的犧牲品。

值此南海與東海風雲緊急之際，我國對太平島與釣魚臺主權的態度，將決定國際社會對我意見尊重的程度。因此，時時刻刻關注南海情勢的變化，並讓軍民了解政府明確的立場和作法，是政府有關部門不可旁貸的責任。雖然戰爭已被聯合國憲章及相關的國際公約摒棄作爲解決衝突之手段，我國仍應加強南沙巡弋，對有效治理的島嶼及海域提供適當的宣示與保護作爲。如果顧慮以太平島爲中心劃設200浬專屬經濟海域可能引發國際爭端，不妨強化太平島上原有的漁業設施，成爲發展海洋生態旅遊與遠洋漁業的基地；並利用太平島擁有南沙唯一飲用水源的優勢，成立國際海洋學術研究中心。如此運用文教、產業的軟性手段多管齊下，仍可達到鞏固既有主權與享用資源的效果。

第七章

海洋安全與海洋權益維護

海洋安全不僅是海域秩序的維護、海洋環境的保護、海上犯罪的防制，更包括海洋權益的維護。因此，海洋安全乃海洋事務發展之首要課題，有安全的海洋，才可放心從事漁撈作業，船舶得以順利航行，各項產業方能開展。本章將陸續闡述海上防衛與海洋權益的維護、國內海上治安與執法、海上犯罪防制，及大陸與外籍漁工的管理。

第一節　海上防衛與海洋權益維護

臺灣地處西太平洋第一島鏈中央地帶，扼控臺灣海峽、巴士海峽及鄰近太平洋海域，戰略地位極為重要。由於四面環海，臺灣的安全與海洋密切相關。海洋不僅是國家安全極為重要的緩衝空間，也是維護國家安全的屏障與門戶；何況臺灣周邊海域擁有豐富海洋資源，對於海洋資源的合理開發與相關海域之有效管理，實關係臺灣之生存、安全與發展。

「國防部組織法」第一條規定：「國防部主管全國國防事務。」「國防法」第6條亦揭示：「中華民國之國防，以發揮整體國力，建立國防武力，協助災害防救，達成保衛國家與人民安全及維護世界和平之目的。」故海上防衛乃國防部權責之一，海軍則為我國海上防衛的武力。海軍為維護臺海安全，除執行其軍事任務外，對於我國海洋權益之維護、海關緝私、漁業安全與秩序之維護、海洋污染、海洋重大災難等事項，依法亦負有支援與協助之權責。

一、海上防衛

(一)我國海軍的沿革

鴉片戰爭清廷戰敗後，朝野見識到洋人的船堅砲利，猛然發覺海防與海權的重要，有識之士如曾國藩、左宗棠等人，為鞏固海疆防

禦，保衛國家安全，倡議籌購新式艦船，建立海軍。及至民國成立，國父孫中山先生有鑑於海軍之重要，乃於臨時政府中設海軍部，並籌款向英、日、德等國購買艦艇，以厚植海軍戰力。民國16年4月，國民政府於軍政部下設海軍署，隨即於民國18年擴編爲海軍部。民國34年底，海軍即投入戡亂，協同陸空作戰。戡亂初期，海軍主要任務爲加強沿海島嶼、港灣、內河、湖泊之防務，並分由江、海航道運輸陸軍部隊及軍品。民國36年，戰爭逐漸加劇，海軍配合陸、空軍自海上支援作戰，並負責人員、物資之轉進。

自政府播遷來臺，海軍更積極建軍備戰，包含擴充艦艇、更新武器系統裝備等，現已擁有包括驅逐艦、潛艇、巡防艦、登陸艇、後勤艦、掃布雷艦及各類型飛彈快艇、港防艇等數百艘船艦，海軍軍力日益壯盛，足以保障臺海安全。目前海軍組織可區分爲海軍司令部、作戰部隊與陸上支援機構三大部門，所屬單位包括海軍艦隊指揮部、海軍陸戰隊指揮部、海軍教育準則發展指揮部、海軍保修指揮部、海軍通信系統指揮部、海軍大氣海洋局等單位。（國防部官方網站）

(二)海上防衛任務

海軍主要任務爲「維護臺海安全及維持對外航運暢通」。爲達成此目的，於平時，要「堅實戰力整備、精進戰備訓練、執行臺海偵巡及外島運補與護航等任務」，並「適切支援各項重大災害防救工作」；於戰時，要「聯合友軍反制敵人的海上封鎖與水面截擊，以維護臺海對外航運之暢通，確保國家安全」。

盱衡兩岸及國際情勢，海軍將以建立「量適、質精、戰力強及攻守兼備之現代化武力，具備控制近海及大範圍海域作戰能力」，並能「結合其他軍種高科技武器裝備遂行聯合作戰，達成預防戰爭、國土防衛、應變制變、防範衝突及區域穩定的國防戰略目標」爲當前要務。（國防部官方網站）

海上防衛是海軍責無旁貸的天職。於作戰時期，國防部因軍事之需要，得陳請行政院許可，將其他依法成立之武裝團隊，納入作戰序

列運用之（「國防法」第四條第二項）。海岸巡防機關應屬上述「依法成立之武裝團隊」，其所擁有之160餘艘艦艇及配置人員，若得於作戰時期納入作戰體系，將可增強海軍之海上防衛力量。

為落實國防部與海巡署之協調聯繫，兩機關於民國97年7月25日會銜訂定「行政院海岸巡防署與國防部協調聯繫辦法」。立法院外交及國防委員會於101年5月3日第19次全體委員會議中「請國防部依海巡署需求，提供120迫砲及40公厘砲」之決議事項，國防部於同年7月24日對外表示「已針對上揭相關裝備完成檢整作業，後續將配合辦理武器撥交、輸運及人員訓練等相關事宜」（國防部官方網站），即係依上開協調聯繫辦法之規定辦理。

二、海洋權益維護與海上保安機制

(一)海洋權益維護機制

「中華民國領海及鄰接區法」及「中華民國專屬經濟海域及大陸礁層法」，通稱「海域二法」，乃主張並規範我國領海主權，以及鄰接區、專屬經濟海域與大陸礁層主權權利最重要之法律。如何有效執行二法以維護我國海洋權益，至為重要。為此，「中華民國領海及鄰接區法」第17條規定：「中華民國之國防、警察、海關或其他有關機關人員，對於在領海或鄰接區之人或物，認有違反中華民國相關法令之虞者，得進行緊追、登臨、檢查；必要時，得予扣留、逮捕或留置。前項各有關機關人員在進行緊追、登臨、檢查時，得相互遞補，接續為之。」本法之主管機關為內政部（未來可能移至行政院海洋委員會），而執行機關則為具有執行能量之國防、警察、海關及海岸巡防機關等。各執行機關得自行或共同執法，在進行緊追、登臨、檢查時，並得相互遞補，接續為之，共同維護我國海洋權益。對於中華民國專屬經濟海域及大陸礁層權益之維護與執行，「中華民國專屬經濟海域及大陸礁層法」第16條亦有類似規定。

（二）海上保安機制

「國防法」第6條揭示「協助災害防救」亦屬國防事項，故國防部除掌理軍事任務外，依法尚協助辦理其他事務。分述之：

1. 災害防救

國防部為中央災害應變中心之成員，於重大災害發生或有發生之虞時，進駐中央災害應變中心，其任務為督導國軍支援重大災害搶救、提供國軍戰情系統蒐集之災情資料、督導軍事單位災情蒐集通報及督導憲兵協助執行災區治安維護等事項。（「中央災害應變中心作業要點」）

在國家搜救體系上，國防部亦擔負重要之任務：「空軍作戰司令部以執行作戰為主，兼理搜救事宜，司令兼任國家搜救指揮中心主任」，「國軍於不影響作戰任務情況下，依令派遣適宜兵力執行海上及陸上搜救任務」。（「行政院國家搜救指揮中心設置及作業規定」）

2. 其他海上保安事項

海關緝私，遇有必要時，得請軍警機關協助之；軍警機關在非通商口岸發覺違反本條例之情事時，得逕行查緝（「海關緝私條例」第16條）。此為國軍對於海關緝私之權責。

在漁業安全保障及漁區秩序維持方面，漁業主管機關應請國防部及有關單位給予必要之協助與保護（「漁業法」第54條第6款）。目前護漁工作，漁業主管機關主要協請海巡署辦理；必要時，再請求國防部協助。

有關海洋污染之防治，依照「海洋污染防治法」第五條規定，海洋污染之主管機關及執行機關，就海洋污染執行取締、蒐證、移送等事項，得要求軍事、海關或其他機關協助辦理。此為國防部對於海洋污染協助防治處理之權責。

軍艦護航案例

2005年5月26日，我國蘇澳籍漁船「載億漁一號」在臺、日重疊之專屬經濟海域遭日本東光丸號巡防艇扣押，要求家屬需繳付400萬日圓擔保金，漁船及船長、船員始可返臺。由於家屬未付贖金，人、船續遭扣留。此事件引起我國漁民不滿，於6月8日及21日，兩度發動漁船包圍日本公務船及日本漁船，並要求政府在暫定執法線內護漁，立法委員林郁芳並要求政府出動軍艦護漁，並宣示釣魚臺主權。

同年6月20日，立法院長王金平在當時的國防部李傑部長的陪同下，率領15名各黨立委於蘇澳軍港登上「鳳陽號」飛彈巡防艦，航行到距釣魚臺列嶼38浬的臺灣航空識別區附近，手持國旗高喊：「釣魚臺是我們的領土！」「維護國家主權！」「中華民國萬歲！」等口號，並與立法委員手指釣魚臺列嶼宣示主權後，原艦返航。

針對此次視察行動，王院長表示：漁權與主權不能切割，海軍的任務雖不是直接護漁，但在必要時，政府應採取行動以捍衛國家主權，並保護漁民的生存權益。

第二節　海岸治安國內執法

我國在專責海岸巡防機關設立之前，有關海岸巡防工作係由內政部水上警察局、國防部海岸巡防司令部、財政部關稅總局等單位分別執行，其中尚包括交通部、行政院農委會、衛生署、環保署等機關之相關事務。由於無專責機關，事權不一，各項規範之法源亦相當欠缺，難以有效行使職權；各機關在指揮管制上，更是各行其是，整體

效能難以發揮，導致海岸巡防勤務無法有效遂行。警政署曾建議將漁港安檢工作交由軍方負責，唯當時國防部長郝柏村表示，在國家安全法未修改前，軍方不便接受（邊子光，2005）。為整合海岸及海域執法權責，行政部門積極研究、推動設立海岸巡防專責機構，以有效統整海域及海岸巡防事權，1999年3月18日由國家安全會議提出「海巡專責機構編成案」，經政策決定成立海岸巡防專責機構，旋即由行政院成立籌備委員會，著手規劃並推動海岸巡防機關籌組事宜。2000年1月14日，有關設立海岸巡防專責機構之「海岸巡防法」、「行政院海岸巡防署組織法」、「行政院海岸巡防署海洋巡防總局組織條例」、「行政院海岸巡防署海岸巡防總局組織條例」、「行政院海岸巡防署海岸巡防總局各地區局組織通則」等法律案，經立法院三讀通過；於同月26日由總統公布，隨即於28日生效；行政院海岸巡防署及其所屬海洋巡防總局、海岸巡防總局及海岸巡防總局以下各地區巡防局等海岸巡防機關，亦隨即陸續掛牌成立。至此，一個專責處理海域及海岸巡防任務之執法機關正式成立，同時確立「岸海合一」的執法機制以積極發展海洋事務，致力於維護海洋主權及海洋資源的永續經營與保育，為我國海岸巡防業務開創新紀元。

依「海岸巡防法」第4條第1項規定，海巡署掌理海岸管制區之管制及安全維護事項；入出港船舶或其他水上運輸工具之安全檢查事項；海域、海岸、河口與非通商口岸之查緝走私、防止非法入出國、執行通商口岸人員之安全檢查及其他犯罪調查事項；海洋事務研究發展事項；執行海上交通秩序之管制及維護事項；海上救難、海洋災害救護及海上糾紛之處理事項；漁業巡護及漁業資源之維護事項；海洋環境保護及保育事項。海巡署成立初期以海域執法為主，在「全面改善治安」與「擴大服務便民領域」政策指導下，蛻變為兼具執法與海洋服務的專責機關（海巡署2003年工作年報）。為受理民眾海上救援及各項服務需求，並受理海上犯罪之檢舉，海巡署建置「118海巡服務報案系統」，全天候受理民眾報案。

隨著政府海洋政策、時空背景轉換及周邊海域環境變化，海巡機關逐漸轉型。其巡防範圍，由海岸向外海延伸，除執行北太平洋漁業巡護外，並配合政府政策，前往中西太平洋與紐西蘭實施互相登船檢查措施。海巡署登檢標準作業程序除符合國內法規外，並依國際公約規範內容完成訓練。在任務內容上，過去以近岸及海岸查緝走私、偷渡為主要任務；隨著「民主化」的發展及政府組織改造的趨勢，任務逐漸朝海域專責機關發展，諸如漁港娛樂漁船及遊艇超載之即時制止、協助商港區外水域航政法規之執行、海洋污染之取締及蒐證移送、暫定執法線內護漁、中西太平洋公海登檢、辦理推動海洋事務等工作。海巡署核心任務不再局限於查緝走私、偷渡，而是兼具「海域執法」、「海事服務」及「海洋事務」的範疇，以期扮演藍色國土守護者及海洋事務推動者的角色（2004年工作年報）。另為因應周邊海域情勢，並建立、加強與中國、日本、美國、菲律賓等周邊國家交流、協調與聯繫的管道，也使海巡署的任務與業務持續地增加。

本節內容以介紹我國海岸管制區開放、海上交通秩序維護、海上災難救護、漁業巡護、海洋污染防治等實施概況為主；至於海上犯罪防治情形，將於第三節中說明。

一、我國海岸管制區開放

依「國家安全法」第5條及「海岸巡防法」第2條規定，由國防部會同內政部、海岸巡防機關，根據海防實際需要，就臺灣地區海岸之海水低潮線以迄高潮線起算500公尺以內之地區，及近海沙洲劃定公告海岸管制區，其劃設目的在確保海防及軍事設施安全。管制區之種類可區分為「海岸經常管制區」、「海岸特定管制區」。所謂「經常管制區」係指為確保海防安全，24小時管制、未經權責單位核可不得入出之海岸地區；而「特定管制區」係指每日上午6時至下午19時，開放供人民從事觀光休閒、岸釣及其他正當娛樂等活動之海岸地區。

為落實政府「便民、利民」政策目標及鼓勵國人從事觀光、休憩

等正當活動，在不影響軍事設施安全與海巡任務原則下，海巡署從民國89年成立後，會同國防部及內政部，採逐年分階段方式，全面檢討開放海岸管制區。經三次檢討後，將原有15處、長32.1公里的海岸管制區調整爲10處、長24.8公里，減少5處、7.3公里；「海岸特定管制區」原有22處、長270.39公里，調整爲7處、長13.67公里，減少15處、256.72公里；合計原有37處，長302.49公里，調整爲17處，長38.47公里，開放幅度達87.3%。這項開放措施於民國89年8月暨90年11月相繼生效，讓民眾從此更容易接近海洋。

二、海上交通秩序管制及維護

　　海上交通事務的主管單位爲交通部。爲了推動臺灣港埠國際化，以成爲具有國際競爭力的港埠群，交通部於民國101年3月將原所屬港務局改組，分設爲航港局及臺灣港務股份有限公司，分別負責航運與港務之規劃與執行。海巡署依「海岸巡防法」第4條第1項第7款規定，負有執行海上交通秩序管制及維護之權責。由於國內尚無海上交通安全專法，相關規範散見於「船舶法」、「商港法」、「海商法」及「引水人法」等。海巡署爲有效執行海上交通秩序管制及維護，責成海洋總局訂定「執行海上交通秩序管制及維護計畫」、「海上聚眾活動處理原則」等，以執行海上交通秩序管制事宜。另外，交通部依「行政程序法」第19條規定，於2001年函請海巡署於法定職權範圍內，協助執行商港區外之國內水域（含漁港）五項航政法規事務之蒐證、函送、救援及服務等事實行爲，執法對象包括「船舶搭載乘客超過定額者或船舶載重吃水線超過船舶載重線者」、「船舶未領有船舶相關證照者或船舶證照、檢查效期逾期者」、「客船於證書規定以外之港口搭載乘客者」、「船員不符合配額及船員未持有有效之證照者」、「拒絕主管機關查驗或違反停航命令者」等（海巡署2001年工作年報）。

　　維護海上交通秩序，海巡機關與警察機關責無旁貸。兩機關乃分

工合作訂定「海岸巡防機關與警察移民及消防機關協調聯繫辦法」，將海域之涉嫌犯罪案件由巡防機關調查；海上聚眾活動則由巡防機關及警察機關共同處理；發生在海域之民眾抗爭事件，海巡署及港務警察機關應協助地方政府處理[1]，例如對於新北市萬里核四龍門港、高雄縣永安中油卸煤港之相關抗爭，海巡署皆派船確保航道暢通及安全。

海巡署為維護航道暢通，確保船舶航行安全，適時提供必要協助，加強執行海上交通秩序管制與維護，秉持「依法行政、伸張公權力」原則，以約制、疏處為主，本「不挑釁、不刺激、不流血」之柔性處置，處理抗爭活動，使抗之激烈爭程度降至最低。對於抗爭漁民，則由安檢所或海巡隊勸導。抗爭過程全程蒐證，發現確有違法之行為，即函送主管機關處理。

三、海難救助

我國過去海難救助體系，主要依據「商港法」第36條規定：「為維護船舶航行安全，救助遇難船舶，交通部得設立海難救護機構，其下並得設任務管制中心；其編組、任務管制中心之設置及其他應遵行事項之設立辦法，由交通部會商行政院海岸巡防署等有關機關定之。」交通部1981年12月9日據以訂定「海難救護機構組織及作業辦法」，由交通部會同國防部組設中華民國海難救護委員會，主任委員由交通部長兼任，納編相關單位執行海難救護任務（葉世燦，1994）。2000年7月22日八掌溪事件後，為整合國內救災資源，強化國家救難機制，乃成立行政院國家搜救指揮中心，「海難救護機構組織

---

[1] 行政院2001年11月22日臺90內字第068366號函核定「民眾抗爭事件處理程序及聯繫作業要點」，處理民眾抗爭事件之權責機關：在中央為各目的事業主管機關，在直轄市為直轄市政府，在縣市為縣市政府。各權責機關應主動指導、協調、支援及處理。有關國營事業投資或工安事故引起之抗爭，由經濟部及直轄市、縣市政府；交通建設或事故引起之抗爭，由交通部及直轄市、縣市政府；公害糾紛引起之環保抗爭，由環保署及直轄市、縣市政府；勞資爭議引起之勞工抗爭，由勞委會及直轄市、縣市政府；其他重大抗爭，依事件性質或發生地，分別由各權責機關首長指定單位處理；海巡署及港務警察機關應協助處理所轄海域內發生之民眾抗爭事件。

及作業辦法」遂於2003年3月27日廢止。

　　為強化及提升海難救助能力，海巡署購置拋繩器、浮水式救生繩、空氣呼吸器、橡皮艇、水下偵搜裝備等裝備；2002年建造完成3艘自動扶正搜救艇，配置於基隆、高雄及澎湖等地，並完成大型救難艦規劃設計（《海巡新紀元》2000年至2003年四周年專刊）。

　　海難救助攸關船員生命財產安全，乃屬海巡署核心任務之一。海巡署一旦接獲海難案件通報，即視為重要任務，優先調派艦艇處置。為了在執行海上、海岸地區災難防救及緊急災害救助任務時，能遵循標準作業程序，即時採取適當處置措施，並明確規範災難救助權責，以強化災難防救功能及應變能力，有效執行災難搶救與善後處置以減輕災難損失，海巡署訂頒「行政院海岸巡防署執行災難防救作業要點」、「海岸巡防機關狀況通報作業程序」、「行政院海岸巡防署緊急應變小組編組作業要點」等，用以保障人民生命、身體及財產安全。依統計：2002年至2011年十年來，海巡署海上救難救護績效共救援6,349案、10,906人、2,778船。

救難案例一：「新春滿11號」沉沒事件

　　2010年11月5日深夜，滿載的宜蘭籍漁船「新春滿11號」從澎湖馬公港啟航，準備運送大陸籍漁工返回福建崇武。可能由於超載，又難敵強風巨浪，船隻不幸在澎湖與廈門之間翻覆，導致船上66名大陸漁工及3名臺灣漁民全數落海，情況十分危急。

　　在接獲「新春滿11號」船長的緊急求救訊號後，海巡署立刻派出4艘巡防艦及1架直升機，與大陸方面派出的3艘救難船及1架飛機，共同展開搜救行動，終於在次日凌晨，將落海的69人全數救回，並在我方人員安排下，分別安置在警光會館及勞工育樂中心，總算是不幸中的大幸。

　　本案落海人數眾多，情況危急，屬重大海難事件，幸經兩岸迅速合作救援，終將落海遇險人員全數救起，殊為不易。

救難案例二：「太平洋168號」與「國富輪」撞船事件

2008年1月5日凌晨，載運69名大陸漁工返鄉過節的漁船「太平洋168號」自宜蘭出海，航行至基隆嶼東北方1.2浬處，疑遭新加坡籍「國富輪」擦撞沉沒，所幸船長施放4艘救生小艇，將部分船員救起。

基隆海巡隊接獲通報後，立刻要求各級單位成立緊急應變中心，隨即調派多艘艦艇趕往現場，並擴大搜救範圍搜救，並通報國家搜救中心申請空中偵察機支援，終於凌晨3時許救起50名遇難人員，在附近作業的漁船「航海家號」也救起14人，但仍有7名大陸漁工落海失蹤。

本案專案搜尋至8日止，累計動員海上船舶60艘次及471人次；岸際317車次、998人次；空偵機10架次。嗣後，「國富輪」亦抵達基隆港配合調查。

船舶在海上航行，風險甚多，除受海象影響外，也要避免觸礁及與他船碰撞，本案係因船舶碰撞導致，雖經相關機關全力搜救，仍有七人未能尋獲。

海上交通事故會導致海難發生，威脅船員生命財產安全，衍生海洋污染事件，例如2001年元月13日晚上9時45分，希臘籍「阿瑪斯號」貨輪在墾丁外海擱淺一案，船上人員共24人受困，海巡署接獲緊急求救，經第十四海巡隊緊急派遣巡防艇，冒著九級風浪前往搶救，於當晚將人員全數救起；元月18日該貨輪船體破裂，船上重燃油外洩，船東委託國際除油專家前往處理，自船艙抽取200多噸燃油；然因海象惡劣，油污持續擴散，污染屏東鵝鑾鼻北部海面及龍坑地區珊瑚礁沿岸約三公里，潮間帶礁岩受污染面積達6,987平方公尺，沿岸遭受破壞的生態至今尚未完恢復（陳正傑，2009）（參見本書各論第三章「海洋觀察站」之〈臺灣海域受難日〉一文。

至於執行海上交通安全秩序，不僅要有完善的法規配合，更需有精良之監控設備及合格之執法人員。按照我國目前的法規：港區內交通係由港口主管機關負責安全管理，港區外則由海巡署負責。欲加強臺灣附近海域之交通管理，應先制定海上交通安全法規，增設外海遠程監視雷達，並統一我國管轄海域內主管航行安全之事權，方能有效維護海域秩序（林彬，2001）。

四、漁業巡護

行政院農業委員會為我國漁業主管機關，下設漁業署掌理全國漁政業務。有關漁業資源之維護及漁民海上作業之保護，「海岸巡防法」第4條第7項第3款賦予海岸巡防機關執行之權責。海巡署為執行上開任務，先後訂定「行政院海岸巡防署執行海洋生態保育與漁業資源維護計畫」及「行政院海岸巡防署護漁標準作業程序」，作為執法之依據。分述於下：

(一)對中國大陸漁船部分

為建立海域執法權威，維護海洋資源生態及漁民權益，針對中國大陸漁船入侵我國，禁止、限制海域非法捕撈，自2003年起，全面於臺澎金馬周邊海域擴大規劃執行「淨海專案」勤務。依「臺灣地區與大陸地區人民關係條例」及其施行細則相關規定，對未經許可進入禁止水域之大陸漁船，一律扣留船舶、物品，留置人員接受調查；對未經許可進入限制水域之大陸漁船加強驅離，凡有越界紀錄者一律扣留船舶、物品，同時留置人員調查，並依案情施以沒入處分或處以行政罰鍰（海巡署2003年工作年報）。

東北季風期間，為避免受海象、潮汐影響及性能限制，由海洋巡防總局採大小艦艇聯合編組模式，針對基隆、新竹、臺中、澎湖及金門、馬祖等重點海域，實施擴大威力掃蕩勤務，防杜違法捕撈及非法行為。

海上執法案例：取締大陸漁民越界捕魚

金門海巡隊於2008年12月10日會同金門縣護漁小組，出動PP-3556號、PP-2023號、RB-01號計3艘巡防艇，在金廈小三通航道查獲8艘未經我方許可入漁之大陸漁船，共逮捕福建漁民17人，並查扣漁網、蟹籠和釣竿，以維護我方漁權。

(二)東沙及南沙海域護漁

為強化東沙、南沙海域巡防能量，海巡署於2005年7月成立東沙海巡分隊，同年8月成立南沙海巡分隊，分別派遣人員及船艇進駐執勤。每月並自本島派遣一艘巡防艦前往東沙海域巡護，每年則配合海軍運補船隊，派遣巡防艦前往南沙海域巡護，以維護所管轄海域之漁業資源（2008年海巡白皮書）。以往，中國、香港漁船經常於東沙環礁海域集結捕魚，2005年2月經海巡署實施威力掃蕩，以維護海域淨空，有效保育魚類、珊瑚等海洋資源。

(三)專屬經濟海域權益維護（2001年工作年報）

海巡署持續定期派艦執行我國北方、東方及南方，及與日本、菲律賓專屬經濟海域重疊區巡護任務；並依漁汛期、漁區或突發事件之需要，適時調整執勤密度。以下分區說明：

1. 北方海域

　　⑴執法範圍：北緯24°46'至29°18'，東經126°以西與日本重疊之專屬經濟海域；重點巡護區域為釣魚臺列嶼附近海域，及日本八重山群島北方附近海域。

　　⑵勤務派遣：由北部地區機動海巡隊和星艦、謀星艦、基隆艦、連江艦負責執行，規劃24小時全天候護漁勤務，每日派遣巡防艦採「現地交接」方式，沿暫定執法線邊界海域巡防，以有效確保我漁船作業安全。

2. 東方海域

⑴執法範圍：北緯24°46'以南，東經125°07'以西與日本重疊之專屬經濟海域；重點巡護區域為日本八重山群島西、南方附近海域。

⑵勤務派遣：由東部地區機動海巡隊負責執行，以花蓮艦、南投艦為護漁主力，另由東機隊100噸級巡防艇、第六（花蓮）、第七（蘇澳）海巡隊60噸以上巡防艇彌補勤務罅隙，為確保漁汛期期間漁民作業安全。

3. 南方海域

⑴執法範圍：北緯20°以北，東經125°07'以西與菲律賓重疊之專屬經濟海域；唯不含北緯21°19'以南、東經121°18'至122°23'間之菲律賓巴丹群島附近海域。

⑵勤務派遣：由南部地區機動海巡隊偉星艦、福星艦、德星艦及澎湖艦負責執行。有鑑於黑鮪魚漁汛期及近期漁事糾紛案件頻傳，亦採24小時全天候護漁勤務，每日派遣巡防艦採現地交接方式，並沿暫定執法線邊界海域巡防，以有效確保我漁船作業安全。

4. 專屬經濟海域巡護問題

海巡署將臺、日爭議水域，列為重點勤務水域；雖已要求北部地區機動海巡隊、東部地區機動海巡隊加強北、東部專屬經濟海域之漁業巡護勤務，並將基隆海巡隊、蘇澳海巡隊、花蓮海巡隊巡防艇納編執行專屬經濟海域巡護；唯由於續航力與耐浪性不足，遇海象不佳時，仍難達成巡護任務。

2003年11月7日，行政院核定「中華民國第一批專屬經濟海域暫定執法線」，並強調此非政府對於專屬經濟海域外界線與漁權談判終局範圍主張，但我政府在劃設時，已參考國際法有關規範，同時思考如何對我國及漁民漁捕作業最有利等方向，所採之「衡平原則」及「避讓」的做法，呼籲我國漁民配合在暫定執法線內作業，以避免糾紛，

並由海巡署以和平原則，於暫定執法線內負責巡護工作，以避免引起區域性爭端，並全力維護漁民在執法線內作業安全。

暫定執法線成為海巡署現行護漁界線，雖經漁政業務主管機關努力宣導，仍有部分我方漁民經常越過暫定執法線在爭議水域捕魚，因而遭日方公務船驅離或扣押，經由媒體報導，往往演變成臺、日間之國安與外交問題。

海上漁事糾紛處理案例之一：「富祥16號」遭日本公務船追趕案

2006年6月29日，我國籍「富祥16號」漁船於北緯27°、東經124°（日本稱係在北緯27°、東經126°，暫定執法線外2.5浬）遭日本水產廳500噸級巡視船「白萩丸」追趕，並被施以噴水、對空鳴槍及漆彈攻擊，海巡署立即調派和星艦、寶星艦與100噸巡防艇5艘，計7艘艦艇前往現場保護「富祥16號」。日本為對越界行為加以處罰，調派包括白萩丸在內共7艘公務船舶（其中最大噸級1000噸計2艘）至現場，形成臺、日公務船緊張對峙之局面。經臺、日透過外交管道積極協調，最後由日方當場開立處分書，由我駐日代表處代為繳納罰鍰後，我方始得以帶返「富祥16號」人船。

「富祥16號」漁船事件發生後，政府為因應類似案件之處理，行政院秘書長於2006年11月27日核定「政府在暫定執法線內、外界之護漁立場及作為」原則如下：

1. 護漁原則：
   ⑴暫定執法線內：我國漁民在暫定執法線內作業，遭日方干擾作業，政府將派艦護漁，並協助處理。
   ⑵暫定執法線外：我國漁民在暫定執法線外作業，遭日方取締時，政府將不派艦護漁；惟適時提供必要之外交協助等事宜。

⑶海上執法對峙：我國漁民在暫定執法線外作業，若遭日方追逐至線內之我方專屬經濟海域，發生臺、日公務船對峙時，循外交途徑協商解決。

2. 修正相關規定及宣導作為：

由農委會作為政策，明確向漁民宣導周知，並據以修正「政府護漁標準作業程序」。

3. 外交溝通：

由外交部向日方說明我方已自我約制，並要求漁民於暫定執法線內作業，請日方尊重我方立場，勿於暫定執法線內干擾我國作業漁船。

海上漁事糾紛處理案例之二：「永昇106號」漁船遭日方扣押案

2008年11月15日，我國籍「永昇106號」漁船於北緯25°、東經125°（暫定執法線外5浬）遭日本海上保安廳巡視船PS-109追逐。海巡署雖立即派艦前往救援，然日方表示：已確認「永」船違法捕漁事證，因該船不配合停船受檢且蛇行，違反日本漁業法，日本海上保安廳巡視船PS-11遂碰撞並登檢「永」船，將之扣押至宮古島。嗣後，我方依照以上揭示之護漁原則，循外交管道聯繫援救，經海巡署調派艦艇保護「永昇106號」漁船返臺。

由於臺、日間漁業談判並不順利，期間，我方漁船時常於爭議水域遭到驅離、扣押，造成海巡署在能量有限的情況下，疲於奔命；而部分漁民不願遵守「20噸以上未滿100噸延繩釣漁船赴臺、日重疊專屬經濟海域作業應行遵守及注意事項」之規定安裝船位回報器（Vessel Monitoring System: VMS），以致難以確認我國籍漁船遭驅離、扣押位置。例如「富」船船長抗辯：被潮流帶到日本海域，完全無越界作業事實；而「永」船船長則辯稱係修理漁船引擎油路；此二船皆因未安

裝船位回報器，無法釐清案發地點，導致政府難以協助漁船向日方爭取權益。

㈣遠洋漁業巡護

1. 執法範圍：

依漁業署年度「太平洋漁業巡護執行計畫」協助執行，歷年來太平洋漁業巡護任務範圍如下：

⑴北太平洋巡護區域：北緯35°至45°，東經150°至西經170°之北太平洋公海海域。

⑵中西太平洋巡護區域：北緯1°至2°、東經159°至163°度間海域，及北緯2°至4°、東經138°至140°間海域。

⑶大西洋及印度洋：行政院農委會為回應「大西洋鮪類資源保育委員會」（ICCAT）決議對我國之相關要求，於2007年6月至12月派「漁訓貳號」漁業訓練船，赴大西洋執行公海漁業巡護任務，並執行印度洋巡護任務，由海巡署派遣4名海巡人員共同執行執法勤務，本次計登檢我國籍漁船41艘次。（2008年海巡白皮書）

2. 勤務派遣：

由海巡署直屬船隊派遣所屬巡護一號、二號及三號船輪替執行。巡護船自1993年起配合漁業署執行遠洋漁業巡護任務迄今，每年均依主管機關漁政需求，執行2至3航次太平洋漁季或中西太平洋巡邏任務，加強管理我國遠洋漁船於北太平洋公海作業之秩序，維護我漁船作業安全。若遇有我國籍漁船急難案件，巡護船得就近前往處置。

遠洋護漁案例：

2009年9月21日，海洋巡防總局接獲南部地區巡防局通報：東港籍「昇進財號」漁船搭載臺籍船長、輪機長及8名印尼船員，於2009年6月29日自東港出海，已四天未與家屬聯繫，請海洋總局派船協助

圖7-1　海巡人員趕抵「昇進財號」失事
　　　　現場搜救情形
圖片來源：海洋巡防總局陳志賢提供

搜尋。海洋總局立即通報執行北太平洋巡護任務之「巡護三號」搜尋「昇」船，並協請日本海上保安廳、美國海岸防衛隊及失聯海域鄰近國家搜救當局協助搜尋。10月1日，臺北任務管制中心接收到「昇進財號」漁船EPIRB（應急指位無線電示標，Emergency Position Indicating Radio Beacon）遇險信號，即聯絡位於印尼蘇朗港東方425浬，距「昇」船約30浬處之臺籍漁船「億豐816號」前往查看，發現「昇」船已側翻（見左圖），且未發現船上人員。10月3日「巡護三號」抵「昇」船位置，經登船檢查發現：該船船身已嚴重傾斜，僅左舷三分之一船體露出水面。經登船察看並無所獲；派員下水搜尋，亦未發現人蹤。然「昇」船外觀完整，並無碰撞或焚燒跡證，船上亦未發現血跡，各種儀器及線路全無破壞跡象。海洋巡防總局遂將該船之印尼籍船員基本資料送請印尼政府查詢該等船員行蹤，以了解有無預謀劫船之情事。

五、海洋污染防治

　　政府過去限於人力、技術、裝備及環保意識，多以陸源污染為主要管制對象，相關海洋污染防治工作並未受到應有的重視。1977年2月7日，科威特籍「布拉哥」油輪於基隆外海漏油15,000噸，污染海岸線70公里，係我國海域第一次嚴重油污染事件；1990年4月16日，巴拿馬籍「東方美人號」貨輪在金山野柳觸礁，係第二次嚴重油污染事件（廖中山，1994），唯均未引起輿論及民眾之關切。至2001年1

月14日，35,000噸希臘籍「阿瑪斯號」貨輪裝載礦砂62,855公噸、重燃油1,400公噸、柴油150公噸、滑油20,000公噸（張崇和、陳慶昌，2001），擱淺於屏東鵝鑾鼻外海，污染鵝鑾鼻沿海及附近珊瑚礁海岸。由於主管機關缺乏處理經驗，應變失當，導致環保署長因而引咎辭職。自此，海洋污染問題開始受到國人關切（參見本書各論第三章「海洋觀察站」之〈臺灣海域受難日〉一文）。

我國海洋環境保護之相關法規計有「商港法」、「漁港法」、「海洋污染防治法」、「海水污染管理規則」等。根據以上法規所訂定之責任區劃：商港、漁港區域內之污染行為，「商港法」、「漁港法」已明確規定罰則，且能立即有效處置商港、漁港區域之污染行為。依「商港法」規定：在商港區域內，不得有妨害港區安全及污染港區之行為；船舶在商港區域內因海難或其他意外事故導致船舶擱淺、沉沒或故障漂流，船長除應依規定處理外，並應防止油料及其他有害物質外洩。「漁港法」明定：在漁港區域內不得排放有毒物質、有害物質、廢油，且海岸巡防機關應採取適當措施制止之。

於潮間帶、內水、領海、鄰接區、專屬經濟海域以及大陸礁層覆水域之污染，則由「海洋污染防治法」規範。其主管機關，在中央為環保署，在縣市為縣市政府。依環保署與內政部2002年1月4日會銜公告之「海洋污染防治法直轄市、縣（市）主管機關管轄範圍」，由縣市政府負責第一線海洋污染防治工作；於內政部未劃定海域行政轄區前，各直轄市、縣（市）主管機關以距岸3浬以內為管轄範圍（劉怡萍，2005）。同法規定，海巡署負責辦理海洋污染之取締、蒐證、移送等事項；環保署及海巡署得視海洋污染防治之需要，共同或分別與軍事、海關或其他機關組成聯合稽查小組，執行海洋污染事項之檢查、鑑定或取締、蒐證等；而執行取締、蒐證海洋污染事項，應分別送請環保署或司法機關辦理。「海洋污染防治法」亦規定，各級主管機關、執行機關或協助執行機關得派員攜帶證明文件，進入港口、其他場所或登臨船舶、海洋設施，檢查或鑑定海洋污染事項，並命令提

供有關資料；並賦予主管機關、執行機關或協助執行機關調查權與強制措施，以有效預防海洋污染事件。

近年來，較大的油污染案當數希臘籍「阿瑪斯號」貨輪污染事件，造成附近海岸及海域嚴重污染，影響自然生態及漁業資源甚巨。有鑑於此，行政院隨即於同年4月10日頒訂「重大海洋油污染緊急應變計畫」，包含分工、通報系統、監測系統、訓練、設施、處理措施等。港務局或縣市政府一旦接獲海洋污染通報，應立即通報環保署及海巡署。油外洩或有外洩之虞未達100噸者，屬第一級小型外洩，由海岸管理機關或縣市政府負責應變；油外洩或有外洩之虞達100噸至700噸者，屬第二級中等外洩，由交通部（商港區域）、農委會（漁港）、經濟部（工業港）、內政部（國家公園區域）、環保署（其他海岸區域）、海巡署（海上）負責應變；油外洩或有外洩之虞達700噸以上者，屬第三級重大外洩，由相關機關組成緊急應變中心應變。另為應變海上油污，由海巡署納編相關機關代表成立現場應變中心，並由國防部、內政部、海巡署、國科會及農委會負責監測；必要時請中油公司及民間組織協助。經「阿瑪斯號」污染案後，相關機關不斷添購器材、訓練人員，並經常舉辦油污染應變演練，且邀請民間單位參加，應變能量及橫向協調已明顯提升。如2006年之「吉尼號」事件發生後，經各機關分工合作，船東迅速賠償各種損害，使此次事件造成之損害降至最低，充分展現政府的行政效能。

海污事件處理案例——「吉尼號」擱淺事件

2006年12月24日，海巡署獲知23,000噸馬爾他籍「吉尼號」貨輪於北緯24°、東經121°失去動力，漂流擱淺於南方澳內埤海灘，船上24人無立即危險，卻有約100噸油量外洩。海巡署立即調派巡防艇至事故發生地點布放攔油索，並使用吸油棉除污；內政部空中勤務總隊亦立即派遣偵察機至現場勘查蒐證；行政院環保署迅速成立應

變中心；宜蘭縣環保局則依「海洋污染防治法」先行重罰150萬元。後經臺灣宜蘭地方法院檢察署檢察官調查，認定「吉尼號」污染事件有人為疏失，涉及刑法公共危險罪，乃分案調查起訴。2007年3月13日經臺灣宜蘭地方法院判處「吉尼號」貨輪船長、輪機長及大管等三人各拘役30天，緩刑2年。

第三節　海上犯罪防治

　　臺灣四面環海，自政府解嚴後，從中國大陸地區走私槍械、毒品及偷渡等非法行為威脅臺灣地區治安。以往有關單位所查獲之走私物品，以農產品與洋菸酒為大宗；高價位的毒品、槍械因體積小、重量輕，易於分解、藏匿或丟包，查緝難度較高。有關偷渡方面，近年來，兩岸間開放三通，加以中國大陸經濟環境改善，大陸地區人民偷渡來臺已經少見，倒是越南人民因經濟誘因而興起令一波來臺偷渡潮（王進旺，2012）。關於遏止海上犯罪，檢察機關及司法警察機關皆有權責，唯海巡署自2000年成立後，已成為防制海上犯罪之主要機關（游乾賜，2001）。

　　本節針對各類海上犯罪模式及防治方法作如下說明：

一、常見之海上犯罪類型

1. 走私

　　走私犯罪行為的動機主要係為牟利。由於從國外進口農漁畜產品及菸酒要繳關稅，而走私之「水貨」逃漏關稅，成本低，可廉價出售，輕鬆獲利。菸酒貨物稅調得越高，走私利潤也越高，私梟之企圖心越強；尤其遇到春節、端午、中秋等民間節慶，市場需求大增，故而節慶前之走私活動較平時更為猖獗。

由於違禁品及管制物品不准進口，不法之徒只能靠走私入境，其中以毒品及槍械彈藥最爲常見，危害身體健康及社會治安也最嚴重。毒品量少價高，吸毒一旦成癮，再多的金錢也不足以滿足對毒品的需求。成癮者爲了購毒吸食，或從事性交易，或販賣毒品，或行竊、搶劫，自然與不良分子爲伍；爲從事販毒，或害怕遭到報復，毒犯經常攜帶槍械，故民間有「槍毒不分家」之說。

走私不僅逃漏關稅，減少政府稅收，且因私貨未經檢疫，消費者因而得不到保障；而合法進口商或正當作業之農、漁民所生產的貨品受到水貨廉售之衝擊，利潤亦受損，影響社會經濟活動之公平性。何況走私進口的槍、毒等違禁品，殘害國人身心健康，危害社會治安，故對於走私之防制，乃政府施政的重點之一。

海巡署成立初期，透過海上登檢及進港安全檢查，所查獲之走私案件比例接近五成，顯示私梟缺乏戒心。後來，私梟爲逃避海巡人員之嚴厲查緝，乃用盡巧思，走私模式因而花樣百出。如今，事前未得到情報而隨機查獲者已經罕見。走私模式以我國籍漁船至公海接駁私貨，運回國內銷售最爲常見；或由私梟上手將私貨以防水塑膠袋包裹，並繫上大型浮標拋至海中，再由我國籍漁船出海打撈偷運上岸。

查緝走私案例——淡水河口與安平商港之槍械走私

海巡署臺北機動查緝隊於91年3月30日清晨，在淡水河口外13浬處查獲基隆籍「穎昇八號」漁船走私制式手槍164支、制式長槍9支、子彈8,020顆、彈匣323個、手榴彈7顆及炸藥一批，同時逮捕船長、輪機長及船員二人，爲國內治安史上偵破最大宗之走私黑槍案件。

另外，海巡署岸巡五二大隊安平商港安檢所之港巡人員，於97年5月22日晚間，在安平商港3號碼頭執行港區巡邏勤務時，查獲兩名外籍船員涉嫌走私12枝制式手槍、制式手榴彈1顆及制式子彈754顆，此爲隨機查獲案例。

毒品查緝案例——K他命與海洛因走私

海巡署臺北機動查緝隊於95年3月22日在臺北縣土城市金城路2段61巷某民宅內，及門前停放之三輛SMART小轎車底盤內，查獲第三級毒品K他命134.74公斤，並逮捕犯嫌一人；復於同月26日在高雄港75號碼頭，自甫進口之二輛同款SMART小轎車底盤內起出三級毒品K他命118公斤，合計查獲252.74公斤，並循線逮捕負責海運管道及幕後主嫌三人。本案走私毒品方法可謂用盡巧思，卻仍難逃法網。

96年1月30日，海巡署高雄市機動查緝隊於於高雄市旗后安檢所一艘漁船艙底後方油櫃密窩內，查獲一級毒品海洛因3,715公克，當場逮捕船長及船員共三人，此為用船舶密窩走私毒品的案例。

私梟在海上取得私貨，為圖逃避嚴密查緝網，有些船筏不從港口進入，伺機自沿海沙洲或溝渠搶灘登陸，再以小貨車迅速載走私貨。唯現今岸邊亦有海巡人員巡邏，且一般漁船無法靠岸搶灘，必須進港卸貨，乃思考如何逃避進港安全檢查，於是有將私貨藏於船艙底層，上面覆蓋大批漁獲及碎冰作為掩飾，入夜後再行卸貨；有改裝漁船加設密艙，將私貨藏於其中，俟進港後開啟密艙，起出私貨。然因有海巡人員在港邊巡邏，並監督卸貨，有些私梟遂在港邊挖掘地道，通往附近住宅或倉庫，地道上甚至加設輸送帶，以利運輸。惟法網恢恢，疏而不漏，海巡機關多能掌握情資，終使走私活動無法遁形，並經全面清查全國所有漁港，封閉或列管港邊涵洞、地道，盡可能杜絕走私犯罪情事。

查緝私菸案例——利用港區下水道走私香菸

96年10月21日，海巡署臺南市機動查緝隊於中山高速公路麻豆交流道附近查獲某犯罪集團成員涉嫌非法載運私菸；復循線於高雄

縣大社鄉查獲囤放私菸之倉庫，並於臺南市安平商港5號碼頭某倉庫內查獲大批私菸，因而破獲私梟私自挖掘由該倉庫通往五號碼頭之地下水道，並運用輸送帶輸送私菸之犯罪情事，共計查獲50條裝未稅洋菸計220.5箱、110,250包及未稅洋酒36瓶，並陸續逮捕該集團主嫌及成員共19人。

2. 偷渡

　　非法入出國之行為俗稱「偷渡」。偷渡之動機不一，有為打工謀生或從事色情行業者，有從事情報工作搞破壞者或來臺依親者。偷渡犯入境後，戶政機關無其身分資料，一旦作奸犯科或破壞社會秩序，或危害國家安全，影響國家利益匪淺。防制非法入出國境之主管機關為內政部移民署，該署設專勤隊查緝非法入出國者之外，海岸巡防機關及警察機關亦負有查緝之責。

　　過去由於兩岸之間經濟發展及生活水準落差較大，加以兩岸在地理上僅臺灣海峽一水之隔，故大陸地區人民偷渡來臺者極多，所查緝之大陸人民偷渡案例亦多，而以92年2月25日海巡署在三貂角外海查獲梗枋籍「漁連二號」漁船載運偷渡犯42人為近年來所查獲最大宗之案件，其中甚至有兩名俄羅斯籍女性。有鑑於此，行政院乃於2003年11月成立「獵蛇專案」，從法制面與查緝面雙管齊下。在法制面提高引介大陸地區人民非法入境之人蛇及共犯之刑責，並增定行政主管機關得沒入載運偷渡客船舶之規定，以達到嚇阻犯罪之目的；在查緝面則聯合檢警海巡等機關分工合作，並以破獲人蛇集團為目標。此專案實施後，果然有效遏止了大陸地區人民偷渡來臺的風潮。

　　近年來，政府逐步放寬大陸地區人民申請來臺探親、觀光之規定，大陸地區人民已不願再冒偷渡的風險；加以大陸經濟崛起，沿海城市發展快速，工作機會增加，大陸地區人民來臺工作之需求降低。目前，大陸地區人民偷渡來臺已然罕見；代之而起者乃鄰近之越南人

民，其偷渡動機主要是爲來臺工作，偷渡模式一般是由偷渡仲介集團至越南各地號召欲來臺打工賺錢之越籍人民，每人以人民幣6,000元、或美金1,000至2,000元不等之代價，集結至廣東沿海漁港，俟達到成行人數後，集資購買無船名之木殼漁船，由人蛇集團派員駕駛漁船載運偷渡人民出海後，將漁船交由其中會開船之偷渡人民，指引其往臺灣方向前進，到達預定海域後，俟天黑立即搶灘棄船上岸，再各自聯繫接頭人員，或搭乘預置之計程車四散逃逸，前往各地打工或從事不法色情活動。

查緝偷渡案例——越南人民偷渡來臺

100年8月21日，海巡署於高雄市梓官區蚵仔寮外海20.5浬處查獲童文凱等18名越南人民（15男3女），駕駛中國大陸籍無船名木殼漁船企圖偷渡入境；100年10月11日，於臺中大安溪外海12.5浬處查獲另一艘無船名大陸漁船，搭載包括11男5女之越南人民，意圖伺機偷渡上岸等。

二、海上犯罪之防制作爲

防制海上犯罪爲檢察及各情治機關的權責。海巡署於2000 年成立後，現有人員15,000人上下，20噸級以上船艦160餘艘，乃擁有龐大能量之海上武裝團隊，其設立宗旨：「爲維護海域及海岸秩序，與資源之保護利用，確保人民之生命財產安全。」海巡署事實上已成爲我國防制海上犯罪之主要機關。

海巡機關防治海上犯罪，首重犯罪情報之蒐集，其次爲各項海巡勤務之嚴密執行，並以成立專案方式，強化執行之力道。以下即以海巡署爲主軸，介紹海巡機關防制海上犯罪之做法：

(一)加強犯罪情報之蒐集

打擊犯罪如能事先掌握情資，對犯罪之人、事、時、地、物充分瞭解，則破案之可能性自然較高。走私毒品、槍械、農漁畜產品、菸酒或進行偷渡，皆需籌措資金、備妥船舶、車輛等交通工具與人員、擬定出發及回程之時地與路線等等，故多屬「計畫性」犯罪。海巡機關為獲取此類犯罪之情資，設有專責單位：海岸巡防總局在各地區巡防局設機動查緝隊共二十個，在海洋巡防總局設一個偵防隊，並於行政院海岸巡防署設「情報處」，為督導、統合犯罪情報之單位；其他非專責犯罪情報蒐集之單位，亦多少有蒐集犯罪情報之做法，例如各海巡隊之第三組、岸巡總隊之司法組等。未來設立行政院海洋委員會，委員會下轄之海巡署將設偵防分署，以督導各巡防分署之查緝隊辦理犯罪情報蒐集工作。

犯罪情報之蒐集為一門專業，情報人員需受基礎訓練，每年亦有精進訓練，以配合政策及了解犯罪手法之轉變。蒐集犯罪情報通常要先建立「諮詢」，俗稱線民，多屬犯罪集團周遭人員。情報人員要與其建立信任關係並不容易，需有良好技巧，並靈活運用；且情報人員本身必須立場堅定，嚴守與線民間之法令分際。為此，海巡署定有行政規則作為情報人員遵循之準繩。

取得犯罪情報之初期，需查證是否屬實，繼而對犯罪之人、事、時、地、物進一步了解，並掌握犯罪動態，待時機成熟，再進行緝捕、訊問，並移送司法機關。

自犯罪情報蒐集開始，至移送司法機關，性質上皆屬刑事訴訟法偵查活動之環節，故一切程序皆須遵守「刑事訴訟法」、「通訊保障及監察法」、「海岸巡防法」及相關法令之規定。例如海巡人員需具備司法警察身分、通訊監察書及搜索票必須報請檢察官向法院聲請核發、偵查行動應報請檢察官指揮、逮捕人犯後應將案件及人犯於16小時內解送檢察官、訊問犯罪嫌疑人應告知所犯罪名、嫌疑人得保持緘默，並得選任辯護人、得請求調查有利之證據等事項，及遵守夜間詢

問之限制等各種規定。

(二)嚴密海巡勤務之執行（王進旺，2012）

海巡署有龐大之組織、人員、裝備、武器等，分置於海域與案際，各司其職，形成一個嚴密防護網。其勤務方式，包括雷達監控、值班、守望、巡邏、檢查、埋伏、圍捕攔截及逮捕人犯等。

《孫子兵法》有云：「善用兵者，攜手若使一人。」說明整個團隊如何經由指揮管制，以發揮最大戰力。海巡署下轄基層海巡隊、安檢所、機動巡邏站逾400個，艦艇160餘艘，勤務類型包含海上、陸上及空中。為靈活指揮調度，發揮整體戰力，乃於各地區巡防局以上機關，設各級勤務指揮中心，並由海巡署署本部之勤務指揮中心總其成。勤務指揮中心24小時值勤，遇有颱風、海難、海上油污染、與他國發生海上爭執、或查緝走私偷渡等事件，勤務指揮中心立即發揮其指導、指揮及管制功能，亦為海巡署危機處理之重要機制。

各項海巡勤務中，以岸際安檢花費人力最多，與犯罪防制關聯最大。依「海岸巡防法」規定，對於進出商港、漁港之運輸工具、人員、物品，具有在認為有違法之虞時得依法實施檢查之正當性。而全國357個商、漁港安檢所及18個機動巡邏站，對出入船舶及人員之安全檢查，係由海巡署海岸巡防總局軍職人員負責第一線之執行工作。為維護安全能兼顧便民，依「服務便民、區分良莠、保障合法、打擊非法」之原則，採取「出港快速簡化，進港併用監卸安檢，注檢對象嚴格執檢」措施，強化執檢人員「知船識人」，及加強情報蒐集、港區巡邏、監督卸貨等勤務效能，對入出漁港船筏採鑑定分類實施安檢，對於甲類之一般船筏採取抽檢方式；違法可能性較高之乙丙類注檢船筏、娛樂漁船及他港船筏進港停泊者，則進行全面檢查。2000年11月28日訂頒「海岸巡防機關簡化漁港安全檢查作業實施要點」，2003年12月15日並啓用「進出港刷卡條碼辨識系統」，鏈結「安檢資訊系統」資訊化作業，改善以往人工輸鍵之不便。唯在2003、2004年間有禽流感來襲，接著又不斷有要犯及經濟犯等欲從海上偷渡出國之情

資，海巡署爲防止疫病入侵及要犯自海上偷渡出境，不得不暫時在相當期間採取嚴密之進出港安全檢查。綜合言之，海巡署於海域、海岸各項勤務，乃爲達成嚇阻、偵緝及制裁海上犯罪之功能。

（三）專案加強查緝

海巡署爲有效遏阻槍彈、毒品、黑心食品及動物之活、屠體走私入境，結合相關機關，先後辦理「鎮海專案」、「靖海專案」、「晴空專案」、「安海專案」、「安康專案」等，對境內治安及物價穩定，發揮相當成效，同時創下協助衛生機關維持不讓高病原性禽流感（H5N1）入侵之紀錄。以下分述查緝海上犯罪的重要專案：

1. **鎮海專案**

海巡署於2001年訂頒「鎮海工作」指導要點，開始執行「鎮海專案」，於重要節日（春節、端午節及中秋節）前後一定期間，加強查緝作爲，遏止走私行爲；並採重獎、重懲方式，確實辦理考核、評比，以提升整體查緝成效（2002年工作年報）。

2. **晴空專案**

海巡署爲防止「禽流感」等疫病藉由大陸漁船越界捕撈，或走私、偷渡等管道入侵而實施「晴空專案」，與相關機關共同努力，使臺灣持續成爲H5N1非疫區。下列二案之查獲，具有防杜H5N1入侵之重大貢獻：

(1) 2003年12月9日，海巡署金門海巡隊於金廈水域查獲6隻走私紅面番鴨，經農委會家畜衛生試驗所檢驗，確定帶有H5N1高病原性禽流感病毒。

(2) 2005年10月14日晚間，海巡署中巡局專案查緝小組會同警察機關等，在臺中港查獲巴拿馬籍「大佶輪」走私禽鳥、鼠類及陸龜乙批計1,116隻，該批禽鳥被檢驗出帶有H5N1病毒（洪文泉、吳采芳，2006）。

3. **防逃專案**

爲了防杜要犯偷渡出境，海巡署於2004年訂定「強化查緝要犯偷

渡勤務指導要點」、「防逃專案勤務驗證實施要點」，強化各項情資諮詢及查緝勤務作為，加強防範與演練；同年7月10日，海巡署在屏東縣東港外海緝獲擄人勒贖、殺警之張姓要犯，有效遏止要犯外逃。

4. 安海專案

海巡署自2006年2月1日起實施「安海專案」，加強查緝槍、毒走私及偷渡事件，並瓦解走私、偷渡等犯罪組織。其具體作為包括加強布建情蒐，靈活運用海域巡邏，嚴查漁船密窩、密艙，以監督卸貨、落地追蹤，作複式監控，並拓展境外合作、獲取走私情資等（2007年海巡白皮書）。

5. 安康專案

為防範農漁畜產品、菸、酒暨動物活體走私入境，危害國人身體健康及經濟秩序，行政院於2006年10月25日院會指示海巡署應會同內政部、法務部、農委會、衛生署、財政部等機關，自2006年11月起，全面加強通商口岸、小三通通航口岸、海域、岸際及市面查緝走私活動（2007年海巡白皮書）。

黑槍及毒品之走私，危害社會治安及國民健康最巨，故海巡署成立數年來，查緝重點均以槍、毒之走私為主。然而，國人消費意識逐年提升，對食品衛生之要求標準日趨嚴格；而一些黑心食品卻仍不斷自非法管道流入國內，顯示政府未盡到把關責任；加以禽流感、口蹄疫、SARS等多種疫病，有可能自國外流入之動物傳染，故行政院要求嚴查農漁畜產品及動物活體之走私。

海巡署以「行政院強化查緝走私偷渡聯繫會報」為工作平臺，納編內政部、財政部、法務部、經濟部、交通部、新聞局、衛生署、農委會等部會，密集開會研議，將本案定名為「安康」專案，並訂頒「安康專案工作計畫」，在臺灣地區分北、中、南、東設立四個「聯合查緝執行小組」，由海巡署四個地區局長分別擔任召集人，當地關稅局長任副召集人，納編機關包括地方法院檢察署、縣、市政府警察局、衛生局、地區關稅局、調查局各處、站、農委會、海巡署各海巡

隊及機動查緝隊等，定期開會檢討查緝對策。中央政府同時成立「聯合查緝督導小組」，以協助地方解決各項問題，並督導各單位切實執行。在相關機關全力配合下，本專案已大幅顯現成效，迄今本專案已常態化。

第四節　外籍與大陸漁工管理

臺灣自民國70年代經濟起飛後，國人投入漁撈者逐漸減少，政府獎勵青年投入魚撈之方案亦未奏效，船東迫不得已，只好聘僱外國人或中國大陸漁工擔任船員。聘僱外國人適用「就業服務法」，要依「雇主聘僱外國人許可及管理辦法」之規定需經有關單位許可，且有最低工資規定，也有語言之障礙；而大陸勞工雖迄今未正式開放入境，不適用最低工資規定，工資較低，語言溝通無礙，故我國船東僱用外國人為船員者少，僱用大陸漁工則較為普遍。

為管理大陸船員，行政院農委會於民國101年6月公布「臺灣地區漁船船主境外僱用及接駁暫置大陸地區漁船船員許可及管理辦法」。依該辦法第5條之規定，漁船船主辦理大陸船員之僱用、進入境內水域、接駁、轉換雇主、續僱、解僱、送返及離船等相關事項，應委託仲介機構辦理。而受僱之大陸船員需年滿20歲，近海船員應領有大陸地區核發之登輪作業證件；遠洋船員應領有大陸地區核發之海員證件；直轄市或縣（市）主管機關每半年應邀集當地國防、海岸巡防、警察、航政、衛生、勞工及移民等相關機關成立會報，處理大陸船員之暫置管制、治安管理及進出港等事項。近海漁船船主申請僱用大陸船員，應委託仲介機構填具申請書，並檢附勞務契約等文件，向直轄市、縣（市）主管機關申請僱用大陸船員及進入境內水域許可，經審查通過後，始發給許可文件。直轄市、縣（市）主管機關應登錄許可文件之漁船船主、船名、大陸船員名冊及仲介機構、許可期限等

資料，並轉送當地海岸巡防機關及警察機關備查。漁船船主與大陸船員簽訂之勞務契約，應載明船主與大陸船員雙方議定事項。漁船船主僱用之大陸船員往返大陸地區，應以取得許可之接駁漁船載運。大陸船員隨接駁漁船進入境內水域，所攜帶物品之品目及數量限額需符合規定；違反規定者，依「海關緝私條例」、「懲治走私條例」規定處理。

　　爲建立大陸船員之個別資料，大陸船員第一次進入境內水域時，應持登輪證件正本進入查驗漁港，經當地海岸巡防機關蒐集個人生物特徵識別資料，及身分查驗比對無誤後，協助直轄市、縣（市）主管機關製發識別證。該識別證大陸船員應隨身攜帶，以供相關單位檢查。載有大陸船員之漁船進出，僅限設有暫置場所之漁港；其漁船船主或船長應向當地海岸巡防機關報驗檢查。大陸船員有脫逃行爲、擅離暫置場所、未履行契約者，漁船船主或船長、暫置場所管理人員、海岸巡防機關或警察機關應將事實證據送直轄市或縣（市）主管機關調查，經調查屬實且情節重大者，廢止僱用該大陸船員之許可，並命仲介機構限期將其遣返。

　　遠洋漁船船主所僱用之大陸船員，應在國外港口上船或離船。仲介機構接受遠洋漁船船主委託僱用大陸船員，應於接獲經營公司提供大陸船員名單7日內，填具申請書並檢附相關文件，送中央主管機關備查。大陸船員隨遠洋漁船進入境內水域前，仲介機構應填具申請書，並檢附大陸船員名冊，向直轄市、縣（市）主管機關申請進入境內水域之許可，經審查通過後，發給許可文件。

　　直轄市、縣（市）主管機關應將許可文件之漁船船主、船名、大陸船員名冊及仲介機構、許可期限等資料登錄，並轉送當地海岸巡防機關及警察機關備查。載有大陸船員之遠洋漁船進入境內水域，應直接至查驗漁港，向當地海岸巡防機關報驗檢查後，將大陸船員暫置於暫置場所。遠洋漁船船主僱用大陸船員，契約期滿或必要時，負責將大陸船員送返大陸地區。遠洋漁船所僱用之大陸船員，經許可進入境

內水域；該漁船限於查驗漁港進出，漁船船主或船長應備許可之大陸船員名冊、海員證正本，接受當地海岸巡防機關身分查驗。

　　船東僱用大陸船員或外國船員之結果，導致我國漁船出海作業時，船上通常僅有船長與大副為本國人，船員皆為大陸或外國籍船員，一旦管理失當或發生衝突，船長與大副寡不敵眾，常淪為被害人，甚至喪命。此為我國船東及船長需特別重視之問題。

漁船海上喋血案例一：「興隆號」船長被殺

　　2006年3月，搭載8名大陸籍漁工的蘇澳籍漁船「興隆號」，自南方澳出海前往日本硫磺島海域東方公海捕魚。6月9日下午，「興隆號」距離蘇澳2,000浬，當時船長陳木財因以「不發薪水」威脅工作態度不佳的大陸漁工，引發兩名漁工不滿，當場持刀將他殺死，並挾持輪機長，揚言將船駛返大陸。次日，涉案漁工經黃姓輪機長苦勸之後，始讓黃發出求救訊號。

　　「興隆號」船主接獲訊號，即以衛星電話通聯，卻未獲得回應，立即轉請海巡署協助。海巡署立即通報外交部、漁業署及國家搜救中心研商救援計畫。12日上午，海巡署接獲日方電告接獲該船輪機長無線電，證實船長已遭殺害，「興隆號」則在蘇澳東方約1,900浬持續向西航行。海巡署於是立即調派「寶星艦」及「和星艦」駛往現場處理。當海巡人員登船檢查，確認船長遺體被冰存於船上冰櫃中，隨即將涉案漁工及目擊證人帶回和星艦偵訊，同時戒護「興隆號」於9月22日返回蘇澳港。

漁船海上喋血案例二：「福甡11號」船長落海

　　2011年6月3日，高雄籍漁船「福甡11號」在烏拉圭附近大西洋公海上作業。該船的臺籍船長陳正興，平日管教船員十分嚴格，當

天下午，因不滿船上大陸籍廚師李啓平不服管教頂嘴，雙方爆發衝突。李一時氣憤，持刀將船長殺害並拋入海中失蹤。

事發後，接獲訊息的「福蚌11號」船東立即向漁業電臺通報，漁業署獲悉後，隨即聯繫在附近作業的我國漁船及駐外辦事處協尋。我駐外人員向南非政府表達臺灣對該案具有「專屬管轄權」的立場，並指示駐開普敦辦公室就近了解案情。海巡署也隨即派人前往開普敦，並在公海上登船進行調查、搜證。在突破李啓平心防坦承殺害船長後，海巡署刑事幹員於6月27日將凶嫌押回臺灣，交由高雄地檢署偵辦。

海洋觀察站

當海洋國家沒有了船員

2011年12月9日報載，失聯多日的臺籍漁船「金海祥三號」船長已被證實在印度洋作業時遇害；12月10日，東港漁船「明財利」在日本海域作業時，被兩名大陸漁工殺害；11月4日，高雄籍漁船「金億穩號」在西印度洋塞昔爾群島西邊海域遭索馬利亞海盜劫持，經船員自力反制成功，卻被海盜母船在後緊追，後經「英國海事貿易組織」協助，由英國艦艇護航至安全海域。接連幾條新聞，讓人怵目驚心。

細究這些海上喋血事件，都與「外籍船員的管理」有關；但我們也不應完全歸咎於外籍漁工，而該一併檢討船東與高階船員的管理態度。以基隆為例，在海運與漁業的全盛時期，居民差不多每三戶就有一人從事與海洋相關的行業；有些家庭甚至兩、三代都是船員。在引進外勞和兩岸開放初期，只有低階船員和漁工採用陸、外勞；時至今日，連高階船員也逐漸以陸、外勞取代，甚至像「金億穩號」的劉姓船東，竟然放心地把造價昂貴的船舶完全交在外人手

中。幸好任姓大陸籍船長，既勇敢、又盡職；不然，後果真不堪設想。如果只一味節省人事成本而全船雇用外籍船員，誰能保證將來不會有勾結國外不法分子從事海上犯罪，甚至霸占船舶的犯罪事件發生？

接連幾起事件，終於暴露了令人難堪的事實——我們是個嚴重缺乏本土船員的遠洋漁業大國！至於商船的情況，也好不到哪裡去。如果一旦國家有需要，上哪裡去召募自己的船員來執行運輸、補給的任務呢！而有關當局竟也任令問題繼續惡化下去，那麼，每年投入教育資源所培育的海勤學生，畢業後都學非所用嗎？政府所標榜的「海洋立國」、「海洋興國」，到底是立了、興了哪個國家呢？

傳統觀念中，海員被界定為危險行業。在威權時代，海員的高薪和難得的出國機會，可以抵消對安全的顧慮；如今，海員待遇逐漸與陸上行業拉平，而民眾進出國門也十分簡便，更使海員這個行業失去了吸引力。民眾無視於海洋的遼闊和豐富的資源，寧願待在擁擠的陸地上競逐有限的工作職缺，也不願到海上去尋找機會，以至於像「海功號首航南極」那樣激勵人心的壯舉，也成為歷史絕響。其實，在交通科技如此發達的今日，航海的安全性已大大提高，只要正確地操縱船舶，出事的機率遠遠低於陸地。試問，陸地上因大型車輛翻覆，動輒傷亡數十人的意外事故還少嗎？

民國93年，交通部為提升民眾上船工作的意願，曾將減免船員所得稅、施行船員替代役，及以公費提供所需訓練費用，協助船員進入職場等事項列為中、長期規劃項目。但事隔多年，卻未見具體作為，只海洋產業加速空洞化，更讓臺灣退縮成眼界狹隘的「海島國家」！

為了厚植國力，並紓解陸地的擁擠，政府有責任推行全民海洋教育，從思想上破除民眾「懼海」的心理，讓全民理解：如能善用

現代科技，海洋正是國家發展的希望所寄。而要落實「海洋興國」政策，更應以前瞻性的眼光和做法，建立正規的海員培訓制度，如仿效過去培育師資的師範教育，對航海、輪機、漁撈相關科系的學生提供全額公費，規定畢業後需從事若干年限的海洋運輸、漁撈等工作；並以合理的薪資與升遷制度，鼓勵年輕人到海上去謀求發展。在國際上，海員是十分受尊重的，社會地位也相當高，手上一張船員證可全球通行無阻，比護照還管用！

臺灣人是海洋的子民，兩、三百年來卻都背對著大海生活，處處給自己設限；甚至在海洋世紀已經來臨的今日，依舊以「畏海拒海」的封閉心態，在陸地上進行激烈的生存競爭，形成不折不扣的「紅海現象」。值此「東海、南海風雲緊急」的關鍵時刻，政府應提出具有遠見的海洋政策；並在當選後想方設法，以教育和經濟雙管齊下的策略，培育下一代活潑進取、冒險犯難、開放包容的海洋精神，以激勵民眾向真正的「藍海」發展，臺灣的未來才會有具備國際視野與格局的遠大發展。

第八章

海洋文化與教育

「文化」是人類在自然環境中，為了生存所發展出來的生活方式和思想信仰。依此定義，所謂「海洋文化」就是人與海洋互動的過程中所發展出來的意識型態、社會組織與包括食衣住行育樂在內的生活方式。

本書其他章節已就海洋現況、海洋法及行政組織、海洋外交及國際合作、海洋安全、海岸管理、海洋環境與生態保育等主題加以介紹，這些內容本皆屬於海洋文化的範圍，於此不再贅述。本章是以海洋歷史與文化的發展進程為主軸，介紹海洋文化資產、水下考古、文學、藝術及海洋教育，較偏重於海洋事務的精神層面。

第一節　海洋歷史與人類文明

海洋，無疑的是地球上最重要的地貌。單就太平洋而言，就比全球陸地的總面積要大。到底海洋是怎麼形成的？這個問題正如地球是怎麼形成的，都與太陽系的起源密切相關。而海洋在人類文明發展的進程中，又無所不在地扮演關鍵性角色，甚至和人類的歷史同步演進。

人類存在的時間相較於地球的歷史，其實是十分短暫的；與海洋的互動過程有歷史可稽考的，也不過是三千年左右，卻對人類文明的發展產生極為深遠的影響，可見海洋力量之強大，也讓人不禁對海洋及海洋文化形成的歷史感到好奇。

一、海洋的形成

正因為海洋是生命的起源，對生命的永續發展如此重要，所以美國太空總署（National Aeronautics and Space Administration, NASA）處心積慮地搜尋水在其他星球存在的跡象，卻始終無法覓得像地球這樣，大部分被海洋包裹，在黑暗的宇宙中閃爍著藍光的美麗星球。

根據天文學者的研究，大約在50億年前，從太陽星雲中分離出的一些大小不一的星雲團塊，在繞日旋轉及自轉的過程中，因互相碰撞而結合，逐漸變大而形成原始的地球，並在引力的作用下急劇收縮。由於內部放射性元素的蛻變而加熱增溫，造成內部物質熔解。在重力與高溫的雙重作用下，重的物質下沉向地心集中，形成地核；輕的物質上浮，形成地殼和地幔；內部的水分汽化後與其他的氣體一起衝向空中，在地球周圍形成氣水合一的圈層；而岩漿中夾帶的水氣則遇冷凝結，使地球表面產生了水。

　　大約在45億年前，地球完成了輕重物質分化的過程後，情況逐漸穩定。地殼在地球冷凝的過程中，因遭到衝擊與擠壓而形成凹凸不平的皺褶，有時還會被擠破而形成火山爆發，噴出岩漿與熱氣。經過很長的一段時期，這種情況漸漸減少而趨於穩定。隨著地殼逐漸冷卻，地表褶皺密布，高山、平原、河床、海盆，各種地形一應俱全；然在水氣與大氣共存的天空中，時而濃雲密布，天昏地暗，大氣溫度逐漸降低，水氣凝結成水滴。由於冷卻不均，空氣對流劇烈，造成雷電風雨。當暴雨造成的洪水流過下陷的地表，匯聚成巨大的水體，即形成原始的海洋（見圖8-1）。

凝結作用

海盆

地殼

地幔

地核

圖8-1　海洋的形成

　　海水起初缺氧又帶酸性，經過蒸發，形成雨雲，落回地面。如此

不斷反覆，把陸地和海底岩石中的鹽分溶解於海水中，經過億萬年的累積、融合，才變成鹽度大致均勻的海水。由於當時的大氣中沒有氧氣和臭氧層，紫外線可以直達地面，多虧有海水的保護，低等單細胞生物才能在大約38億年前誕生在海洋中；距今6億年前的古生代，海洋出現藻類，並在陽光下進行光合作用而產生氧氣，又經長期地累積形成了臭氧層；此時，生物開始登上陸地。隨著水量和鹽分逐日增加，以及古陸塊的分裂、漂移，原始海洋逐漸演變成今天的樣貌。其中最古老的是太平洋，其次是距今只有5、6千萬年的大西洋，而印度洋的出現就更晚了。

最初，地球只有一個大洋，稱為泛大洋，面積是現在太平洋的兩倍；也只有一塊大陸，從北極延伸至南極。大約2億年前的侏羅紀時代，古大陸分裂成北半球的北方古陸（勞亞古陸）和南半球的南方古陸（岡瓦納古陸），中間出現一個古地中海（特提斯海），就是現在的地中海和歐洲南部山系、中東的山地，以及黑海、裏海、高加索山脈，一直延伸到中國的喜馬拉雅山系，是一片東西向、與泛大洋相通的海洋；而北美與歐洲之間（現在北大西洋的位置）是一條狹窄、封閉的內海，氣候炎熱，淺淺的海水中沉澱了一些鹽類、石膏。到了1.3億年前，北大西洋從一個狹窄的內海開裂擴大，東部與古地中海相通，西部與古太平洋相通。隨後南方古陸開始分裂、漂移成南美洲與非洲，中間形成海洋，但並未與北大西洋貫通，海水從南面進出，成為非洲與南美洲之間的大海盆；南方古陸的東半部也開始破裂分開，出現了最原始的印度洋。

9千萬年前，大西洋南北表層的海水開始交流，但底部仍有高地阻隔，一直到7千萬年前，南北才完全貫通。此時的大西洋已擴張到幾千公尺寬，深度也達到5千公尺，但遲至5千萬年前才與北冰洋貫通。距今6500萬年前，印度與澳洲、南極大陸逐漸分開，並以每年10公分的速度向北漂移了8千公尺，在產生爪哇海盆後，最終撞上亞洲大陸。而非洲大陸則向北漂移，使古地中海大部分被擠壓升高，成為一系列高

聳的山脈；殘留的海盆則形成現在的地中海、黑海與裏海。由於地球深部至今仍持續運動著，因此，陸地與海洋仍在不斷變化中。

二、海洋文化的發展

　　人類是陸棲動物，文明的發展當然以陸地為主。雖然海洋文化在今日愈來愈受重視，但如不從陸地出發，海洋文化根本沒有發展的可能，但這絕非意味著海洋文化不值一顧；尤其近代交通科技的發展一日千里，海洋不再是限制人類活動的天險，反而成為文明交流的通道。為了與世界接軌，我們必須走向海洋，更有必要從人類過往與海洋互動的過程與經驗中，汲取與海洋相處的智慧。

　　人類發展海洋文化的動機，首在解決生計問題，漁獵因此成為人類繼採集之後最早的生產活動，海洋自然成為定居海岸的人類生活資源的來源，由此而發展的海洋文化，所需要的工具首推漁具、漁法。不管是為了增加生產，或純粹基於好奇心，如要離岸探索，就一定需要船筏和航海技術，於是，漁具、漁法、船舶與航海技術，便成為海洋文化形成的基本條件。

　　本節參考福建社會科學院研究員徐曉望博士〈論古代中國海洋文化在世界史上的地位〉一文的架構，將世界海洋文化分成以下五大系統加以說明：

1. 南太平洋：

　　太平洋是地球上最大的海洋，島嶼超過一千個。根據考古證實，原居玻里尼西亞群島的土著，在四、五千年或更早以前，即憑著優異的航海技術及對季風、洋流的認知，駕駛獨木舟在太平洋周邊地區從事貿易，並移居至遙遠的夏威夷群島、紐西蘭、復活節島等島嶼，甚至到達非洲東邊的馬達加斯加島。這些現今通稱「南島民族」的玻里尼西亞人，雖使用極原始的交通工具，竟能跨洋航行，擴散到廣大的南太平洋地區（見圖8-2），不但建立了當時唯一的區域貿易網，也創造了歷史最悠久、最典型的海洋文化。

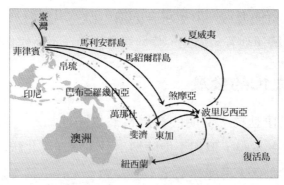

圖8-2　南島語族5200年來遷徙之旅

2.地中海：

　　介於亞、歐、非三大洲之間的地中海，是西方文明的搖籃；各大文明在此相互碰撞、影響，創造了人類史上最輝煌燦爛的海洋文化。其中，埃及以尼羅河流域為腹地、以河口三角洲為航海貿易的集散地，並擁有當時世界上最先進的造船技術和繁榮的造船業，成為古埃及強大貿易船隊和海軍的基礎。尼羅河及沿海廣泛使用先進的雙桅或三桅帆船，並設有專管船舶監造的官職。托勒密王朝首都亞歷山卓是古代世界最大的海港城市和貿易集散地，港口建有一百多公尺高的燈塔，被列為世界第七大奇觀。距今四千五百多年的古王國時期，埃及龐大的艦隊，每船可容納200名受過航海訓練的士兵，艦首所做的加固處理，讓埃及海軍所向披靡，並被後來的希臘、羅馬海軍所仿效。

　　繼埃及之後的腓尼基人，西元前十四、十五世紀左右在地中海東岸發展出以航海和商業為主的文化。在西元前十一～八世紀的全盛時期，腓尼基人在地中海沿岸建立了許多城邦與殖民地，並控制了地中海西部的貿易，以定期船隻往來於北非、希臘和地中海各島嶼間進行貿易，其商船不但曾遠達不列顛群島和法國，甚至在埃及法老王的支持下，於西元前600年前後組成40艘船舶的艦隊，以三年時間完成探索非洲海岸的壯舉。腓尼基人也是優秀的軍事家，曾為了爭奪航線利益，與地中海其他族群發生過多次海戰；而腓尼基人所創的字母（見

圖8-3），更是希伯來、拉丁、希臘和阿拉伯字母的來源。由於沒有類似近代的國家組織，加上往來經商並與他族通婚，因而逐漸失去文化特色而被異族同化，最終被受其影響而發展起來的克里特和雅典文明所取代。今日北非突尼西亞，便是腓尼基最大殖民地迦太基的所在地。

圖8-3　比布魯斯城阿希拉姆墓碑上的古腓尼基字母

　　位於地中海東部的克里特島，是古代愛琴海文明的發源地。島上的米諾斯人以從事海外貿易為主，除了向埃及輸出織品，主要的商品還包括錫與銅。除了高度發展的青銅文化，並與陶器、宮殿建築、壁畫、石雕，組成克里特島文明（又稱米諾斯文明）的特色，對日後西方文明的發展影響深遠。克里特島文明的全盛時期在西元前1700年之後的三百年間，至西元前1400年後，由於鐵器日益普及，造成青銅文化的衰落，文明重心逐漸轉移到希臘半島而進入「邁錫尼文明」時期，也就是荷馬史詩與大部分古希臘神話、文學產生的時代。

　　邁錫尼人（希臘人）入侵、占領克里特島後，文明迅速擴張到愛琴海其他的島嶼及小亞細亞（現今土耳其西部瀕臨愛琴海地區）。從現代考古發掘可知，邁錫尼文明遍布整個地中海沿岸，甚至延伸至中歐和不列顛群島，大約西元前1250年前後達到了巔峰。根據《荷馬史詩》的陳述，當時希臘分成若干國家（城邦），各由一個國王統治。

他們從米諾斯文明繼承了航海知識，以槳和奴隸作為船舶的主要動力，發展出繁榮的海上貿易，將希臘製品行銷到各地，並建立精準的商業會計制度。為了保衛領土，各國都在山邊和海岸修築巨石城堡；高度的工藝水準，不但表現在宮殿建築和精美的壁畫，並製作許多加上浮雕的金銀材質工藝品，和以神話、戰爭、動物為主題的陶器和青銅器。

西元前十二世紀末，以海洋與島嶼作為發展舞臺的邁錫尼文明，在內部衝突加劇後，又遭來自近東地區海上民族入侵，逐漸步入衰亡而進入黑暗時代。

3.印度洋：

繼地中海之後，印度也創造了輝煌的海洋文化。三面臨海，有著遼闊的海洋發展空間，並以肥沃的恆河、印度河流域作為腹地，為與海外地區互動提供了有利條件。早在五千年前，印度人已能利用季風航行於亞、非洲之間，且因拓展貿易而建立許多臨海城市，並將佛教文化傳播到東南亞各國。從佛經記載許多航海商人冒險遇難，受佛陀搭救、點化的故事可知，海洋對印度古文明的發展，具有十分重要的地位和深遠的影響。尤其在印度半島最南端素有印度洋「好望角」之稱的科摩林角，是印度洋沿岸地區海洋文化的交會點，不但當地人在此建築守護印度洋的康亞女神廟，流傳到此的中國文化，包括烹飪工具與技術，也受到印度貴族的歡迎。難怪有人說：從中印兩國交往的歷史來看，中國人是從陸地發現印度，而印度人卻是從海洋發現中國的。

除了上述海域，印度洋還包括紅海和波斯灣，由此可通往地中海，構成東西方交流的海上絲路，讓八世紀前後建立了橫跨歐、亞、非三洲，國力盛極一時的阿拉伯帝國商人，絡繹不絕地循海路來到唐、宋時期的中國從事貿易，不但將伊斯蘭文明傳入中國，甚至海上絲路（見圖8-4）的起點——泉州，至今仍有許多定居在此的阿拉伯商人後裔；中國的四大發明，也經由此管道被帶到阿拉伯，再通過地中

海傳播到歐洲各地，對西方文明的發展產生極大的影響。中國的旅行家如元代的汪大淵，曾由泉州出海遠航至印度洋周邊許多國家，所帶回的海外見聞，成爲後來鄭和遠航的知識基礎。可惜古印度人的造船技術相對落後，航海船隻多以蘆葦編成，經不起大風大浪，只能近岸航行，活動空間有限，在中國大型木造帆船問世後，十五世紀初的鄭和率領艦隊七下西洋，便是以印度洋爲主要活動區域；在東南亞及非洲沿岸國家紛紛循海路和明朝進貢的結果，使印度人漸失印度洋的主導地位。十五世紀末，葡萄牙人東來，在擊潰印度船隊後，印度洋便成爲歐洲人的天下。

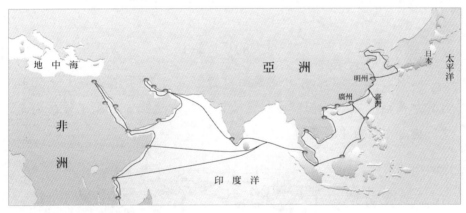

圖8-4　海上絲路示意圖

4. 北大西洋：

　　繼地中海文化而起的北大西洋海洋文化，與海盜文化也有著密切關係，其範圍由北歐斯堪地那維亞半島至冰島、格陵蘭，以至於北美的北大西洋沿岸。當地居民自稱維京人（「Vikings」即含有冒險、掠奪、殺戮之意），當阿拉伯商人在西元八～十一世紀正與中國的唐、宋從事往來密切的貿易時，維京人卻划著「長船」航行於北歐與北美之間的海上，對英格蘭與西歐進行劫掠，並在冰島、格陵蘭、昔德蘭群島、北美的紐芬蘭建立殖民地，最後定居歐洲沿海與河流兩岸，成

為中世紀歐洲所謂的「北蠻人」，不但對英、法等國的歷史進程產生極大影響，甚至成為東羅馬帝國的傭兵部隊而遠征北非。其中一支更渡過波羅的海，控制東歐平原；有些船隊則遠航至裏海，並由此前往兩河流域和阿拉伯人進行貿易。

　　船舶是維京文化極重要的元素。北歐豐富的森林資源，提供充足的造船木料；該地區多變的氣候、洶湧的波濤，更鍛鍊出維京人高明的航海技術和無比的勇氣與毅力。主、客觀條件的配合，讓維京人能駕著「長船」（見圖8-5）自由出沒於海洋與河流，足跡遍及整個歐洲、西亞、北美與北非，逐漸發展出自己的文字和口耳相傳的故事，創造了長達三百年的「維京時代」（A.D.790～1066）。

維京人的「長船」

　　取材於高大的橡樹，頭尾雕有龍頭，亦稱「龍船」，分戰船與貨船兩類。戰船長而窄，輕便靈活，適宜遠征、掠奪；貨船高而寬，適合在大海中載重航行。

圖8-5　製作於十一世紀的「巴約掛毯」上描繪維京人入侵英格蘭的畫面（現存於法國諾曼第巴約聖母主教座堂）

　　維京時代末期，北歐出現獨立王國，並接納了基督教；隨著歐洲各國逐漸強大，依靠海上掠奪而成就霸業的維京文化終於式微，代之而起的是以歐洲人主導的大航海時代。

　　歐洲以葡萄牙人最早於十五世紀末開始探索海洋，隨著中國的指

南針和煉鋼術西傳，歐洲的航海與造船技術得以飛躍成長；尤其指南針經改良爲六分儀，能爲船舶在海上精確定位，加上科學技術和地理知識的快速發展，爲歐洲人開拓全球航線打下堅實的基礎。到十六世紀末，歐洲人已控制了世界大部分海洋。

5. **中國與臺灣：**

　　哲學家黑格爾曾在《歷史哲學》一書中提到：「西方是藍色的海洋文化、東方是土黃色的內陸文化。」然而，從中國的考古成果與近代史來看，不管是遠在七千年前的河姆渡文化，抑或是明代鄭和七下西洋，都證明中國在古代也曾創造輝煌的海洋文化。根據文獻記載，大約西元470年前後的春秋時代，越王句踐即從長江口航行到山東半島，並在瑯琊建立與中原交往的據點。此一沿岸航行的活動至少延續到戰國（B.C.402～B.C.221）中期，可說是中國航海術的形成期。秦始皇派遣徐福赴海外尋訪長生藥也從瑯琊出發，更確定了山東半島及江蘇北部沿海是中國海洋文化的發源地，並與渤海、黃海、東海、朝鮮及日本，形成東北亞海洋文化圈。而越人與世居此地的東夷人，則自然成爲華夏民族中掌握海洋技術最爲熟練的兩個族群。

　　西元前229年，秦始皇發兵征服嶺南，大量中原人開始移居珠江三角洲，秦將趙佗更以越人爲主體建立了「南越國」。後來，南越國被漢武帝所滅，大批逃亡的越族人憑藉其對水性的了解，開始以船爲家，以航海爲業，成爲至今仍存在於浙江、福建、兩廣與海南島沿海的「疍家」。他們不但擁有精湛的航海技能，更開發出高度的造船技術；而中國海洋文化的重心，也隨著秦、漢對嶺南和中南半島的經略而擴展到中國南方。尤其海上絲路開通後，中國東南沿海城市多成爲對外通商港口，不但有外國人聚居的社區，更與南海周邊包括臺灣、馬來半島與群島、印尼、菲律賓等地，共同構成海上交通便捷、貿易繁榮的東南亞海洋文化圈，並經麻六甲海峽，與印度洋文明接觸、交流。

　　唐、宋時期，漢人運用南方盛產的木材，結合宮殿建築和鋼鐵

鑄造技術，建造出載重百噸以上、多桅多層的大型木製帆船（見圖8-7），成為各國商人使用海上交通工具的最佳選擇；加上由指南針改良而成的羅盤被用於航海，以及水密艙的發明，不但使中國的造船技術領先世界，遠洋航行也成為理所當然的發展。十五世紀上半葉，鄭和率領龐大艦隊七下西洋，創造了中國海洋文化的巔峰（見圖8-6）。可惜此一壯舉耗費太大，引發明朝施政路線的分歧與爭議；又因沿海居民勾結倭寇為亂，為了防堵而全面實施海禁。自此，中國由官方主導的海洋活動幾乎完全停頓，使宋元以來繁榮的海上交通與國際貿易遭到封殺，也嚴重影響閩南地區百姓的生計，迫使他們自力向海外發展，甚至結合成足以與朝廷抗衡的武裝力量。孤懸於亞洲大陸之外的臺灣，正是在此歷史背景下，成為閩、粵沿海居民外移拓殖的新天地。

圖8-6　鄭和下西洋路線圖

　　考古證據顯示，臺灣在距今五到一萬年的舊石器時代已有人類居住；新石器時代（始於西元前5000年）以來的史前文化，則是南島語系民族的遺留。臺灣以「海洋十字路口」的優越地理位置，成為玻里尼西亞人漁撈與移民的中繼站，因而留下不少文化遺蹟；甚至有些族群在十三世紀前就已定居島上，成為今日所謂的「原住民」。臺

灣雖在一千七百多年前被以「夷州」之名被寫入《三國志・吳書・孫權傳》（按：此說雖有爭議，但獲得大多數學者的認同）；並在西元1544年被路過的葡萄牙水手稱呼爲「福爾摩莎」（Formosa，意爲「美麗之島」）；但直到西元1642年被荷蘭人占據作爲補給轉運站，並大量輸出鹿皮、蔗糖、茶葉，臺灣才眞正被國際所知。

近四百年來，以國際貿易起家的臺灣，除了原有的南島民族文化，和閩南一帶居民突破明代以來的海禁，以臺灣作爲國際轉口貿易的據點或移民海外的中繼站，更歷經荷蘭人（1624～1662）、西班牙人（1626～1642）的占領，明鄭、滿清、日本的統治，以至於中華民國的治理。在此曲折的歷史形成期間，除了沿續、擴大國際貿易的基調與格局，更將曾在臺灣活動的各民族文化融冶於一爐，爲臺灣的近代史型塑出豐富深厚、多彩多姿的海洋文化，成爲今日臺灣生存發展的基礎。

唐山過臺灣

中國大陸東南沿海多丘陵，尤其閩、粵兩省可耕地只占全境約15%，因此，從宋代起，就有不少平民基於生計的考量，遠赴海外經商，或出海捕魚。

十五世紀初，明朝廷爲防倭寇騷擾沿海地區而實施「海禁」，嚴禁百姓從事海外貿易與出海捕魚，直到1567年才由明穆宗下令廢除禁海令。海禁期間，少數沿海居民基於經濟誘因而冒險突破封鎖，進行海上走私與非法捕魚。而孤懸海上、距離福建最近處只有180公里的臺灣，便成爲官方嚴禁之海上活動的中繼站和冒險家樂園；即使荷蘭殖民期間（AD.1624～1662），仍有大批漢人乘坐戎克船（木造平底帆船），冒險渡過「黑水溝」（沿岸流）來到臺灣（見圖8-7），以捕魚、農耕、貿易與打獵爲生。根據荷蘭官方紀錄，在鄭成功發兵攻臺的1661年，僅在被原住民稱爲「大員」的

臺南安平地區，即已形成一個「除婦孺外，擁有兩萬五千名壯丁的（漢人）殖民區」。

滿清入關（1644年）後，閩粵地區有大批不願受滿清政權統治的明朝遺民，追隨以「反清復明」爲號召的鄭家軍來臺定居。清廷爲孤立臺灣的明鄭政權，對東南沿海下達比明朝更嚴苛的「遷海令」，規定沿海居民焚毀家園，向內陸遷居50里。直到1683年明鄭覆亡，康熙帝接受施琅建議，將臺灣正式納入版圖；但基於治安的考量，仍頒布「渡臺禁令」：1.需在原籍地申請許可證；2.不可攜帶家眷；3.不准廣東人來臺。由於限制嚴苛，加上不敵民間傳說「臺灣好賺吃（謀生容易）」的誘惑，於是偷渡盛行，以致衍生許多悲劇：有人在風浪中喪生，有的遭「客頭」（專營載運偷渡客生意的人）陷害而冤死；即便能幸運登岸，也面臨水土不服、先來者的排擠或與原住民發生衝突而客死異鄉。爲了能平安抵臺，偷渡者都會在行前生死未卜的心境下，向媽祖乞求護生香火袋，或在船上安奉媽祖神像，祈求天后保佑能順利抵臺，形成開臺初期特殊的宗教文化。從當時流行於東南沿海如「六死三留一回頭」、「唐山過臺灣，心頭結規丸（糾結在一起）」等俗諺，即可以體會移民的辛酸血淚。

早期臺灣的移民社會，因爲男女人口失衡，社會充斥無法享受家庭溫暖的「羅漢腳」（原指因無家可歸，夜晚睡臥在廟宇羅漢塑像下的單身漢），經常引發社會衝突；而地域觀念與資源爭奪所引發的族群「械鬥」，往往造成大量傷亡。移民也因先來後到，形成聚落分布的特徵及不同的地域文化，如福建移民較早，人數也較多（約85%），大部分定居於平原地帶，以泉、漳兩地人爲多，而各在沿海與內陸形成聚落；以客家人爲主的廣東人，因來臺較晚，多居住在丘陵或山區邊緣。

由於偷渡風氣日盛，清廷在禁不勝禁，大勢所趨的背景下，終

於1875年全面開放。此時，西部沿岸及東北角的宜蘭，已遍布來臺拓殖的漢人了。

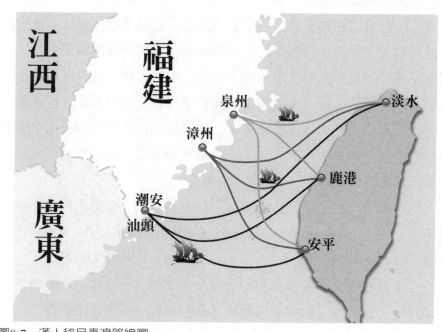

圖8-7　漢人移民臺灣路線圖

第二節　海洋文化資產與水下考古

　　哲學家黑格爾在西元1837年初版的名著《歷史哲學》一書中論述海洋文化：「接受海洋原則所引領的文化，是一種自由開放的文化，因此，當它面對異質文化時，不會因其與原來習於接受之生活型態不同而否定異質文化；相反地，海洋文化的特色是兼容並蓄，將異質文化整合為自身的一個環節。」這段話透徹點出海洋文化不同於陸上保守、安定的文化特性，而是具備了開放性、包容性、拓展性、積極性、冒險性與原創性。因此，以海洋自我定位的國家，往往呈現出進取、開拓、趨利的特質，並為原有的文化增添了多樣性，這也正是研

究海洋文化的意義所在。

中國海洋大學金曲良教授在他所著《海洋文化概論》（2012年出版）中，為海洋文化作了明確的定義：「緣於海洋而生成的文化，也即人類對海洋本身的認識、利用和因有海洋而創造出來的精神的、行為的、社會的和物質的文明生活內涵。」也就是說，海洋文化的內涵分為物質、精神、行為、社會四個層面。就物質層面而言，凡一切海洋相關的物質存在與產出，都屬物質文明的範疇；精神層面是指人類對海洋的認知、感受所衍生出來的意識型態、風俗習慣、哲學與宗教，以及對待、利用海洋的態度；行為層面是指人類在海洋的空間所進行的一切活動與生產的方式；就社會層面而言，則人類為因應海洋環境所制定的組織形式、典章制度皆屬之。

聯合國教科文組織於1972年11月19日通過的「保護世界文化與自然遺產公約（Convention Concerning the Protection of the World Cultural and Natural Heritage）」；另外，2001年UNESCO也通過了一個新的「保護水下文下遺產公約」，為文化資產（或文化遺產）所下的定義為：「人類在文明發展與歷史演進的過程中，所付諸的創造力、想像力、智慧與勞動結晶的總稱。」並將文化資產分為有形（物質性）與無形（非物質性）兩大類。我國於1982年公布實施、2011年11月9日修正的「文化資產保存法」對文化資產的界定為：「具有歷史、文化、藝術、科學等價值，並經指定或登錄者。」以此類推，如果是人類為因應海洋環境，在與海洋互動的過程中所創造出來符合以上定義的文明，即可認為是「海洋文化資產」。然而，隨著海洋探測科技的日新月異，二次大戰之後，水下考古研究風氣日益興盛，尤其是沉船的發現與打撈出水的文物，更豐富了海洋文化資產的內涵。

以世界之大、人類歷史之悠久、海洋範圍之遼闊，人類所創造、並遺留至今的海洋文化資產，實無法在本書中一一列舉，只能綜合聯合國教科文組織和我國「文化資產保存法」的分類方式，將陸上及水下的海洋文化資產分類、舉例如下：

一、物質性海洋文化資產

有形的文化資產即傳統意義（狹義）上的文化資產，行政院依文化部文化資產局的分類，有以下四種：

1.古蹟、歷史建築、聚落：

從歷史進程來看，人類採用漁獵的生產方式早於農耕，尤其對濱海居民而言，海洋無疑是生活資源的重要來源之一。為了提高漁撈的生產力，人類在必須團結合作的前提下結廬聚居，形成濱海聚落，是為漁村的雛形。以臺灣為例，早在漢人入臺墾殖之前，已有大陸沿海居民在臺灣與大陸之間的水域從事漁業生產，並在臺灣沿岸營建可短期避風、休整的簡陋屋舍。在荷蘭人、西班牙人退出臺灣，漢人隨鄭成功的軍隊大量移民來臺，原有的濱海聚落快速發展為漁村。至今全臺225個漁港周圍的漁村中，不乏百年以上的建築，雖無法與國家指定的一、二級古蹟相提並論，但可讓後代據以了解先民渡海來臺從事漁業生產的歷程，亦有其一定的保存價值。

海洋是地球上最變化多端的地理形態，海岸居民與渡海移民對海洋的凶險體會最深。在人力無法與海洋相抗的情況下，轉而尋求超自然力的庇護，也是理所當然，因而形成的宗教現象，將在後文詳述；而因宗教所興建的廟宇、教堂、神社，也成為濱海地區的文化性建築，如全臺六百餘座媽祖廟，有一半以上接近海岸，有些甚至已有三百年以上的悠久歷史，成為研究臺灣早期歷史不可或缺的文物史料。又如地中海沿岸，至今仍矗立若干建造於希臘城邦時代的海神廟，成為研究古建築與宗教的重要古蹟，以及觀光旅遊名勝，有些更被聯合國指定為人類文化遺產。

海洋也是敵人入侵的管道，為了抵禦外侮，或入侵者為了固守占領的土地，往往在面海地勢較高處興建堅固的防禦設施，如散布在基隆周邊丘陵、興建於列強入侵與殖民時期的許多砲臺（見圖8-8），或淡水的「紅毛城」，都可見證臺灣被外來勢力入侵與抵禦外侮的歷史過程。

圖8-8　基隆二沙灣砲臺「海門天險」（圖片來源：基隆市文化局）

2. 遺址：

　　人類過去生活所遺留下來的舊址，其中保存了人類所創造的各種文化，如處理食物、製造工具的地點、遺物，就像一部凍結在時空中的史書，卻是現今考古學研究的最小空間單位。它的範圍可以從面積幾平方公尺到幾十平方公里的城市，卻因部分位於現代人煙稠密的地區，經常被各種力量所破壞或遷移。因此，只要是未被破壞或移走的遺物發現地點，皆可稱為遺址。

　　考古學家在發掘文化遺址時，經常發現不同時代文化遺留的堆積，也就是離現代較近的文化層底下還有更早時期的文化遺留。因此，藉由文化遺址的發掘，可以研究人類所創造的文化及過去的生活方式，其成果往往可以填補歷史的空白，如在臺北市士林區芝山岩發現的長濱文化遺址，根據宋文薰教授的研究，是距今至少六千年的舊石器時代遺址。從挖掘到的海洋生物外殼及工具可斷定，臺北盆地原為一海灣，芝山岩則是海灣中的孤島；當時生活在遺址上的居民，仍以漁獵為生。

　　又如位於臺灣北部淡水河海口交界處的「十三行文化遺址」（見圖8-9），經考古發現：為史前時代晚期距今約2300年至500年、上下兩層重疊的人類生活遺蹟。從挖掘出土的墓葬可知，先後有史前的圓山文化人、平埔族凱達格蘭人和漢人在此生活。而出土的遺物有些來

圖8-9　位於淡水河口南岸的十三行遺址考古現場（圖片來源：臧振華《臺灣考古》）

自臺灣以外地區，可見居住在此的先民已與中國大陸、南洋等地的族群有往來，據此可以推斷十三行應是臺灣北部對外交貿易的重要據點。此一發現，使十三行遺址成爲典型的遺址型海洋文化遺產，對研究臺灣的海洋文化，有其不可取代的重要性。

3. 文化景觀：

依「文化資產保存法」第三條第三款爲文化景觀所下的定義：「指神話、傳說、事蹟、歷史事件、社群生活或儀式行爲所定著之空間及相關聯之環境。」又在本法施行細則第四條中補充說明：「包括神話傳說之場所、歷史文化路徑、宗教景觀、歷史名園、歷史事件場所、農林漁牧景觀、工業地景、交通地景、水利設施、軍事設施及其他人類與自然互動而形成之景觀。」

成功大學建築系傅朝卿教授在〈世界文化遺產最新觀念：文化景觀〉一文中說：「文化景觀一詞指從文化相關觀點，發生過或影響人類歷史的地景。」（傅朝卿，2005）按照哈佛大學文化景觀研究所（Institute for Cultural Landscape Studies）的定義，特別強調「人與自然互動」。當「自然」是指海洋，那麼所謂「海洋文化景觀」必然是歷經人與海洋長期互動，在濱海地區所形成的地景，如至今已有兩百五十年歷史的澎湖吉貝、七美的石滬群（見圖8-10），是一種用

石塊在潮間帶上疊砌而成的堤岸，可在退潮時阻斷洄游魚群的退路，把魚圍困在石堤內，再加以捕撈的陷阱漁法，必須在潮間帶遼闊、風浪強、潮差大，以及石材取得容易的地方才得以發展。全世界只有日本、琉球群島、臺灣，及太平洋的部分珊瑚礁群島有石滬漁業；而澎湖可說是石滬最發達的地方，全縣總數約有580口，其中有88口分布在吉貝嶼四周，無論數目或密度都居全縣之冠；七美鄉的雙心石滬更因其象徵「心心相印」的意涵，多年來深受情侶及遊客喜愛，可說是臺灣海洋文化景觀的代表。

圖8-10　澎湖縣白沙鄉吉貝嶼石滬群（圖片來源：澎湖縣政府教育處，澎湖地景資源網。）

4. 古物：

　　希臘在西元八世紀發展出最古老、也最輝煌燦爛的海洋文明；至西元前146年被併入羅馬帝國而宣告結束。直到十五世紀，義大利興起文藝復興運動，古希臘文化重新受到重視，許多從地中海地區出土的文物被悉心保存，並成為藝術家學習的典範。這些雕像、壁畫、陶器（見圖8-11），也因其歷史悠久而成為當今全球各大博物館爭相收藏的對象。又如近來年逐漸受到重視的海上絲路水下考古，發現許多宋元明清時期的沉船遺骸，證實古代中國海上貿易的興盛；許多被打撈

上岸的貿易瓷，也應證了歷史的記述，成爲極具價值的古物。

圖8-11　古希臘陶瓶

　　臺灣是移民社會，又位於東亞航線的十字路口，不乏在海洋背景下所產生的文物。「文化資產保存法」第6章第63條規定：「古物依其珍貴稀有價值，分爲國寶、重要及一般古物。」依照以上法令的標準，十三行遺址所出土的器物被登記爲「重要古物」應無疑義。又如位於臺南市北區的開基天后宮（登錄爲二級古蹟）所供奉的全臺第一尊媽祖神像（背面刻有「崇禎庚辰年湄洲雕造」文字），因是隨鄭成功艦隊來臺，故俗稱「船仔媽」。以臺灣最普遍的海神信仰而言，雖未被列入法定古物，但仍具有歷史與民俗的價值。

　　人類從事海洋活動，船舶不但是最重要的工具，也反映出社會的工藝水準及航海技術，因此，許多國家對具有歷史意義的船舶用心保存與維護，如芬蘭、挪威等國，將維京人的「長船」改建成博物館船，不但成爲觀光特色，也讓新生代了解祖先的航海成就與立國精神。臺灣早期漁業與對外貿易所使用的「戎克船」，現今幾已絕跡。1955年由六名船員冒險駕駛橫越太平洋到達美國西岸的「自由中國號」，成爲現今唯一可據以一窺中國古代造船與航海技術的船舶實體，更是彌足珍貴的海洋文化資產。

戎克船（junk）

「戎克船」為中式平底帆船的俗稱。據《南州異物志》所載，西元前200年的東漢時期已存在於中國，其特點為平底木造，船帆橫斜，可逆風高速航行，用於載運人、貨或漁撈。經宋、元時期改良，將船舵移至船尾正中，並採用防水隔艙，於十五世紀後大量用

圖8-12　戎克船

於航海，鄭和下西洋所乘坐的，即為大型多層的同類帆船。二十世紀初期，戎克船仍活躍於沿海與東南亞，甚至橫渡太平洋到達北美西岸。Junk名稱的由來，一說是「船」的閩南語或馬來語dgong的發音演變而來；一說是歐美人士初見老舊中式帆船，驚異之餘，以有「廢物」字意的歧視性名稱呼之。

二、非物質性海洋文化資產

聯合國教科文組織對無形文化遺產的定義是：「被各群體、團體、有時為個人視為其文化遺產的各種實踐、表演、表現形式、知識和技能及其有關的工具、實物、工藝品和文化場所。」考量海洋文化的特性，將非物質性海洋文化資產分類、舉例如下：

1.漁撈與食魚文化：

海洋是人類最早的食物來源之一，在捕撈魚、貝、蝦、蟹的過程中，累積了許多經驗與知識，如氣候與魚獲的關係、漁具漁法的運用、漁種特徵與營養等知識，甚或人與水生動植物在互動過程中發生的故事，都是由長期漁撈作業經驗中累積發展而來，成為海洋文化重

要的一環。如臺灣漁民在冬至前後出海捕烏魚、蘭嶼達悟族人於每年2~6月的飛魚季，兩者使用不同的型制的船舶與漁具漁法，以及捕撈上岸後用不同的加工處理與慶祝豐收的方式，充分顯現兩地不同的漁業文化，至今甚至演變成文化儀式，並與觀光休閒結合，成為特色鮮明的非物質性文化資產。

採捕水產既是為了食用，那麼從食材料理到食用方式，也因人、時、地而有所差異。以一向講究飲食文化的華人來說，就發展出煎、煮、炒、炸、蒸、烤、燴……等多種烹調與食用方式，成為華人、甚至世界飲食文化中極重要的部分。

2.語言與傳說：

海洋是開放的空間，透過船筏的運輸，聯結了陸地與島嶼，也產生文化的融合與溝通，其間語言是最重要的工具，這極可能是希臘語文成為西方多種語文之語源的原因。又如臺灣位於全球最大陸地與海洋的交會處，因而成為海洋民族文化交流與傳播的中繼站。在漢人入臺前已有南島民族生息於其間，他們所使用的南島語，保留至今成為研究民族學、語言學與海洋史的重要資料。二十世紀已有多位人類學者發表研究報告，認為「南島語的發源地在臺灣」。而在長期漁撈作業的過程中所發展出的專業術語，也為海洋文化增加了寶貴的內容與資產。

海洋的變化莫測與神祕性，啟發了人類的想像力，這正是希臘神話孕育的背景。希臘神話中的眾多神祇不但擁有「人性」，且與人類多有互動，因而發展出多采多姿的神話傳說，甚至成為西方文學、哲學與心理學的原型。而中華民族最古老的神話大全《山海經》中，也有不少與海洋有關的傳說，除了家喻戶曉的「精衛填海」寓言，有關海上仙山的記載，更促使秦始皇派遣方士出海尋仙藥以求延壽；而民間亦有「八仙過海」與「四海龍王」的傳說。臺灣原住民中的阿美族與蘭嶼達悟族，也因以漁撈為主要生計而產生許多與海洋有關的神話與傳說。

3. 民俗禮儀與節慶

　　民俗起源於人類社會群體生活的需要，在特定的民族、時代和地域中不斷形成、擴大、演變與傳承，成為規範人類行為、語言和心理的基本力量，形之於外的模式或過程即成為禮儀。以漁業來說，人類在數千年的捕撈過程中所累積的經驗，經過歸納而形成的規則，成為漁民在安全與豐收的考量下，不敢違背、逾越的信條，如臺灣漁民有吃魚不可翻面、女姓不可上漁船等習俗。至於新船下水，在西洋要「擲瓶」；在臺灣要放鞭炮、擲包子或麻糬；蘭嶼的達悟族人則要以芋頭覆蓋新落成的獨木舟，並歌詠讚頌及分享祭肉，這些都是極具特色的海洋民俗禮儀。

　　至於節慶，則是在固定或不固定的日期，以特定的主題約定成俗，並世代相傳的一種社會活動。由於節慶往往在群眾聚集的特定時空中，流露集體歡樂的氣氛，演變至今成為觀光休閒的重點項目之一。在臺灣，與海洋相關的民俗節慶，如基隆中元祭在海邊放水燈普渡海上孤魂，表現出臺灣民間澤及鬼魂的博愛精神；又如每三年舉行一次的東港「王船祭」，以在海邊「燒王船」的宗教儀式象徵驅瘟避禍，是臺灣極具代表性的海洋文化之一。

4. 手工藝技能：

　　人類在與海洋互動的過程中，除了獲取生活所需的資源外，基於追求美善的天性，努力提升生產工具的功能、外觀；或在生產活動的餘暇，利用取自海洋的素材，結合個人審美觀念，和既有或自行開發的技術所製作出的成品，如由漁網製作發展而來的編結藝術，或用貝殼鑲嵌技法製造的鏍鈿家具。近年來，「魚拓」和漂流木雕刻工藝日益受到重視；而蘭嶼達悟族人的拼板舟，不但是極具特色的海洋工藝品，甚至成為族群的精神象徵。

5. 宗教信仰

　　以上列舉的海洋文化資產，不論屬於物質與非物質性，都體現人類對海洋的觀點與情感；尤其在面對浩瀚的海洋，察覺、感悟到人類

的渺小，敬畏之餘，往往寄託於超自然力量的庇護與支持，爲海洋宗教提供發展的溫床。因此，不論中西，都在歷史中發展出海神信仰。

西方人心目中的海神，是希臘神話中的波塞頓（羅馬時期被稱爲涅普頓）。祂以雄健陽剛的男性形象，成爲海洋管理者與豐收的象徵，深受水手與漁民的崇拜（見圖8-13）；而在東方，影響最廣、也最具代表性的海神信仰，則以流露母性光輝的媽祖，千餘年來在海上拯救、安慰飽受風浪之苦的眾生。

圖8-13　海神波塞頓雕像

拯溺救難的媽祖

媽祖信仰，起源於臺灣海峽的狂濤巨浪。先民渡海來臺時，一路祈求媽祖保佑平安，而有所謂「下海靠媽祖」的俗諺。其實，媽祖不只是海上的守護神，更是遭遇危險時的救星，治病、禦侮，無不靠她的佑助。

本名林默娘的媽祖，祖籍福建莆田湄洲島。父林惟愨官拜都巡檢。據宋史記載：默娘於北宋建隆元年（西元960年）3月23日傍晚，在春雷聲中誕生。自幼聰穎，甚得父母鍾愛。8歲入私塾，所讀

詩書，過目不忘。10歲即虔信佛道，每日焚香唸經，早晚不懈。13歲時，得道士傳授「玄微祕法」，日夜潛修，進境神速，自此開啓靈通之門，不但能神遊方外、親臨救難，問她吉凶禍福，預言都能應驗；還經常爲人驅邪治病、解厄消災，民眾因此感激愛戴，尊稱她「神姑」、「龍女」。

　　默娘18歲那年的秋天9月，父親和哥哥分別駕船出海。當時正在室內織布的她臉色突變，閉上眼睛趴在織布機上，一手拿梭、一手扶杼，腳踏機軸，好像拼盡全力在掙扎、拉扯。這個景象嚇壞了母親王氏，緊張地拍她的肩把她叫醒。睜開眼睛的默娘，此時跺腳大哭：「父親得救了，哥哥卻墜海死了！」不久，果然有人來報：林父遇到狂風大浪，幾次差點翻船，但似乎有人穩住船的重心，不致翻覆，還慢慢靠近兒子的船。當兩船相會時，林父卻發現默娘哥哥的船已翻覆。原來，默娘閉著眼睛趴在織布機上時，腳踏的正是父親的船，手裡抓的是哥哥的舵；母親把她叫醒時，梭子落地，哥哥的船舵因此被大浪折斷。父親脫險回家後，傷心的默娘和家人由熱心的村民陪同，一道駕船出海尋找哥哥的遺體。這時，成群的水族聚集海面，護送遺體出水，眾人連忙打撈上船，順利返航。

　　默娘20歲時，莆田大旱數月，人畜死亡不計其數，地方官聽聞默娘神力，前來請她禱天祈雨，庶民因此得救。26歲時，春雨不停，作物和民房都被洪水沖毀流失，人們無居無食，苦不堪言。慈悲的默娘告訴請她施救的地方官：「上天要懲罰諸惡，所以降下災禍，就由我來代替萬民謝罪，求天原諒。」隨即焚香燒符、對天默禱，頃刻間，一陣狂風掃除烏雲，天空竟然放晴！

　　宋太宗雍熙四年（A.D.987），默娘28歲。重陽節前一天，她稟告父母：「我想遠離塵俗，先和你們告別。」次日早上，默娘一如往常，焚香誦經後，往湄峰最高處行去，一路如履平地。忽然，濃雲簇擁，默娘乘雲駕風，在湄洲人仰望驚歎中飛升而去。

此後，默娘經常顯靈，鄉親們常看到她出現在山邊水涯，或盤坐在彩雲之間，或身穿紅衣穿梭在驚濤駭浪中拯救漁舟商船；出海船隻若遇到海象惡劣，只要呼喊聖名，媽祖便會立刻馳援。於是鄉人尊稱她為「媽祖」，並建廟奉祀，獲得民眾的愛戴與膜拜。

中、西海神的對比形象，正足以顯示文化的差異。尤其「媽祖」信仰，對海洋移民社會的臺灣，其普及和深入的程度，不但影響了民眾生活，更豐富了文化內涵。每年農曆三月媽祖誕辰前後，神像鑾轎出巡、遶境的宗教活動，每每吸引百萬信眾參與、追隨，進香隊伍綿延數里，所過之處萬人空巷，成為海洋節慶的奇特現象，甚至入選世界三大宗教盛事之一，並於2009年正式列入「人類非物質文化遺產」名錄，成為臺灣最具代表性的海洋文化資產。

三、水下考古

1.定義

人類歷史上由於地震、火山爆發、海嘯等自然災變，導致位於海岸的文明成就沒入水中；而在歷史悠久的航線下，也往往積澱著大量海難所造成的沉船與文物。水下考古就是以這些水下文化遺產作為勘測、調查、發掘和研究的對象，並運用考古學的觀點和方法，研究古人的海上活動，包括造船與航海的技術、海上交通和貿易狀況，以及歷代國際關係的發展等；有些從水下發掘出的文物，還能和陸地考古的發現相互應證，有助於對文明發展的全盤了解。

2.內涵與價值

水下考古和尋找沉船寶藏不可混為一談；事實上，它是一門很嚴肅的學問，除了要運用考古學的概念和方法，結合海洋科技和保存科學，藉由沒入水下的船舶、文物和遺蹟，研究人類的物質遺留，從中了解其文化和活動。就技術面而言，水下考古比陸上更困難，科技

性的要求更高，其作業過程包括蒐集水下文物、研究歷史檔案、調查水域資料、水下文物定位和範圍探測、規劃和發掘；測量、攝影和記錄，以及文物出水後的處理、分析、研究和保存維護，步驟相當繁複，需要經驗豐富和訓練精良之考古、海洋科技，以及文物研究和維護等各方面的專家密切合作。

從學術觀點來看，一艘古代沉船的價值不僅止於其裝載的財物，船舶的形體、結構，以及所在位置和環境，都是「封存」在水底的史料，可提供有關沉船當時之航海、造船、貿易、工藝技術、農工產品，以及歷史事件、社會生活等方面的寶貴資料。除了對人類歷史和文化研究的非凡意義，也具有觀光休閒的價值。經過考古出水的沉船、文物和遺蹟等，經常是博物館最熱門的展品和國家極重要的文化資產。

3. 發展

雖然幾世紀以前，人類即已嘗試用各種方法打撈或潛水找尋古代沉船或文物；但直到1950年代，因潛水和探測技術的進步，使水下考古有了突破性的發展。第一次世界大戰期間，因應戰爭需求而發明的聲納裝置，使水下發掘工作更為便利而日趨頻繁，才有「水下考古學」的名目首度出現於法國，並成為考古學的分支及歷史科學的新興學門。1956年，瑞典海洋歷史博物館首先將水下考古列為經常性活動；1960年代，美國考古學家巴斯對土耳其格里東雅角海域之拜占庭時期的沉船遺址，進行考古學的調查和發掘，是為水下考古學發展的里程碑。2007年，中國大陸打撈「南海一號」沉船出水，創下整體打撈古沉船成功的全球首例，也使中國水下考古成就達到世界級水準。

南海一號

南海一號是1987年發現於廣東陽江海域的泉州型木造帆船，也是目前發現最大的南宋船舶。船頭呈尖型，全長30.4公尺、寬9.8公尺、高4公尺（不包括桅杆），排水量約600噸、載重約800噸，沉沒於

圖8-14　南海一號

水中已有八、九百年，出水時船體保存完好，木質堅硬如新。從已打撈出的四千餘件高品質的金、銀、銅、鐵、瓷器及上萬枚錢幣推斷，應是一艘航行於海上絲路，來往於中國與東南亞、印度和中東地區之間從事國際貿易的商船。因此，該船的出水，將可為研究海上絲路的歷史，以及中國的航海史、船舶史、交通史、陶瓷史、錢幣史、工藝史等學術領域，提供實物資料。

由於水下文物屬於人類文化遺產，在開發與保存過程中往往涉及屬性、歸屬與利益衝突等的問題。有鑑於此，聯合國教科文組織首先於2001年31屆大會中通過「水下文化遺產保護公約（Convention on the Protection of Underwater Culture）」，目的在於「確保和加強對水下文化遺產的保護」並明確定義：「至少一百年以來，周期性或連續性地、部分或全部位於水下，具有文化、歷史或考古價值之所有人類生存的遺蹟，如遺址、建築、工藝品、人的遺骸、船隻、飛行器，及其有考古價值的環境和自然環境等。」考慮到對水下文化遺產進行科學的勘測、挖掘和保護，必須擁有高度的專業知識和先進的技術設備，該組織在〈公約〉中特別建議締約國開展合作，其內容重點包括：

⑴締約國有義務保護水下文化遺產。

⑵水下文化遺產優先選擇原地（海底深處）保護。

⑶禁止基於商業目的之開發活動。

⑷加強國際合作、培訓和資訊共享，以增強民眾對水下考古的了解。

該〈公約〉於2009年1月正式生效，目前共有九十餘國簽署。以1912年4月14日沉沒於北大西洋的鐵達尼號殘骸爲例，依此〈公約〉的規定，該船遺骸已於2012年4月14日正式成爲「水下文化遺產」。

目前世界各地的水下考古學術活動正方興未艾，許多著名大學紛紛成立相關系所，以培育該領域的專業人才，如美國的東卡羅萊納大學、佛羅里達州立大學、印地安那大學、德州農工大學……等；英國有布里斯托、聖安德魯、南漢普頓等大學；澳洲有北昆士蘭的詹姆斯·庫克大學；北歐瑞典則有南斯德哥爾摩大學；中國大陸的廈門大學人類學研究所已成爲中國水下考古的重鎮。至於具有水下考古世界頂尖水準的法國水下考古研究中心，已與義大利、埃及、巴基斯坦等國建立了合作夥伴關係，該國尚有海洋開發研究所（Institute of Francais de Recherches pour l'Exploitation des Mers, IFREMER）等水下考古與維護單位；英國有水下考古學會（Nautical Archaeology Society, NAS）；澳洲有海事考古研究所（Australian Institute for Maritime Archaeology, AIMA）。亞洲地區包括日本、韓國、印度，都有相當知名的水下考古研究機構。

4. 臺灣水下考古的現狀與展望

臺灣位於亞洲大陸棚邊緣，曾與大陸相連，冰河期結束後海水上升，形成現今的臺灣海峽，海水所淹沒的區域遺留許多陸地時代的人類活動遺蹟。若以地理位置而言，臺灣海峽自古即是東亞主要航道，因地形、氣候等自然環境十分複雜，大部分時間都有大風巨浪，海難因而時有所聞，至今，水下應埋藏著大量沉船。根據可靠文獻記載，有清一朝在澎湖海域沉沒的各類船舶就有百艘之多！可見臺灣海峽所蘊藏的水下文物難以估計，猶如館藏豐富的水下博物館，更是極具潛力的水下考古樂園，不但可爲學術研究提供材料與證據；並可對海峽

兩岸之交通史、文化史⋯⋯，提供關鍵性的解答。

2007年，法國水下考古界應我國政府邀請，合作進行澎湖一處水下遺址的鑑定；若干民間的潛水愛好者與博物館界人士則組織了「中華水下考古學會」。上述發展說明了水下考古在臺灣已有好的開端，日後應努力的方向是促成政府與文化單位的重視與支持，並訂定專屬法令，或修訂現有的「文化資產保護法」，或加列專章以規範水下考古活動，並將所發掘的水下文物作有系統的研究、展陳，才能喚起國人對水下文化資產的重視，從而認識其對人類文明發展的意義，讓水下考古這個新興學門能健全地發展。

第三節　海洋文學與藝術

海洋的存在，對人類具有多重意義，物質層面不再贅言；從精神而言，海洋以其遼闊的幅員提供人類舒放身心和冒險犯難的場所。它的包容，啓迪了生命的智慧；它那神祕莫測、變幻無常的環境，是試鍊、觀察人性最好的舞臺，也爲藝文創作提供了豐富素材。藝術家憑藉對海洋的觀察與體驗，或書寫成血淚交織的生命故事；或彩繪、雕塑海洋豐富的變貌及其與人類互動的場景；或將心靈對海洋的感受譜成壯闊、生動的樂章，不但記錄了亙古以來人類與海洋的愛恨糾葛，更豐富了精神文明的內涵。本節將從文學和藝術的角度，探討海洋對提升人類精神文明所作的貢獻。

一、海洋文學

海洋文學是海洋文化極重要的部分，舉凡以海洋或與海洋有關的生態、活動等爲題材的作品皆屬之。一篇成功的海洋文學作品，應該具備以下四個要素：1.正確的海洋認知；2.豐富的海洋情懷；3.深刻的海洋觀察；4.切身的海洋體驗。至於表現的手法並無固定的形式，詩

歌、散文、小說、戲劇等，只要能充分表現上述內涵，皆可納入海洋文學的範圍。

　　海洋文學的鼻祖，非荷馬莫屬。一部《奧德賽》，將希臘名王奧德修斯在特洛伊戰役勝利歸鄉途中的海上冒險之旅，寫成氣魄雄渾、充滿人性挑戰與試煉的英雄詩史。荷馬以後到十六世紀以前，除了北歐維京人的神話故事，海洋並不是西方文學主要探索的對象，這是因為中世紀歐洲，神權主導了一切。這是因為在這段文藝復興前的黑暗時期，既缺少正確的宇宙觀，航海技術也不發達的緣故。至於東方的海洋文學則是萌芽於中國的《山海經》中「精衛填海」的故事，表現的是人與自然抗爭的悲壯行為；《列子‧湯問篇》中也將《山海經》另一則與海洋相關的描述作如下的引申：「渤海之東不知其幾億里有大壑焉，實惟無底之谷，其下無底，名曰歸墟……」文中的「歸墟」傳說是眾水匯聚的海底深谷，是匯通宇宙大地的心臟，其神奇之處是谷中之水從未有絲毫增減。先民對於神祕海洋的解釋，由於無法得到科學實證，只能停留在神話層次。真正可列入海洋文學範疇的古典文學作品，最早應是《莊子‧秋水篇》和曹操〈觀滄海〉詩。前者以寓言手法，藉河伯與海若（神）的對話，描述海洋的浩瀚無涯，同時進行空間大小、時間長短的哲學思辨；後者是東漢建安十二年（A.D.207）曹操在消滅宿敵袁紹殘部，凱旋班師途中，登上渤海之濱的碣石山眺望大海時所作。詩中描繪河山的雄偉壯麗，字裡行間流露豪情霸氣，可算是古典文學中最早、最知名的海洋詩作。除了上述中國古典文學中與海洋相關的作品，東方尚有九世紀後流傳於阿拉伯世界的《一千零一夜》（天方夜譚）故事集中，水手辛巴達的航海傳奇。然而，文中光怪陸離的故事情節，固然充滿了想像力；但顯然離現實太遠，只能當童話來讀。

曹操〈觀滄海〉詩

　　東臨碣石，以觀滄海。水何澹澹，山島竦峙。樹木叢生，百草豐茂。秋風蕭瑟，洪波湧起。日月之行，若出其中。星漢燦爛，若出其裡。幸甚至哉，歌以詠志。

　　十五世紀末，風起雲湧的文藝復興促成人性的覺醒；地理大發現更帶動浪漫主義思潮。在大航海時代殖民政策推波助瀾下，冒險犯難和異國情調，儼然成為歐洲人追求的風尚。這時期所產生的詩歌、小說，有不少是記錄海外探險和拓殖過程中的見聞，歸納起來約略可分三類：1.描述海上冒險的傳奇故事；2.海上謀生的過程及所衍生出悲歡離合的寫實作品；3.勇於接受大海挑戰與試鍊的勵志之作。如被不少國家指定為青少年必讀的《魯賓遜飄流記》和《金銀島》，可算是第一類作品的代表。

　　《金銀島》作者羅伯路易斯‧史蒂文生，本著他從小對海洋極大的興趣和熱情，以「尋寶」主題塑造了勇敢少年吉姆與海盜的鬥智情節，表現出克服困難的智慧和人性的善良。本書於1883年一發表就大受歡迎，應歸因於十七世紀以降，歐洲人冒險航海的動機極大部分是出於財富的誘惑；但法國小說家凡納爾於1873年在其所作的海洋幻想小說《海底兩萬里》中虛構了一艘「鸚鵡螺號」潛艦。該書出版近半世紀後，果真由美國建造出同名的「鸚鵡螺號」核子動力潛艇。

《魯賓遜漂流記（*Robinson Crusoe*）》

　　作者丹尼爾‧狄福（Daniel Defoe, 1660～1731）結合寫實和勵志的元素，藉流落荒島二十八年的魯賓遜所可能遭遇到的種種困境，探討人類在獨自面對大自然的挑戰時，所能承受的壓力和潛能發揮的極限。這本根據一名水手真實遭遇改寫成的名著，絕非單純的冒險傳奇，誠如作者藉書中主角魯賓遜之口說出的名言：「在

1884年中法戰爭爆發，當時攻打基隆的法軍中有一名軍官畢爾‧羅逖，曾以法國西北布列塔尼省的漁民生活爲背景，創作了寫實傑作《冰島漁夫》。作者以四個角色的遭遇，代表千萬漁民和家屬，控訴大海帶給他們可悲又無奈的命運；也隱約批判了法國的殖民政策，對本國人民所造成的傷害。作者酷愛旅行，又曾隨軍到過遠東、非洲等地，筆下描繪的海洋奇景和悲天憫人的情懷令人動容。

相較於《冰島漁夫》所流露的柔性關懷，被公認爲美國文學史詩之作，且有「捕鯨業百科全書」美譽的《白鯨記》，就顯得陽剛與壯闊。作者赫爾曼‧梅爾維爾曾在捕鯨船上工作三年，他以意志堅強的亞哈船長追殺白鯨的過程爲經，以捕鯨業的種種爲緯，把自己化身爲捕鯨船上的水手，娓娓道出被大白鯨「莫比敵」咬掉一條腿的亞哈船長，懷著不共戴天的仇恨，率領一群水手鍥而不捨、航遍全球海洋搜尋莫比敵的蹤跡，在人魚激戰三晝夜後，雖用魚叉刺中白鯨，卻被牠撞翻船隻，將全船人一起捲入海底的全部過程。《白鯨記》嚴肅地提醒人類：大海固然會帶來損害與痛苦，難道「仇恨」是唯一的對應之道嗎？

以《老人與海》獲得普立茲獎的厄內斯特‧海明威，就是以「你可以毀滅他，但不能打敗他」的堅強意志，賦予書中人物不朽的生命。書中的老人獨自駕船出海，並眞正釣到他已期盼一生、比他的船還長的馬林魚（旗魚），在幾番掙扎纏鬥後，大魚終被魚叉刺死。老人將牠繫在船邊返航，不料死魚的血腥味引來成群鯊魚，老人再度被迫與群鯊奮戰。當他筋疲力竭地划回岸邊，大魚卻只剩一付被啃蝕殆

海洋事務概論

盡的骨架。這篇寓言式的小說，其實是作者人生觀的體現：「人生的意義不在所得多寡，而在奮鬥的過程。」海明威以本書所揭示之堅毅、不服輸的精神，塑造了二十世紀美國人的形象，也贏得諾貝爾獎的殊榮。

臺灣四面環海，漁源豐富。漢人渡海來臺四百年歷史中，開發、利用海洋生物資源一向不遺餘力；但對海洋的關懷，卻遠不及對經濟利益的重視。二戰以後，文壇出現不少以海洋為題材的作品，如覃子豪、朱學恕、余光中、呂則之、東年、洪素麗、黃春明、王拓的、簡媜等人，都曾以新詩、散文、小說等體裁，表現臺灣人對海洋的豐富情感；尤其以漁人轉型從事文學創作的廖鴻基，將親身從事漁撈作業的體驗，寫成最真實的海洋景致和漁民生活；並把對漁民的同情擴大為對海洋的關懷，寫出一系列包括《討海人》、《鯨生鯨世》、《漂流監獄》、《來自深海》……等海洋文學傑作。與廖鴻基同樣出生於1957年的夏曼‧藍波安，也是值得推薦的另一位本土海洋文學作家。

夏曼‧藍波安

　　漢名施努來的夏曼‧藍波安，是生長在蘭嶼的達悟族人。大學畢業後在臺灣北部打零工、開計程車，直到參加了「反抗核廢料儲存蘭嶼」社會運動後，決定回到蘭嶼，重新面對出生、成長的小島，省思它與海洋宿命式的關係，開始書寫達悟族的獨木舟、飛魚祭、神靈崇拜及海上狩獵等達悟族人與海洋互動所產生的愛恨悲歡，陸續出版了《八代灣的神話》、《冷海情深》、《海浪的記憶》、《黑色翅膀》…等充滿了陽光、海風、汗水、魚腥味和潮汐律動的作品。

檢視以上介紹的海洋文學作品，除了浪漫式的想像之作，大多是以海上謀生和殉難為基調的寫實。生存的本能使分別生息於海域與陸域的生物互相殘殺，往往在逼視生命面臨摧毀的當下，才讓人有較深

刻的感動與反省。二十世紀以來，運輸科技突飛猛進，航海的安全性相對提高了許多，也大大減低海洋對人類生命的威脅。在觀光休閒日益成為重點海洋產業的今日，海上旅遊必將蔚為風尚，這是否意味著海洋文學也到了轉型的關鍵時刻？

二、海洋美術

　　千萬年來，海洋以其浩瀚多變的面貌，時時刻刻衝擊人類的視覺與心靈。月光下的風平浪靜，或狂風暴雨中的驚濤駭浪，都能啟發藝術家的靈感，通過寫實、想像，或兩者交互為用，為人類留下平面、立體造型及音影的藝術創作，也寄託了藝術家對大海的情感或隱喻。這些海洋文明中的精金美玉，如今已為全球各大博物館爭相收藏，或成為歷史名城的景觀地標，依其創作題材，可分神話、生活、海難與海戰等類型，在此各列舉數例，說明海洋對藝術創作的影響和意義：

1. 神話：

　　文藝復興時期的繪畫大師波提且利，根據希臘神話於1485年創作了〈維納斯的誕生〉（見圖8-15），描繪主管愛與美的女神維納斯從愛琴海泡沫中誕生的情景。1512年，文藝復興三傑之一的拉斐爾創作〈凱旋之禮讚〉壁畫，描繪海神駕

圖8-15　波提且利〈維納斯的誕生〉

著貝殼船凱旋榮歸的歡愉場景。基於對海神的敬畏與故事的豐富性，歐洲各大城市的噴泉，多以海神波塞頓的雕像為主題；而位於哥本哈根港口的小美人魚雕像，取材於《安徒生童話》，不但是丹麥最重要的觀光景點，更衍生出各類海洋藝術作品，包括戲劇、舞蹈、繪畫等。

2. 生活：

　　十八世紀英國最著名的浪漫派風景畫家威廉‧透納，可說是將海

洋題材用於創作最多的畫家，如〈海
上漁夫〉（見圖8-16）描繪烏雲密
布、月光慘淡、波濤洶湧的海面，一
艘傾斜小船上的漁夫正與風浪搏鬥，
充分表現人類面對大自然的挑戰，
既渺小又無助的情景。透納同類的名
作尚有〈前進停泊地〉（1802）、
〈加來碼頭〉（1803）、〈霧靄中

圖8-16　威廉‧透納「海上漁夫」

的日出〉（1807）、〈奴隸船〉（1840）等，除以水彩渲染海洋善變
的景致，更深刻表現了海洋與人類互動的種種。

　　十九世紀工業革命後，城市興
起，經濟富裕讓城市居民有餘力到
海濱渡假，開海洋休閒風氣之先；
畫家們也紛紛背起畫架，搭乘蒸氣
火車到各地寫生，創作出許多以海
洋為題材的作品，如印象派大師莫
內的一系列海洋畫作如〈聖阿戴
斯的海濱〉（1867，見圖8-17）、

圖8-17　莫內〈聖阿戴斯的海濱〉

〈綠色波浪〉（1865）、〈日出‧印象〉（1873）等，有「現代藝術
之父」美譽的塞尚創作了〈從埃斯塔克眺望馬賽灣〉的傑作；而寫實
主義大師庫爾貝、浪漫主義畫家弗烈德利赫與海洋畫家布丹等，都留
下許多傳世之作。至於臺灣前輩畫家陳澄波也有相同主題的作品，如
〈普陀山海水浴場〉（1930）、〈上海碼頭〉（1932～33）、〈貓
鼻頭‧濤聲〉（1939）、〈淡水夕陽〉等。當代中國大陸有「海洋畫
派」，標榜結合中西繪畫技法，探討大海壯美寬廣、博大精深的精神
品質。

3. **海難：**

　　由於海洋的不可預測性，使海難在人類航海史上成為不可避免的

宿命。海難發生的當下，人類在掙扎
求生過程中赤裸裸展現的人性，正是
藝術家最感興趣的主題。以這類題材
入畫而不朽作品的，非法國浪漫主
義畫家傑利柯於1819年所作的〈梅
杜莎之筏〉（見圖8-18）莫屬。該作
以1816年的沉船事件為藍本，描繪

圖8-18　傑利柯的〈梅杜莎之筏〉

救生筏上的倖存者經十二天的漂流，被迫吃罹難者屍體維生的慘狀，
同時表達了對時事的諷刺。至於前述的英國海洋畫家透納，也有與海
難相關的名作，如〈運輸船遇難〉（1810）描繪一艘運輸船遭遇海
上大風暴的驚心動魄場景；透納晚年的代表作〈暴風雪中的蒸汽船〉
（1842），以水氣氤氳迷離的氛圍，表現桅杆高聳的蒸汽船在大西洋
暴風雪中飄搖的驚險畫面；另一位德國畫家佛烈德利希以〈希望號遇
難〉（1824）表現大海的浩瀚和生命的無常。這些作品充分流露藝術
家對人類在大自然災難中掙扎的悲憫觀照，為海洋文化增加了深度。

4. 海戰：

　　有別於海難是來自大海的無情，海戰則是人類自行製造的災難。大
航海時代，歐洲的海權強國為爭奪海洋勢力範圍，發動過不少海戰，藝
術家也肩負起保存歷史的任務，以畫
面記錄海戰實況。現今荷蘭阿姆斯特
丹國立博物館收藏了荷蘭畫家范德維
德一系列的海戰油畫，其中最具代表
性的〈海戰之後〉（1660～1670），
精確地描繪荷蘭艦隊在海戰中擄獲英
艦凱旋的場景；又如曾在船上實習過
的印象派名畫家馬內所作的〈基爾號
與阿拉巴馬號海上對決〉（1860，見
圖8-19），描繪停泊在法國港口、分

圖8-19　基爾塞號與阿拉巴馬號海上
　　　　對決

別隸屬於美國南、北方聯盟的戰艦，在包括馬內在內的岸上一萬五千名民眾圍觀下進行殊死決鬥，最後造成阿拉巴馬號沉沒的情景。

三、海洋音樂

音樂是時間的藝術，抽象的特性使它無法像繪畫、雕塑等視覺藝術形式，能明確傳達海洋的意象；只能藉由模擬浪潮、海風的聲音，或運用作曲手法營造海洋或磅礡、或平靜的氣勢與氛圍，啟發聆賞者透過感知與想像去體會海洋的存在，並接受海洋氣質的潛移默化。也有作曲家以戲劇音樂表現海洋上發生的故事，創作交響詩或樂劇。

西洋音樂史上最早的海洋音樂，應是義大利威尼斯樂派巨匠韋瓦第作於1725作品8中三首題為「海上暴風雨」的協奏曲。而最為人所熟知的，是德國浪漫派音樂家孟德爾頌，以〈芬格爾岩洞序曲〉描繪大西洋中斯塔法島上巨大岩洞，在海浪拍打下發出悅耳的回音。俄國大音樂家柴可夫斯基，也在1873年根據莎士比亞劇作譜出交響詩〈暴風雨幻想曲〉，描寫海上狂風巨浪的景象。德國的華格納則以海涅詩作為藍本，創作規模宏大的歌劇〈漂泊的荷蘭人〉，描述一個常年在海上漂流的幽靈船船長，最終尋得真愛而獲得救贖的故事。而俄國作曲家雷姆斯基・科薩可夫，在1884年根據服役海軍二十年的見聞及《一千零一夜》的故事，譜寫成〈天方夜譚組曲〉，其中描述水手辛巴達的海上冒險和船難過程，是非常精采的海洋音樂。熱愛海洋的法國印象樂派大師德布西更直接以「海」為題，創作生平唯一的交響詩，以三個標題樂章捕捉海的動態和水面光影的變化，讓人感受到海洋陰晴不定、詭譎多變的性格，彷彿聽見、看見一幕幕色彩豐富的海洋風景。

至於華人作曲家，除了有限的以漁民生活作為吟詠對象的民歌，似乎較少選擇海洋作為音樂創作主題。以臺灣而言，部分日據時代或二戰前後的通俗歌曲，歌詞縱有涉及海洋的相關內容，也往往流露出殖民統治或政局動亂的時代背景下，生民不得不漂洋過海、生離死別

的悲苦與無奈。較特別的是本土現代作曲家金希文，於1997年爲基隆國際音樂節所作的室內樂〈海的隨想〉，是極少數直接採用臺灣海洋爲創作素材的樂曲。

四、海洋戲劇與電影

歷史上最早的戲劇起源於酒神祭祀的頌歌，及具有城邦文化特色的古希臘悲劇。地理環境深受海洋的影響，使戲劇創作成爲希臘海洋文化的一部分。由於希臘人自古即面對海洋而生活，必須克服海洋的重重阻難才能得到生存和發展。當古希臘人在面對充滿挑戰、茫茫未可知的大海時，難免產生無法掌控自然和命運的畏懼，對人的否定因而成爲希臘悲劇演繹人類苦難的心理基礎；即使劇情未必與海洋有直接相關，但海洋的影響卻是創作最深層的元素。

較早直接以海洋故事用於戲劇創作的名作，應是莎士比亞名劇《暴風雨》。劇中主角米蘭公爵因整日閉門讀書不理國政，不但遭親弟弟篡位，並和女兒一起被放逐到海上而流落荒島。直到米蘭公爵以書中學得的魔法解救島上的精靈，藉其力量呼風喚雨，引來仇人加以懲罰，令其悔悟、認錯，最後皆大歡喜地離開海島回歸米蘭。至於莎翁四大悲劇之一的《奧塞羅》，則以威尼斯的黑人大將軍奧塞羅海戰得勝，並克服海上風暴凱旋歸來作爲開場；本劇後來還被義大利歌劇巨匠威爾第譜寫成歌劇。

由於戲劇演出無可避免受到劇場規模的限制，很難表現海洋浩瀚、動盪的場景，劇目有限是可以理解的。直到二十世紀電影技術發明後，戲劇的藝術型態產生重大突破，不但有許多以記錄海洋生態爲主的紀錄片被攝製出來，以海洋爲背景的故事更被大量搬上大銀幕，如將希臘神話中與海洋冒險或戰爭有關的故事《金羊毛》、《奧德賽》、《特洛伊之戰》等改編成英雄電影之外；前述許多海洋文學名作也相繼被拍成電影，不但創造出可觀的票房，像《海角一樂園》、《藍色珊瑚礁》等以海島與碧海藍天爲背景的電影，更對海洋觀光

休閒活動產生推波助瀾的效果；至於扣人心絃的海戰或海難電影，像《珍珠港》、《海神號》、《鐵達尼號》、《浩劫重生》、《驚濤駭浪》等，也都是影史上的經典之作。

近來由於電腦動畫技術與電影結合，大大提升電影攝製的效果，如得到奧斯卡最佳導演金像獎李安執導的《少年Pi的奇幻漂流》。在可預見的未來，必然會有更多更精采的海洋電影作品出現，除了充分達到娛樂的目的，也將增進現代人對海洋的了解，值得關注與期待。

第四節　海洋教育與全民宣導

臺灣四面環海，擁有豐富的海洋資源；又因居於東亞航線樞紐的戰略位置，十六世紀以來，海上交通繁忙，國際貿易興盛。然而，在近代的海洋拓展史上寫下璀璨篇章的臺灣，卻在明鄭滅亡後，在清朝以陸權思維為基礎的統治之下，限縮了海洋的視野。到了日治時期，臺灣以殖民地角色，雖在海洋教育上得到某種程度的進展，也只是殖民統治者遂行其「大東亞共榮圈」野心的工具。臺灣光復後，在兩岸政治對峙的背景下，基於國防考量，海岸與海洋被定位為軍事重地，導致一般民眾失去親近海洋的機會，繼續在大陸思維的制約下，形成「以陸看海」、「畏水懼海」的心態；加上各級學校教育用以培養國民海洋素質的課程比率太少，以致民眾無法在海洋環繞的環境中建立相對應的海洋意識，無論從哪個角度來看，都令人不可思議。

二十世紀末以來，陸地發展日趨飽和、各項資源面臨衰竭，而運輸與資訊科技的發展一日千里，也正式宣告海洋時代的來臨。放眼臺灣所面臨的處境，無論從國防、經濟、文化等角度來思考，海洋必然是未來發展不可忽視的場域。我政府於2001年公布《海洋白皮書》，自我定位為「海洋國家」，並確立「海洋立國」的發展方向；繼而在2007年公布《海洋政策白皮書》，將「培育海洋人才，深耕海洋科

研」列爲施政重點工作之一，可說切中臺灣發展的需要。然而，政策方向正確固然重要，能否落實則決定於全體國民的觀念與素質能否配合。因此，海洋意識的提振與海洋人才的培育，正是實現「海洋國家」最重要的手段。前者有賴於政府長期對全民的政策宣導，後者必須在教育政策上作適度的配合與調整。

2007年，教育部頒布《海洋教育政策白皮書》，是首度標舉以海洋爲核心的教育政策文書，也是到目前爲止最完備的海洋教育藍圖，旨在透過整體政策的架構，完成我國海洋教育的整合性布局，以導正全民的海洋認知、強化國民的海洋素質，使其在熱愛與珍惜海洋的前提下，善用與保護海洋；並進一步培育優質人才，使其積極投入海洋產業的發展與轉型，以提升我國的競爭力。

爲了達成《海洋教育政策白皮書》所揭示的目標，非經過大破大立的過程，不能使全體國民成爲名副其實的「海洋子民」。此一重大的脫胎換骨工程，也絕非一蹴可及，應從面對目前教育的缺失開始，尋求改善的方向與策略，並按部就班地落實。循此思維，本節整理《海洋教育政策白皮書》內容如下：

一、海洋教育的現況與問題

我國的海洋產業在過往半世紀中雖有長足的發展，也曾創造相當的產值；然而，面對世界各國積極進行海洋資源開發與利用的情勢，提升海洋專業人力素質，以因應激烈的國際競爭，已成爲我國教育革新的當務之急。尤其當前海洋相關產業的發展趨勢，已進入體驗服務及高科技的層次，跨界能力成爲海洋專業人才需求的主流，因此，人才培育的機制也必須因應社會及產業環境的變遷而調整。以此標準檢視我國各級學校海洋教育的缺失，可歸納爲以下數點：

1. 課程與教材：

雖然教育部於2004年訂定「四年教育施政主軸」時，增列推動海洋教育策略，如編撰海洋教育課程教材、提升教師的教學知能和學生

的游泳能力等。然而，現行海洋相關課程設計任由學校自行發展，並多分散融入各學習領域，不但比率偏低；具有海洋概念的內容，在教科書中所占的分量也太少（國小僅2.86%，國中則為4.28%）。

2. 人才培育與產業需求落差太大：

目前的教學活動以書本為主，忽略實用知識及能力的培養；尤其海事院校有朝向高學位及學術方向發展的趨勢，實務實作機制未臻健全；而少子化的趨勢，使海事職校招生缺額愈來愈多，畢業生從事海勤工作的比例太低（1%以下），形成教育投資的浪費；偏重培育傳統海洋人才的教學，實無法滿足新興與向高科技轉型的海洋產業之需求。

3. 研發能力有待提升：

當代海洋產業之發展，已透過產學合作的模式進階至高科技、多元化與綜合化的產業型態。先進國家對海洋資源的開發、利用如能源、礦產、生技等，也已獲致具體成效。反觀我國高等院校雖擁有豐富的研發資源，但在產學合作以創造研發成果的價值方面，仍有很大的努力空間。

二、海洋教育政策的理念與目標

長期忽視海洋教育的結果，使現今的臺灣充其量只能算是「海島國家」，而非海洋國家。《海洋教育政策白皮書》的頒布，正為了扭轉以往「由陸看海」的迷思，並在「海陸平衡」、「知行合一」、「產學攜手」、「資源共享」的海洋教育理念下，提出以下的海洋教育政策目標：

1. 各級教育行政機關因應區域發展需要，訂定海洋教育推動計畫及推動制度，提升人才培育績效，以促進海洋社會、產業及環境保護的發展。

2. 各級學校加強海洋基本知能教育，培育學生具備認識海洋、熱愛海洋、善用海洋、珍惜海洋及海洋國際觀的國民特質。

3. 建立學生家長對海洋的充分了解及正確價值觀，並輔導子弟依性向、興趣，選擇適性的海洋所、系、科及行、職業。
4. 各級海洋校院配合海洋科技及產業發展，創新海洋人才培育制度的內涵。
5. 整合各界的海洋教育資源，合作培育符合業界需求的技術專業人才，提升學生就業率及產業競爭力。

三、海洋基礎教育的建制

為了將教育政策向海洋延伸，教育民眾有能力以海島為立足點，去開發與享用大自然賦予國人豐富寶貴的海洋資源，具體策略如下：

1. 成立海洋教育推動委員會，整合相關資源，建立合作平臺與資料庫。
2. 在高中、職及國中、小課程綱要增列「海洋教育」課題，並適度調整課程與教材比例。
3. 設立海洋課程研發中心，研發各級學校銜接一貫的教材；並成立專家諮詢輔導團，視區域的特性與需要，輔導其發展具有特色的海洋教育。
4. 透過職前與在職進修，強化教師的海洋素養，並將其融入教學能力中。
5. 各教育行政機關依法支援、獎勵各級學校發展具特色的海洋教育；並協調相關部會檢討海事專業證照考用制度，以符合實際的需要。

四、海洋專業人才的培育

當今全球國民所得超過兩萬美元的國家，有80%為臨海國家；四面環海的臺灣，開發海洋資源自然成為促進國家經濟發展的重要策略。海洋產業的蓬勃興盛實為大勢所趨，為國家培養優質的海洋專業

人才，自為當前教育體系的重責大任。至於培育海洋專才的策略如下：

1. 透過多元媒體的宣導，建立社會大眾對海洋志業之正確價值觀，以提高青少年從事海洋產業的意願。
2. 配合海洋科技的發展及海洋國際公約的規範，支援各級學校設立與時俱進的海洋教育學程，編撰融入正確海洋職業價值觀的教材，及辦理海洋職業生涯試探課程活動。
3. 因應海勤及海洋產業的人力需求，鼓勵及輔導海事水產職校與綜合高中轉型、或設立新興的海事科別。
4. 設立銜接高職的二年制海事專校，以培育海洋漁業或海洋運輸之幹部船員，並與相關單位合作，提供實習課程、工作機會、進修措施與核發專業證照。
5. 推動海洋產學合作計畫，鼓勵大專院校師生組成研發團隊，或建立整合性及跨領域之海洋科技研究中心，並補助擴大辦理海事類「最後一哩」課程，強化學生就業能力以服務產業，並提高學生就業機會。

五、全民海洋教育的推展

前瞻未來，我國除了應在教育體制、策略與手段上，依據臺灣的海洋環境特色與國家整體政策目標，作適時、適度的調整外，更要在「海陸並重」的思維下進行全民宣導，呼喚全民轉身面對海洋，才能加速海洋教育的推動與落實。雖然《海洋教育政策白皮書》中對全民宣導的策略與做法著墨不多，但為了導正與普及全民的海洋觀念，並強化與深化海洋教育的成效，在此提出海洋政策全民宣導的具體辦法：

1. 強調海洋相關節日如航海節、漁民節的重要性，擴大辦理慶祝活動，以表揚、獎勵優秀從業人員的活動，提升海事、海勤人員的榮譽感，以及全民對海洋相關產業人員的重視度與參與度。

2. 透過各種媒體向全民詳實解說國家的海洋定位與政策，取得全民的理解、共識與支持，才能使政策的執行事半而功倍。

3. 鼓勵、輔導、補助各類媒體與文教性社團，加強對海洋相關歷史人物與事功進行報導與書寫，並推動、發展海洋文創產業，製作高品質的戲劇、影音作品，使全民對在海上建功立業的英雄人物，在寓教於樂的過程中，不知不覺產生認同與效法的作用。

4. 善用既有的海洋文物，如海洋資源標本、歷史性船舶、航海儀器與紀錄、漁業生產方法與工具、水下考古的成果，由官方或鼓勵民間成立具有展示、研究、教學等多目標的社教機構如博物館，以普及全民對海洋與海洋事務的認知與關切。

5. 善用現有的自然地景與人工海洋設施，如海岸景觀、漁港漁村等，發展海洋觀光產業，鼓勵全民從事海洋休閒活動，讓人民有機會驗證在海洋教育的過程中學得的海洋相關知能，以強化海洋情懷與關懷。

「十年樹木，百年樹人。」由於過去長期忽視海洋的存在，致使我國因海洋教育的落後而削弱了國際競爭力。展望未來，海洋資源的開發利用與海洋環境的維護保育，等同於國力與競爭力。為了充實有形的國力，同時塑造具有海洋特質的精緻文化，必須海洋教育與全民宣導雙管齊下，讓全民在濃郁的海洋氛圍中培養冒險進取、開放包容的海洋性格，才能使我國成為擁有文化美感與文明質感的現代海洋國家。

海洋觀察站

永續利用的海洋資源

2012年3月6日，文建會與法國水下考古研究中心簽訂了「臺法水下考古合作行政協議」。我們樂見政府開始重視海洋文化，不再

以島嶼國家自足；卻仍不免要問：海洋文化資產難道只限沉沒於水下的文物嗎？有沒有仍存活於今日，卻因為長期遭到漠視而瀕危的海洋文化與文物呢？

　　臺灣的對外貿易起源甚早，荷、鄭時期，鹿皮、樟腦、茶葉外銷量曾高居世界第一。明、清時期雖有「遷海」、「海禁」等「關門」政策；但為了討生活，來自大陸東南沿海的移民仍勇於向風浪挑戰，艱辛地在臺灣打下漁業的基礎；後經日本殖民政府有計畫地發展，及光復後國民政府的政策性扶植，終至建立高度發展的漁業文化，甚至躋身公海六大捕魚國之一。但進入二十一世紀以來，國際間長期的過漁、污染，造成海洋資源的耗竭；加上近二十年來，政府把產業發展重心全放在高科技，海洋漁業因而無可避免於沒落的命運。漁船、漁港閒置，漁村經濟凋敝，漁民生計艱難，漁業文化也正快速流失。

　　從產業新陳代謝的角度來看，沒落的海洋漁業或可以養殖漁業來替代；但作為冒險犯難之臺灣精神象徵的漁業文化，一旦消失殆盡，後代子孫將如何體會祖先艱辛創業的海洋精神？難不成也要在日後事倍功半地進行漁業文化的「水下考古」，才能拼湊出曾讓臺灣引以自豪的海洋漁業文化？

　　當然，在海洋自然資源尚未復育成功之前，奢言振興海洋漁業是不切實際的；且文化的問題應用文化的方法來解決。前經建會主委劉憶如在就職時曾提出未來政府應大力發展的七大「黃金產業」，「文創」正列名其中。既然如此，何不透過文創途徑來保存、發揚漁業文化與海洋精神？例如移駁於基隆碧砂漁港供民眾憑弔的「海功號」，是最早到達南極圈的華籍船舶，曾以開發南極漁場為臺灣的遠洋漁業立下汗馬功勞，不但曾被國際媒體大幅報導，並被載入國際漁業、航海及南極探勘史，與獲得世界冠軍的少棒隊並列為二十世紀70年代的「臺灣之光」。又如在1955年橫越太平洋

的戎克船「自由中國號」，如今已成爲唯一見證中華民族傳統航海文化及造船技術的實物。如此難得的素材，可以發揮的文創方式即不止一端，如把精采的海洋故事寫成書、拍攝電影、製作動畫或連環漫畫、改建成博物館船，甚至開發遊戲軟體，設計主題商品……等，都能將漁業、船舶文化滲透到臺灣人的生活與心靈中。

　　有形的海洋資源會隨人類的開發利用而日漸減少、枯竭，唯有文創，能讓海洋文化資源越用越多。正如水下考古的目的，除了還原歷史的原貌，用爲展示、研究之外；更重要的是把現今逐漸凋零的文物與文化善加保存與發揚。千萬別等這些珍貴的文化資產消失之後，再花費更多的代價去考證它曾經存在的事實！

第九章

海洋災害與污染防治

近年來，海洋災害所造成的全球衝擊，逐漸受到重視。2004年南亞大海嘯、2011年日本大地震所引發的海嘯，以及全球氣候變遷所導致的極端氣候（extreme weather），包括強降雨發生機率增加、颱風強度加劇等衝擊，都受到世人的重視；而海洋污染事件也在保育觀念的抬頭下，受到高度關注，包括英國BP石油（British Petroleum）深海鑽油平臺Horizon造成的墨西哥灣漏油事件，以及臺灣周邊海域近年來多起輪船擱淺所造成的油污等現象，都顯示了提高海洋污染處理能量之必要。因此，本章首先說明海洋所面臨的危機、氣候變遷的因應與調適、海洋災害的衝擊與因應，以及海洋污染的形成與防治。

第一節　海洋危機

人類長期與過度使用海洋，使得海洋環境、生物多樣性均面臨諸多危機（Halpern et al., 2008）。尤其二十世紀以來，科技突飛猛進，人類對海洋的衝擊已經不止於沿岸、表層；甚至由於近年來的大規模開發、大量廢棄物，加上全球氣候變遷，已經危及深海生態系（Ramirez-Llodra et al., 2011）。目前海洋面臨的危機包括：

一、全球氣候變遷（global climate change）

由於人類社會工商業快速發展，造成二氧化碳等溫室氣體大量排放的結果，導致全球氣溫上升。此議題從1980年代開始受到關注，聯合國政府間氣候變遷專家小組（Intergovernmental Panel on Climate Change, IPCC）研究指出：全球氣候在2015以及2050年，水溫將分別上升攝氏0.2～0.7及0.7～2.5度，將使海平面上升4～6公分以及8～25公分，並帶來降雨減少、聖嬰現象與南方振盪（ENSO）、熱帶風暴以及沙塵暴等問題（Gitay, Suarez, Watson, & Dokken, 2002; IPCC, 2001; 李及劉，2009）。其中對海洋生態系及人類衝擊最大的案例之一，

爲聖嬰現象導致東太平洋祕魯沿岸水域鯷魚漁場消失，連帶造成以鯷魚爲食的魚類及海鳥死亡的浩劫，嚴重衝擊人類的糧食安全及經濟發展。臺灣澎湖沿海海域於2008年也曾經因爲反聖嬰現象，受到強烈東北季風的影響，低冷的大陸沿岸流入侵，導致大量魚類凍死（李及劉，2009）。

聖嬰現象與南方振盪（ENSO）

「聖嬰」一詞源自西班牙文（英譯Christ Child），意爲上帝之子，是一百多年前南美洲祕魯和厄瓜多漁民用來稱呼發生於聖誕節前後，祕魯附近海域海溫異常偏暖的現象。科學研究顯示：不僅和祕魯附近海溫的變化有關，也和熱帶東太平洋和西太平洋之間海面氣壓的分布有關，就以 El Nino Southern Oscillation（簡稱ENSO）來表示熱帶太平洋大氣和海洋之間的變化，也就是一般所謂的聖嬰現象。

ENSO最容易發生在冬季。當赤道太平洋附近三個月移動平均的海溫指標連續五個月比平均值高0.5℃時，就認定爲暖事件（聖嬰事件）；當三個月移動平均的海溫指標連續五個月比平均值低0.5℃時，就認定爲冷事件（反聖嬰事件）。聖嬰現象對全球各地的氣候都會造成影響，因此，深受各國氣象單位的重視。臺灣雖不在聖嬰事件的主要影響區域，但當強聖嬰事件（即指標超過1.5℃）發生時的冬天，臺灣易出現暖冬，隔年易出現春雨偏多的情形，而颱風生成的位置則有距離臺灣較遠的現象。當強反聖嬰事件（即指標超過-1.5℃）發生時的冬天，臺灣易出現冷冬、隔年易出現冷夏，颱風生成的位置會距臺灣較近。不過，研究顯示，每個聖嬰事件的差異性相當大。

二、海洋酸化（ocean acidification）

　　海洋能夠吸收二氧化碳，扮演地球上氣體平衡的角色。然而，二氧化碳增加的速度越來越多，造成氣候變遷、全球暖化，導致海水的酸度增加，對地球的衝擊不小於氣候變遷。自1751到1994年間，估計海洋表層的酸鹼度已從8.25下降至8.14，相當於增加30%的酸度。此趨勢將使珊瑚礁以及部分浮游生物無法正常累積碳酸鈣骨骼（圖9-1）。模式顯示，此趨勢在2050年便會危及南大洋生態系（Orr et al., 2005），並將衝擊珊瑚礁相關漁業、遊憩業乃至於海岸保護等，對人類造成更多影響（Hoegh-Guldberg et al., 2007）。雖已有部分海洋生物開始對此進行調適（Doney et al., 2009），但仍需積極降低二氧化碳排放量，以減緩海洋酸化所造成的連鎖反應。

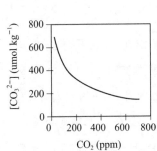

$$CO_2 + H_2O \Rightarrow HCO_3^- + H^+$$
$$H^+ + CO_3^{2-} \Rightarrow HCO_3^-$$
$$CaCO_3 \Rightarrow Ca^{2+} + CO_3^{2-}$$
(coral)

圖9-1　二氧化碳排放對珊瑚礁造成衝擊之機制
圖片說明：由於人類排放過多二氧化碳至空氣中，與海水結合分解成為HCO_3^-與氫離
　　　　　子，其中氫離子再與CO_3^{2-}結合成為HCO_3^-，因為需要CO_3^{2-}，所以使得珊
　　　　　瑚礁因缺乏足夠的CO_3^{2-}而無法成礁。
參考資料：Hoegh-Guldberg et al., 2007.

三、海洋污染（marine pollution）

　　「海洋污染」係指經由人類直接或間接排入物質或能量進入海洋環境，進而危害海洋生物資源，以致不得不降低海域活動、漁撈行為

及海上娛樂等。海洋污染物質可包括油污（petroleum）、污水（sewage）、污泥（sludge）、化學物質（如DDT與PCBs）、水銀（mercury）、海洋垃圾（marine debris）以及外來物種（introduced species）等，對於海洋生態系有不同形式的衝擊，並可能經由生物累積的過程影響到人類。

以海洋垃圾爲例，除了海上的商船、漁船、遊艇、鑽油平臺，向海中投下無數垃圾之外，多來自陸地一般民衆日常生活的廢棄物；特別是塑膠垃圾，也可能輾轉流入海中。這些塑膠百年不腐的特性，使得垃圾常年在海上、海中流轉。零散漂流者，可能被海龜、海鳥、鯨豚誤認爲水母而誤食，造成這些物種的死亡（Derraik, 2002）；數量多者，在海上集結成驚人的塑膠濃湯（plastic soup）；或者沉入海底，覆蓋在珊瑚礁上，傷害珊瑚礁生態系；又或者如流刺網等漁具，則持續執行捕魚的功能，成爲幽靈漁捕（ghost fishing）大量獵殺海底生物。至於無形的廢棄物，則包括溶融於水中的化學或放射性物質、環境賀爾蒙等問題，也不可小覷。

四、棲地破壞（habitat degradation）

海岸地區因人類的聚集及利用，遭受破壞的情況十分嚴重。這些區域可能包括河口、沼澤、濕地等，乃水生生物重要的繁殖生長處，卻因污染而造成海洋生物多樣性降低。海岸棲地被破壞的原因很多，包括陸源污染、河川污染、濕地不當開發破壞；城市、工業與農業的發展、沿岸拖網等破壞性漁業、內陸水壩切斷魚類洄游路徑，或者減少淡水流量、海岸紅樹林的砍伐、近海鑽油（offshore drilling），乃至於近年發展的旅遊業所帶來的大量人潮，對海洋所造成遊憩壓力等，都是破壞棲地的元凶。

臺灣海岸因爲許多人爲開發而造成破壞，包括大量的工業區開發（例如規劃面積達三千餘公頃之彰濱工業區、填海造陸面積達二千餘公頃之六輕工業區）、港口建築（不當設計及取用點造成突堤效

應）、人工消波塊、開採河川砂石、興建水庫、排放廢水（家庭污水、工業廢水、建築棄土及畜牧業廢水等）、沿岸養殖抽取地下水造成地層下陷等，使得海岸被破壞、自然資源減少；而遊憩的壓力，包括遊客不當的行為，也會影響珊瑚礁生態系的生存；核電廠排放的熱水，也可能造成珊瑚白化。

五、過漁（overfishing）

由於人類對於糧食的需求，以及各式高效率的漁法、漁場的開發，全球定位系統、回聲探測儀、偵察機，各種新型漁法捕撈，導致海洋重要經濟物種有32%面臨瀕危的困境（FAO, 2010）。自1900年以來，許多傳統捕撈魚種數量可能已經減少90%，任由此情況繼續下去，海洋漁業資源將可能在二十一世紀中期滅絕（Worm et. al., 2006）。雖然學者對於某些魚種枯竭的比例評估莫衷一是，但海洋中生物資源大幅減少是不爭的事實。北海紐芬蘭岸的大西洋鱈資源就是最具體的例子。五百年前歐洲人為了鱈魚資源來到此處，二次大戰後，拖網船每年撈起數百萬公噸的大西洋鱈，而今，由於資源枯竭，嚴格的漁撈限制以及微薄的利潤，已經使得漁民紛紛轉業，即便1990年代之後訂有嚴格的配額等保育措施，大西洋鱈資源的恢復似乎仍遙不可及。

過漁不僅造成漁業資源的衰竭，對於非目標物種的影響亦不可小覷，例如大多分布於南半球高緯度水域的信天翁，已有十餘種面臨資源下降的危機；海龜、鯨豚等亦面臨被延繩釣、流刺網、拖網等意外捕獲（incidental catch）的威脅（Hall, Alverson, & Metuzals, 2000）。

六、不負責的養殖漁業（irresponsible fish farming）

海洋資源枯竭，養殖漁業因此成為漁業發展的新目標，包括美國在內，均積極發展養殖漁業。然而，養殖漁業並非萬靈丹，其對環境

所可能帶來的威脅亦需正視。包括養殖飼料、化學藥品的使用、沿岸的水產養殖造成的過度投餌；養殖魚蝦的排泄物可能造成沿岸海水優養化；大型魚類（如鮪類、海鱺）的飼料，可能是由同樣需要透過捕撈取得的下雜魚類製成等因素，對於海洋資源的需求可能不減反增。

以上各項氣候變遷、海洋污染、棲地破壞、過度捕撈等問題，都可能造成海洋中原本多樣化的生態系逐漸趨向單一性（協同效應，synergistic effects）、沿岸潔淨的海域變成缺氧的死亡區（dead zones）、複雜的食物網日益簡化，有毒藻類則可能大量繁衍（Jackson, 2008）。為尋求海洋環境永續，不僅需要加強基礎研究；更重要的是採取適當、有效行動，以減少或降低衝擊。

第二節　海洋與全球氣候變遷

全球氣候變遷議題近年來頗受到國際社會的重視，紛紛尋求減緩與調適氣候變遷所造成的負面衝擊。由於全球經濟發展的腳步加快，各種工商活動導致大氣中的二氧化碳、甲烷、氧化亞氮、氫氟碳化物、全氟碳化物及六氟化硫等溫室氣體的濃度不斷增加，所造成的溫室效應（greenhouse effect）增強，導致全球暖化所造成的氣候變遷加速、海平面上升、生態系統失衡、生物多樣性驟減，進而對全球生物的生存產生巨大威脅。為了因應變局，聯合國「政府間氣候變遷小組」（IPCC）積極加強相關研究，以尋求全球氣候變遷日漸加劇的調適之道：

一、氣候變遷的形成與衝擊

人類的活動非常可能為氣候變遷的主因，而工業革命可謂人類活動對大氣影響的開始。時至今日，工業化、糧食生產技術和醫藥科學發達，造成人口快速增加；科技發展日異月新，更加速、擴大對環境

的衝擊，氣溫異常與極端氣候發生的頻率隨之增加，並逐漸成爲全球最迫切需要解決的議題（IPCC, 2007）。

根據1850年以來的全球地表溫度測量，最近一百年（1906～2005）的溫度上升線性趨勢爲0.74°C（0.56°C至0.92°C），又高於前次評估的平均值0.6°C（0.4°C至0.8°C），顯示全球溫度有持續升高的趨勢；而在北半球高緯度地區以及陸地區域，暖化的速度比海洋快（見圖9-2）（IPCC, 2007）。

導致海平面持續上升的原因包括海水熱膨脹、冰川、冰帽，以及極地冰層的融化，積雪與海冰面積也日益縮減。全球各地的研究發現：自然生態系也因此產生變化，包括北半球高緯度地區的農作物春耕提前、林火以及蟲害干擾森林生態系，歐洲熱浪造成死亡率攀高，以及高緯度地區的花粉導致過敏等等。

氣候變遷的主因之一來自溫室氣體。人類自工業時代以來，在1970到2004年之間排放的溫室氣體增加了70%，其中二氧化碳增加達80%，甲烷（CH_4）和氧化亞氮（N_2O）濃度也明顯增加（見圖9-4）；2005年大氣中二氧化碳（379ppm）和甲烷（CH_4，1774ppb）的濃度遠超過過去六十五萬年的自然變化的範圍。再不採取措施，預估地球未來將以每十年0.2°C的速度加快暖化。

如果溫室氣體排放量持續增加、冰原持續融化，全球面臨氣候變遷的威脅可能包括：熱極端事件、強降水的頻率增加，熱帶氣旋強度增加，溫帶風暴向極地推移，造成風、降水、溫度型態的變化；高緯度地區的降水增加，亞熱帶陸地的降水則可能減少，包括許多半乾旱地區，如地中海、美國西部、非洲南部以及巴西東北部，水資源將因此而減少。

受極端氣候衝擊最強烈的是開發中國家，如非洲、亞洲、拉丁美洲、極地、小島國家等，面臨氣候變遷的影響最大。全球暖化將導致氣候災害更加普遍、侵襲陸地的熱帶暴風雨更加頻繁且強烈；氣溫升高和狂風暴雨將危害地球部分地區，導致森林火災和疫病蔓延等後

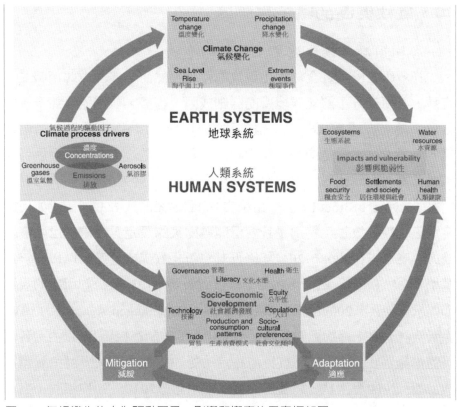

圖9-2　氣候變化的人為驅動因子、影響和響應的示意框架圖

資料來源：Climate Change 2007: Synthesis Report. Contribution of Working Groups I,
　　　　II and III to the Fourth Assessment Report of the Intergovernmental Panel on
　　　　Climate Change, Figure I.1. IPCC, Geneva, Switzerland.)

果。海平面上升也將使沿海地區洪澇災害增多、陸地水源鹽化。這個
地區飽受洪澇災害的同時，另一個地區則可能面臨在乾旱中煎熬、農
作物減產和水質下降等困境。

　　對海洋來說，紅樹林、珊瑚礁都可能因此受到壓力；對海岸來
說，每年將會有幾百萬人遭受海岸洪水的衝擊。洪水和風暴將造成生
命、財產的重大損失。而大氣中二氧化碳的濃度增加，導致海洋進
一步酸化。二十一世紀以來，全球海平面的平均pH值已下降0.14～
0.35。預期海洋的酸化，對珊瑚礁等生態系將產生不利的影響。

二、氣候變遷的減緩與調適

(一)各國因應氣候變遷之主要策略

　　許多研究已證實全球暖化現象的存在，然而，要減緩此趨勢並不容易，必須充分了解氣候變遷的詳細成因、趨勢，並透過自然系統、社會系統、經濟系統，從永續方法之面向進行調適作爲以及減緩作爲。重要方法之一是減少二氧化碳排放量。但是，人類經濟發展仰賴工業甚重，因而此部分的努力進展相對緩慢。1997年通過的「京都議定書（Kyoto Protocol）」，由來自160個國家的代表共同商討如何制定二氧化碳排放量；特別是針對已開發國家的設定，要求其已開發締約方，應承諾在2008～2012年降低其二氧化碳排放量達到以1990年爲基準年5%的水準。然而，由於美國沒有簽署，使得該公約所定的規範如同紙上談兵。2009年「哥本哈根協議（Copenhagen Accord）」嘗試重新檢討，要求締約國同意將全球暖化程度控制在攝氏2度以內；各國具體措施應在2010年1月31日前決定；認知「森林可減少溫室氣體排放」而減少開發雨林，以及已開發國家承諾於2010～2012年間，出資300億美元協助開發中國家對抗氣候變遷，並於2020年前籌措財源至1000億美元。從本協議的認知（take note of）性質以及內容判斷，其實並未就減碳訂定標準，迄今不但援助基金遲遲未到位，連課徵碳關稅的方式，也被認爲會影響自由貿易而被質疑。因此，「哥本哈根協議」或許促成各國再度正視問題，但能否發揮成效，實令人懷疑。

　　儘管如此，國際相關研究組織以及各國仍積極尋求方案，事實上，沒有任何單一技術能夠全面性減緩氣候變遷，IPCC在2007年第四版《氣候變遷綜合報告》針對「自然科學基礎」、「影響、適應與脆弱性」以及「減緩氣候變化」三方面，提出綜合性評估及建議。各國均積極尋求、研發各項低成本、高效益的因應策略，並採取許多政策以鼓勵採用各項減緩措施，包括獎勵措施、碳稅等（見表9-1）。

表9-1　減緩氣候變遷之技術、政策與措施

行業	目前可商業化技術	預期2030年之前能夠商業化措施	政策、措施或手段	關鍵或限制因素
能源供應	改善能源供應與配送效率：燃料轉換，改火力發電為核電、可再生熱、太陽能、風能、地熱和生物能等。	碳補充與封存。	減少對化石燃料的補貼、徵收碳稅、補貼可再生能源技術的電價。	既得利益者的阻力。
交通運輸	生質燃料、節能車、混合動力車、軌道電車系統、自行車等非動力交通運輸。	第二代生物燃料、高效飛行器、電動車、高效能電池。	生質燃料、二氧化碳排放標準、車輛稅、機動車燃料稅、改善公共交通設施。	對於收入高者或許不受影響，以致效果有限。
建築業	高效能照明與採光、高效電器、改進炊事系統、氟氯碳化合物的回收再利用。	太陽光電池	家電標準、建築法規、公共採購、獎勵能源服務公司。	需具有吸引力、擴大對高效能產品的需求、從第三方獲得融資等。
工業	高效能電器設備、熱電回收、材料回收。	碳捕獲和封存、交易許可證。	提供補貼、稅減免等。	鑑於國際性競爭，國家政策必須穩定，需要可預測的分配機制與穩定的價格。
農業	改進用地管理，增加土壤碳儲存，改進牲畜糞便管理，減少甲烷（CH_4）排放、改進氮肥施肥技術，減少笑氣（N_2O）排放。	提高作物產量。	有效使用化肥及灌溉激勵措施。	糧食供需的壓力，對基因改造作物與蓄養動物之疑慮。
林業	植樹造林、減少毀林、產品收穫管理，使用林產品獲取生物能。	改進遙感技術，分析土壤碳封存潛力，繪製土地利用變化圖。	採取獎勵措施、設定土地利用規章及推行工作。	缺乏資本及土地所有權問題。

行業	目前可商業化技術	預期2030年之前能夠商業化措施	政策、措施或手段	關鍵或限制因素
廢棄物	填埋甲烷回收,有機廢棄物堆肥,控制性污水處理,垃圾減量	生物覆蓋與生物過濾。	改善廢棄物和污水管理、再生能源的獎勵措施。	可激勵技術的推廣。

資料來源:作者整理。

(二)海洋與漁業的主要調適策略

　　為減少氣候變遷對漁業產業與社會經濟造成衝擊,各國的漁業政策均有所調整,除納入考量氣候變遷可能產生的海洋資源與漁業產業問題外,有更多漁村社區永續發展與國家整合性海岸政策的考量(FAO, 2009),包括:

1. 建立預警、通報與救援系統的機制,讓漁民迅速掌握精準的訊息,如美國成立全球氣候變遷研究專案小組(U.S. Global Change Research Program, USGCRP),研究各地區分析氣候變遷可能造成的情況,提供民眾參考。

2. 建立極端天氣或異常海況發生的預警機制,並建構有效的通報網絡系統;針對漁村或海岸社區進行普查,以了解其面對災害的敏感性與脆弱性、對氣候變遷的適應能力,以及早規劃相關應變與輔導措施。

3. 為進行整合性的因應規劃,加強漁村與海岸社區居民對全球氣候變遷的認知,以及建立防災、救災的標準作業流程與演訓。

4. 透過建構漁業的產業供應鏈,以加速恢復因氣候影響可能造成的產業弱化問題;並強化漁民福利措施及所得安全網議題,適度鬆綁天然災害的救助辦法,以因應極端氣候變遷對漁民的所得衝擊。

5. 漁村社區與海岸地區擁有豐富的文化資源,各國政府多會考量漁業與海洋文化的保存;並針對氣候變遷可能引起的各種損害

情況先行評估，以對這類文化資產進行適度的維護與管理。

(三)臺灣氣候變遷與調適策略

臺灣因為地理區位以及具年輕地質的特性，本來就容易發生天然災害，極端氣候更增加天然災害發生的頻率與規模，使得農產品經常面臨供需失調。行政院國家科學委員會為此與國家災害防救科技中心、中央氣象局、中央研究院等學者於2009年成立「臺灣氣候變遷推估與資訊平臺建置計畫」，於2011年出版第一份《臺灣本土氣候變遷科學評估報告》（許等，2011）。該研究指出，臺灣百年（1911～2009）來，平均每十年溫度上升0.14℃，較全球平均值0.07℃為高。而海平面在1993年至2003年來上升速率為每年5.3mm，也高於全球平均值（3.1mm）。以此趨勢預估未來天然災害的衝擊將更巨大，且成為複合型災害，包括可能影響水資源供應、農產品供應、引發疫病問題而造成醫療體系的負擔等等；或因為極端天氣威脅位於地質災害敏感地區之電力供應設備之安全度；海平面上升更可能影響重要港口及工業區。對於海岸、海洋而言，最急迫的危機就是造成海岸防護工程、景觀及資源被破壞，以及國土流失等等。環境變化也可能影響農漁產業，以及破壞生物多樣性。

在調適策略方面，行政院於2008年院會通過「永續能源政策綱領」，宣告全國二氧化碳排放減量，於2020年回到2005年排放量，於2025年回到2000年排放量。2009年則特設「節能減碳推動會」，規劃國家節能減碳總行動方案；續於2010年1月成立「規劃推動氣候變遷調適政策綱領及行動計畫」專案小組，於2012年發布「國家氣候變遷調適政策綱領」，針對災害、維生基礎設施、水資源、土地使用、海岸、能源供給及產業、農業生產及生物多樣性、健康等八個工作分組，分析相關威脅以及訂定調適策略（行政院經濟建設委員會，2012），其總體調適策略包括：1. 落實國土規劃與管理；2. 加強防災、避災的自然社會經濟體系之能力；3. 推動流域綜合治理；4. 優先處理氣候變遷的高風險地區；5. 提升都會地區的調適防護能力。

在各領域的調適策略中，海岸部分之總目標爲保護海岸與海洋自然環境、降低受災潛勢、減輕海岸災損。其具體調適策略包括：

1. 強化海岸侵蝕地區之國土保安工作，防止國土流失與海水入侵，並減緩水患。

    (1)定期監測海岸與海洋變遷，並輔以生態保護措施。

    (2)推動河口地區揚塵之改善。

    (3)加強海岸林帶復育工作。

    (4)檢討、改善現有人工結構物，逐年回復自然海岸。

2. 保護及復育可能受氣候變遷衝擊的海岸生物棲地與濕地。

    (1)積極進行海岸棲地與濕地保育，逐年完成海岸地區特殊物種調查及其保護與復育，並劃設自然濕地保護區，並復育已劣化之棲地環境。

    (2)研擬自然海岸開發彌補機制，以降低一定規模以上開發行爲對海岸與海洋生態之衝擊。

    (3)海岸地區劃設自然濕地保護區時，可辦理劣化及重要濕地之復育，闢建人工濕地，並加強民間團體認養濕地。

3. 推動地層下陷地區地貌改造及轉型。

    (1)減緩地層下陷地區面積，研議透過土地使用規劃管制及訂定補助輔導措施等方式，規範養殖漁業之經營。

    (2)結合治水、產業及土地開發等多元目標，推動地層下陷地區產業轉型再發展。

    (3)持續停辦海岸及嚴重地層下陷地區公有土地放領；海岸及嚴重地層下陷地區公有土地，經相關目的事業主管機關確認有保護需要，或有安全之虞者，應停止辦理出租、放租、出售。

    (4)將原地層下陷地區適宜農業生產的土地，配合水資源之運用，調整合理的耕作制度，並改善土地利用方式。

4. 因應氣候變遷的可能衝擊，檢討海岸聚落人文環境、海洋文化

與生態景觀維護管理之工作體系。

⑴辦理海岸地區聚落（含都市）之風險分析，納入限制發展區及緩衝區之概念，推動海岸都市、城鄉聚落之防災策略。

⑵海岸聚落應建立具有文化與歷史價值的景觀資料庫，故需辦理海岸文化資產普查與評鑑、重點地區水下文化資產探勘、資產修復與保存。

5.建置海岸與海洋相關監測、調查及評估資料庫，並定期更新維護。

6.凡從事海岸地區開發，應納入海平面上升及極端天氣狀況評估，同時檢討建立專屬海岸區域開發的環境影響評估與土地開發許可作業準則之可能性。

第三節　海洋天然災害

海洋環境的劇烈多變，會造成海洋災害的發生。海洋自然災害主要有地震所引發的海嘯、大氣與海洋互動所產生的颱風，以及海水溫度急遽下降所產生的寒害等。以下就海洋天然災害的起因與影響分別說明：

一、海嘯

2004年12月26日，東印度洋發生芮氏地震規模9.2的大地震，地層板塊碰撞的震央位於深達四千公尺之海底，威力形同32,000顆原子彈爆炸，引發近年來死傷最為慘重的大海嘯。海浪以每小時755公里的速度前進，到達印尼亞齊省海岸時，浪高達35公尺，一小時內造成十萬人喪生；兩小時後到達泰國時仍有五米浪高。在民眾毫無警覺的情況下，仍造成包括2,400名遊客在內共六千餘人喪生。三小時後，斯里蘭卡也有4萬人傷亡。總計，這場海嘯造成17萬餘人喪生，以及67,000人

失蹤，成為近代史上最慘烈的天災。

　　海浪，是海水傳遞能量的型式之一，可能因風或其他因素造成。小者如漣漪（capillary wave），水面波長（波峰至波谷）僅數公分；其次是重力波（gravity wave），周期約數秒至十數秒，波長由數公尺至數百公尺，波高亦可達十數公尺。因此類波浪的回復力是重力，故稱重力波，也是衝浪等海洋遊憩活動所需，夏威夷便因海浪強度適合衝浪而聞名。至於因為地震等所引起的波浪，若是發生於在近岸的淺水海域，波浪因深度漸減而波高驟增，可造成嚴重災害。此波於大洋中傳遞極快，每秒速度可超過二百公尺，稱之為海嘯。

　　海嘯的英文名稱Tsunami來自日文的津波tsu（harbor）以及nami（wave），通常又稱為地震波（seismic sea waves）。海嘯的發生是由於海水受到垂直方向的擾動，常常因為海底地震、火山爆發，以及水下或沿海山崩等所引發；或者為海上發生低氣壓、颱風以及強烈暴風雨時，所引發的氣象潮；亦有人指出從事水下核爆時也會產生人造海嘯。在眾多原因當中，又以地震與海嘯關係最密切。因地殼產生垂直的擾動時，海面會跟著擾動，進而波浪就會從震源處向外傳遞。倘若海底地震為淺層地震（震源深度在地表下30公里以內），而地震規模大於芮氏7.2級以上，就有可能產生海嘯。

　　海嘯影響的範圍極為廣泛，且往往造成生命、財產的重大損失。如1960年祕魯智利海溝地震所引發的海嘯，造成南美地區4,000人喪生，並波及14,500公里外的日本，也造成180人喪生，以及超過5,000萬美元的損失。又如2011年日本311福島（Fukushima）大地震達芮氏規模9級，連帶引發最高達40公尺之海嘯，造成一百多萬棟房屋受損，上萬人死亡及失蹤。此外，因為核電廠冷卻設備受損造成輻射外洩的核能危機、人員疏散等後續的衝擊，恐更遠大於海嘯所帶來的直接損失。

　　海嘯屬於天然災害，非人力所能防止，但可透過預警系統減少人命財產的損失。1946年阿留申群島發生海嘯後，美國在夏威夷設立海

嘯預警中心，1960年智利海嘯，其影響之
遠波及夏威夷以及日本，環太平洋國家開
始在聯合國國際海洋委員會（International
Oceanographic Commission, IOC）之下合作
發展「海嘯預警系統」，以夏威夷爲基地，
成立太平洋海嘯預警中心（Pacific Tsunami
Warning Center, PTWC），提供環太平洋國

圖9-3　海嘯預警系統標示

家有關海嘯訊息。2004東南亞大海嘯之後，該中心再度強化海嘯預警
系統（見圖9-3），將印度洋、南中國海、加勒比海均納入監控範圍。

二、暴風

　　2005年8月24日，巴哈馬群島東南方的熱帶低壓增強爲熱帶風暴
卡翠娜（Katrina），隨即於25日增強爲第一級颶風，26日在美國佛州
半島登陸，造成7人死亡；進入墨西哥灣後，風力迅速發展；27日再度
逼近墨西哥灣區，28日成爲第五級颶風，相當超級強烈颱風；29日登
陸墨西哥灣區，風速達每小時224公里，成爲史上登陸該地的第三強
颶風。卡翠娜總計肆虐美國東南五州，造成六百餘人死亡，經濟損失
達3,000億美元；單紐奧爾良市，損失即達1,000億美元，而聯邦政府
救難總支出則高達1,500億美元。2012年10月，珊蒂颶風（Hurricane
Sandy）侵襲美國東部，該颶風屬於混合型氣旋、行跡詭異，而被美國
媒體稱爲科學怪風（Frankenstorm），造成加勒比海以及美東地區一百
餘人喪生，加勒比海地區數十萬人無家可歸，紐約股市與地鐵停擺，
電力中斷，用油短缺，經濟損失達500億美元。

　　熱帶氣旋（tropical cyclone）是海洋與大氣互動的產物。當其強度
增強則稱之爲暴風（storms），其名稱因地而異，在北半球西太平洋
形成的稱「颱風（typhoons）」；至西大西洋生成的稱「颶風（hurri-
canes）」（Huracan係加勒比海Taino族人心目中的風神）；在印度洋
則稱「熱帶氣旋（tropical cyclones）」；在澳洲附近出現的稱爲「威

烈威烈（willi-willis）」。此類熱帶氣旋維持的時間短則3小時，長至3週，多數維持在5到10天左右，通常是在遇到陸地或冷空氣，無法補充潮濕空氣之後消失。對北大西洋來說，2005年是受颶風影響最爲慘烈的一年，該年的颶風季（6月1日到11月30日），總計有28個熱帶氣旋；其中15個成爲颶風，3個達到五級颶風，總損失超過數千億美元。對於颱風，人們主要的防治方法仍是強化觀測及預報制度，建立預警系統，以減少損失（Garrison, 2005）。

臺灣地區每年平均會遭遇4個颱風。2009年8月8日莫拉克颱風侵襲臺灣南部高雄等地，單日雨量破1,000公釐，造成高雄縣甲仙鄉小林村滅村的悲劇，總計六百多人死亡，爲臺灣五十年以來破壞力最大的颱風，農業損失超過195億新臺幣；其次是1996年賀伯颱風，使南投等地區降雨超過1,000公釐，造成近五十餘人死亡、200億農業損失、300億經濟損失。

颱風對經濟所造成的損失人盡皆知，然而，颱風也有其正面的價值，包括提供充裕的水源、平衡全球的熱量和動能分布，以及降低高污染地區的污染程度；此外，研究證明：由於颱風能夠帶動海洋水層的擾動，也能夠使得表層基礎生產力增加，連帶增加漁業收益。研究發現在2009年莫拉克颱風之後，強風大雨造成湧升流營養鹽流動，導致臺灣東北部矽藻濃度增加五十倍之多（Chung, et al., 2012）。

三、寒害

2008年春節前，澎湖海域出現大量凍死魚群，農委會估計當地海鱺、石斑等養殖業損失金額達1.8億新臺幣；野生魚類的死亡情況更爲嚴重，影響漁業量無法估計。

究其原因，初步分析認爲主要是大陸冷氣團溫度過低，依據中央氣象局海象中心資訊，2006～2007年臺灣海峽水溫在2月分均呈現回暖的狀況，但2008年爲聖嬰年，1月分均溫較之前年度高，2月分溫度持續下降且達二週之久，加上持續的強風達三十天，導致水溫持續偏

低，致使魚類無法生存而大量死亡（陳等，2008）。且伴隨東北季風達一定強度與時間之後，冷空氣與海水混合，海溫降低，導致魚類無法生存而大規模死亡。後續研究發現，雖然2008年澎湖海域寒害災情慘重，但次年海底珊瑚礁及魚群開始復原，顯示海洋生態系本身的韌性（李等，2009）。

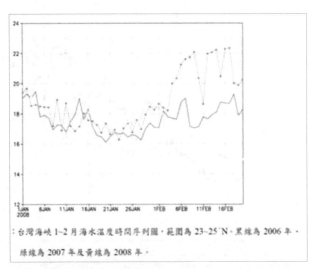

：台灣海峽1~2月海水溫度時間序列圖，範圍為23~25°N，黑線為2006年，綠線為2007年及黃線為2008年。

圖9-4　2008年2月臺灣海峽海水溫度時間序列圖（圖片來源：國家災害防救科技中心）

　　2012年3月，苗栗以北海域發生類似魚群暴斃的狀況，主因為大陸天氣嚴寒，春天融雪後，冷水團隨大陸沿岸流南下，在雲嘉隆起海域遭逢三月西南季風以及北上的黑潮，導致冷水團回流，沿臺灣西部北上而影響苗栗以北水域。核一二廠附近海域則因為水溫較高而未出現寒害。

　　對於此類寒害，針對澎湖海域研究初步發現，風速大於每秒6公尺（6m/s）的吹拂天數可預估大陸沿岸水入侵澎湖水域的可能性；水文模式則可以普林斯頓海洋模式（Princeton Ocean Model，簡稱POM）加以模擬，此海洋水文資訊可透過進一步整合，建置有效之監測、預警以及應變機制，降低對漁業之損害（Chang. et al., 2012）。

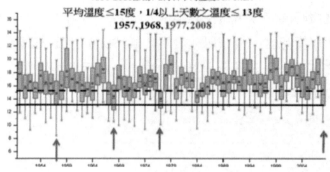

圖9-5 1950-2008澎湖站1-2月日平均溫度盒圖（圖片來源：國家災害防救科技中心）

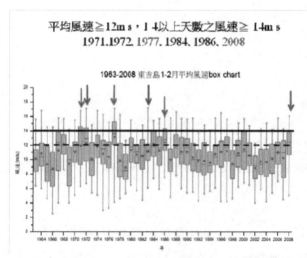

圖9-6 1950-2008東吉島站1-2月日平均風速盒圖（圖片來源：國家災害防救科技中心）

第四節 海洋污染與防治

對於「海洋污染」的定義，最早是由1970年由聯合國的「海洋污染科學問題專家聯合小組」所提出，其為：「人類直接或間接把物質或能量引入包括河口灣在內的海洋環境，造成損害生物資源，危害人

類健康，妨礙包括捕魚在內的各種海洋活動、損壞海洋使用質量及減損環境優美等有害影響的行爲。」

　　以下就海洋污染的來源、類別與影響等相關問題加以說明：

一、海洋污染的來源

　　海洋污染來源非常多樣化，包括自然來源及人爲生成。自然來源者如火山爆發而導致火山灰流入海洋，可能會引進許多有害物質，如二氧化碳、甲烷、硫化物等等。而四分之三的海洋污染則來自人爲污染（UNEP, 1990），尤其在沿岸地區所受到的衝擊，往往比開放海域來得大，因爲許多污染物來自陸地，使得沿岸地區污染物濃度較高；而且沿岸地區不像大海有較大規模的循環或洋流系統，可以淡化污染狀況與程度。

　　關於海洋污染源，目前尚無法得到非常確切的資訊，原因在於過往對於海洋污染狀況之調查，偏重在先進國家附近海域；開發中國家或落後國家由於科技不發達，且經費不足，難以兼顧海洋污染的基本調查。依照污染物發生地點來區分海洋污染的來源，可概分爲下列五種：

1. **陸上污染源**：屬人類生活的廢棄物，或農業、工業生產過程中所排放之廢、污物，經由溝渠、河川、或海洋放流管線注入海洋。

2. **船舶污染源**：海上運輸工具，所載運之油料洩漏，或污水傾倒注入海洋者；而載運核能廢料之船舶，輻射物質也有可能因外洩而進入海洋者。

3. **傾倒廢棄物污染源**：人類將各類型的固、液體廢棄物或其他污染性廢污物，經由運輸工具運至海洋中傾倒而形成，即所謂海洋拋棄（ocean dumping）。

4. **大氣污染源**：從事核爆試驗所產生之輻射塵，透過大氣進入海洋造成污染。其中氮氧化物及硫氧化物甚至造成酸雨沉降（acid

deposition）；而氮氧化物還會造成水體優養化現象。

5. **海床探勘與開採行為的污染源**：從事大陸礁層或海床之探測及開採時，因處置不當、設備不周、發生意外，致使油、天然氣、泥漿外洩；抑或進行採礦時，產生大量微粒物質、泥漿等，皆會造成海洋的污染。

根據美國國家海洋及大氣總署（National Oceanic and Atmospheric Administration, NOAA）對海洋垃圾（marine debris）所作出的廣義定義為：「遭人為丟棄、處理或不慎遺棄之任何物體而進入海岸或海洋環境者。」狹義解釋為：「海洋垃圾是任何製造或加工之持久堅固物質，透過間接或直接、有意或無意，被處理或丟棄而進入海洋環境或大湖者。」（NOAA, 2007）。海洋垃圾的來源依聯合國環境計畫署（United Nations Environment Programme, UNEP）的分類，有海源與陸源兩大項。海源包含商船、漁船、郵輪、軍艦、研究船、海上鑽油平臺、離岸設施、海水養殖設施等；陸源則包含海岸地區垃圾掩埋場、河流夾帶垃圾、城市污水排放系統、工業廢棄物、海岸遊憩觀光等（UNEP, 2005）。海洋保護協會（Ocean Conservancy）的國際淨灘行動（International Coastal Cleanup, ICC）則將海洋垃圾分為海岸遊憩行為、抽菸行為、船舶航行、直接傾倒、衛生與醫療等五個主要項目（ICC, 2010）。目前規模最大的海上塑膠垃圾位於東太平洋，其面積為德州的兩倍，估計重達九千萬公噸。

二、海洋污染的影響

海洋污染的影響包括對海洋生物與生態所造成直接與間接的傷害。前者包括有毒物質導致生物死亡；後者包括影響生化過程而導致的慢性變化，時間可能長達數週或數年之久，例如微量的氯化碳氫化合物（chlorinated hydrocarbon），可能影響矽藻的正常光合作用。有些污染物或許無害，例如農作物肥料造成潮間帶的藻類增生；有些污染物則僅對部分生物有害，例如原油會影響動物性浮游生物以及海鳥

的生存，但卻能繁養某些菌類。污染物對海洋生態的影響時間長短不一，有些污染物可能危害千年，有些則可以在陽光的照射等物理作用或其他的化學作用下分解。正因為海洋中充斥了形形色色的污染物，其造成的影響方式與時間長短不一，以致對於海洋污染物確實危害程度的評估更加困難。常見的海洋污染物及其可能造成的損害，大約有以下數種：

1. 有機性污染物：

⑴石油（原油）

原油外洩是主要海洋污染源之一。油輪漏油事件會引起廣泛注意，然而其並非海中原油的主要來源，自然環境中的原油外漏量幾乎可達一半（Trujillo and Thurman, 2007）；而人為污染的部分，有相當比例是因為船舶在海上航行過程中所排放，而非原油外洩事件。原油污染的衝擊因素包括：漏油地點（距岸遠近）、原油組成、季節、水流、氣候以及當地生態。對於潮間帶以及離岸近地區往往會較為敏感。許多油輪在碰撞、擱淺等意外事故中造成大規模的原油外洩，例如阿拉斯加1989年Exxon Valdez號擱淺，造成4,400萬公升原油外泄，污染阿拉斯加1,775公里海岸線，估計造成1,000隻海獺而其10～70萬海鳥死亡，以及花費超過20億美元清潔、9億美元用於後續的復原。2010年4月墨西哥灣深海油井漏油事件，則是近年來最大宗的原油外洩事件。該事件緣起於英國石油公司在墨西哥灣租用的鑽油平臺（Deepwater Horizon）故障起火，終致沉入海底，導致連結海底油井的管線破裂，每天有12,000～100,000桶原油流入墨西哥灣，擴展至美國路易斯安納州、密西西比州、阿拉巴馬州等沿岸，近2,500平方公里的海岸地帶布滿原油，造成許多魚類、鳥類等海洋生物死亡。災後，石油公司被要求設立200億美金的賠償基金，並動用各種設備清理及阻絕原油外洩，終於9月分封住油井。此案也促使美國政府決定在2017年之前，暫停鄰近海域石油探勘，以確保海洋生態有充裕的時間復育。

原油屬於有機性污染物，主要成分為碳和氫，雖然短期會對海

洋生態造成相當大衝擊；但原油會在海中經由生物分解，部分研究顯示，原油污染的衝擊並不如其他污染來得大，甚至有其正面效應。以前述阿拉斯加原油外洩爲例，當地漁業在1989年關閉，而第二年立即有高生產量出現；十年之後的監控發現，某些物種的數量甚至較之前增加。然而，因爲原油的成分非常複雜，與海水混合之後可能產生許多種化學變化，使得其可能造成的短期及長期的衝擊評估不易。

　　⑵污水

　　包括工業及家庭排放的廢水等。雖然政府部門可制定相關法規（例如「環境基本法」及「水污染防治法」）要求工廠必須將廢水經過一定的處理，降低其毒性後始能排放；但因處理需要費用，有些不肖業者會私下排放不符合放流標準的污水。由於污水中含有許多有機化學物質，例如清潔劑、殺蟲劑、工業用溶劑。此類合成的有機化合物排放到海水中，其濃度會被稀釋到低水準；但是在海洋生態系高階消費者體內造成生物增幅（biological amplification）的累積效果，會造成更大的傷害。

　　在眾多化學成分中，有兩種曾被大量使用、經證實會造成嚴重傷害的化學產品：DDT（dichlorodiphenyltrichloroethane）及多氯聯苯（polychlorinated biphenyls, PCB）。DDT最早被用爲殺蟲劑，從水中被浮游性動物吸收，經由小魚、大魚的傳遞，最終影響鵜鶘生出的蛋殼過薄易破，導致幼雛無法正常孵化而使鵜鶘數量大減。此一發現也使美國決定禁用DDT。又如PCB曾被廣泛使用爲液體冷媒及絕緣劑；但後來被發現會累積在脂肪組織，造成腦部、皮膚及內臟病變，甚至引發多種癌症。這些化學物質通常是經由河川廢水流至海洋，現在連北極的海洋生物都能測出這些化學物質的存在。

2. **無機性污染物**

　　⑴重金屬：包括汞、鉛、銅、錫等，即便微量也可能造成傷害。其中汞及鉛會造成人類腦部病變以及行爲改變。許多大型海洋魚類，例如鮪魚、旗魚類都曾被發現較高含量的汞。

因此，美國食品藥物管理局（Food and Drugs Administration, FDA）建議孕婦與兒童勿攝食過多的海洋大型魚類。以銅為例，因其對於海洋生物具有殺傷力，因而被用為清除海洋生物附著物塗料的成分，一旦不慎外洩，對於海洋生物資源會造成立即且嚴重的傷害。

(2)三丁基錫（tributyl-tin）：為防污劑中的主要成分，雖然在1980年代之後被美國禁用，但仍在海豚體內累積。該成分可能會影響生物的免疫系統，科學家懷疑此乃造成部分海洋哺乳類擱淺的原因。

(3)塑膠：塑膠造成的問題更為廣泛而嚴重。人類每年製造出千萬公噸的塑膠製品，大約有10%最終會流入海洋。其中約有20%來自船舶以及海上鑽油平臺，其他則是由陸源污染所造成（Garrison, 2005）。

(4)其他：有些化學成分未必會造成海洋生物死亡，但經過一連串複雜的化學作用之後，間接衝擊海洋生態系。例如優養化（eutrophication），常是因為大量的肥料促進藻類生長，造成紅潮（red tide）等現象，使得許多海洋生物缺氧而大量死亡。

3. 生物性污染物

許多生物，特別是幼體，可能透過壓艙水或是海洋垃圾中較輕的塑膠類垃圾等，從甲地載運至乙地，成為外來種，可能會帶來疾病或者排擠當地物種，產生競爭，使當地物種面臨滅絕的風險（Derraik, 2002; Winston, 1982）。

4. 廢熱

緊鄰海岸的發電設施常需要海水進行冷卻，使得火力發電廠或核電廠的溫排水約比原海水高6度，此變化可能會衝擊排放區的卵、仔稚魚，乃致造成珊瑚白化。因此，部分電廠會引進附近的冷海水混合後再排放，希望降低其衝擊。

5. 綜合性海洋垃圾

　　海洋垃圾造成的影響包括破壞景觀、人類健康與安全；造成船體損傷與航行危害、棲地破壞、野生動物遭受纏繞與誤食，甚至是外來種入侵的途徑（NOAA, 2011）。在此列舉關係重大者說明如下：

　　⑴人類安全：海洋垃圾不受遊客歡迎，情況嚴重時甚至可能導致海灘關閉，並需要付出高成本清除與處理海洋垃圾，這些都可能造成旅遊業收入衰退。垃坡中的碎玻璃、瓶罐、針頭、金屬碎片等尖銳物質，往往使海灘遊客受傷，泳客與潛水員時常受到廢棄釣魚線與漁網的纏繞；若是船舶推進器遭受海洋垃圾的纏繞，可能危害船上人員的生命、財產。以洛杉磯公共工程與防洪部門為例，每年花費1,800萬美元在清除街道落葉、低窪地區垃圾、淨灘計畫、教育與宣導，以防制垃圾污染（Supervisor Board of Los Angeles County, 2007）。

　　⑵經濟衝擊：海漂垃圾（floating marine debris, FMD）對於船舶航行有極大危害，如損壞船體與纏繞推進器、阻塞進水口，清除與修復船體既昂貴又耗時（USEPA, 2012）；對於漁業的經濟影響尤為顯著。海洋中到處存在著廢棄的幽靈網具，據估計每年約有2.5億美元高經濟價值的龍蝦遭到幽靈網具纏繞而損失（Laist, 1987; Marine Conservation Society, 2007）。這些被幽靈網具捕獲的魚類可能尚未成熟，亦可能減少漁業生產力，造成整體漁業資源的下降。

　　⑶對野生生物健康與棲地影響：海洋垃圾會直接影響生態系，受影響的物種不局限於動物，包括植物與珊瑚等無法自由移動的生物體，可能會因垃圾而窒息死亡。而當人類透過機械清除海灘垃圾時，也往往會影響海濱水生棲地，對水生植被、海鳥、海龜等造成衝擊；嚴重時，甚至會改變生態系統。海鳥、海龜、魚類及海洋哺乳類，經常因誤食海洋垃圾而受到嚴重傷害（Bugoni et al., 2001）。據研究發現，38

頭遭漁船混獲的綠蠵龜中，有61%誤食海洋垃圾，其中包含塑膠袋、布料、繩子等。此外，有毒物質可因誤食而進入生物體內，導致生物死亡或是喪失生殖功能（Moore et al., 2002）。海洋生物亦會因受到韌性強的海洋垃圾纏繞而限制其行動，造成窒息、飢餓、溺水、喪失躲避天敵的能力及其他傷害，甚至死亡（ICC, 2010）。

三、海洋污染防治及國際法規

海洋污染防治需要龐大經費的支應，美國政府在2004年花費3,000億美元整治海洋污染，平均每個美國人分攤900美元，占GDP的1.6%。以油污防治為例，可以分為兩階段：第一階段是如何避免油污外洩事件的發生；第二階段則是在油污外洩發生後，如何降低損害。原油外洩初期，因為密度低於水，會浮於水面。幾天之內，經過生物分解，有部分會蒸發至空中；部分黏性、比重大的物質則沉入水中，或累積在海床上。因此在不同階段，針對不同物質，有不同的處理方式。初期可透過攔油索控制污染範圍，並用人工吸取原油。許多時候因為必須使用清潔劑清理油污，其衝擊可能不比原油污染來得小，因此需要審慎評估；有些細菌或真菌類因為具有分解功能，也被視為清除油污的方式之一，稱之為「生物降解」（bioremediation）。

由於海水的流通性及循環性，使得海洋污染無國界之分。隨著科技的進步，污染來源更多樣化與擴大化，使得國際社會不得不正視這些新的污染所可能帶來對海洋更大、更嚴重的危害。正因為任何一次嚴重的公海油污染事件，影響所及可能涵蓋許多沿海國家，所以海洋污染的防治，不能局限於一國或一個區域，更突顯制定國際共同遵守的規範的重要性。國際間重要法規制定進程如下：

(一) 初期階段：1950至1960年代

1.1948年3月，在日內瓦召開聯合國海事會議通過「政府間海事協商組織公約」，1958年獲得21個國家加入而生效，並於1959年1

月6日在倫敦正式建立政府間海事協商組織（Inter-Governmental Maritime Consultative Organization, IMCO）（於1982年5月22日改為「國際海事組織（IMO）」）。該公約規定，海事協商組織的宗旨和任務之一是：「在海上安全、航行效率和防止、控制船舶污染海洋方面，鼓勵各國採用最高可行的統一標準，並處理與之有關的法律問題。」

2. 1954年「防止海洋油污染國際公約（International Convention for the Prevention of Pollution of the Sea by Oil 1954，簡稱OIL-POL 1954）」，要求傾廢盡可能運離陸地，一般應距岸50浬，並建立禁止傾廢的特別區。該公約制定世界性的污染標準，要求締約國應確保其油輪排放的油類或油質混合物中的油含量不超過100ppm。

3. 1958年「公海公約」第24條規定：「各國應參照現行有關的條約制定規章，以防止因船舶或管道排泄油料，或因開發和探測海床和底土而污染公海。」。第25條規定：「(a)各國應考慮到主管國際組織所制定的標準和規定，採取措施，以防止因拋擲放射性廢料而污染公海；(b)各國應與主管國際組織合作，採取措施，以防止因排放放射性原料或其他有害物劑的活動而污染公海或公海上空。」

4. 1958年「領海和鄰接區公約」第17條中規定：「行使無害通過權的外國船舶應遵守沿海國依照本公約條款和其他國際法的規則所制定的法律和規章，尤其應遵守有關運輸及航行的法律和規章。」

5. 1958年的「公海漁業及生物資源養護公約」與1959年的「南極條約」中，都有與防治海洋污染，以保育海洋生物與生態的條款。

(二) 發展階段1960至1970年代

1. 1967年「托里‧峽谷號」事故洩漏大量原油入海，引起IMO對

海洋環境的重視，之後通過1969年「油污染危害民事責任國際公約（International Convention on Civil Liability for Oil Pollution Damage, 簡稱CLC）」：又名「私法公約」、「民事責任公約」；1969年「關於排除公海油污染事故國際公約（The International Convention Relating to Intervention on the High Sea in Cases of Oil Pollution Casualties 1969，簡稱INTERVENTION 1969）」：又名「公法公約」、「排除公約」；1971年「建立國際基金補償油污染危害國際公約（International Convention on the Establishment of an international Fund for Compensation for Oil Pollution Damage）」，以上法令規範海上油污案件之民事、公法責任以及補償機制。

2. 1972年「防止船舶和飛機傾倒引起的海洋污染公約」（簡稱「奧斯陸傾倒公約」），主要適用於東北大西洋區域，規定締約國採取措施排除陸源污染，包括放射性物質、控制傾廢，以及關於大陸礁層和海床作業引起污染的區域控制；

3. IMO 1972年於英國倫敦制訂「防止傾倒物和其他物質污染海洋國際公約（Convention on the Prevention of Marine Pollution by Dumping of Wastes and Other Matter（London Convention 1972））」，簡稱「倫敦廢棄物投棄公約（London Dumping Convention）」，內容主要在於防治因船舶或海洋設施等所造成的海洋污染，聚焦在防治含有重金屬及有機氯化物等有害廢棄物投棄海洋，也禁止在海上焚燒。

4. 1973年通過「防止船舶污染國際公約（International Convention for the Prevention of Pollution From Ships 1973，簡稱MARPOL 1973）」，續於1978年通過「防止船舶污染國際公約議定書（Protocol of 1978 Relating to the International Convention for the Prevention of Pollution From Ships 1973，簡稱MARPOL 73/78）」。其主要目的即在限制船舶及其他海洋設施排放油污

及有害物質。本條約主要關切並予以防治者，除了油污、有害物質外，尚包括散裝的有害液體物質、廢棄物、污水等。

5. 1974年「防止陸源海洋污染公約（Convention on Prevention of Marine Pollution from Land Sources）」，各國應該訂定陸源污染物的排放標準以及法規，以確保排放物質不至影響或衝擊海洋環境，為此，會員國應該建立科學研究以及技術分享機制，並建立長期監控系統以便進行評估。

6. 除了全球性的公約外，尚有1974年「保護波羅的海區域海洋環境公約」（簡稱赫爾辛基公約）、1976年「保護地中海海洋環境防止污染公約」（簡稱巴塞隆那公約）等區域性公約，多由沿岸國家簽訂，希望共同維護鄰近水域。

(三) 成熟期1980年代以後

1. 1982年「聯合國海洋法公約」第十二章有關海洋環境保護部分，第194條第三款針對對人類與對生物有害、對海洋活動具障礙性、污染海洋物質等方面，將原因分為四大類，有因來自(1)陸地的污染物質流入海洋、(2)航行的船舶所造成、(3)來自人類勘探或開發海底活動的設備或裝置所導致者、(4)來自海洋環境內操作的設施和裝備者，均有相關規定予以制約。

2. 1982年「聯合國海洋法公約」第12部分：海洋環境之保護與保全，共11節46個條文（第192～237條），包括：(1)一般規定；(2)全球性和區域性合作；(3)技術援助；(4)監測和環境影響評估；(5)防止、減少和控制海洋環境污染的國際規則和國內立法；(6)執行；(7)保障辦法；(8)冰封區域；(9)責任；(10)主權豁免；(11)關於保護和保全海洋環境的其他公約所規定的義務。

3. 有些具有高度閉鎖性的國際海域及其沿岸海域，不能任其成為海洋污染防治的死角，因而聯合國環境規劃署（UNEP）與這些國際海域的沿岸國進行合作，推動「地區海域計畫」。計畫內容涵蓋海洋污染監測、海洋污染防治規定、保護海域及共同研

究。

4. 「巴塞爾公約」（Basel Convention）：由51國簽署、1992年正式生效，是具國際法效力的控制有害廢棄物越境轉移的國際公約，其主要目的為：(1)減少有害廢棄物之產生；(2)提升有害廢棄物處理技術；(3)提倡就地處理有害廢棄物，以減少跨國運送；(4)妥善管理有害廢棄物之跨國運送，並防止非法運送行為。在「巴塞爾公約」的管制下，所有有害廢棄物的越境轉移都必須得到進口國及出口國的同意才能進行。為了進一步的控制有害廢棄物的轉移問題，1995年又通過「巴塞爾公約修訂案」（又名巴塞爾禁令），禁止已發展國家向發展中國家輸出有害廢棄物，以及締約國與非締約國進行有害廢棄物的貿易。

四、臺灣海洋污染防治

由於臺灣位於東亞地區海上航運的樞紐，經由臺灣海峽或花東海岸的船舶往來頻繁，發生海難或油污外洩的機率頗高。此類案件對於海洋環境以及經濟都將造成重大損失，甚至造成政治風暴。臺灣於2000年11月通過「海洋污染防治法」，內容包括總則、基本措施、防止陸上污染污染、防止海域工程污染、防止海上處理廢棄物污染、防止船舶對海洋污染、損害賠償責任、罰則以及附則，共9章61條條文；其管理範圍涵蓋潮間帶、內水、領海、鄰接區、專屬經濟海域及大陸礁層上層水域。其中海洋污染防治的中央主管機關為環保署，地方主管機關為各縣市政府。中央主管機關負責海洋污染防治法規的訂定、海洋環境品質的監測與檢驗、跨縣市海洋污染防治協調、研究發展以及國際合作、人員訓練等事宜。海岸巡防機關則為執行單位，負責取締、蒐證以及移送等事宜。各級主管機關必須設置海域環境監測站或設施，行政院則應設重大海洋污染事件處理專案小組，訂定相關緊急應變計畫程序、分工以及措施。現行該緊急應變中心分工涉及七部三署二會一局（見圖9-7）。

重大海洋油污染緊急應變中心架構圖

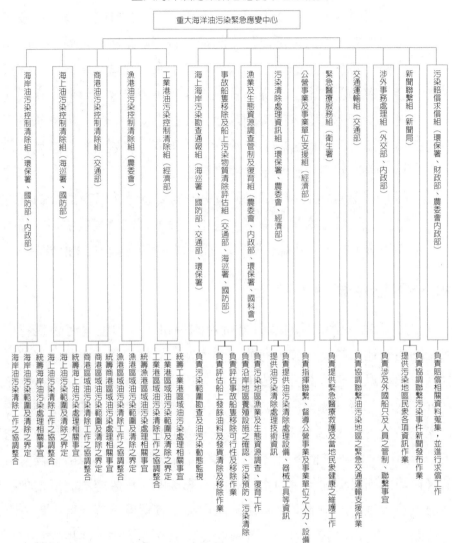

圖9-7　重大海洋油污染緊急應變中心架構

資料來源：行政院環保署重大海洋油污染緊急應變計畫（93.10.12.修正）。

表9-2　臺灣有關海洋污染防治相關法規

法規	日期	精神／要點
海洋污染防治法	2000.11.1	定義海洋污染的種類、主管機關、污染物管理規範以及罰則。
海洋污染防治法施行細則	2001.9.5	前項法規之詳細執行規範。
海域環境分類及海洋環境品質標準	2001.12.26	將海域分為甲乙丙三類，甲類適用一般水產用水（供嘉鱲魚及紫菜培養）、游泳；乙類適用二級水產用水（供虱目魚、烏魚、龍鬚菜）、三級適用環境保育。目前臺灣沿海地區區分為甲類與乙類。
海洋環境污染清除處理辦法	2002.3.6	規範化學物、油污等不同污染物以及潮間帶等不同地區清除基本規範。
海洋污染防治各項許可申請收費辦法	2002.7.30	訂定各項申請案收費標準，從二萬六千元（海洋棄置）到四萬七千元（廢水排放）不等。
海域環境監測及監測站設置辦法	2002.11.13	規定在主次要河川入海口、重要污染源流入點、港灣等區域必須設置海域環境監測站，每季測量海域水文、水質、浮游生物等資訊。
陸上污染源廢（污）水排放於特定海域許可辦法	2002.12.11	欲於公司廠所排放廢水者必須提出申請並說明排放時間、地點、種類、數量、處理過程等等。
海域工程排放油廢（污）水許可辦法	2002.12.11	經過處理符合排放水標準且無降低海域環境分類之虞的廢水，得提出計畫，申請排放。
海洋污染涉及軍事事務檢查鑑定辦法	2003.3.19	環保當局進入港口或軍事相關機關海域污染事項時，軍事人員應陪同。因國防安全或戰爭等造成之海洋污染不予處罰。
投設人工魚礁或其他漁業設施許可管理辦法	2003.5.21	定義人工魚礁，且投放相關設施時，應提出計畫，載明地點、種類、數量、次數、生態環境以及影響說明，並經中央主管機關許可始得為之。
海洋棄置費收費辦法	2003.11.26	設定海洋棄置物當量及費率，例如懸浮固體為一公噸，鉛為一公斤，氰化物為一百公克，繳費義務人得按次或按月繳交。
海洋棄置許可管理辦法	2009.1.8	欲海洋棄置者需事先提出申請，說明相關棄置內容、做法、地點，並遵守相關規範。

因應其他廢水等投放物，環保署後續通過多項法規以落實污染管控。目前將臺灣地區沿海海域分爲甲乙兩類（見圖9-8），設定水質標準，並自1999年開始進行海灘水質監測（見圖9-9）：於6～8月監測10次，6與9月分雙週一次，7、8月分則每週一次，監測項目包括水溫、鹽度、溶氧、pH值、濁度、氨氮、硝酸鹽氮、亞硝酸鹽氮、磷酸鹽、矽酸鹽、大腸桿菌群、腸球菌，結果分爲優良、普通與不宜親水活動三個等級公布。海域部分，則自2002年開始，將沿海劃分爲19個監測區，104個監測站，每季監測一次，監測項目包括水溫、鹽度、溶氧、pH值、懸浮固體、葉綠素a、氨氮、硝酸鹽氮、亞硝酸鹽氮、磷酸鹽、矽酸鹽、鎘、鉻、汞、銅、鋅、鉛。以上結果定期公告於相關網站，環保署並出版《水質監測及污染防治年報》。

圖9-8　臺灣沿海海域範圍及海域分類

資料來源：環保署網站（http://wq.epa.gov.tw/WQEPA/Code/Business/Statutory.aspx?Tabs=4.）

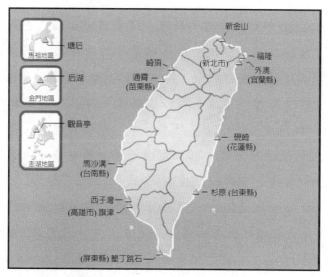

圖9-9　臺灣沿海海灘水質監測點

資料來源：環保署網站（http://wq.epa.gov.tw/WQEPA/Code/Theme/BeachQuality.
aspx.）

　　海洋對於全球環境穩定以及人類經濟活動、糧食供應扮演不可或
缺的角色，也因為面臨人類各種使用造成諸多衝擊。為求海洋能永續
利用，對於海洋環境變遷以及污染因應，人類應該付出更多心力。臺
灣雖然在許多國際環境公約議定過程中無法參與，但對於海洋環境保
育與污染防治並不能置身事外，特別是2001年阿瑪斯號造成的衝擊，
讓臺灣除了應該參酌國際標準建立法令外，更應該強化相關基礎研究
以及能力建構，以確保臺灣周遭海洋環境能夠維持在最佳狀態，並能
隨時因應可能發生的災害與意外事件，降低可能造成的經濟與環境衝
擊。

海洋觀察站

臺灣海域受難日——2001/1/14 阿瑪斯號墾丁海域擱淺

　　「海洋污染防治法」甫於2000年底通過，2001年初於墾丁龍坑
生態保護區附近海域發生希臘籍「阿瑪斯號（Amorgos）」貨輪擱

淺事件，3萬5千噸貨輪「阿瑪斯號」滿載礦砂，因失去動力漂流，於2001年1月14日夜間擱淺於屏東鵝鑾鼻外海，船員隨即由海巡人員救起。然而，隨著船體破裂，船艙內的重油自1月15日開始滲漏，1月16日開始污染海岸步道。由於當時春節將屆，加上相關人員缺乏警覺心，初期僅拍照以及開發告發單，雖接獲通報，卻無積極作為。俟年假結束，經媒體大幅批露後始發覺事態嚴重，環保署長林俊義因此請辭下臺，由郝龍斌接任。

1月19日船身破裂漏油，環保署會同相關單位展開應變作業；至2001年6月12日確認所有油污清除完畢，共計清除油污917.42公噸（包括岸際礁岩清洗551.02公噸，及輪上存油抽除計366.4公噸），清除受污染礁岩面積達6,987平方公尺，廢棄物清理量3,814立方公尺。交通部「阿瑪斯號船貨移除執行小組」移除了12,100立方公尺之礦砂及有礙航行安全之船艙及船艉共計881.11公噸。據了解，阿瑪斯貨輪船體約21,000餘公噸，換言之，沒有打撈、移除的大部分礦沙及船體，已經遺留在海底充作人工魚礁，不再處理。然而，這些進入海域的船舶殘骸、鐵片，以及可能產生的鏽水與金屬離子，其對臺灣沿、近海域的影響實難評估。

在司法程序方面，臺灣屏東地方法院以民事案件判駁回原告，理由是被告在我國境內無登記之營業所，故該院並無管轄權，審理本案最適當者應為挪威法院。該院並認為：「海污法乃參酌1969年國際油污損害民事責任公約（CLC）立法例制定，故若本案件於我國法院為審理時，應參酌1969國際油污損害民事責任公約（CLC）及相關外國法院判例、國際慣例為解釋，我國並非該公約之簽約國，就公約之審理適用較為生疏，需花費較多的勞費審理此案，勢必壓縮其他案件審理的時間及勞費，不符合中華民國人民之公共利益，參以，所有與本件相關之證據及專業評估報告均係以外文做成，則在本院進行審理本案為證據調查時，尚需耗費時日就前揭報

告加以譯文或訊問相關國外鑑定證人時，不能使被告等人之訴訟上權益受到保護；反觀挪威不但自始即爲該公約之簽約國，且自1969年起之二十一年間，曾經多次適用該公約於其管轄之相類案件而有相當之經驗，從而考量訴訟之經濟、法庭之便利性，及裁判公平妥適，雖被告Amorgos等三人之請求以行爲地法即我國法爲準據法，本案仍應以挪威法院進行審理爲宜。」且認爲縱使獲得勝訴，也無法強制執行。

　　本案送挪威法院判決結果，雖然判決船東有義務賠償臺灣之損失，但核給金額甚低，僅有美金28萬8,889元，約爲九百多萬元臺幣，加上臺灣方面必須分攤約一千六百餘萬元之訴訟費用以及法院專家費用，導致我方實際上反必須支付七百多萬元新臺幣。觀諸我方提出三億多元的珊瑚復育費用、漁業復育費用以及觀光收入損失等，挪威法院認爲我方無足夠具體證明該損失，即便有衝擊，也必須仰賴自然復原而非人工魚礁或魚苗放流方式，加上環境監控結果顯示已在復原中，因此，僅需支付當時期之監控而非未來之監控費用。最後，環保署考量證據薄弱，且跨國訴訟曠日廢時，因此決定放棄上訴，改採庭外和解，包括阿瑪斯號油污染我方執行油污清除處理作業支出，由阿瑪斯輪船東互保協會（P&I）合計支付新臺幣6,133萬元，另該協會支付漁民漁業損失賠償金約新臺幣1億2,169萬元（支付漁會）、船舶移除費用約245萬美元（支付交通部，依當時匯率約新臺幣8,473餘萬元）及林木復育費用新臺幣180萬元、污染損害訴訟庭外和解金105萬美元，另支付屏東縣政府行政罰款新臺幣900萬元。合計償付我國公、私部門共約3億1,200餘萬元。

　　基於此次慘痛的經驗，環保署乃在次年將該日定爲「海域受難日」，也促使我國建構了更完整的海洋污染防治體系，增購相關設備以及人員教育訓練。不過，面臨日益頻繁的海上油污案件，我國是否已做好完善準備，因應可能發生的變局？特別是對於臺灣

周邊海域資源以及環境的認識是否足夠？資訊是否充裕？恐還是未定之數。挪威法院對於阿瑪斯號的判決結果，透露出我方的缺失在於「無直接證據」。的確，許多類似賠償案，當漁民要求補償漁業損失時，才會發現缺乏充分資訊而導致漫天叫價，或討價還價的狀況。而所謂的復原，是真正的復原，抑或缺乏基礎資訊而無法證實？更重要者，倘再次面臨此類災害，除迅速因應之外，是否能夠具備足夠的能力，循適當管道向外國籍船舶取得合理的補償，並能透過適當的長期監控機制，確保海洋環境的復甦？

第十章

海岸綜合管理

臺灣四面環海，海岸線曲折綿長，僅臺灣本島海岸線即長達1,100多公里。海洋因與海岸相連，故具有國土保安、學術研究、經濟發展與觀光遊憩等多方面的用途，甚至與海洋安全、海上防衛也密不可分。故在發展海洋的議題上，海岸管理成為重要的一環。本章將依序介紹臺灣海岸特質、臺灣海岸利用與開發現況、海岸防護與管理，以及海岸濕地保護等內容。

第一節　臺灣海岸地形與變遷

海岸地區（coastal zone）係指海洋與陸地相互交接、作用的地帶。狹義上僅限於海岸線附近狹長的沿岸陸地和近岸水域；廣義則指200浬專屬經濟海域或大陸礁層以內的較淺海域，包括沿岸陸地、河口三角洲、海岸平原、濕地、海灘和沙丘、珊瑚礁、紅樹林、潟湖和其他海岸地貌。其所形成的生態系（見圖10-1），包括生產者（植物）、消費者（動物）及分解者（細菌和真菌），對人類的生活與經濟發展，有者不可取代的地位與重要性。

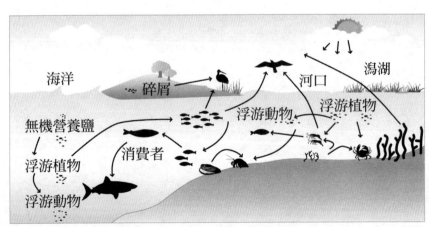

圖10-1　海岸生態系示意圖

臺灣自1988年解嚴後，海岸地區快速發展，形成自然海岸與人工

海洋事務概論

海岸兩類，茲分別說明如下：

1. **自然海岸**：也稱爲藍帶海岸，乃指自然地貌及生態系統未遭破壞的自然海岸。近幾年由於生態旅遊及海岸休閒風行，而被用於潮間帶巡禮、藍色公路、觀賞鯨豚、體驗漁業、濕地公園等。

2. **人工海岸**：也稱爲「經濟海岸」，乃用於農、林、漁、牧業及住宅、工業區、廢棄物處理等。

臺灣海岸究竟如何形成？有哪些種類？具有何種特質？目前又面臨何種危機？以下逐一介紹：

一、臺灣海岸之形成

臺灣海岸之形成，主要來自於地殼內在的板塊運動，其地貌也受外來作用的影響。依「板塊構造學說理論」，臺灣本島位於歐亞大陸板塊與菲律賓板塊交接處，其形成乃起源於新近紀（第三紀）末，上述兩個板塊產生碰撞而結合，造就臺灣東部高崖窄灘之特殊海岸地形；而碰撞時的縫合線，即形成花東縱谷。海岸形成後，外在的影響力即長年的海水運動，使得海岸地形地貌，產生各種變化。

海水運動最重要者爲波浪、潮汐及洋流。波浪乃海水周期性起伏的現象，遇有外力如颱風、地震、火山爆發等因素，則產生巨浪。海岸受到海浪沖蝕，外觀即不斷改變。其次爲潮汐，海水因受地球公轉、自轉、氣象變化以及太陽與月亮引力作用的影響，海面產生周期性升降運動，一次漲潮、落潮約12時25分，此即爲潮汐。潮汐有淨化海岸與河口的功能，並將一些海洋生物及泥沙，帶至漲潮線與落潮線間的「潮間帶」而影響海岸生態（見圖10-2）。由於海水密度不均勻所引起的海洋內部活動稱之爲洋流，而風吹海面亦能形成洋流。洋流有調節氣候的功能，在赤道及亞熱帶地區海域，受到炎熱的陽光照射，海水無法將熱量完全蒸發散入大氣中，剩餘的熱量即經由洋流帶往較冷的高緯度地區海域，產生調節海水溫度的功能。

潮上帶

潮間帶

潮下帶

圖10-2　潮間帶生態示意圖

　　波浪、潮汐及洋流等海水運動的巨大能量，對海岸地區產生侵蝕、搬運與堆積等改變海岸地形的現象。由於波浪不斷打擊海岸、海水溶解岩石以及挾帶的沙礫持續，對海岸產生經常性的侵蝕作用。如果波浪的進行方向與海岸斜交所產生的「沿岸流」會搬運砂石，例如臺灣西部由北向南的沿岸流，藉由海水的搬運作用，堆積成廣大的沙灘，以及沿岸沙洲、沙嘴、潟湖。

二、臺灣海岸之種類

　　臺灣海岸樣態繁多，依海岸之構成物質與生態，可區分為下列幾種：

　　1.因海岸構成物質不同，可將海岸分為岩岸與沙岸。

　　　⑴岩岸：係受波浪侵蝕而形成，岩層裸露，山崖逼近海面，海岸範圍較窄。其岬角與澳灣相間連綿不絕，高低起伏多變化，灣闊水深，如臺灣東北角海岸可為岩岸之代表。

　　　⑵沙岸：為沙灘或沙洲地形者，海岸線單調平直，海岸範圍廣闊，沿岸海水較淺，故可開闢為海水浴場及觀光遊憩場地，而不適合漁業及航運發展。如臺灣西部海岸多為沙岸地形。

2.依沿岸生態之種類差異，可將海岸分為珊瑚礁海岸與紅樹林海岸：

(1)珊瑚礁海岸：係由珊瑚、石灰藻類及其他軟體動物等生物堆積而成。珊瑚生長於岩礁上，死後成為石灰質礁石，其上不斷生長出活珊瑚，經過長久累積而成為珊瑚礁。珊瑚礁海岸出現在南緯25°至北緯30°間之溫暖及熱帶地區，臺灣即在此區域內，因此，恆春半島及臺灣東北角海岸、東部三仙臺與綠島、蘭嶼、小琉球、澎湖群島等，皆為珊瑚礁地形。常見之珊瑚礁，依其形狀可分為與陸地緊密相連之「裙礁」，如鵝鑾鼻裙礁海岸；珊瑚礁猶如一條長堤，環繞海岸外圍，與海岸隔著寬廣淺海區或潟湖，稱為「堡礁」，以澳洲大堡礁最為出名；環狀之珊瑚礁圍封中間之潟湖，稱為「環礁」，如我國轄屬之東沙環礁。

(2)紅樹林：生長在熱帶、亞熱帶海岸潮間帶泥質灘地，漲潮時即受海水浸泡。臺灣河口地帶，多有一連串泥質灘地，很適合紅樹林的生長，因此自臺北竹圍至屏東東港的西部海岸，紅樹林間斷分布成為紅樹林海岸。目前，臺灣北部地區的紅樹林以水筆仔為主，中南部地區則有海茄苳、五梨跤及欖李等品種。

三、臺灣海岸的特質

臺灣的海岸，北部、西部、南部、東部各具特色，而且差異甚大。

1.北部海岸：西起淡水河口，東至三貂角的萊萊鼻，全長約85公里。由於長期受到東北季風吹襲，引起強烈的波浪侵蝕，使得較軟的岩層凹入成為海灣，堅硬的岩層則切割成突出的岬角。北海岸岬灣曲折有致，奇岩怪礁隨處可見，饒富變化。北部海岸依區段，可分淡金火山海岸及東北角岬灣海岸。海岸的植物亦出現明顯矮化的風衝林，植種多為北部較高海拔下降的種

類，因而景致美觀多變
化，頗能吸引遊客前往觀
賞。

2. 西部海岸：為隆起海岸，
北起淡水河口，南至屏東
楓港，全長約460公里，
除澎湖群島為岩石外，其
餘大部分為沙質。由於河

圖10-3　位於臺灣北部濱海公路旁的南雅
　　　　奇岩。（方思堯提供）

川泥沙堆積以及西部地盤隆起，其地形多屬坡降平緩、單調平
直的沙質或泥質堆積海岸，且海岸多為平原及海埔地，亦有沙
灘、沙洲、沙丘及潟湖等，因而岸邊水淺，無良好港灣。由於
受地殼變動影響而持續隆起，使得海岸線向西推進，而與沿岸
沙洲迅速聯結，成為沼澤地或濕地，例如新竹海岸。如上沿岸
流帶著土沙移動，也形成有如高雄旗津半島的細長沙嘴。整個
西部海岸，僅高雄有珊瑚礁海岸，其餘則為礫質、沙質或泥質
海岸，依區段分為林口臺地斷層海岸、桃竹苗沙丘海岸、中彰
雲灘地海岸、嘉南沙洲海岸及高屏弧狀海岸等。西部海岸河川
流經平坦地形，至出海口地帶多為泥灘地，故多紅樹林植物。

3. 南部海岸：以恆春半島珊瑚礁海岸最具代表性。恆春半島海岸
自屏東楓港至滿州鄉九棚村，位於臺東大武斷層海岸與西部隆
起海岸之間，屬中央山脈末端臨海陸塊，南端有鵝鑾鼻及貓鼻
頭，中間有墾丁南灣。恆春半島主要是珊瑚礁海岸，有一些裙
礁，亦有因地殼上升所形成的珊瑚礁海階臺地，其間崩崖、沙
灘、沙河及沙丘交錯，較古老的珊瑚礁已上升至海平面成為石
灰岩。恆春半島季節性雨量不均，冬季雨量不足，其植物多為
南降型，以落葉植種為多，如九芎即屬較早出現落葉現象的海
岸植物。

4. 東部海岸：北起三貂角的萊萊鼻，南至恆春半島的旭海，全長

380公里，屬斷層海岸地形，東邊面臨太平洋。由於板塊作用、氣候以及地質脆弱等因素交互作用，使得海岸陡峻，海底坡度急遽下降，僅四十公里的距離，即降至四千公尺以下；而琉球海溝更深達七千公尺。東部海岸依區段分為礁溪斷層海岸、宜蘭沖積平原海岸，及蘇花、花東、大武斷層海岸。東部海岸山脈直逼海岸幾無腹地，亞熱帶森林生存空間受到極大的壓縮。

綜合而言，臺灣北部海岸多岬灣，景致優美多變；西部海岸多沙灘、泥灘，民眾容易接近，海埔地的開發、濱海工業區的設立，以及各種大型工程建設，擾亂了海岸的動態平衡系統；南部的恆春半島因古老珊瑚礁上升而高於海平面，已成為石灰岩；東海岸面臨太平洋，經常遭巨浪打擊而造成海岸崩退現象，也塑造了許多美麗的景觀。

第二節　臺灣海岸利用與開發現況

臺灣西海岸地形平坦，以往海埔地增長快速，明清以來，圍墾填海的開發行為未曾間斷。近年來，工商業發達，都市土地開發殆盡，乃往山坡地與海岸地區發展，然由於國土規劃欠當，保育觀念不足，以及各種土地競合使用的結果，衍生許多問題（邱文彥，2000）。此外，臺灣由於地理環境的因素，每逢颱風洪水即引發海水倒灌，侵襲四周海岸；而東部海岸更受到來自太平洋的巨浪直接衝擊；西部海岸則是暴潮高漲，甚多天然災害，海岸危機十分嚴重；更可怕者乃人為的破壞，包括濱海工業區開發、港口建築、河川砂石開採、水庫的興建、廢水排倒的污染、垃圾堆積、沿岸養殖及地層下陷等。不問天然或人為因素，均影響或破壞臺灣海岸環境。

目前臺灣海岸地區的利用，型態甚多，主要有農業、林業、畜牧、水產養殖、鹽業、工業區、發電廠、機場、港口與船塢、風景遊憩區、住宅社區、交通運輸設施、寶石及土石採取、污水及垃圾處

理、海岸保護工程、自然及生態保育、排水及防潮設施、石油及天然氣探採等（張長義，1999）。依行政院研考會1999年的資料，臺灣海岸已實施或規劃中的開發計畫甚多，自北向南，新北市有：淡海新市鎮造地工程計畫、淡水商港計畫、八里河水處理廠及海洋放流工程、八里林口填海造地、八仙樂園等（邱文彥，2000）。桃園地區有大園鄉沙崙垃圾掩埋場工程計畫、沙崙工業區、大觀工業區、觀音濱海遊憩區開發計畫、桃園科技工業區、關塘工業區、大潭濱海特定工業區、台塑北部深水港；新竹地區有新竹漁港特定區計畫、新竹市垃圾衛生掩埋場、新竹市浸水里垃圾場工程、香山海埔新生地開發工程計畫。苗栗地區有通霄火力發電廠、苗栗通霄海埔地開發計畫。

　　往南觀察，臺中地區有臺中港擴建計畫及工業區開發、臺中火力發電廠。彰化地區有彰化縣濱海地區垃圾壓縮填海及土地利用再生計畫、彰濱工業區開發工程、彰濱遊樂開發計畫、彰化大城、芳苑海埔地開發計畫；雲林有雲林特定區計畫、離島基礎工業區開發計畫；嘉義地區有鰲鼓工業區開發計畫、東石附近海埔地開發計畫、白水湖遊憩開發計畫及布袋深水港計畫；臺南地區有臺南縣中心漁港計畫、濱南工業區開發計畫、臺南科技工業區、安平港擴建計畫；高雄地區有興達海洋文化園區、興達海洋漁港、興達火力發電廠煤灰填築造地工程、永安天然氣接收站、高雄縣茄萣鄉、永安鄉及彌陀鄉海岸地區海埔新生地開發計畫、高雄都會區發展用地填海造陸實施計畫；屏東地區有大鵬灣風景特定區及枋寮遊艇碼頭規劃；東部地區僅有兩個計畫，即和平水泥專用區及杉原遊艇港建設計畫。

　　綜觀上述計畫，大都在西部海岸開發；東部多為斷層海岸，本不利開發；然東部海域是黑潮必經之地，具有開發海洋深層水資源的優越條件，2005年政府核定「深層海水資源利用及產業發展政策綱領」以來，已有包括臺肥等幾家公司正積極開發這項資源，初期集中於飲用水、化妝品的開發；臺灣電力公司也有意投入深層海水溫差發電。

第三節　海岸防護與管理

　　海岸的開發，有益於國家經濟的發展，唯應兼顧環境與生態保護，才是永續發展的正道。海岸地區敏感又脆弱，自然界的物理環境及人為的活動，都可能促使海岸環境改變，進而影響海岸的生態，故對於海岸的防護與管理至為重要。本節分述影響海岸環境的因素、防護海岸災害的對策及管理海岸的方法。

　　邱文彥（2000）指出，影響海岸環境的自然因素包括氣候、海岸過程、輸砂平衡量及相對水位等，現列舉說明如下：

1. **氣候**：影響所及包括海岸地區的水文、氣象及海象，而颱風暴潮更塑造海灘的斷面形貌；加以人類過度使用能源，造成全球暖化現象，使得氣候突變，尤其海水位上升，使得海岸自然環境及漂砂運動持續產生變化。

2. **海岸過程**：包括波浪、沿岸流、潮汐、風、河川流動等現象，不僅主控海岸地形地貌的變化，也影響海岸水質。

3. **砂源與砂量**：海岸地區的砂源主要為河川泥砂、海岸本身受侵蝕的砂石及外海的沉積砂等。海床上砂粒受碎波攪動成漂砂，在海中浮懸或沉降，浮懸的砂粒再隨沿岸流漂至下游，造成各種海岸地形及外貌。

4. **海水位上升**：不僅擴大浸水面積，改變動植物棲息環境，並加大海岸過程及漂砂對海岸的影響力，對海岸環境亦有重大影響。

5. **海水位變化**：造成海水位產生變化的原因，包括地質結構變動、地盤下陷及地球暖化等。

　　在上述因素的交互作用下，海岸環境產生變化，甚至造成災害。臺灣地區常見的海岸災害為海水倒灌（稱為暴潮）造成洪災，所帶來的巨浪破壞力強大，使海岸地區飽受威脅。根據研究顯示，造成臺灣地區海岸環境發生災害的主要原因，包括海岸地區因長期以來大量開

關魚塭而超抽地下水，使得地層下陷；未充分了解海象，難以整體評估新建工程可能造成對海岸的負面影響，增加了災害風險；在潮間帶填海造地，使自然濱海線消失；河口及近岸海域污染日趨嚴重等因素，以上人為的破壞，歸根究柢，乃缺乏專法規範及完善的行政協調所致（郭金棟等，1999）。

一、防護海岸的對策

美國聯邦主管機構針對海岸災害防護與保全的因應措施，包括颶風警報系統、暴潮區預測與劃定、疏散規劃、侵蝕研究與退縮建築線的設定、加強房屋建造規範及軟硬體海岸結構物建造等項（郭金棟等，1999）。

臺灣海岸的防災策略，根據學者研究，提出以下建議（邱文彥，2000）：

1. **採取審慎的規劃觀點**：海岸防災建設應考慮較壞狀況，作更安全的設計。
2. **強化海岸地區管理**：海岸防災乃海岸管理重要的一環，故加強海岸管理，有助於海岸災害防護的提升。
3. **整合洪水平原管理**：洪水平原有調節暴雨洪流的重要功能，故應建立一套整合性的洪水平原管理計畫。
4. **評選適宜的土地利用區位**：未來重大建設或主要新興聚落的發展區位，應進行海岸災害風險評估及適宜的區位評選，不能一味以人類需求為考量。
5. **強化開發許可制度**：藉由審議許可制度、限制區位劃定及環境影響評估的手段，強化災害預防的整體考量。
6. **強化洪水預報及應變救難體系**：為減輕流域及海岸洪水災害所造成的損失，應盡早預報降雨量及可能淹水的資訊，使政府及民眾及早警戒與防範。
7. **重視軟性工法及措施的應用**：軟性工法例如保育濕地、增加地

下水補注、人工養灘、廣植紅樹林等，在學理上可抗衡海平面升高的威脅（陳鎮東等，1994；郭金棟等，1999）。

8. **建立海岸環境資訊系統**：海洋與海岸資訊系統應予制度化，整合既有資訊機關的格式、系統及現有資料，使資訊得以充分公開使用。

9. **強化防災教育**：加強防災教育乃減輕生命財產災害損失最有效的方法。

10. **引進新的科技知識**：數值模擬技術、風砂預測與對策，以及工程壽命與設計風險機率準則的訂定等，均需引進國外新科技以資解決。

二、強化海岸管理

目前我國海岸管理的問題，行政院於97年5月5日送立法院審議的「海岸法草案總說明」中敘明：「綜觀我國現有海岸地區土地競用、誤用、濫用的情形普遍，地層下陷嚴重，海岸災害發生頻繁。此外，海岸地區的管理，因管理組織紛歧，權責時有重疊或不足，且管理方法寬嚴不一，缺乏全面性及有效性的管理手段。」對照「行政院國家永續發展委員會」針對「整合海岸管理和永續開發」議題所揭示的目標為：

1. 建構兼顧保育、防護與開發的海岸整體規劃體系，健全海岸管理基礎。

2. 自然海岸線比例不再降低，劣化海岸獲得改善。

證諸臺灣的海岸現況可知，目前的海岸管理尚有極大的努力空間。對此，行政院提出的策略如下：

1. 推動「海岸法」立法，以為未來海岸地區資源保護、海岸災害防護以及海岸地區利用管理之法源依據。

2. 推動「永續海岸整體發展方案」，維持自然海岸線比例不再降低，並回復海岸自然風貌。

3.復育劣化的海岸環境，持續監控海岸線變異點，並即時處理因應；整建改善海岸景觀及促進海岸土地管理合理化。

4.積極推動全民親海、識海、護海教育訓練廣宣活動。

至於具體作法，宜朝**健全海岸管理法制**的方向努力（邱文彥，2000）：

目前海岸管理規範散見於相關法律中，包括「中華民國領海及鄰接區法」、「中華民國專屬經濟海域及大陸礁層法」、「環境影響評估法」、「文化資產保存法」、「國家公園法」、「發展觀光條例及海洋污染防治法」等。刻正於立法院審議中的「海岸法草案」，對海岸的管理至為重要，其主要內容包括：

⑴海岸地區及直轄市、縣（市）主管機關管理的近岸海域範圍之劃定程序；

⑵整體海岸管理計畫的擬訂、變更的權責機關、核定程序及計畫內容；

⑶海岸保護區與海岸防護區的劃設原則及海岸保護、防護計畫的內容；

⑷海岸保護與防護計畫的擬訂、變更與廢止的權責機關及核定程序；

⑸整體海岸管理計畫、海岸保護計畫及海岸防護計畫公布實施後，其應定期通盤檢討的時間及得隨時檢討變更的情事；

⑹海岸保護與防護計畫公告實施後，計畫擬訂機關應協調有關機關，修正或變更其他相關土地使用計畫；

⑺為實施海岸保護、防護計畫，計畫主管機關得派員進入或臨時使用公私有土地、拆遷土地改良物，或協議變更、廢止、停止漁業權或礦業權，並對因而發生的損失，於必要時給予適當的補償；

⑻海岸地區的重大開發利用，應擬具海岸管理措施說明書，並徵得主管機關許可；

(9)為保障公共通行及公共水域的使用，近岸海域原則上不得為獨占性使用及禁止設置人為設施；

(10)在一級海岸保護區內，未經中央主管機關許可，擅自使用或改變原有狀態，與在海岸防護區內為海岸防護計畫禁止的使用，及在二級海岸保護區內為海岸保護計畫禁止的違法行為，或因而造成防護設施毀壞，或釀成災害者的罪責等。

三、設立合適的行政組織

近年來，我國對於海洋事務的行政組織頗為重視，有關成立海洋事務專責機關部分，先後擬議成立海洋事務部或海洋委員會。2010年1月12日，立法院第七屆第四會期通過行政院組織改造方案，決定成立行政院海洋委員會，並可望於2013年開始實施。即將設立的行政院海洋委員會，本身已具有與各部會協調的功能，其下又可設機關（「中央行政機關組織基準法」第33條），不僅位階高，復具有決策、協調及執行權限。海岸與海洋密不可分，海岸管理應屬海洋事務重要的一環，且牽涉許多部會的權責，需要充分的溝通協調，故未來關於海岸地區的保護與利用所需建立的管理機制，宜隸屬於行政院海洋委員會（胡念祖，1997；邱文彥，2000）。

有關海岸管理的機制，除了健全海岸管理法制及設立合適的行政組織，其他重要事項尚包括：建立海岸資訊系統；劃定海岸資源保存、災害防護與限制發展地區；擬定整體海岸管理計畫等（邱文彥，2000）。

第四節　海岸濕地保育

「濕地」的定義眾說紛紜，國際間普遍採用1971年於伊朗拉姆薩簽訂的「特別作為水鳥棲息地的國際重要濕地公約（Convention on Wetland of International Importance, especially as Waterfowl Habit of

1971）」，簡稱「拉姆薩公約（Lamsa Convention）」。該公約界定濕地為：「不論天然或人為的、永久或暫時的、靜止或流動的、淡水、半鹹水或鹹水，由草澤、泥沼、泥炭地或水域所構成的地區，包括低潮時水深六公尺以內的海域。」此定義包含甚廣，不論高山湖泊、溪流以及淺海皆屬之。換言之，內陸與海岸濕地均包括在內（邱文彥，2000）。

一、濕地的功能

濕地的主要類型有河口、紅樹林與潮間帶、洪水平原與三角洲、淡水草澤與湖泊、泥炭地以及林澤等六種（邱文彥等，1998），而人工濕地如魚塭、水庫、水田等，亦扮演若干濕地角色，例如美國維吉尼亞州利用高速公路旁土地建造濕地，因而獲得「綠色高速公路」的美稱。

濕地就社會經濟、環境品質以及海岸生態方面，其功能與價值簡述如下：

1. **社會經濟**：濕地具有蓄水的功能，可以容納過多的雨水，達到調節水位，控制洪水的的效果，並可防止海岸的侵蝕及供應地下水。除了提供釣魚、貝類採集、景觀遊憩的場所外，尚具有教育與科學研究等功能與價值。

2. **環境品質**：濕地具有過濾污染、淨化水質的功能。當河水挾帶著污染物流經濕地時，濕地上的水生植物，如水草、蘆葦、香蒲等，會使水流速度減緩，且讓污染物沉澱在濕地的底部。此外，還可製造氧氣、吸附重金屬及化學物質；並具有微氣候調節、臭氧層調節等功能。

3. **海岸生態**：濕地孕育了許多水生動、植物，包括昆蟲、魚、蝦、貝類，而這些動、植物恰好成為鳥類最佳的食物來源；許多稀有與瀕臨絕種的動物，必須依靠濕地供給食物才能夠繼續生存下去。

二、濕地的類型與分布

臺灣的地形地貌頗富變化，有高山、丘陵、平原；而西海岸連接平緩的大陸棚，使得水流和緩，西流入海，在海陸交界處形成河口、沙洲、潟湖、沼澤及海埔地等各種濕地，而主要濕地大部分在臺灣西部，尤以西南沿海最多。

根據中華民國野鳥學會估計，臺灣濕地面積約有1.2萬公頃，分布在7個地區，共16個處所，包括宜蘭地區的蘭陽溪口、竹安、五十二甲、無尾港；臺北地區的挖子尾、關渡、立農、華江橋；新竹地區的港南；彰化地區的大肚溪口；嘉義地區的鰲鼓；臺南地區四草、曾文溪口；屏東地區的高屏溪口、龍鑾潭，以及臺東地區的大陂池等（劉靜靜，1995）。

若依臺灣大學地理系張長義教授的調查（1995），臺灣全島共有22個海岸濕地，即宜蘭縣的無尾港、五十二甲、蘭陽溪口、竹安濕地；新北市淡水河口濕地；新竹縣新豐紅樹林濕地；新竹市南寮及香山濕地；苗栗縣竹南紅樹林濕地；臺中市高美濕地、臺中港及大肚溪濕地；雲林縣成龍濕地；嘉義縣鰲鼓、朴子溪口、新塭及好美寮濕地；臺南市北門、七股及臺南市濕地；高雄市永安紅樹林濕地；屏東縣鎮安濕地等。

上述濕地尚未將潟湖、海埔地等納入。此外，更有人工濕地，例如高雄市澄清湖大門口的蔦松濕地，係由沉砂池演變、規劃而成「濕地教育公園」（邱文彥，1999）；陽明山竹子湖一處凹地，經發現有臺灣原生水韭生長而受到保護。

臺灣的濕地既多且廣，然而數十年來，面臨各種開發計畫、工業污染、廢水排放及廢棄物傾倒等威脅，濕地的保護與管理已是刻不容緩。

三、臺灣濕地的保護與管理

臺灣濕地的保護與管理在民國102年6月18日「濕地保育法」三讀通過前，一直未有專法，乃散見於其他相關法規。如民國61年，政府為保護國家特有的自然風景、野生動植物及史蹟，並供國民育樂及研究，制定「國家公園法」，迄2012年8月，已設立墾丁國家公園、玉山國家公園、陽明山國家公園、太魯閣國家公園、雪霸國家公園、金門國家公園、東沙環礁國家公園及台江國家公園共八座。其範圍以陸域為多，而墾丁國家公園、東沙環礁國家公園及台江國家公園的範圍則跨海域及陸域，對臺灣濕地的保護，產生一定的效益。茲以民國98年10月15日才正式公告設立的台江國家公園為例，說明設立國家公園對濕地保護的效用：

1. **範圍**：位於臺灣本島西南部，陸域整體計畫範圍由北至南，以青山漁港南堤至鹽水溪南岸的沿海公有土地為主，計畫總面積39,310公頃，其中陸域面積約為4,905公頃；海域部分，沿海以等深線20公尺作為範圍，以及鹽水溪至東吉嶼南端等深線20公尺所形成的寬約5公里、長約54公里的海域，面積為34,405公頃。

2. **景觀特色**：海埔地為台江國家公園區域海岸地理景觀與土地利用的一大特色。由於臺南沿海海岸陸棚平緩，由西海岸出海的河川輸沙量很大，且因地形與地質的關係，入海時河流流速驟減，所夾帶的大量泥沙淤積於河口附近，加上風、潮汐、波浪等作用，河口逐漸向外隆起，形成自然的海埔地或沙洲。在近岸地帶形成寬廣的近濱區潮汐灘地的同時，在碎浪區則形成一連串的離岸沙洲島，成為另一特殊海岸景觀。公園範圍內的重要濕地計有四處，包含國際級的曾文溪口濕地、四草濕地，以及國家級的七股鹽田濕地、鹽水溪口濕地等，形成海埔地、沙洲與濕地特殊地形、地質景觀。

3. **海域生態**：河口濕地的生產力遠高於一般的農田，充分的食物吸引野生的魚蝦、蟹貝在此棲息繁殖，形成豐富的生物資源。根據臺灣濕地保護聯盟1998年的研究調查發現，在曾文溪口及鹿耳門溪口地區，至少發現205種貝類、240種魚類、49種螃蟹……等，足以說明此區為生態重要區域。例如僅四草濕地一處就有十種招潮蟹；而鹽水溪口更是目前全臺灣唯一可以發現十種招潮蟹且數量最多的地區。

4. **陸域生態**：台江國家公園區大多原屬台江內海，二百多年來，由於淤積陸化，逐漸被開發成鹽田、魚塭及村落。因其位在亞洲水鳥遷徙的路線上，每年秋、冬季節都會有數以萬計的候鳥經此南下過境，或留在鹽田、魚塭及河口浮覆地度冬。根據臺南市野鳥學會歷年所做調查，台江國家公園區域出現的鳥種近200種，其中保育類鳥類計有黑面琵鷺等21種，主要棲息地則有曾文溪口、七股溪口、七股鹽田、將軍溪口、北門鹽田、急水溪口、八掌溪口等。

台江國家公園區由於開發較早，棲地環境受人為干擾較多，因此哺乳動物多為平地常見的物種，目前已知共發現11種，包括小型非森林哺乳類如東亞家蝠、錢鼠、鬼鼠等。園區亦發現兩棲類、爬蟲類各5種，其中虎皮蛙、貢德氏蛙、蓬萊草蜥、錦蛇及眼鏡蛇均為珍貴稀有保育類野生動物。由於台江國家公園大都是已開發地區，樹林少且人為活動較頻繁，陸棲無脊椎動物種類目前已知約有螢火蟲，蝴蝶等26種，其中的臺灣窗螢，以前在本區族群量較多，但現已少見，可於本區進行復育，推廣平地生態旅遊賞螢活動。

5. **植物資源**：公園境內植物種類頗多，依據工業局臺南科技工業區環境監測（2005）及臺南市野鳥學會、高雄縣野鳥學會的調查發現，僅大四草地區即達55科151屬205種，其中較珍貴或稀有者，除海茄苳、水筆仔、欖李、紅海欖等四種紅樹林外，尚有如白花馬鞍藤、禾葉芋蘭、苦檻藍、海南草海桐、土沉香等

沙地及鹽地植物。

民國71年公布的「文化資產保存法」訂定了自然保留區管理維護規範，禁止改變或破壞其原有的自然狀態。其主管機關在中央爲行政院農業委員會，在地方爲直轄市政府及縣市政府（第4、84條）。民國83年公布的野生動物保育法，首度將濕地概念納入法律中（施行細則第5條），對於野生動物的範圍、棲身環境的保護，以及野生動物的保育與例外，皆有明確的規定。

民國89年公布的「海洋污染防治法」，乃對海岸濕地污染防治最重要的法律。其第2條適用於潮間帶的上覆水域，對海岸濕地污染的防治，具有重大作用。該法第15條禁止公私場所任意排放污水於自然保留區、生態保育區、國家公園的生態保護區、野生動物保護區、水產資源保育區等區域；第4～6章並揭示海域污染、海上處理廢棄物污染、船舶對海洋污染的防止規定；違反規定造成損害時，船舶所有人應負賠償責任（第33條第1項）；違反本法規定者，對行爲人或負責人設有刑事罰及行政罰的處罰規定（第8章）。

綜觀上述規定，政府對濕地的保護已逐漸重視，而全民保育觀念的建立更爲重要。未來對濕地的定義、調查、分類、劃定及保護爲最關鍵的課題；對濕地的保護與管理亦應持續討論研究，以建構完整的濕地保育政策（邱文彥，2000）。

海洋觀察站

海岸的美麗與哀愁

生命來自海洋，在演化的過程中逐漸向內陸遷移、發展。當靈長類動物在三百萬前演化出能以後腳站立的類人猿，又開始由內陸一步一步地走向海洋。當這群人類的遠祖回到了生命的起源處，面對浩瀚無垠的海洋，心裡想的會是什麼呢？湛藍的海水，能否勾起基因裡對遠古的記憶？不管答案是什麼，他們終究定居了下來。因

爲海岸有豐富的食物可免於飢餓，美好的景觀撫慰了長途跋涉的疲憊身心，而海洋的變幻莫測滿足了好奇心和冒險欲；因之而起的海洋活動，也是吸引更多人群聚集在此的原因。隨海洋而來的挑戰加速了人類的演化，文明也逐漸在陸海交會的海岸建立起來。時至今日，地球上最大的二十個城市，除了莫斯科和墨西哥，全部建立在海岸上。千萬年來，海岸爲人類負載了文明的重量，提供了大部分的生活資源；而人類回饋給它的又是什麼呢？

　　其實，不只人類喜歡海岸，海洋中的水族亦然，因爲河川從內陸帶來豐富的營養物質，滋養了沿海的動、植物，也建構了環環相扣的食物鏈和生物多樣性。就以臺灣環島的海岸地區來說，除了魚貝蝦蟹等豐富的水產，還有與人類同屬哺乳類的鯨豚，也在離岸不遠處覓食繁衍、悠遊嬉戲。位居食物鏈最上層的人類，原可以在滿足生活所需之餘，以感恩的心善待海岸，並與這些水族和平共生，分享海岸的富饒與美好。無奈，人類的需要有限，欲望卻無窮，當海岸聚居了全球半數以上的人口，除了興建港口、養殖水產，爲了無止盡的經濟發展、運輸及排污的方便，海岸首當其衝被當成工業生產基地。僅就臺灣而言，從南到北大約五百公里的西部海岸，除了三座核能發電廠，更有數不清的工廠每天向空中和大海吐出大量的毒氣、污水和垃圾；近幾年來，幾乎所有的重大開發案如中龍鋼鐵、臺中工業區、中科污水處理廠、彰工電廠、彰濱工業區、海上風力發電機、大城工業區、台塑六輕、台塑煉鋼、大安大甲溪聯合供水計畫、大肚溪攔河堰計畫、湖山水庫……全都鎖定這條臺灣人的生命帶，而爭議最大的莫過於準備以填海造陸的方式興建的「國光石化廠」，因爲此一與海爭地的建設計畫一旦付諸實施，將侵越終年定居在離岸三公里、一群本已瀕臨絕種危機的中華白海豚生活的海域，。

　　到底經濟發展和生態保育孰重？這個問題就像雞生蛋，還是蛋

生難一樣難有定論。試觀在長江中下游已生活千百年的白鱀豚，卻在2007年正式宣告絕種的悲劇，是否正與長江近年來喪失既有的水量調節功能，導致旱潦相尋的原因若合符節？如果我們肯定人類的生活圈也是生態系的一環，那麼當位居食物鏈中、下層的海岸動、植物，相繼因人為造成的環境惡化而滅絕之後，沿海而居的人類將何以為生？

　　白海豚生命的延續和國光石化廠計畫的存廢，或許只是「個案」；但若不能因此而提高警覺，防患於未然，任由海岸持續地被人類的貪婪所啃蝕，以致加快全球暖化造成氣候變遷和海平面上升的趨勢，只怕珊迪颶風摧殘海岸城市的代表──紐約──的浩劫，將不會只是個「個案」。

第十一章

海洋資源保育

海洋面臨人類過度利用、污染、漁撈、海岸開發所造成的壓力亟待解決。海洋漁業資源在近六十年以來，過度利用的商業系群比例從10%增加到30%（FAO, 2012）（圖11-1）。如果情況持續沒有改善，到2050年左右，商業性魚種可能完全消失（Worm et al, 2006），經濟價值的鮪魚、龍蝦和比目魚等美味魚鮮，將成為舌尖味蕾的永恆回憶。本章重點在於說明如何透過海洋資源評估，國際法規規範以及漁業管理、海洋保護區等各種方式落實生態系管理，使海洋資源能為人類永續利用。

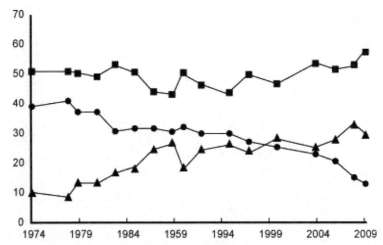

圖11-1　海洋資源商業物種利用狀態（1974～2009）

參考資料：FAO, 2012.

說明：三角形表示過漁系群比例，方形表示充分運用系群比例，圓形則為未完全開
　　　發系群比例

第一節　海洋生物資源評估

海洋動、植物為再生性資源，其特質是有能力再生；然一旦破壞超出某程度，資源就無法重建。漁業資源評估係指在理想種群

（stock）條件下，利用統計（statistical）及數理模式（mathematical model），分析捕撈方式對於種群數量的影響。主要目的在於利用商業漁獲資料，例如以漁獲量（yield）、漁撈努力量（fishing effort）來估算資源量及生產力，進而模擬在不同狀況下，環境（捕撈努力量）對種群的影響，並希望設定最大可持續生產量（maximum sustainable yield, MSY）（圖11-2）。資源評估能提供管理者作爲制定管理措施的參考；管理目標可以廣泛地包括生物面、經濟面、休閒面以及社會面，使得管理措施的訂定更顯複雜而不易（Hilborn & Walters, 1992; Sparre & Venema, 1998）。

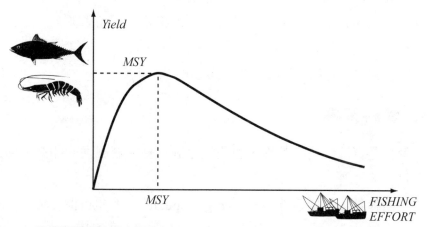

圖11-2　漁業資源評估基本概念
參考資料：Sparre & Venema, 1998.

　　生態學上的族群（population）指的是特定時間在特定區域的同種生物；在漁業科學研究中，則以系群（stock，或稱種群）作爲管理單位。系群的定義爲：一群相同物種的生物，棲息於特定範圍水域、並擁有共同的生物參數（如成長率與死亡率）的群體。例如大西洋黑鮪爲一個物種；但爲地理上的區隔，以及爲達管理之目的，又分爲東大西洋與地中海，以及西大西洋等兩系群。在定義系群的過程中，必須了解該系群的繁殖場、育幼場、分布範圍，因此可將一系群進而分

為補充群（recruit）及剩餘群（surplus）或親群（spawning stock或稱 spawning biomass）。補充群指的是初次加入系群，可被捕撈的群體；而親群則是成熟且具繁殖能力的生物體。

一個自然資源族群量（P）的變化，來自於加入量與減少量。加入量包括新生與成長，減少量則包括自然死亡與漁獲死亡。用數學式表示自然增長量或稱剩餘生產量的觀念，為補充量（R）加生長量（G）減去自然死亡量（M）以及漁獲死亡量（F），即P＝（R+G）－（M+F），此稱為「Russel方程式。」人類利用生物性資源需考慮其永續性的問題，大多以「持續產量」的觀點，發展出不同的理論或模型。因此，理論或模型中估計可容許使用量，大多會考量原始資源量（virgin biomass）、年齡及性別組成、空間性、現有資源分配、自然死亡率等。

完整的資源評估的過程至少必須包括以下步驟：

一、資料蒐集

資料是資源評估的基礎，也是決定評估結果準確性的關鍵。漁業資料包括：

1. **漁獲量**：包括目標魚種（target species）與非目標物種（non-target species）、丟棄（discard）、意外混獲（incidental catch，或稱bycatch）物種的漁獲量資料等。其中目標魚種資料可經由船長填報漁獲日誌得到；至於非目標物種，往往受限於船長的時間、關注程度以及辨識物種能力而難以取得，因此需透過觀察員得到較詳細之資料。

2. **漁撈努力量**（effort）：定義因漁業而異，可以是作業天（魷釣）、作業網次（圍網、刺網）、作業鉤數（延繩釣、一支釣）、作業時數（拖網），可透過漁獲日誌或進出港資訊取得。許多國家近年開始以漁船監控系統（vessel monitoring system, VMS）取得更精準之作業努力量。

3. **生物性資料**：包括體長量測（見圖11-3）、重量、性別、捕撈時狀態（死／活）以及孕卵與否（生殖成熟階段）等，此資料可由船員量測記錄於漁獲報表，或者港口採樣員、觀察員記錄取得。

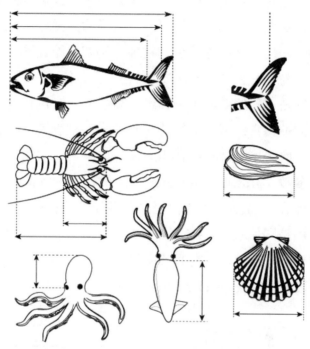

圖11-3　不同海洋物種的體長量測方式

參考資料：Sparre & Venema, 1998.

4. **環境資料**：例如海象資料、海面表水溫等。此部分亦多仰賴觀察員或大氣遙測資料而得。

5. **經濟資料**：包括魚價、成本、能源、就業狀況、船員狀況等，可透過問卷或港口查報等方式調查得知。

　　以上資料多來自商業性漁業活動，可能有資料品質參差不齊以及調查水域侷限的問題。欲解決此類問題，可仰賴非漁業資料（fishery-independent data），例如由研究船進行特定海域的探測、標識放流以

分析成長、死亡率等，以確保資料品質，降低不確定性。

二、生物性參數估算

　　生物參數是資源評估的基本參數，也是了解系群特性的第一步。例如對於成長迅速以及短壽命的物種，如鯖魚、魷魚等頭足類，其產卵數較多、繁殖能力較快，相對可容許較高的漁獲量。而對於成熟期較長，繁殖較緩慢、孕卵數較少的物種，例如黑鮪、鯊魚，就必須更謹慎的利用。常用的生物性參數以及評估方式包括：

1. **年齡判斷**：對於海洋生物年齡判斷的方式，可利用硬形質作為判斷標準，常用者包括鱗片、耳石、脊椎骨等，可透過讀輪的方式，推估其年齡，甚至日齡。

2. **生長參數**（growth parameters）：例如透過Von Bertalanffy 生長方程式、Logistic生長方程式等了解成長速度。此外，透過體重─體長關係式以及成長方程式（見圖11-4），能將漁獲個體從體重換算為體長，進而轉換為年齡（catch at length），以了解漁獲年齡組成（ catch-at-age）。

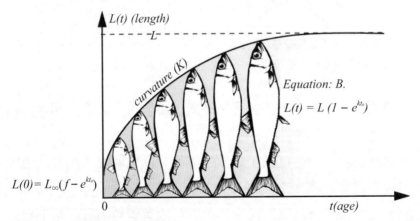

L(t) (length)

L∞

curvature (K)

Equation: B.

$L(t) = L (1 - e^{kt_0})$

$L(0) = L_\infty (f - e^{kt_0})$

0   t(age)

圖11-4　Von Bertalanffy 成長方程式
參考資料：Sparre & Venema, 1998.

3. 死亡率：可分爲自然死亡率（natural mortality，以M表示）
以及漁獲死亡率（fishing mortality，以F表示）。自然死亡率
較不易估計，在生物早期之自然死亡率較高，待成爲補充群
之後，就以漁獲死亡率爲多。漁獲死亡率可利用單位努力漁
獲量（catch per unit effort, CPUE），以對數形式估算（見圖
11-5），亦可透過標識放流（tagging）推估。

---

cohort（同期群）

cohort 指同一時期（年或季）出生的群體。在估算自然死亡率
時，通常會將系群切割爲不同的cohort。出生初期的cohort會有較高
的自然死亡率；成爲補充群之後，則會受到漁獲死亡率的影響（圖
11-5）。

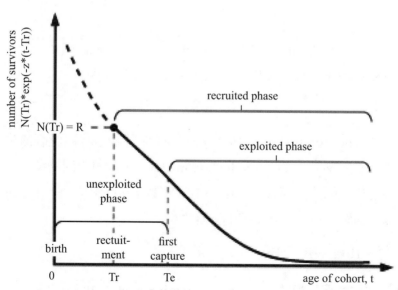

圖11-5　漁業資源COHORT評估基本概念
參考資料：Sparre & Venema, 1998.

三、資源評估常用模式

1. 剩餘生產量模式（Surplus production model）

剩餘生產量模式由Schaefer於1954年創立，此模式以Russel方程式為基礎，利用Logistic描述資源變化，架設E為漁獲努力量，B為生物量，r為族群內在成長率，q為漁獲係數，則產量（Y）為漁獲努力量及生物量的函數。套入相關漁獲資料，則可以估算得到最大持續生產量。

$$\frac{dB}{dt} = rB - \left| \frac{rB^2}{B_1} \right| qEB$$

提出資源應為Gompertz種群成長曲線，推導出Fox模式（見圖11-6）。

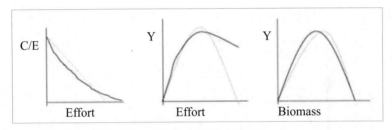

圖11-6　Schaefer模式（虛線）與Fox 模式（實線）之比較
資料來源：莊等，2008。

Pella and Tomlinson 於1969年結合前述理論，提出**泛剩餘生產量模式**（generalized surplus production model），針對不同物種，調整參數以因應相異的成長模式，其中r、H為常數，m為乘冪。其中當m=2時為Schaefer模式，m<=1時類似Fox模式。

$$\frac{dB}{dt} = HB^m - rB - qEB$$

2. 單位加入漁獲量模式（yield per recruit model, YPR）

此模式於Beverton and Holt為1957年開始發展，又稱為**動態綜合模式**（dynamic pool mdel）。本模式進一步將系群切割成不同世代，

分爲補充群與親群，Beverton and Holt以積分方法處理，稱爲Beverton and Holt模型。

$$Y = FRW\infty e^{-M(t_c - t_r)} \left[\frac{1}{F+M} - \frac{3e^{-k(t_c - t_0)}}{F+M+K} + \frac{3e^{-2k(t_c - t_0)}}{F+M+3K} - \frac{3e^{-3k(t_e - t_0)}}{F+M+3K} \right]$$

$$\{ -e^{-(F+M+nK)(t_\lambda - t_c)} \}$$

其中Y = 漁獲量，F = 漁獲死亡率，W_{00} = 極限體重，M = 自然死亡率，t_c = 漁獲開始年齡，t_r = 加入年齡，t_0 = 體長爲0之年齡，t_λ = 壽命。

3. **親魚一補充群模式**（Stock-recruitment model）

對於補充群（R）與親群（S）的關係模式主要有Ricker（1954）與Beverton and Holt（1957）兩類，Ricker認爲補充群應隨親群數量增加而下降，而當親群達到某一水準時，加入量必須超越，否則族群數量會下降，其模式爲$R = \alpha Se^{-\beta S}$，前述之α、β爲常數。因此，Ricker模式的曲線會通過原點，當親群數量增加到一定水準後，補充群數量會下降（如圖11-7），Ricker模式可適用於鮭魚等族群生存策略屬於r策略的魚種，也就是會儘快增加補充群以維持族群數量的物種。

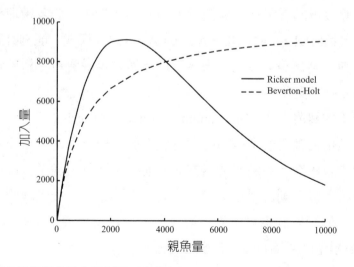

圖11-7　親魚量與親魚量之關係圖（實線爲Ricker模式、虛線爲Beverton and Holt模式）

而Beverton and Holt模式雖然同樣具有曲線會通過原點等特性，不過B-H認為加入量隨親魚量增加而增加，且會趨近於穩定，不因為親群持續增加而下降，其模式為$R = \alpha S/(1 + \beta S)$，其中$\alpha$為最大補充群數量，$\beta$則可視為$\alpha/2$補充群的親群數量。Beverton and Holt模式則適用於壽命較長、生長較緩慢的底棲性魚類（生存策略傾向K策略，亦即儘力達到最高環境乘載量的物種）。

以上兩種模式雖略有差異，但基本上都需要符合連續性以及穩定性，以及物種本身親群以及補充群會維持一定的穩定關係，而不會輕易劇烈變動。

4. **年齡群解析模式**（virtual population analysis, VPA）

此模式將系群按照年齡切割，利用商業資料換算所得每個年齡群的數量，其中自然死亡率可為合理之假設值，可因年齡而異。模式原理如下：

$$C_t = \frac{F_t}{Z} N_t (1 - e^{-M + F_t})$$

其中C_t為t年之捕獲數量，F_t為t年之漁獲死亡系數，N_t為t年之資源尾數，以上公式可利用商業資料以及電腦反覆運算，求得漁獲死亡率

因應發達的電子計算機技術，1990年代之後，許多數理模式應運而生，包括MULTIFAN-CL、ASACLA、SS3等模式，能夠針對多漁業（如鮪釣、圍網等）投入不同參數以及漁獲年齡資料，對於資源評估的精準度有所提升。

5. **漁業生物經濟模式**（bioeconomic model of fisheries）

漁業生物經濟模型是同時考慮生物面及經濟面的分析，其理論可應用於實證研究及規範研究兩方面。前者主要針對漁業技術進步的影響來分析；後者則針對漁業管理的必要性與方法，提供理論依據，特別是在一個管理計畫實施的初期。在生物經濟學中，一般以Gordon-Schaefer模型（見圖11-8）表達此觀念。

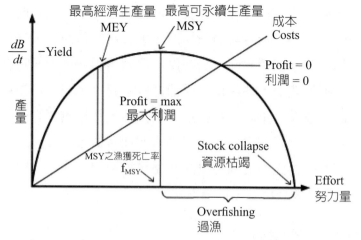

圖11-8　MSY與MEY之基本模式

　　針對「過漁」現象，Gordon認為須由大型公司、漁業合作社或政府等壟斷機構來管理漁業，才能使漁業資源得以挽救，因而提出「最大經濟產量」（maximum economic yield, MEY）的管理目標。

Gordon-Schaefer模型

　　Gordon（1954）運用Schaefer Model加入成本及收益，由共有財產的角度，使用經濟理論説明開放性（open-access）漁業經營達均衡時，漁獲努力量$E^* > E_{MSY}$將使漁獲量低於MSY，會產生「過漁」現象（MSY與MEY之基本模式）。

　　由圖11-8可知生物經濟達均衡時，漁獲努力量$E_{MEY} < E_{MSY}$。若$E > E_{MEY}$使漁獲量低於MEY時，稱「經濟性過漁」現象（將$E > E_{MSY}$使漁獲量低於MSY時，稱「生物性過漁」現象）。

　　此外，人類對海洋魚類資源之開發利用，若依同種魚類資源之使用國家數，可區分為單國開發及多國開發；依漁法種類的多寡，可分為單漁法開發及多種漁法開發（或稱為複漁法開發）；依捕撈對象魚

種的多寡，可區分爲單魚種開發及多魚種開發。在多國共同開發同種魚類資源的情況中，依各國漁法異同，可分爲同質漁法開發及異質漁法開發。即使各國使用相同漁法捕撈，但因捕撈技術、漁具材料、漁場資訊、船型性能等，往往使各國捕撈效率有所不同，可視爲異質漁法捕撈。除上述外，不論生物面還是經濟面，都是處於動態；加上生物系群間存在著複雜的生物學上關係（如捕食與被捕食關係、競食關係等），因此，再生性資源經濟的理論或模型還有很多。同時要建立完整又精確的理論或模型，實屬不易。

四、管理決策機制

由於漁業資源評估數理模型日益複雜，在眾多指標當中，現存及理想狀態下之漁獲死亡率（fishing mortality, F），以及生物量（biomass, B）的比值成爲管理決策之用。當現有生物量高於理想生物量（$B_{current}/B_{threshold} > 1$），表示資源量處於健康狀態；反之（$B_{current}/B_{threshold} < 1$）則表示已經過漁（overfished）。現有漁獲死亡率低於理想漁獲死亡率（$F_{current}/F_{threshold} < 1$），表示捕撈尚未過度；反之（$F_{current}/F_{threshold} > 1$）則爲過漁中（overfishing）。組合之下可有四種情況，包括㈠資源量低，且正在過度捕撈；㈡資源量健康，但正在過度捕撈；㈢資源量低，但未過度捕撈；以及㈣資料量健康，且未過度捕撈。其中對於第一類（圖11-9左上角狀況），表示資源量已經不足，卻仍有許多漁船捕撈，需要更多的管理措施才有助資源恢復。

	B＜B目標值	B≥B目標值
F≥F目標值	㈠低系群量且正在過度捕撈	㈡系群量充裕但正在過度捕撈
F＜F目標值	㈢低系群量但已合理利用中	㈣系群量充裕且利用合理

圖11-9　漁業資源管理目標

第二節　海洋資源保育法規

有鑑於資源被大量利用，各種保護海洋資源的做法紛紛被提出，針對前述各項海洋資源保育的具體做法，可就發展概分為三階段：

一、初期階段：1950～1960年代

1958年「大陸礁層公約」第50條第7款規定：「沿海國有義務在安全區域採取一切適當措施，以保護生物資源不受有害物劑的損害之義務。」這一規定只限於為開發大陸礁層而設立的安全區內所採取的措施。

1963年「國際自然保育聯盟（International Union for Conservation of Nature, IUCN）」公開呼籲各國政府，正視野生動植物族群因野生物國際貿易所造成的威脅。

二、發展階段：1970～1980年代

1973年6月21日，「瀕臨絕種野生動植物國際貿易公約（Convention on International Trade in Endangered Species of Wild Fauna and Flora, CITES）」在美國首府華盛頓簽訂，並於1975年7月1日正式生效。該公約主要是運用經濟手段，將瀕危動植物列為貿易管制物種；而對於不遵守公約條款或大會決議的國家，亦採取限定、暫停或號召其他國家終止與其貿易的方式強化執法。該組織成員國日增，迄2012年已達176個，在保護野生動植物資源方面取得的成就及享有的權威和影響，已成為當今世界上最具影響力、最有成效的環境保護公約之一。在海洋生物方面，包括數種鯨豚以及三種鯊類（鯨鯊、大白鯊、象鮫）列為附錄物種；大西洋黑鮪、寶石珊瑚曾於2010年被列入附錄一及附錄二討論案，但最終未達共識。（華盛頓公約附錄一物種為禁止國際貿易，附錄二為需要證明文件始能進行國際貿易，附錄三則為

區域性貿易管制）

　　1982年「聯合國海洋法公約」規範各國應該建立必要機制，預防和控制海洋環境污染，保育生物與非生物資源，強化教育訓練和國際合作。特別對於生物資源保育，特別要求沿海國應該依據獲得之科學資訊，決定其專屬經濟海域內生物資源的可捕量（第61條）；倘缺乏足夠能力使用時，可透過協定或其他安排准許其他國家捕撈（第62條，因此成為入漁協定之法源）；對於出現在兩個或以上的沿海國專屬經濟水域或出現在專屬經濟海域內外的跨界物種，由相關國家協商或透過分區或區域組織達成協議（第63條）；對於高度洄游魚種，則可透過國際區域性漁業管理組織以合作運用該資源（第64條）。

三、成熟期：1990年代後

1. 生物多樣性公約

　　由於相關研究逐漸體認到：環境永續的目標不僅是保育少數瀕危物種，而是自然界必須維持多樣化的生態系、物種與基因。因此，世界各國領袖於1992年6月5日在巴西里約熱內盧「地球高峰會議」簽署「生物多樣性公約（Convention on Biological Diversity）」，將保育的範圍擴大到生態系與基因。

　　生物多樣性為人類提供食物、醫藥與工業原料，也提供人類賴以生存的生命維持系統，如穩定水文、調節氣候、保護土壤、促進元素循環，以及維持生態系統的演化過程。訂定「生物多樣性公約」最主要的目的就是要透過締約國的努力，來推動並落實三大目標：⑴保育生物多樣性；⑵永續利用其組成；⑶公平合理的分享。目前，國際上已有一百多個國家完成或著手制訂國家生物多樣性策略與行動計畫，這也是全球第一次對自然資源管理進行綜合性、且範圍廣泛的規範。

2. 二十一世紀議程（Agenda 21）

　　聯合國環境與發展會議（United Nations Conference on Environment and Development, UNCED）1992年通過「二十一世紀議程」，其

中第17章特別強調：「海洋環境包含所有海、洋及海岸地區所形成的整體範圍，是地球維生系統不可或缺的部分，也是永續發展機會所在的珍貴資產。」

3.海洋和沿海生物多樣性之雅加達規約

1998年生物多樣性公約在雅加達召開第二次締約國大會，決議通過第Ⅱ/10號決議案，稱為「海洋和沿海生物多樣性之雅加達規約（Jakarta Mandate on marine and Coastal Biological Diversity）」。對於整體海洋和沿海生物多樣性的養護與永續利用訂立總體目標。該目標分為：整合海洋與沿海區域管理、建立海洋與沿海保護區域、永續使用海洋與沿海生物資源、培育水生動植物，以及防止、控制或消除外來物種等五個方向。

4.國際性海洋資源保育相關協定

在漁業管理方面，雖然「聯合國海洋法公約」對於海洋資源保育有基本規範，但各地區漁業管理組織的功能不彰、資源過度利用，以及許多未受規範的漁撈活動、過多的漁撈能力（漁船數量），或者漁船向他國註冊改懸他國旗幟（權宜國籍漁船）以逃避管制，因此，聯合國於1993年以及1995年通過「促進公海漁船遵守公海國際保育與管理措施協定（Agreement to Promote Compliance with International Conservation and Management Measures by Fishing Vessels on the High Seas，簡稱Compliance Agreement）」以及「履行1982年12月10日聯合國海洋法公約有關跨界魚類種群與高度洄游魚類種群之保育與管理協定（Agreement for the Implementation of the Provisions of the United Nations Convention on the Law of the Sea of 10 December 1982 relating to the Conservation and Management of Straddling Fish Stocks and Highly Migratory Fish Stocks，簡稱Fish Stock Agreement）」，賦予船旗國管理責任，包括應當授權漁船作業、保存有漁船完整紀錄，並確保漁船遵守相關規範，如漁船標識、回報船位、透過觀察員檢查資料以及監督轉載等。並要求船旗國應當採取預防性措施（precautionary approach）的做法，以最佳的科學資料以及評估結果，採取漁業資源保育的管理措施；即使資料不充分，更應慎重採取措施，而不應以此爲拖延的藉口。各國並應與相關區域性漁業組織合作，蒐集並交換漁業統計資料與科學研究資訊、採取執法行動、進行登臨檢查。港口國也應該採取港口檢查措施。對於跨界魚種，沿海國與公海漁業國家必須尋求一致的保育措施，至於高度迴游魚種，沿海國與公海漁業國家可以透過區域性漁業管理組織等方式，共同合作以達資源保育永續之目的。

　　2009年11月，爲落實對於外國籍漁船之監控與管制，特別是遏止非法作業漁船進港卸售漁獲，聯合國通過「港口國預防、制止和消除非法、未報告、不受管制捕魚行爲之措施協定（Agreement on Port State Measures to Prevent, Deter and Eliminate Illegal, Unreported and Unregulated Fishing）」，開放各國簽署，希望藉由港口加強對於外國籍漁船管制與監控，打擊非法漁業之獲利空間。該公約將俟25個國家批准或加入後一個月生效。

5. 其他自願性國際行動計畫

　　聯合國糧農組織在1995年後陸續通過數項不具法律拘束力，唯實質影響國際漁業管理運作的軟法（soft law），如1995年10月通過的責任制漁業行爲準則（Code of Conduct for Responsible Fisheries）、1999年避免延繩釣漁船意外捕獲海鳥（International Plan of Action for Reducing Incidental Catch of Seabirds in Longline Fisheries）、鯊魚保育與管理（International Plan of Action for the Conservation and Management of Sharks）與漁撈能力管理（International Plan of Action for the Management of Fishing Capacity）等三項國際行動計畫（IP-OAs），國際間諸多漁業管理措施開始逐步落實。

　　然而，由於人類對海洋資源的需求日益增加，以及其中潛藏的利益，使得許多漁船鋌而走險進行許多非法、未報告、不受管制（illegal, unreported, unregulated, IUU）的漁撈行爲，包括以權宜國籍漁

船的方式從事公海非法漁業捕撈。聯合國因此在2001年通過預防、制止和消除非法、未報告和不受管制漁業之國際行動計畫（International Plan of Action to Prevent, Deter, and Eliminate Illegal, Unreported ad Unregulated Fishing），提出多項措施供各國參探，特別是首度引進船主國責任之立場，認為在船旗國無法承擔責任的情況下，船主設籍國家亦應該採取措施，遏止非法漁業行為。

從這些國際重要論壇的發展來看，隨著通訊及交通的發達、生物資源之可移動性及地球村觀念之蓬勃發展，自然保育及環境權觀念已然形成國際共同矚目之課題，且普遍體認到人類需共同擔負維護生態環境與自然資源的責任。而海洋不但是人類共有的一項重要資產，海洋環境更應審慎地保護與利用，海洋整合管理也逐漸成為全人類之共識。

IUU漁業

IUU漁業（Illegal, Unreported and Unregulated Fishing）指非法、未報告、不受管制漁業。最早正式提出此一用語的是1997年所召開的「南極海洋生物資源保育委員會（Convention for the Conservation of Antarctic Marine Living Resources, CCAMLR）」年會。在此會議中，各國不僅對非法（illegal）漁業問題，而且對未報告（unreported）與不受管制（unregulated）的漁業活動表示了嚴重的關切。此後，不僅CCAMLR，其他的國際漁業會議與國際文件當中開始頻繁地使用此一用語。2001年3月，FAO的漁業委員會通過了「預防、阻止與消除非法、未報告以及不受管制漁業的國際行動計畫（International Plan of Action to Prevent, Deter and Eliminate Illegal, Unreported And Unregulated Fishing, IPOA-IUU）」，在此行動計畫中首次針對所謂的「IUU 漁業」做了以下的定義：

一、「非法漁業」：

1. 在一國之管轄水域內，該國或外國船舶在未經該國許可、或違反該國法令的情況下，進行撈捕。

2. 懸掛相關區域性國際漁業管理組織會員國國旗的漁船，卻違反該組織所通過、且對該國有拘束力的保育管理措施，或者違反所適用的國際法相關規定。

3. 身為國際區域性漁業管理組織合作國家之漁船，違反國內或者依據區域漁業組織法令所公告的法規進行違法捕撈。

二、「未報告漁業」：

1. 違反國內法規，未向相關國內機關申報或虛報漁業資訊報告。

2. 在相關區域性國際漁業管理組織的管理水域之內，違反該組織之報告程序、未報告。

三、「不受管制漁業」是指下述活動：

1. 在相關區域性國際漁業管理組織的管制水域之內，無國籍船舶或該組織之非會員國之船舶或其他漁業實體，所從事之違反該組織之保育管理措施或不符合該措施之活動。

2. 在無特定保育管理措施的水域內，不遵照船旗國依據國際法保育措施制定的管制捕魚。

第三節　海洋資源保育措施

2008年，第63屆聯合國大會通過第111號決議，自2009年起指定每年的6月8日為「世界海洋日」，希望各國能藉此機會向人類賴以生存的海洋致敬，了解海洋所蘊含的豐富價值，並慎重審視全球性污染和

魚類資源過度消耗等問題。事實上，自然資源遭受人類的威脅多來自於經濟活動的擴張。早期自然生態保育措施與研究，多著重於某些特定動植物物種；近年來開始採取預防（precautionary）的態度，強調生態系管理（ecosystem based management）及生物多樣性（biological diversity或biodiversity）的概念與做法，並且在國際間獲得高度的關注。以下就國際與臺灣的海洋保育現狀加以探討：

一、漁業管理規範

為確實保護漁業資源，漁業管理常用的三類管理工具為：

1. **控制投入**（input control）：可限制漁船漁撈能力（fishing capacity），包括漁船數、馬力數、作業天數等。

2. **控制產出**（output control）：包括設定總容許捕撈量（total allowable catch, TAC）、配額（可轉讓）限制，以及漁獲的體長、體重、大小的限制等。

3. **技術性措施**（technical measures）：涵蓋面較廣，包括漁具限制、禁漁區、禁漁期等。

從發生非法漁業行為（IUU漁業）的水域以及管轄權來看，真正有權制訂管理規定以及執法者，包括船旗國（flag states）、沿岸國（coastal states）、港口國（port states）、市場國（market states）、船主國（nationals states）。對於公海資源，其保育工作牽涉更為廣泛，目前仰賴國際區域性漁業管理組織（Regional Fisheries Management Organizations, RFMOs），透過科學研究及會員協商以制訂各項管理措施。為有效遏止非法漁業行為，各相關國家之具體責任與可行措施包括（FAO, 2001）：

(一)所有國家責任

1. 全面履行國際規範。

2. 沿岸國具有開發與保護其管轄區域海洋資源的權力。然鑑於許多發展中的沿岸國欠缺偵測IUU漁業的能力，期望各國應協助

該等國家能力建構。

3. 船旗國應加強對漁船在公海作業之管理。但因為許多船旗國沒有盡力履行該項義務，才會導致投機漁船至該等船籍國註冊，以逃避相關的管理措施。

4. 每個國家都應徹底檢視自己有關IUU漁業行為的法律規範，包括善盡身為船旗國、沿岸國、港口國，及市場國之責任，才能據以發展或修正管理計畫。

5. IUU漁業問題存在已久的原因，在於國人的管制措施不當，許多國家無法約束、控制或察覺其國人在他國或他船從事漁業行為，亦難以防止權宜國籍漁船從事IUU漁業。但各國仍應採取必要措施，確保其國人不得從事IUU漁業，並共同合作以確認出從事IUU漁業者。

6. 所有國家應透過訊息交流加以合作防範公海IUU漁業。

7. 所有國家應立即終止任何有助於IUU漁業的經濟支助。

8. 加強監控：各國應透過國際漁業組織合作，加強建立國際性合作網路。

㈡船旗國責任

1. 應加強對漁船之管理，確保國籍漁船不從事、亦不協助IUU行為。在接受漁船登記前，應確保能執行管轄；而船隻必須先取得船旗國核准，才可在任何水域作業。

2. 加強漁船租賃之管理，不接受亦不租用涉及IUU歷史之漁船。

3. 船旗國應確保本國籍之漁船、運輸船，及補給船不致從事或協助IUU漁捕行為。尤其是已經確認為IUU船者，船旗國運搬船及其他船隻不應與該船合作。最有效方法為禁止海上轉載。

4. 掌握船位是船旗國基本管理方法。對某些漁業，尤其是遠洋漁業，漁船監控系統（VMS）可能是唯一可掌握船位之系統，另一方法為派遣船上觀察員。

5. 鼓勵船旗國發展海上巡邏。發展中國家則可與其他國家合作以

達成目的。

6. 在公海上作業漁船船旗國，可授權他國登船檢查，應他國要求檢視是否涉及IUU行為船隻，或參與區域性安排。

(三)沿岸國

1. 沿岸國可採取之方法與船旗國類似，例如建立VMS、海上觀察員、查緝非法與處罰等。

2. 在專屬經濟海域中，對捕魚行為執行有效地監督及控管。

3. 確保在其海域中捕魚之船隻，皆具有沿岸國核發之捕魚許可。

4. 海上轉運與加工必須取得沿岸國許可，或至少符合其有關規範。

(四)港口國

1. 港口國措施（port state measures）應符合公正、公開及公平的方式執行。

2. 漁船在進港前，港口國可要求外國漁船申請進港時提供相關漁撈許可資訊等相關管制措施。

3. 倘有證據顯示漁船涉及IUU行為，港口國可以拒絕漁船進港的要求，或者是同意漁船進港，並進行徹底檢查。

4. 港口國進行檢查時，應當蒐集相關資料，並提供船旗國及適當轉送有關區域性漁業管理組織。

5. 港口國倘有適當理由懷疑該漁船從事或支援IUU漁業時，可不准該漁船在其港口卸魚，或轉載漁獲物。

6. 加強與國際組織間之合作與交換資訊，如IUU名單。

(五)貿易措施

1. 各國應採取所有合乎國際法規範之必要措施，以禁止該類IUU行為的漁船捕獲之漁獲進口，或在其國內交易。

2. 區域性漁業管理組織對於此類漁船之認定，需經共同同意的程序，並應符合公平、公開原則。

3. 各國應彼此合作，透過相關的全球性及區域性漁業管理組織，

以制定經多邊同意的貿易管制措施。此措施應該符合世界貿易組織規定，而為避免、抵制，及剷除對於特定魚種的IUU行為之必要做法。

4. 為減少或消弭IUU行為漁獲之交易，可以制定多邊性魚貨登錄及認證之要求條件，及其他經多邊同意採取的合宜措施，例如進出口管制及禁制措施。

5. 各國應採取行動確保本國進口商、轉運商、經銷商消費者、設備供應商、銀行、保險業者等相關人士以及大眾，均能了解與認同從事IUU行為之漁船交易可能帶來不良後果，各國應考慮採取措施，以抵制此類漁船交易。

㈥區域性漁業管理組織

1. 蒐集與散發IUU漁撈相關資訊，查出從事IUU漁撈船隻並協調因應措施，並呼籲會員遵循規定。

2. 採取漁獲證明等貿易文件以及其他相關市場措施。

3. 應鼓勵有實質漁業利益之非會員成為會員，或至少尋求與非會員合作之適當措施，並考量賦予區域漁業管理組織祕書處預先處理IUU漁撈權力，以強化組織因應隨時產生的IUU行為之功能。

4. 透過限制或禁止不遵守區域漁業管理組織措施之會員在其管轄範圍捕魚，以加強彼此的合作關係。

5. 加強資訊交流：會員應該提供區域漁業管理組織有關船隻與其管轄範圍內，包括使用其港口之他國船隻之消息以及市場資訊，讓區域漁業管理組織成為資訊分享中心。

6. 漁船監督監控體系：製作統一資料格式，分享資料與維持系統科技整合之標準。

7. 證書與文件制度：建立及重新定義證書與文件制度，並制訂可行之標準辦法，包括利用電子系統以利施行。

二、臺灣海洋漁業保育措施

　　臺灣海洋漁業的管理，始自1967年限制拖網漁船建造，屬於控制投入的一種，到1990年代中期，一方面國際海洋漁業相關管理法規增生，各種國際管理規範紛紛出爐，加上臺灣遠洋漁業快速成長，特別是公海大型流刺網以及延繩釣船隊，規模擴展到在全球占有舉足輕重的角色，使得國際社會對此倍感威脅，故以雙邊或多邊的方式對臺灣提出要求，促使臺灣政府在國際壓力下，率先針對遠洋漁業控制產出，如配額管理以及其他技術性措施（如魚體大小限制等等），並因應生態漁業管理之潮流，將管理延伸至沿近海漁業。以下從三個階段：監督（monitoring）、管制（control）、執法（surveillance）說明臺灣海洋漁業管理：

㈠漁業行為監督

　　漁獲資料蒐集的目的在於進行科學研究。遠洋漁船漁獲報表回收已成為強制性措施，使得回收率提升至接近百分之百。魷釣漁船於1999年起全面使用電子漁獲回報，大西洋大目鮪漁船亦自2006年起使用電子漁獲回報，以利漁獲統計。漁政單位可透過漁船監控系統等確認漁船作業位置，並以觀察員計畫輔助了解實際漁獲狀況，以及根據貿易核銷資料進行交叉比對，研析遠洋漁船作業分布。

　　至於沿近海漁船則自2009年起，經由漁船航程記錄器（Voyage Data Recorder, VDR）了解漁船實際作業地點，並開始進行漁業動態調查計畫蒐集樣本船資料。初期，樣本船約300艘漁船；政府並於2010年啟動港口查報員計畫，使樣本船資料達1,600餘艘。以上資料結合VDR資訊，可掌握全臺沿近海漁業作業動態。

㈡漁業管制

1. 漁撈能力管制

　　臺灣漁業發展始自沿近海漁業，後因沿、近海資源受限而自1980年代開始大舉發展遠洋漁業，例如1983年開放700百噸以上遠洋漁船

的建造等，至1991年開始，除2,000噸以上大型運搬船外，漁船一律限建。各項管理措施如表11-1。

表11-1　臺灣漁撈能力管理

年分	政策／規範
1967	禁止300噸以下雙拖漁船建造
1975	除獎勵之新興漁業外，遠洋鮪釣及遠洋拖網漁船均限建
1980	20噸以上漁船及未滿20噸拖網、珊瑚漁船限建
1983	100噸以上、1000噸以下拖網船以及700噸以下遠洋漁船限建
1989	除1,000噸以上圍網船、2,000噸以上運搬船外全面限建
1991	除2,000噸以上運搬船以外漁船全面限建
1992	輸出漁船不得汰建新船
1993	禁止大型流刺網漁船於公海作業
2000	建造100噸以上漁船至少應淘汰一艘100噸以上漁船
2005	制訂「漁船輸出許可準則」，造船廠建造供輸出漁船應經申請核准，避免增加全球漁撈能力

　　因應過多之漁撈能力，漁政單位於1991～1995年推動老舊漁船收購，以配合聯合國要求公海流網漁業全面停止作業。後續於2005～2007年間解體183艘大型鮪延繩釣漁船，並持續於2007～2008年推動100噸以上拖網船及20噸以上延繩釣漁船減船計畫、持續進行漁船收購計畫、自願性休漁計畫等等，以保育公海以及沿近海資源，並對應國際分配之漁獲配額（Huang and Chuang, 2010）。

2. 控制產出

　　配合區域性漁業管理組織分配之國家漁獲配額進行管制，其中以大目鮪漁獲配額為主，三大洋中以大西洋鮪類資源保育委員會設限最早，印度洋鮪魚委員會、美洲熱帶鮪類委員會以及中西太平洋漁業委員會於2004年後紛紛設定國家配額，除此之外，南方黑鮪以及大西洋劍旗魚、長鰭鮪、紅肉旗魚、黑皮旗魚的配額也加諸於南緯高緯度水域以及大西洋作業漁船，為此，政府採取單船配額方式（individual fishing quota），以有效運用管理。沿近海漁業也從飛魚卵漁業、魛鱙

漁業開始設定配額（見表11-2）。

3. 技術性措施

遠洋鮪漁船配合國際區域性漁業組織，採行之主要措施列舉如下：

(1)漁船白名單：目前相關鮪類區域漁業管理組織（RFMOs）已透過建立漁船白名單，管理公約區域內漁船作業，我國每年亦隨時更新作業漁船白名單資料予各RFMOs。

(2)漁船監控系統：包括在RFMOs公約水域作業之遠洋漁船需裝設VMS。政府自1996年起，委託中華民國對外漁業合作發展協會研發及設計適合我國之VMS系統，至2011年底已有效監控2,300餘艘我國籍漁船作業動態。

(3)觀察員：RFMOs已通過相關決議案，要求各國作業漁船依船數比例配置觀察員。目前我國太平洋鰹鮪圍網漁船需100%配置觀察員，三大洋延繩釣漁船亦需依規定配置觀察員。

(4)海上轉載管控措施：配合RFMOs所通過之漁獲物海上轉載相關規範，要求漁船轉載漁獲物前需經漁政機關核准，並只能轉載予白名單之運搬船；另，運搬船上亦需配置RFMOs認可之區域觀察員。

(5)港口國檢查措施措施（port state measures）：聯合國糧農組織（FAO）為預防、制止及消除IUU漁撈行為，通過PSM協定（Agreement on Port State Measures），賦予港口國對涉嫌及從事IUU漁撈行為之船舶，採取法律行動之義務，以共同打擊IUU。我國雖非聯合國成員，唯已針對進入我國港口之本國籍或外國籍漁船進行管制或檢查。

(6)混獲生物保育：鯊魚可以是遠洋漁船的混獲，也可能是沿近海漁船的目標魚種。目前國際間對鯊魚資源管理日益嚴格，國際漁業管理組織已對資源量較少之特定鯊魚物種採取禁捕措施；美國及相關中南美洲國家已採行「鯊魚鰭不離身」

措施；帛琉、密克羅尼西亞、馬紹爾等太平洋島國甚至已設立鯊魚保護區，全面禁止捕撈鯊魚。因應國際保育鯊魚風潮，確保鯊魚資源永續利用，我政府於2012年發布「漁船捕獲鯊魚魚鰭處理應行遵守及注意事項」，逐步推動鰭不離身措施。此外，對於延繩釣漁業意外捕獲而導致部分族群數量銳減的海龜與海鳥，也要求漁船必須採取使用避鳥繩、夜間投餌、支繩加重等措施，並攜帶剪線器、除鉤器等上船，妥善釋放被混獲之海鳥、海龜，以降低其釋放後的死亡率（Huang, 2011）。

至於沿近海漁船管理措施部分，臺灣自1976年開始三浬內禁止拖網作業，慮及部分漁業捕撈物種因為資源瀕危或屬於較敏感物種，漁業署自2005年開始針對寶石珊瑚漁業、飛魚卵漁業、魩鱙漁業三項生態敏感漁業，進行各項措施，包括限制投入（限定總船數、作業天數）、控制產出（總容許捕撈量）以及技術性措施（禁漁區），詳情參見表11-2。

表11-2　沿近海漁業管理工具

	珊瑚	飛魚卵	魩鱙
管理起始年	2008	2009	2009
漁獲報表	返港三日繳交區漁會	進港繳交	進港繳交
漁船監控	每小時回報	－	－
投入控制			
船數限制	自96艘遞減	－	漁船滅失或過戶即喪失資格
作業天數限制	每年不得超過220天	－	－
產出控制			
總容許捕撈量	12公噸	350 公噸（2011）	2009總容許漁獲量3,021噸
配額	單船年配額200公斤 單船出口年總量120公斤		
技術措施			

	珊瑚	飛魚卵	魩鱙
漁具限制			以大目袖網、流袋網、焚寄網或叉手網為限
禁漁期	—	許可捕撈期：5月15日至7月31日（2011）	每年5月1日至9月15日期間連續三個月為禁漁期
禁漁區	除領海基線外之五處作業區外，餘均不得作業	—	至少距岸五百公尺
執法			
觀察員	配合派遣	配合派遣	配合派遣
港口檢查	南方澳與馬公漁港出港通報及進港檢查	限於基隆市八斗子漁港、新北市磺港、野柳、富基及萬里漁港、宜蘭縣烏石及南方澳漁港、臺中市梧棲漁港進港卸貨	—
市場檢查	蘇澳區漁會公開交易	—	—

資料來源：行政院農業委員會漁業署相關法規。

除上述針對特定漁業加強管理措施外，政府並進行魚、貝類種苗放流、投設人工魚礁等積極改善漁場環境，增裕漁業資源。政府每年放流數百萬尾的鯛類魚苗、鰻魚種魚等。人工魚礁也被認定有積極措施；然而，由於可能對於海洋環境造成傷害，因此環保署訂定規範，規範人工魚礁投放程序。

㈢執法

漁政單位早期仰賴有限的漁政船查緝非法作業，舉發重點在於沿岸三浬內拖網以及非法電毒炸魚。迄2000年海巡署成立後，鑑於海巡署巡護船數較多，故漁業署與海巡署共同合作進行海上查緝，包括海巡人員海上登檢，以及漁業署檢查員（觀察員）陪同查緝，以及於港口查緝等等。

公海部分，則自1990年代起由漁政單位與美國合作，於北太平洋

查緝非法大型公海流網漁船,每年進行三航次,並執行至今。自2006年起,因應ICCAT對於我方管理能力的質疑,政府決定派遣漁訓二號擔任巡護船,前往大西洋以及印度洋進行公海巡護。2008年起,配合中西太平洋漁業委員會(WCPFC)公海登臨檢查措施,已分別與紐西蘭、庫克群島、美國、日本、法國及澳洲等六國於中西太平洋公海相互登臨檢查對方漁船;同時臺灣亦派遣海巡署及漁業署所屬公務船舶進行公海登臨與巡護任務。

第四節　海洋保護區

近年來,生態永續與環境保護意識抬頭,以往維持最大持續生產量、降低經濟成本的時代已過,轉而朝預防原則(Precautionary principle or precautionary approach)、生態系管理(Ecological approach management)、遺傳資源開發利用等新思維模式發展。其中增加海洋保護區(Marine Protected Area, MPA)的劃設面積,受到全球的重視並積極呼籲,可說是海洋保育新時代的重要工作。以下分項說明其定義與管理概況:

一、海洋保護區定義、目的與分區

1962年世界國家公園大會上,首次提出MPA的概念;到了1982年的世界國家公園大會,決議將海洋、沿岸及淡水保護區納入;1992年第四屆世界國家公園和保護區大會中列舉MPA三大目標;MPA觀念被列入1992年巴西里約熱內盧第一屆地球高峰會的「二十一世紀議程」第17章,成為許多國家保育海洋資源的方法,也被視為是保育漁業資源、海洋生物多樣性,以及海洋生態系管理的重要工具。2005年澳洲第一屆國際海洋保護區大會中,建立全球海洋保護區體系以解決日漸滅絕的海洋資源,成為了國際間的共識。

對於海洋保護區，國際自然保護聯盟（IUCN）於1994年將其定義爲：「在潮間帶或亞潮帶地區，連同其上的水體、動植物、歷史與文化特徵，需藉由法律或其他有效方式來保存部分或全部相關的環境。」「生物多樣性公約（CBD）」於2004年對海洋保護區定義爲：「於海洋或緊鄰海洋環境區域內，包含其上覆水域及植物、動物、歷史和文化特色，以法律或其他有效方法（含習俗），使該區域之海洋或沿岸之生物多樣性相對於周圍環境有較佳的保護。」聯合國糧農組織則於2011年將海洋保護區廣泛定義爲：「任一海洋地理區域在生物多樣性保育或漁業管理目的上，較臨近水域採取較強的保護作爲。」（Dudley, 2008; FAO, 2011）（見表11-3）。

表11-3　海洋保護區之定義

單位／來源	定　義
世界自然保育聯盟（IUCN）	MPA係指特別針對於一個海域之維持生物多樣性和結合自然及文化資源，通過立法或其他有效的方法加以管理此一環境。
世界野生動物基金會（WWF）	海洋保護區係指定可保護海洋生態系統、過程、棲息地和物種的一個區域，並有助於社會、經濟與文化豐度的恢復與補給。
加拿大漁業及海洋部 Fisheries and Oceans, Canada	MPA係指在其內水、領海及專屬經濟海域的海域地區，基於下一個或多個理由，而被指定爲特殊保護： 保育及保護商業及非商業的漁業資源，包括海洋哺乳動物及其棲息地； 保育及保護瀕臨絕種或受到威脅之海洋物種及其棲息地； 保育及保護獨特的棲息地； 保育及保護高度生物多樣性或生物生產力的海洋地區； 由加拿大漁業及海洋部所指定的、有必要保育及保護的任何其他的海洋資源或棲息地。
加拿大國家公園 Park Canada	MPA係管理海洋地區以達到永續性使用，以及控制需要高度保護的較小型區域，其包含了含有泥土及水體的海床以及濕地，河口，小島和其他海岸地。

單位／來源	定　義
澳洲政府 Australia Government	MPA係指海域地區，特別指定在於保護與維持生物多樣性、自然風貌及相關聯的文化資源，並透過法律或其他有效的方式管理。介於州的內水、領海和聯邦的海洋保護區，其包含珊瑚礁、海草床、潟湖、泥灘、鹽沼、紅樹林、岩盤、沉船遺址、考古遺址、沿岸的水下地區以及深海海床。
聯合國糧農組織 （FAO）	MPA係依法律或其他有效手段在領水範圍內或公海上劃定的受保護潮間或潮下地體，連同其上覆水域和有關的動植物、歷史和文化特點。海洋保護區根據允許的利用程度，對重要的海洋生物多樣性和資源；特定生境（例如紅樹林或珊瑚）或魚種、或亞種群（例如產卵魚或幼魚）提供某種程度的保全和保護。MPA的利用（為科學、教育、娛樂、開採及包括捕魚在內的其他目的）受到嚴格管制，也可以被禁止。
美國 Unite States	MPA係被聯邦政府、州政府或地方的法律或法令所明定永久性的保護部分或全部海洋環境的自然及文化資源。
美國國家海洋保護區中心 National MPA Center	MPA是個具有價值性的工具，主要功能是為了保存部分生態系統的國家自然與海洋文化資源以達到管理功效。

研究發現，MPA對於資源復育有積極功效，MPA的海洋生物密度較未受保護海域多91%、生物量多192%，生物體型大於31%、種類多出23%（Botsford. et al., 2006; Halpern, 2003）。整體而言，海洋保護區劃設的理由至少包括以下各項（FAO, 2011）：

1. 復育魚類系群，確保漁業資源永續利用。
2. 保護海洋生物多樣性與關鍵棲地。
3. 支持以海洋環境為生活型態的在地與傳統社區。
4. 增加對於氣候以及其他環境變遷的抵抗力。
5. 促成地方紛爭的解決方案。
6. 促進科學研究、教育及休閒活動。
7. 保護文化及地質景觀。
8. 衍生地方新型經濟模式，例如生態旅遊、海洋生物多樣性保育工作或者娛樂漁業等，也能相對減少對於魚群捕撈的壓力。

9. 提供保護措施，減少不確定性。

10. 增加地方上對支持漁業產業以及生物多樣性保育的認知。

11. 可保護典型的生態系統、多樣性物種、完整的海洋生物鏈、文化生態價值、科學研究價值與教育價值等。

12. 可永續海洋環境，維繫完整海洋生態體系。將以往單一「物種保育」轉為整個「棲地保護」，保存生態系的生物多樣性，涵蓋棲地的生活史。

13. 可彌補過去漁業管理的缺陷，納入預防原則、生態系管理、公眾參與之共同管理思維。

14. 可維護棲地、自然族群水平與豐富的海洋生物，可吸引遊客創造商機及教育民眾，貢獻永續觀光。

　　至於海洋保護區劃設之評選要素，一般權益關係者常誤解MPA區劃範圍是「數大便是美」的心態，與設置後不能入漁的植入式觀念。事實上，劃設考量與評選需根據法規與管理的可推行程度、權益關係者權利、海洋生態區域涵蓋核心棲地等多重層面，並著重於取得生態保護與人類永續發展利用平衡點的雙贏理想境界。故IUCN將劃設MPA的考量標準歸納成生物地理區、生態面、自然面、經濟重要性、社會重要性、科學重要性、國際或國家重要性、實用性或適用性與雙重性或可重複性等九項準則，並依據保育對象與目的分為六大類（表11-4）。近年設立海洋保護區已蔚為風潮，並呈現出不同形式的劃設與管理機制，如「海洋公園」、「海洋保留區」、「國家公園」、「漁業資源保育區」、「海洋保育區」等等，各國因應不同的保育目的以及法規來源，也有各式各樣的海洋保護區、保留區（禁捕區）等不同名稱，以美國為例為便於辨識以及管理，美國發展出分級制度，從最寬鬆的全區多功能使用到最嚴格的禁止進入區，共分成六級（見表11-5）。

表11-4　IUCN之MPA的類型、定義及目的

類別名稱		定　義	目的
I	IA 嚴謹的自然保留區	擁有特別或具有代表性的生態系、地質或物種的陸域／海域地區。	自然科學研究
	IB 荒野地區	未經人為改變或僅受細微變化、保留著自然的特性和作用、沒有永久性或明顯人類定居現象的大面積陸地／海洋區。	保護荒野
II	國家公園	自然海／陸地區指標： 1.為現代人和後裔保護一個或多個完整生態系； 2.排除抵觸該區劃設目的的開發、擷取或占有行為之意圖； 3.建立環境面與文化面共存，提供精神、科學、教育、休閒及遊客的各種機會。	保護生態系統及遊憩
III	自然紀念地	此地區包含具特殊的天然物或由於它們的本身具稀少性、典型、美學或文化重要性使其有此突出、獨特的自然或文化特色價值。	保存獨特的自然及文化面貌
IV	棲地、物種管理區	確保維持特殊物種的棲地及需要而有著管理的介入之海／陸區。	透過管理的介入來保護
V	地景／海景保護區	陸地（海岸或海域），人與自然的在時間推移間相互交流而塑造出具顯著美學精神、生態或文化價值，此區通常具高度生物多樣性。	海陸景觀的保護及遊憩
VI	資源管理保護區	此區含有未受人類改變的自然系統，需進行管理以長期性保護及維護生物多樣性，同時提供滿足當地社區需要的、穩定的自然產品供應。	自然生態系統的永續性利用

表11-5　美國MPA分級表

	全區多功能使用（Uniform Multiple-use） 全區保護但容許特定管制活動
	多功能使用區（Zoned Multiple-Use） 分區容許捕撈、漁釣、休閒娛樂活動

	多功能使用合併禁捕區（Zoned Multiple-use with no-take areas）包括至少一區禁止捕撈
	禁捕（No-Take） 人類可進入但禁止任何採捕或破壞行為
	禁止人為影響（No Impact） 人類可以進入但禁止任何衝擊行為
	禁止進入（No Access） 除研究及監控目的外，不得進入

有關海洋保護區的迷思

海洋保護區是新發明嗎？

No～世界各國早在1970年代就發展出保護區的雛形，並在陸域生態系以及海洋生態系上採用此方法。臺灣自1984年公告的墾丁國家公園，也屬於海洋保護區的一種。近年來則因為海洋面臨威脅日增，而使得海洋保護區備受重視。

海洋保護區一定越大越好嗎？

就島嶼生態學理論認為：保護區越大越好。只是，如果劃得過大，將面臨更大的反對壓力，使得執法困難，反而形同虛設。如果能夠掌握海洋生物的特性，利用保護區網絡（network），在重要海洋生物的繁殖區、哺育區劃設數幾個保護區聯結的方式，同樣能達到很好的保護效果。

海洋保護區內一律不准捕撈嗎？

海洋保護區強調的是多功能使用，並非全面性禁捕，包括美國

目前管轄水域內的禁捕區都少於1%。事實上，很多海洋保護區是希望透過限制各種不當的破壞行爲，力保海洋資源，讓居民、漁民、國民都能夠盡享海洋資源，且無需憂心過漁。

有法律規定海洋保護區必須占水域面積的20%嗎？

在諸多國際正式法規中，對於海洋保護區有明文規定者，就屬「生物多樣性公約（Convention on Biological Diversity, CBD）」。「生物多樣性公約」在2011年第十屆大會中建議：到2020年前，應該至少有10%的沿海和海洋區域受到保護。

目前各國規範不一，全球190個國家中，75%國家的海洋保護區都小於專屬經濟水域的1%；更有63%國家的海洋保護區小於0.5%。目前全球僅有10個國家海洋保護區超過專屬經濟水域的10%，其中有些國家的專屬經濟水域本來就很小，已能達到10%的標準。

MPA是海洋資源保育的萬靈丹嗎？

海洋保護區確實是海洋資源保育非常有用的工具，但並非萬靈丹；更重要的是，應該結合捕魚期間或捕魚方法的限制、減少作業漁船數等漁撈能力之管控等其他漁業管理措施，以及確實的執法，才能達到保育海洋資源的目的。（以上部分資料摘自美國海洋保護區中心文件"Clarifying Misconceptions About Marine Protected Areas", website: http://www.mpa.gov/pdf/helpful-resources/factsheets/mpamisconceptions2.pdf, 下載日期：2012年6月8日）

二、海洋保護區現況

近年設立海洋保護區數目持續增加中。迄2010年，全球劃設海洋保護區已達5,878個，劃設面積約421萬平方公里，約占全球海洋的1.17%。其中有412萬平方公里位於專屬經濟水域內，占專屬經濟水域面積的2.86%，而在大陸棚的部分達127萬平方公里，占大陸棚4.32%

（見圖11-10）。海洋保護區的面積差異很大，平均為741平方公里，其中有2,700個小於1平方公里；有11個保護區超過10萬平方公里，就占了全部海洋保護區的60%（Toropova, et al., 2010）（表11-6）。澳洲於2012年11月將大堡礁以及鄰近水域230萬平方公里劃設為海洋保護區，成為全球最大的海洋保護區。

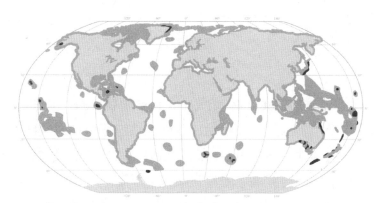

圖11-10　全球海洋保護區（深色）分布與專屬經濟水域（淺色）範圍
參考資料：Toropova, et al., 2010.

表11-6　全球超過十萬平方公里之海洋保護區

名　稱	國　家	面積（km²）
鳳凰島保護區Phoenix Islands Protected Area	吉里巴斯	408,342
大堡礁海洋公園Great Barrier Reef Marine Park	澳洲	343,480
夏威夷島鏈國家海洋紀念區 Papahanaumokuakea Marine National Monument	美國	334,154
馬里亞納海溝國家海洋紀念區 Mariana Trench Marine National Monument	美國	247,179
太平洋偏遠島嶼國家海洋紀念區 Pacific Remote Islands Marine National Monument	美國	212,788
愛德華王子島海洋保護區 Prince Edward Islands Marine Protected Area	南非	180,633
克馬迪克海底保護區 Kermadec Benthic Protected Area	紐西蘭	164,840
麥考利島自治區海洋保護區 Macquarie Island Commonwealth Marine Reserve	澳洲	161,895

名　稱	國　家	面積（km²）
加拉巴哥（群島）海洋保護區 Galapagos Marine Reserve	厄瓜多	137,975
法蘭士約瑟夫地群島保護區 Franz Josef Land Zakaznik	俄羅斯	123,877
安特波地島橫斷海底保護區 Antipodes Transect Benthic Protection Area	紐西蘭	110,565

參考資料：Toropova, et al., 2010.（作者整理）

備註：澳洲、英國及美國在2010年之後新劃設的三個海洋保護區均超過十萬平方公
　　　里海域面積。

　　MPA有劃設與管理之必要性，然其爭議性也高，因此，各國莫
不謹慎評估後才予以劃設，包括根據靈活性、適用性與發展性來評估
MPA設立之適切性；同時重視有關MPA分區設計、劃設位置、當地衝
擊因子的大小、權益關係者重視利益程度等要素。其中透過共同管理
將海洋公共財私有化，以提升權益關係人對海洋管理之動機，並增進
MPA 劃設的決策過程透明化，以減少資訊不對稱而造成政策施行的絆
腳石，進而使權益關係人有參與感及願意溝通（見圖11-11），應是政
府在推動海洋保護區劃設與管理時所要加強的事項。

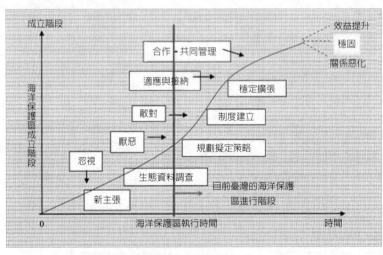

圖11-11　海洋保護區成立階段與權益關係者的反應

三、臺灣的海洋保護區

目前我國海洋保護區，主要依「漁業法」、「國家公園法」、「野生動物保育法」、「文化資產保存法」及「發展觀光條例」等法規劃設（見表11-7）。行政院在1999年通過《生物多樣性行動方案》後，要求將5%近岸海域劃設為MPA，以符合生物多樣性公約之目標。2006年政府出版《海洋政策白皮書》，提供整體性與前瞻性的海洋策略，書中提及欲將龜山島納入推動保育的工作項目；2007年海洋國家公園管理處正式成立，公告設立第一座海洋型國家公園——「東沙環礁海洋國家公園」，開啓我國MPA劃設的先河。台江國家公園續於2009年成立，其海域面積達344平方公里。

表11-7　臺灣海洋保護區之相關法規

項目 法規	定義／目的	保護標的	保護區 名　稱	法規特色	所屬 機關
漁業法	為保育、合理利用水產資源，提高漁業生產力，促進漁業健全發展，輔導娛樂漁業，維持漁業秩序，改進漁民生活。	水產動植物	水產動植物繁殖保育區	為典型MPA樣式，保護標的物較為單一。	農委會
文化資產保存法	為保存及活用文化資產，充實國民精神生活，發揚多元文化。	指具保育自然價值之自然區域、地形、植物及礦物。	自然保留區	需具備珍稀、獨特的生態為先決條件，擁有特殊資源才加以劃設。	農委會
國家公園法	為保護國家特有之自然風景、野生物及史跡，並供國民之育樂及研究。	特有之自然風景、野生物及史蹟。	海洋國家公園	延用最久的自然保育法律，分區內容較具完整性。	內政部
野生動物保育法	為保育野生動物，維護物種多樣性，與自然生態之平衡。	指瀕臨絕種、珍貴稀有及其他應予保育之野生動物。	野生動物重要棲息環境／保護區	保育瀕臨絕跡之生物，偏重陸域保護，罰則嚴厲。	農委會

項目 法規	定義／目的	保護標的	保護區 名　稱	法規特色	所屬 機關
發展觀 光條例	為改善居民生活環 境，並促進市、鎮、 鄉街有計畫之均衡發 展。	自然人文生態 景觀	國家風景 特定區	以發展觀光及 繁榮為目的， 並非著重生態 保育。	交通部
都市計 畫法	保護當地之生態資源 以供觀光遊憩。	名勝、古蹟及 具有紀念性或 藝術價應予保 存之建築。	其他資源 保護區	保護當地資 源，對觀光客 進入則無特別 限制或要求。	交通部

資料來源：作者整理。

臺灣海洋保護區各種海域限制強度不同，從最寬鬆的多功能使用，到最嚴格的禁止進入，依據其性質及管理程度分為以下三級（沙，2012）：

1. 「禁止進入或干擾」海洋保護區：

   ⑴墾丁國家公園

   墾丁國家公園於1982年9月公告成立，是我國第一座國家公園，也是少數同時涵蓋陸域與海域的國家公園之一，海域面積152平方公里。本區包含高位珊瑚礁、海蝕地形、崩崖地形等奇特的地理景觀。特殊的海陸位置，加上熱帶氣候的催化，孕育出豐富多變的生態樣貌；海底的珊瑚景觀更是繽紛絢麗，其中海域生態保護區及海域特別景觀區為禁止進入或影響之海洋保護區。

   ⑵東沙環礁國家公園

   東沙環礁位在南海北方，由造礁珊瑚歷經千萬年建造形成。由於地理、生態特殊，擁有豐富多樣的海洋生物，因而於2007年1月被公告為東沙環礁國家公園。範圍係以環礁為中心，以外圍12浬海域為界，海陸域總面積約為353平方公里，涵蓋島嶼、海岸林、潟湖、潮間帶、珊瑚礁、海藻床及大洋等生態系，其中海域生態保護區為禁止進入或影響區域。

此外，還有棉花嶼、花瓶嶼與野生動物保護區之緩衝區、澎湖貓嶼海鳥保護區之緩衝區、澎湖玄武岩自然保留區之海域部分及旭海觀音鼻自然保留區海域部分均為禁止進入或影響之海洋保護區。

2. 「禁止採捕」海洋保護區：

包括東沙環礁國家公園－特別景觀區、墾丁國家公園－海域遊憩區及海域一般管制區、臺東縣富山漁業資源保育區－核心區以及臺東縣綠島漁業資源保育區－石朗分區及柴口分區。

3. 「多功能使用」海洋保護區：

⑴台江國家公園

臺南沿海地區為漢民族渡臺較早進入墾殖的地區之一，保留有西拉雅平埔族以及漢民族各時期的文化歷史遺蹟；台江內海及曾文溪改道等地形變遷，尤其饒富滄海桑田的變化過程。本地區長期作為鹽田、港埠與魚塭，保存幅員廣大的濕地生態系，包括大量的紅樹林，並成為黑面琵鷺等珍稀鳥類重要的棲息地，該地區於2009年12月成立「台江國家公園」，為臺灣地區保留更多樣完整之生態系、豐富的基因保存地及歷史紀念地。

⑵東北角、綠島、澎湖國家風景特定區之海域部分

①東北角國家風景特定區：海岸地形以三貂角為界，以北是標準的沉降海岸地形，在海蝕平臺高潮線附近生活的海濱生物，以吸附在岩石上的玉黍螺、青螺和笠螺等為主；中潮帶是許多石蓴、藤壺、牡蠣、蟹類和螺類的棲所；而潮線附近的岩表上則是各種藻類、水螅、海綿和海鞘聚集生長的地方；另在石塊底部或縫隙亦可發現海葵、螺類、陽燧足、寄居蟹等生物蹤跡。

②綠島國家風景特定區：由火山島弧推擁而成的海岸山脈，為呂宋火山島弧北延的部分。海濱生物包括生長在海邊潮間帶中的植物與動物，四處海域擁有各式珊瑚，種類多達220餘種之多，其間聚集的熱帶魚類及各種無脊椎動物極多，為潛水

觀光的重點景點。

③澎湖國家風景特定區：包括數十個澎湖群島，範圍涵蓋澎湖群島陸地和向海洋延伸20公尺等深線的海域，最北為目斗嶼，最南為七美嶼，極東為查母嶼，最西為花嶼。其中，貓嶼設有海鳥保護區、望安綠蠵龜產卵棲地保護區；另外還設有玄武岩自然保留區。

(3)漁業相關資源保育區：

①臺灣距岸3浬內海域完全禁止拖網漁船作業。

②漁業資源保育區：計有高雄市南沙太平島海龜繁殖保育區、彰化縣蟳蛄蝦繁殖保育區、屏東縣琉球保育區、臺東縣綠島漁業資源保育區、臺東縣富山漁業資源保育區、金門古寧頭西北海域潮間帶鱟保育區等26處漁業資源保育區。

③魩鱙漁業禁漁區：宜蘭縣、新北市、桃園縣、新竹市、新竹縣、臺中市、臺南市、高雄市、屏東縣及花蓮縣公告從事魩鱙漁業漁船至少要距岸500公尺以外，且不得跨越縣市作業。

④刺網漁業禁漁區：計有基隆市、新北市、屏東縣、臺東縣及澎湖縣公告8處海域禁止使用刺網。

⑤燈火漁業禁漁區：計有宜蘭縣、基隆市、新北市、苗栗縣、臺南市、高雄市、屏東縣、臺東縣、花蓮及澎湖縣公告距岸3浬以上之燈火漁業禁漁區。

⑥籠具禁漁區：澎湖縣公告內灣、內垵海域，及高雄市公告茄萣區距岸3浬內海域禁止籠具作業。

⑦人工魚礁禁漁區：臺灣海域之人工魚礁禁漁區計88處、保護礁區69處，於該區域禁止使用網具。

⑧禁採珊瑚區域：計有宜蘭縣、屏東縣、臺東縣及澎湖縣公告距岸12浬海域禁止採捕珊瑚（含珊瑚礁）。

臺灣的法令規章中，並未對MPA單獨立法，使得法制上有所不足，落實上自然不具有完整性。其實MPA的劃設不論採取何種法律，

最重要的是建立MPA之公眾參與的協商機制，以及嚴格的公權力施行。由於海域沒有明顯的界線劃分，海洋保護區的劃設相較之下比陸地區劃困難，欲有效地管理MPA，首重於審慎劃界與有效管制，其中又以分區管制措施最有效益，且後續需要投入大量人、物力以及費心規劃與管理。過去環境保護政策多以管制為主，發現問題後再彌補與善後，往往帶來不良後果，故而劃設MPA前，應先確立目標，決定海洋環境的特色，再評選具潛力之熱點。評選的標準應依生態面、社會經濟面與其他準則做區分；地點設於重要的棲地，如產卵場及孵育海域、族群聚集之棲地，或重要的洄游路線。

在設立海洋保護區後，需要持續推動的工作包括制定年度執法計畫，以落實管理；適時檢視海洋保護區劃設範圍及管理策略，逐步擴大禁捕區之比例；漸進推動海洋保護區網絡，落實海域空間規劃，以提升MPA劃設效益；推廣海洋保育與資源永續觀念，強化教育工作的深度與廣度；適時引入社區居民與民間團體力量，建立海洋保護區共同管理機制；更重要者，應該透過科學研究與調查，監控海洋保護區之生態環境。

臺灣的MPA管理網絡尚在建置中，但從我國海洋國家公園的發展、漁業資源保育區的設置、海岸法的推動，以及海洋委員會的規劃等等，尚可看見一些成果與希望。海洋保護區的劃設與管理，亦是臺灣參與國際社會無可避免的責任。隨著國際間海洋保育新時代的發展，臺灣在政策上如何在海洋保育與資源利用之間取得平衡，並以朝向形成未來保護區網絡系統之連結為目標，以永續享受海洋環境所帶來的多樣化價值，應是有關單位所要深思的重要課題。

珊瑚礁總體檢

1996年，海洋生態學家Hodgson教授發起珊瑚礁總體檢計畫，希望加強熱帶珊瑚礁的保護，結合社區、政府部門、志工的力量，

也藉此教育大眾共同愛護海洋。為此，他們設計制式化的表格以及訓練志工，定點定期調查珊瑚礁狀況。1997年第一次的全球調查發現，珊瑚礁受到過漁、非法捕魚以及污染等威脅（Hogdson, 1999）。2002年，此計畫在約翰尼斯堡的全球高峰會發表第一份集結八十餘國歷經五年研究的成果，顯示全球的珊瑚礁均受到人為威脅。這份報告引起舉世關注，開始有更多國家的研究者投入，並於2005年開始延伸到溫帶礁區（美國加州），到目前為止，共有九十餘國志工參與，並成立珊瑚礁總體檢基金會。

該基金會的主要目標為：

1. 教育大眾及官員有關珊瑚礁的價值，以及所面臨的威脅。

2. 建立全球志工網絡，經由科學家的領導與訓練，運用制式化程序定期監控，即時回報珊瑚礁的狀態。

3. 善用珊瑚礁總體檢資訊，激勵社區、政府、學校、產業界共同規劃，並履行生態解決方案。

4. 利用海洋保護區促成保育全球現有珊瑚礁，以及復育受創珊瑚礁。

臺灣自1998年開始由中華民國珊瑚礁學會陸續進行相關活動與調查，並於2009年起由民間非營利機構（臺灣環境資訊協會）主辦，並公開招募潛水志工，針對東北角、臺東杉原、綠島、蘭嶼、澎湖東嶼坪、小琉球等地點開始，集合一人一點的力量，逐步擴大調查的範圍及頻度，在臺灣海域珊瑚礁區建立起監測網。

※珊瑚礁總體檢基金會網站 www.reefcheck.org.

海洋觀察站

國際組織配額爭奪戰

公海漁業資源為人類共有之財產，但在各國大舉發展漁業的情

況下面臨危機。此時區域性漁業管理組織扮演協調者的角色，由各國提供的漁業資料進行資源評估，以求得最大持續生產量，續由會員決定可容許捕撈量；接下來，就是一場如何分配配額的硬仗。

　　各組織對於配額分配多有基本原則，不外乎歷史實績、沿岸國與遠洋國之間的平衡、開發中國家的經濟，以及家計需求，特別是開發中小島國的權益。在此原則下，各國代表無不善用其籌碼進行合縱連橫，以求取國家最大利益。以大西洋大目鮪在ICCAT的配額為例，早期主要由遠洋國，如歐盟、日本、臺灣所捕撈，其中臺灣在1990年代中期產量暴增，導致ICCAT先將臺灣漁獲配額定在16,500公噸；之後，歐盟、日本各參考其歷史實績，獲得三萬多公噸配額；至於漁業規模甚小、或付之闕如的沿岸國家，也都取得2,100公噸的基本配額。此為保育而採取的限制措施終使得大目鮪資源有恢復到健康的跡象。

　　近年在中國、韓國、菲律賓、迦納等沿岸國的發展，以及巴西、烏拉圭等國的崛起，加上歐盟、日本漁業規模縮減的情況下，配額分配量產生變化，歐盟、日本紛紛被削減。日本多次以轉讓配額為由，力保自己的配額不被大幅削減，同時據此要求接受其配額轉讓的國家能配合支持日本之立場；沿岸國的基本配額則增加至3,500公噸，甚至如貝里斯等國持續要求更多配額。其中有些國家爭得配額後未必真的使用，而是作為籌碼，開放給其他未取得足夠的配額的國家或漁船申請付費入漁。

　　至於東大西洋黑鮪配額的競爭更為激烈。一來因為價格高昂，利益驚人；二來由於ICCAT在2003年設定32,000公噸配額後，部分國家無視於配額的規定，在地中海超額捕撈。特別是西班牙及法國漁船，加上黑鮪養殖對於幼魚的需求，估計實際漁獲量年逾60,000公噸。東窗事發後，科學評估結果顯示黑鮪資源量下降嚴重，即使全面禁捕，都未必能夠恢復其資源量。因此，自2006年開始，各

國每年度都針對黑鮪配額激烈爭吵、徹夜談判，甚至動用表決以決定配額量；總配額也逐年削減了近20,000公噸配額，至2011年僅剩12,900公噸。對於被查獲超額捕撈的國家，如歐盟的西班牙及法國等，在配額爭取過程中，不免被要求必須償還過去年度的超捕量，也突顯配額的永續與否，與漁業執法及管理狀況息息相關！畢竟負責任管理的國家才有資格爭取相襯的配額。

第十二章

海洋產業經營

海洋是人類存在與發展的資源寶庫，一向為人類提供絕佳的機會，是極具前景與商機的資源領域，其中某些類型已是生產原料或消費品的來源；有些經過調查、研究，已被肯定為人類未來發展的接續資源。在人類面臨人口爆炸、資源短缺、環境污染三大危機的今日，各國要走出經濟困境、開拓明天的希望，都寄望海洋這個巨大的天然寶庫。有鑑於海洋豐富的資源和戰略的重要性，世界各國不斷運用科技向海洋拓展其探索能力，努力提升國民對海洋生態與環境的了解，以強化海洋事務管理的效率，促進新興海洋產業的形成與發展，並在海洋經濟與國際實力的發展中掌控與開創新局。這些積極的作為，已經帶動了海洋產業革命，也讓二十一世紀成為「藍色革命」（Blue Revolution）的新時代。本世紀初，全球海洋經濟的產值已超過2兆美元。在全球化的趨勢下，海洋已成為國家提升國際競爭力的重要利基；發展「藍色產業」更是未來全球經濟發展的趨勢。

在「聯合國海洋法公約」的架構中，海洋相關產業或活動包括了海洋資源（Marine Resources）、航運（Navigation）、海洋與海岸污染控制（Ocean and Coastal Pollution Control）、海洋科學研究（Marine Scientific Research）等項目。整體海洋產業的組成規模相當龐大（見表12-1），各級產業之間雖看似獨立發展，且具有相當的歧異度；實際上，卻有著彼此相互依存共榮的關係。

表12-1　海洋產業型態

產業型態	第一級產業型態	第二級產業型態	第三級產業型態
項目	漁業（含海洋捕撈業和海水養殖業）、礦業、海底林業	造船工業、海洋與海岸工程、海鹽業、海洋能源、海洋油氣開採、海水化學工業、海港建設	海洋運輸、海洋遊憩、海上郵輪、文教、海洋公園、海洋生物科技業

本章就海洋非生物產業、生物產業、海洋工程與造船產業，以及空間利用四個部分，加以說明海洋產業的性質、內涵、經營與展望，

作為未來善用臺灣豐富的海洋資源，永續發展、經營海洋產業的參考。

第一節　非生物產業

海洋非生物資源可分為礦產和能源兩大類。前者的開發利用雖屬於傳統產業的範疇，但因多蘊藏於水下或水濱，開採的難度比陸上高得多，如無高科技的設備與技術，根本無法開發利用；尤其石油、天然氣、可燃冰等能源性的礦產，在開採過程中更具有高度危險性；至於風力、洋流、波浪、潮汐等物理現象，如何蓄積其流動過程所產生的能量，更是對人類科技成就的高度挑戰與考驗；此外，海洋深層水的開發與利用，現已引起各國產業界的重視，並看好其發展前景與商機，故而在本節中一併討論：

一、海洋礦產

與陸地相同，海洋也是礦物的儲存地，可以供應工業界多種基本原料。「礦產資源」一詞的含義相當模糊，且用以判斷「某礦床是否屬於礦產資源」的相關因素甚多，諸如經濟體系、工程技術、政治環境、政府決策，稅捐及其他許許多多因素均包含在內。在海洋中，若干種礦床的礦產成分分布得比較均勻，有利於開採利用，依其蘊藏區域，約可分類如下：

(一)海濱：

主要來自陸上岩石風化後的碎屑，經河流、冰川、海水或風力的搬運和篩選，最後在海濱或大陸架區沉積而成，其種類多為雲母、長石、石英及其他矽化物所組成的礦砂。某些濱海地區的礦砂中甚至含有砂金、砂鉑、鑽石、砂錫與砂鐵礦、鈦鐵石與鋯石、金紅石與獨居石等複合型礦砂。

(二)海水：

目前已證實海水中至少含有72種化學元素，大部分是很微量的形成或混合於不能溶解的化合物中，或產生沉澱物後沉入海底，長期受海水及周遭環境的影響，使其成分發生變化而溶入海水中，必須經過提煉的過程，才能為人類利用，其中較為人知的有：

1. **海鹽**：全球年產量1億5千萬噸以上，多以傳統的日晒法取得（見圖12-1）。

2. **溴**：地殼上的溴約有99%存在於海洋中，可說是一種純粹的海洋元素，其蒸氣具有毒性和腐蝕性，多用來製造阻燃劑、淨水劑、殺蟲劑、染料等；與碘、銀化合，可作為照相底片的感光劑。

圖12-1　臺南七股的鹽山
圖片來源：臺南市政府觀光旅遊局。

3. **鎂**：具銀白色光澤，是金屬材料中最輕的一種，可用以減輕機械及建築結構的重量；鋁鎂合金由於質輕，廣泛用於航太科技；粉末在空氣中燃燒可發出強烈白光，因而被用於攝影閃光燈、照明彈、煙火等；由於鎂易於氧化，可用於提煉許多純金屬的還原劑。

4. **黃金**：全球海洋中所含的黃金約8兆公噸之多，理論上雖可用硫化物吸附或以水銀回收的方法提煉，但目前尚無符合經濟效益的技術可取得。

5. **其他物質**：包括硫、鉀、硼、鋁、錳、銅、鈾、鎳等，皆為製鹽或海水淡化回收的副產品。

(三)大陸棚：

大陸棚是被海水淹沒的陸地之延伸，地質特性與鄰近陸地相同，所發現的各型礦床均具有沉積之特性，如鈣質的貝殼、珊瑚沉積，可

開發製造水泥和石灰，或經鍛燒成氧化鈣後加入海水，可析出沉澱的鎂。此外尚有：

1. 磷灰岩或磷酸岩石，是提煉生物不可或缺的元素磷之主要原料。

2. 海綠石：廣泛分布於水深400～600公尺、海浪最小的陸源沉積中，呈黑或暗綠色，質硬，主要成分為氫氧化鉀、鐵及矽酸鹽，可用於製造肥料、顏料和硬水軟化劑。臺灣中部沿海地區的碳酸質砂岩中，海綠石含量高達50%。

3. 重晶石：硫酸鋇固結體，在工業上可作為鑽井泥漿添加劑，也可製造白色油漆、繪畫顏料；同時也是光學玻璃的重要原料。

4. 砂礫：以重量來衡量，是最重要的礦物，只美國的年產量即達5億噸，全球總產量更是可觀，其中90%用為建築或充填材料，其餘用來製造玻璃、研磨料、道路鋪料等，消耗量與人口密度有關。

5. 其他：許多流入海洋的河流都有沖積礦床，可能含有昂貴礦物，如南非的橙河有鑽石礦床；許多區域的近海盆地內常發現源自鄰近大陸、蘊藏豐富的有機物沉澱。

㈣海底岩層：

海底固結岩中的礦產，大多屬於陸上向海底延伸的礦床，如海底石油、天然氣、煤、可燃冰等能源性礦產，其中以油、天然氣資源最具經濟價值。據地質學家估計，水深300公尺以內的海底石油、天然氣總儲量為2,356億噸。現經探測確定可開採儲量，石油為200億噸，天然氣為17兆立方米。海域石油及天然氣資源的成功開發，堪稱是人類經營海洋資源的一大突破。

原名「甲烷氣水包合物」的可燃冰（Methane Hydrate），是在高壓低溫的條件下所形成的固態水合物，其中包含大量甲烷，是外觀像冰的結晶物質，多存在於陸地的永凍土層與海洋深度1,000公尺以內的岩層中，在18°C 以下尚能維持穩定狀態，超過20°C便會分解。可燃

冰因燃點甚低，燃燒值高，使用方便又不造成污染，儲量是現有石油和天然氣儲量的兩倍，因而極具開發前景。目前美國、日本、印度和中國大陸已成功開採，並計畫在十年內進行商業規模的營運。其實包括臺灣在內，世界上有不少國家或地區都有開採到可燃冰的紀錄。然而，甲烷是威力比二氧化碳強23倍的溫室氣體，近年來全球暖化的趨勢，已造成南北極永凍土及北半球濕地下的甲烷大量逸出，更加速全球暖化，對氣候與物種的負面影響，是令人不得不正視的隱憂。

(五)深海遠洋：

　　通常是指大陸邊緣與中洋脊之間的洋底盆地，平均深度6,000公尺左右、地形崎嶇起伏的海床上所覆蓋的極厚之沉積物，經地質學家用聲納探測儀探測後發現，如果採礦方法得以突破，此沉積物為不可忽視的潛在礦產資源，包括以動、植物遺骸分解形成的有機沉積物，與火山噴發物碎屑或來自陸地的塵土等積澱而成的無機沉積物，組成覆蓋洋底的軟泥或黏土，其成分包括鈣、矽、鐵、鋁等，而最具價值的深海錳結核，更富含錳、銅、鎳、鈷等多種元素。據估計，全球大洋總儲量達3兆噸，並於1960年代引發開採熱潮，導致「聯合國海洋法公約」於1994年成立國際海床管理局（International Seabed Authority），以控制所有國際區域的深海採礦，並於2000年立法管制多金屬結核的勘探與開採。

二、海洋能源

　　海洋能源就是海洋本身在運動過程中所生產的能源，包括潮汐能、波浪能、海流能、海洋溫差能、海洋滲透能和海水鹽差能等形式。據專家估計，全世界海洋能的蘊藏量為750多億千瓦，而且是取之不盡、用之不竭的可再生能源。為了解決人類所面臨的能源危機，許多國家不但積極研究利用海洋能源的方法，有些甚至已進入生產階段。以下分別介紹：

1. 潮汐發電：

利用漲潮與退潮來發電，與水力發電原理類似。當漲潮時，海水自外流入，推動水輪機產生動力發電；退潮時海水退回大海，再一次推動水輪機發電（見圖12-2）。目前全世界僅有少數潮汐發電廠在運轉，其中的中國大陸、法國、蘇聯與加拿大的潮汐發電廠總容量合計約 263 百萬瓩。國立臺灣海洋大學已於2011年研發出我國首部全沒水式潮流發電機，可將轉動後所儲存的能量轉換為電能。

圖12-2　全球第一座「全沒式潮流發電機組」（圖片來源：國立臺灣海洋大學柯永澤教授提供）

2. 波浪發電：

海洋波浪的起伏造成水的運動，此運動包括波浪運動的位能差、往復力或浮力，可產生動力來發電。由於是海洋能中能量最不穩定又無規律的能源，加上發電設備的維修保養困難，使得有效利用波浪能的案例極為有限。但近年來，此項技術已有所突破，除了把發電地點從原來的深海域轉移到淺海域外，並結合其他與波浪發電有關的技術以改善效率，除供發電外，另有許多用途可提升經濟利益，如：

(1)防波：將波浪發電機組設置在約5～10公尺深、離沿岸相當距離的海域，利用波浪的能量發電，可消耗波浪本身的能量；發電機組的設置類似防波堤，可減少一般防波堤之建構與保養的成本。

(2)休閒觀光：因為設置了波浪發電機組，後方海域會變得較平靜，可以進行海洋休閒活動，如潛水、香蕉船、水上滑板、拖曳傘、游泳等，為當地帶來新商機。

(3)軍事：由於波浪發電機設置在離沿岸相當的距離，如此可防止來自海上的登陸搶灘、走私等，具有軍事、國防與海防三種附帶效果。

⑷發展海水養殖：波浪發電設備所在地點與海岸之間的海面，幾乎是平靜無波，可以進行海域養殖，避免因陸上養殖抽取地下水，而造成地盤下陷。

3. 海洋溫差發電（ocean thermal energy conversion, OTEC）：

利用深海冷水（約1°～7°C）與表層的溫海水（15°～28°C）之間的溫度差，透過溫差汽化工作流體帶動渦輪機發電。與潮汐、波浪發電不同的是，海洋溫差發電是連續性發電。理論上，有溫差就可以發電，其成本與效益的關係是：溫差越大，效率越高，成本越低。熱帶與亞熱帶地區，由於深層海水與表層海水溫差可達攝氏25°，因此效率最高，最適合 OTEC 發展。早在1881年，法國科學家達森瓦（J. D'Arsonval）便提出利用海洋表層與深層間之溫度差異來發電。1927年，法國科學家克勞德在古巴進行岸上式海水溫差發電實驗成功，於1930在古巴建立第一座開放式溫差電廠，證實了利用海洋溫差來生產電能的可能。1980年，美國能源部正式建造發電量1,000瓩的海洋溫差發電實驗廠；1981年，日本多家企業在日本政府的資助下，首次將海洋溫差發電民生化。接著，各國紛紛投入大量人力與經費加強開發研究；我國自1980年起，由臺電公司、工研院能資所（現已更名為綠能與環境研究所）在經濟部的支援下，開始進行海洋溫差發電技術的研發及規劃，委託工研院能資所執行並成立「國際海洋溫差發電協會」。

4. 海流發電：

利用洋流推動水輪機發電，一般均在海流流經處設置截流涵洞的沉箱，並在其中設置一座水輪發電機，視發電需要增加多個機組；唯於每組間需預留適當的間隔，以避免紊流互相干擾。目前海流發電應用構想種類甚多，但均屬研究性質，其技術可行性離商業化應用尚有段距離。臺灣地區可供發電的海流，以黑潮最具開發潛力，理論上也是可行的。黑潮發電的構想是利用200公尺左右的中層海流，在海中鋪設沉箱，並在其中設置一座水輪發電機，成為一個模組式海流發電系統，發電量大約是1.5～2萬瓩，未來可視發電需要增加多個機組。

根據能源委員會再生能源研發推動小組的規劃，長程的目標是希望在2020年再生能源的開發利用，能夠符合「京都議定書」中各國投入發展再生能源需占總能源12%的規定。

5.海水鹽差發電：

鹽差能是海洋能中密度最大的。實驗證明：在不同濃度的鹽溶液中間置一滲透膜，低濃度的溶液就會向濃度高的溶液滲透，直到兩側鹽濃度相等為止。根據這一原理，可在河水和海水交界處，將淡水引入幾十公尺深的海水中，在混合處將會產生相當大的滲透壓力差，足以帶動水輪機發電。鹽差發電成功與否的關鍵在於半透膜與海水界面間的流體交換技術。

6.海洋滲透能發電：

這是一種十分環保的綠色能源，既不產生垃圾，也沒有二氧化碳的排放，更不依賴天氣狀況，可說是取之不盡，用之不竭。主要是用「滲透法」以增壓的方式，在加速海水滲透的過程中，產生推動發電機運轉的巨大動力。而在鹽分濃度更大的水域裡，發電效能會更好，比如地中海、死海、大鹽湖。據挪威能源集團負責人巴德‧米克爾森的估計，利用海洋滲透能發電，全球年度發電量可達到16,000億度。

以上所列舉的海洋能源，在陸上能源礦藏即將耗盡，海洋能源礦產開採困難，且溫室效應與污染問題日益嚴重的今日，使得能源學家不得不重新思考目前僅占世界能源總使用量3%的再生能源。根據德國的調查顯示，德國年輕人心目中的科技明日之星，第一名竟然是能源科技。事實上，占全球70%的海洋所蘊藏的再生能源，估計遠超過全球能源的總消耗量。發展海洋能源科技對產業的價值，除了發電所產生的能源之外，發電技術與發電機械設備的生產、裝置，也是能源產業的大宗，如南韓便是將研發、輸出潮汐發電的技術與設備模組作為國家的目標策略產業。對四面環海，卻有97%的能源必須仰賴進口的臺灣，實在有必要認真思考以海洋能源產業作為國家下一個策略性產業的迫切性。

三、海洋深層水

　　雖然人類有著幾千年的海洋開發史，但許多海洋資源仍處於未有效利用的狀態，特別是海洋深層水（deep ocean water, DOW）的開發利用，目前國內仍處於起步的階段。

　　海洋深層水係指水深200公尺以下之深層海水，因光線無法到達，且具有低溫、清淨、熟成、富營養鹽與富礦物質等特性，可應用在能源（海洋溫差發電、溫度控制）、觀光（潛水觀光、水族館、多功能泳池、溫浴設施）、農業（液肥、土壤改良、低溫蔬菜、長年型溫室栽培）、食品及工業（飲料、酒類、食品、化妝品、醫藥品、乳酸菌、衛生品）、漁業（親魚親貝養成、種苗培養、養殖、畜牧、海域肥沃化、市場利用）、醫療健康（海洋療法、皮膚炎治療）等領域。由於世人對海洋深層水產業的前景與商機十分看好，因此海洋深層水也博得「藍金」之稱。

　　事實上，發展深層海水資源供產業之利用，除已引起各國產業界的普遍關注外，先進國家（如日本、美國）也都有成功的案例，並已有上市產品及藍色產業鏈的形成，特別是在水產養殖、生技保健、化妝品應用、飲料食品等高附加價值產品的開發。其中，日本更標榜海洋深層水是「二十一世紀的新資源」，主要是重視其在水產與能源上的應用，並已責成日本水產廳、通產省資源能源廳落實這項開發計畫的整備工作，也視為日本推動水產業振興的重要措施之一。日本自2000年起，除由中央政府編列鉅額預算外，也在其海洋開發產業協會下成立「深層水新產業利用委員會」，有效整合相關利用團體及產官學研各界的資源，共同為發展此一新興產業而努力。其實，深層水供應設施之整備，也是日本漁港、漁村活力化對策計畫的一環，其具體內容是支援燒津市（靜岡縣）及入善町（富山縣）所實施之深層水取水設施的整備工作。目前這兩地區都已將深層水有效應用在水產領域如魚類種苗生產、養殖、蓄養等方面，作為其推動水產業振興的一項

重要措施。

　　有鑑於國際發展海洋深層水產業的趨勢，我國行政院亦於民國94年4月12日核定「深層海水資源利用及產業發展政策綱領」，作為未來十年深層海水開發計畫之指導依據。經建會除核定在臺東設立海洋深層水產業開發園區外，由經濟部水利署所主導之「深層海水低溫利用及多目標技術研發模場」，也將廠址設於臺東知本地區，並估計海洋深層水產業鏈形成之後，年產值約可達180億元以上。問題是：如何有效善用這項深層海水資源？如何順利開發深層海水產業？如何與其他利用團體良性互動？這些一直是各界所質疑的問題。

　　根據相關的調查研究指出，臺灣東部的宜蘭縣、花蓮縣、臺東縣海域是黑潮必經的區域，具有開發海洋深層水資源的優越條件，目前也有臺肥、幸福水泥，及光隆育樂公司等企業正積極開發這項海洋資源。初期主要是集中於飲用水、化妝品等產品的開發；另外，臺灣電力公司也希望利用海洋深層水進行溫差發電。但上述單位在開發上一直遭遇到不少困難，特別是在技術層面上的整合，及其產品功能性的科學實證不足，造成海洋深層水產業鏈形成的重要瓶頸。有鑑於此，有關單位應先集思廣益，特別是農、漁業界對這類研究的整合與應用更要認真探討。

第二節　生物產業

　　海洋為生命的搖籃，擁有全世界3,000萬物種的90%以上。在海洋動物資源中，已知魚類就有25,000種之多。目前，海洋魚類年產量約9,000萬噸，為人類提供了25%的動物蛋白質；世界公海魚類資源可捕量達2.4億噸，而現在公海的捕撈量為300萬噸，占可捕量的1.25%。由於捕撈技術的精進，加上海洋資源並未能有效管理，致使大多數的傳統捕撈漁業都面臨了生存危機。因此，水產養殖業逐漸成為漁業產業

的主力；所開發與創新的各類水產品和水產加工品，也成為消費市場上的新寵兒。

近年來，隨著生物科技與觀光休閒產業的快速發展，漁業產業也由初級產業的海洋漁業、養殖漁業及加工業，延伸至產品加值業、體驗服務業，最後轉型為高科技產業，包括海洋生物基因工程產業、海洋深層水、海洋保健品產業、海洋製藥業等，對於海洋產業的未來發展極具產業需求趨勢，也讓世人對漁業資源的持續利用充滿期待。本節內容即針對海洋生物產業作進一步的探討：

(一)海洋捕撈

海洋動物是人類最早利用的海洋資源，也是最重要的食物來源之一，因此，海洋捕撈業也是人類重要的生產活動之一，甚至是最早的海洋產業。

海洋捕撈的對象包括各種的魚、蝦、蟹、貝、海藻等天然的海水動、植物。在長期的海洋捕撈過程中，人類創造了許多極有效率的生產方法，即所謂「漁法」。具體而言，漁法是以人為方式控制生物個體或魚群的行動，以便於漁撈作業的方法。相較於傳統的捕魚方式，現代「漁法學」更進一步研究、了解在海洋或漁場的特殊環境條件下的魚群習性與行動模式，並研發有效的方式加以控制與捕獲。

按照捕撈作業的方式，漁法可分為直接（釣引、突刺、抄取、罹網、過濾）、間接（遮斷、威嚇、誘導、陷阱）和特殊漁法（電擊、物理、化學、吸引）三大類。漁具則有拖網、圍網、定置網、鉤釣、壺籠及潛水採捕等。以目前臺灣的海洋漁業所使用的漁具漁法，大約有以下幾種：

1. **拖網**：屬於過濾性的活動魚網，其方法是偵察出魚群後，放出長袋型網具包圍或阻攔魚群的逃逸，然後逐步縮小包圍面積，最後捕獲魚群。由於拖網漁具的捕撈效率較高，影響漁業資源的長期利用，因此世界各國採取了規定禁漁期、禁漁區、捕撈限額和限制網目大小等措施來保護漁業資源。

2.**圍網**：使用單艘漁船或船隊共同作業，是科技化與現代化的捕撈方式之一，捕撈對象主要為鰹、鮪等中上層、集群性的魚類。如果魚群小而分散，必須配合誘魚或驅魚方法，如在船上加裝光源，利用魚類的趨光性，使魚類聚集從而進行捕撈。

3.**流刺網**：是利用漁船將數百甚至數千公尺的長條狀刺網放置海中，遮斷水流，等待魚群自行刺入網目或纏在漁網上。由於這種漁具漁法，不但大小魚類難逃，甚至會誤捕到海龜、海豚、鯨魚、海鳥等動物，對海洋生態的破壞度極大。目前漁政單位已經明文規定，禁止我國籍漁船於公海上使用流刺網捕魚。

圖12-3　流刺網作業示意圖（圖片來源：王敏昌老師）

4.**定置網**：將網具設置在沿岸海域魚類經常洄游的通道上，使用長方形垣網遮斷其通路，並誘導魚群入囊網。

5.**焚寄網**：俗稱畚箕繪，是在夜間利用燈光誘集魚群共同作業，燈船負責誘魚，網船負責撒網捕魚，又稱「火誘網」，以沿、近海作業為主。

6.**巾著網**：又稱束網，為小型雙船式圍網。作業時，兩艘船將各自所載的一半網具，分別由左右方向魚群後方包圍，兩船會合

之後將底網束起，最後提起漁獲，完成漁撈作業。

7. **延繩釣**：俗稱「放棍仔」，由一條主繩和等間距的支繩所組成，支繩繫上釣鉤，在海上可綿延數公里，以鮪爲主要捕撈對象。

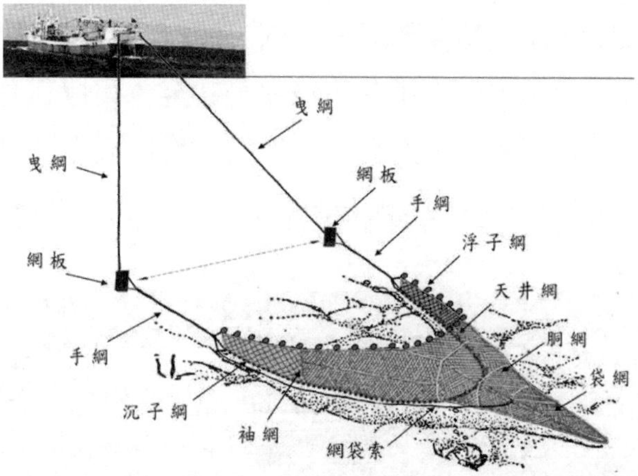

圖12-4　拖網結構圖（圖片來源：農委會水產試驗所王敏昌研究員繪）

此外，常見的漁法還有一支釣、魷釣、投鏢（如鏢旗魚）等。隨著科技的發展，目前海洋捕撈還結合了高科技；尤其遠洋漁業普遍運用了衛星定位、導航系統、雷達、魚探儀等輔助儀器，已提升至高科技化的層次。

臺灣因周邊海域有黑潮、大陸沿岸流、南海、臺灣海峽暖流相互交會，形成海洋生物多樣化及優越的漁場作業環境，具有發展漁業的先天優勢，因而先後發展出沿、近海與遠洋漁業。

所謂沿、近海漁業，是指在200浬經濟海域範圍內從事漁撈作業者。臺灣的近海漁業由荷、鄭時期發展至今，已有四百年歷史，捕撈的對象主要有烏魚、鯖、鰺、鰆、鮪、皮刀、魩鱙及鎖管等；作業漁區包括臺灣沿岸、臺灣海峽、東海、南中國海、巴士海峽等區域，於民國70年代達到巔峰（見圖12-5）。近年來由於「過漁」，造成漁業資源的衰竭，導致沿、近海漁業的風光不再。

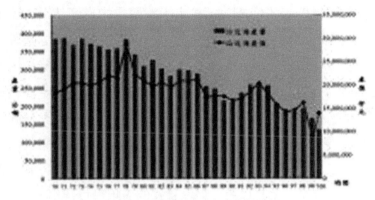

圖12-5 臺灣歷年沿近海漁業發展統計圖（作者自行整理）

自上世紀末迄今，遠洋漁業成為臺灣主要漁獲的來源，依其重要性可略分為：鮪釣、魷釣、鰹鮪圍網及拖網漁業，作業區域遍及世界三大洋；論捕撈技術與能力，不但國際知名，甚至位居全球六大公海捕魚國之一。

(二)海水養殖

水產養殖是指「在特定的水域或水體中生產有價值的水生生物」。人類由於長期、大量且過度地捕撈海洋生物，對漁業資源的再生與利用造成很大的壓力，加上遠洋漁業面臨國際約束等影響，為了滿足消費市場對水產品的需求日增，業者紛紛利用天然水域（例如淺海、潮間帶、河川及沼池）或人造水域（如魚塭、水庫、河堰）放養經濟性之水產生物，包括魚介貝類、爬蟲類、兩棲類甚至藻類等，通過飼育環境的營造、管理，以及投餌、施肥等程序，以促進其繁殖及成長，從而獲得經濟利益。由於養殖魚類具有供應穩定、肉質佳的優點，國際市場對海水養殖的蝦類、鯛、紅魽鰺、鰻、海鱺、蟹類、石斑等之需求量日增，吸引大量資金、人才及技術投入，加上各國政策的推波助瀾，以高科技為基礎的養殖時代已經來臨。

臺灣的養殖漁業從明末清初開始在西南沿海進行虱目魚養殖，迄今已有三百多年歷史。自民國50年代開始，各種生產技術、養殖方式

及水產種苗相繼開發研究成功，奠定了養殖業的良好基礎；民國60年代，隨著我國經濟快速成長，養殖漁業亦步入快速發展的階段；至民國76年，年產量已逾30萬公噸，價值更高達新臺幣352億元，因而成為臺灣農業結構上重要的一環，對繁榮沿海漁村經濟、安定漁村社會及改善沿海低產能區域之經濟貢獻良多。但以往傳統陸上養殖固然可提供豐富的漁獲，但所造成的地層下陷、土地與淡水鹽化等負面衝擊，令人有得不償失的疑慮。近年來，在政府政策的鼓勵下，海水養殖漁業愈來愈受到重視，尤其以海上箱網養殖的表現最為突出。

臺灣海上箱網養殖技術始於民國64年自日本引進，至今已有二十餘年歷史。民國77年起，農委會逐步輔導澎湖縣內灣海域漁民經營箱網養殖；民國84年在全臺各地大力推廣，澎湖及屏東縣等沿海地區開始大規模經營海上箱網養殖，並引進挪威的設施及技術。目前，箱網養殖區域主要集中在澎湖縣、屏東縣；少數分布於宜蘭縣、花蓮縣與臺東縣等地，其經營範圍大多在區劃漁業權或專用漁業權區內，少數在定置漁業權區以定置網附掛的方式蓄養魚類。目前箱網養殖放養之魚種眾多，以海鱺、嘉鱲、紅魽鰺、青嘴龍占、紅魚、石斑等高經濟價值魚種為主。

臺灣在水產養殖產業與科技發展上，不但曾為領導者，也一直占有舉足輕重的地位。近三十年來，繼臺灣之後，中國大陸、東南亞等地區，甚至世界各國的海水養殖業都有的長足發展，不但生物技術正逐漸應用在海水養殖業上，在養殖病害之有效診斷與防治、系統化與生態調控技術等領域，也均有所突破。臺灣目前規劃、籌設的海洋產業高新科技園區及海洋深層水科學園區，亦將養殖業列為核心產業之一。

繼養殖漁業之後，漁業發展的最新趨勢為栽培漁業的興起。所謂「栽培漁業」乃結合水產繁養殖、漁業資源管理及海洋工程等方面之科技，經由育種、繁養殖、中間育成、種苗放流、設置人工魚礁（見圖12-6）、改善漁場環境及資源管理等人為措施，以達到增加漁業資

圖12-6　臺南安平漁港大型鋼鐵人工魚礁投放情形（圖片來源：農委會漁業署）

源及改善漁業生產之目標。發展栽培漁業，是一種公共造產投資事業，政府必須逐年釐訂發展計畫，並編列預算實施。將來漁業資源若有增殖，均屬全民所共有，國人必須了解其含義，共同愛護此項資源，使其能夠永續繁衍綿延不斷。

人工魚礁

可分為保護礁、海底魚礁及浮魚礁三類。保護礁採用十字型，沿資源保護區外圍投放至沿岸漁業區，防止拖網漁船越區作業。海底魚礁為依照魚類習性，製造各種大小型魚礁投放在資源保護區內，並培育各種藻床，使魚、貝、介類有優良的環境棲息、繁殖、成長。浮魚礁為誘集中上層之洄游性魚類棲息、產卵，並予以捕撈，增加漁業生產效能。

㈢水產品加工

　　屬於二級產業的水產品加工是指：為了防止新鮮水產品腐敗變質，並使之成為便於貯藏、用途更廣、價值更高和綜合利用的食品，所進行之機械、物理、化學或微生物處理的食品生產過程。其加工方法包括冷凍、乾製、燻製、醃製、製罐、調味，以及綜合利用等。

　　以下就水產食品加工的主要方法及其製品分別說明：

　　1.**冷凍**：包括由各種材料配合調製的冷凍食品，需具備以下四個條件：

　　　⑴在低溫和高度清潔衛生的環境下經過適當的處理和加工；

　　　⑵快速凍結；

　　　⑶在貯藏、流通過程中保持$-18°C$以下品溫；

　　　⑷良好包裝。

　　如屬預製與方便食品的範疇，可分為水產預處理冷凍食品及水產調製冷凍食品兩類。前者需先充分洗淨、放血和迅速包裝，產品包括去頭、去內臟或去皮、去骨，及剖割成一定形狀、規格的冷凍魚片、魚段、魚塊等；或經採肉、絞碎後，加工製成的冷凍魚糜（漿）；經去殼的冷凍蝦仁、貝肉等。後者包括用於油炸、或經過油炸的拌粉魚條、魚排、蝦；經油炸的魚、蝦、牡蠣；及各種魚類烤製品，或用魚、蝦、蟹肉製成的水餃、肉餅等。這些製品一般經解凍後油炸或加熱即可食用。

　　2.**乾製**：大致可分為淡乾、鹽乾、半乾及調味乾製品。

　　　⑴淡乾品：又可分為生乾品和煮乾品。前者是使用生鮮原料直接乾燥而成，原料大多為易於迅速乾燥的小型魚類和蝦類、藻類等；如為較大形原料，一般需經過剖割成薄片後再行乾製。煮乾品是將原料經預煮破壞水產品體內的酶，並殺滅部分腐敗菌類後再進行脫水乾燥。製品如魚乾、蝦乾、貝乾、海參、魚翅乾、干貝、乾鮑等。

　　　⑵鹽乾品：將魚類鹽漬後再行乾燥的產品，多用於熱帶、亞熱

帶地區各種魚類的加工，產品比鹽漬品具有更低的水分活度和良好的保藏性。

(3)半乾品：水分含量介於鮮品和一般乾製品，又稱軟乾食品。加工時添加某些特殊溶質以降低其水分活度，適當控制水分含量，以增強保藏性能，同時使製品具有柔軟濕嫩的口感和良好的風味。製品主要有各種半乾的烤魚、蝦、魚火腿、魚香腸等食品。

(4)調味乾製品：多以小形魚類、烏賊、貝類及藻類為原料，將生鮮或乾製品經調味後乾燥製成魚鬆、魚脯（魚乾）等。

3. **燻製**：用木材不完全燃燒時產生的煙燻製魚、貝類，使之具有一定的保藏性能和特有風味色澤的加工法。主要用於鮭、鱒、鱘、鰻、烏賊、牡蠣等。燻製過程包括原料處理、鹽漬、浸漬調味液、瀝乾和煙燻。燻製時，熱煙乾燥與鹽漬脫水可產生防腐作用。傳統有冷燻、溫燻和熱燻等方法；近年來為縮短燻製時間，還發展出快燻、電燻等方法，但還不足以代替傳統煙燻法。

4. **醃製**：此為歷史悠久的食品加工法，主要用食鹽或鹽水使魚體組織脫水，以達耐久貯藏的目的，即所謂「鹽漬法」，多用於漁獲量大的漁汛期，以及缺乏冷凍等現代保藏技術的地區。主要產品如鹹鯡、鹹鮭、鹹帶魚、曹白鯗（醃製鰳魚）等，雖方法簡便，且可及時地大量加工，但製品鹽分高，風味差，目前傾向於加工淡鹽製品以彌補這方面的缺點。此外還有醋漬、香料漬、糟漬等醃製法。

5. **製罐**：採取罐裝密封和加熱，以達到殺菌或抑制微生物的繁殖、破壞魚蝦體內酶類的活性、以及防止各種外界污染和空氣氧化的加工法。產品保藏期限在兩年以上，具有較好的營養、風味，以及便於攜帶的特點，是重要的水產品加工方法，也是所有漁業國家的主要產品之一。常見罐製品原料有鮪、鮭、沙

丁魚以及蝦、蟹等。

6. **糜製**：是以各種大小魚類爲原料，經採肉、擂潰或斬拌後，製成各種魚糜製品的加工方法。僅用碎塊或細碎的魚肉，不經擂潰而直接製成的魚香腸、魚火腿等，也包括在廣義的魚糜製品內。糜製過程中可添加多種配料使製品具有各種風味；製品有魚糕、魚卷、魚丸、魚香腸、魚火腿等，必須在製品工序完成後迅速冷卻，並貯藏於10°C以下的冷凍庫或冰箱，在短期內出售。但經過殺菌、眞空包裝的魚香腸、魚火腿等製品，有較長的保存期限。

7. **發酵**：使魚類等水產品組織經發酵而製成食品或調味料的加工方法，成品依加工方法大體可分三類：⑴漬魚類的發酵製品，也是醃製品的一部分；⑵加入碳水化合物配料如米飯、糟、胡蘿蔔等的發酵製品；⑶以小形魚等爲原料加鹽醃漬發酵，待魚肉完全液化和發酵成熟後，濾去配料，製成類似醬油的產品，如魚醬油（魚露）、蝦醬等製品。

臺灣漁產豐富，水產加工曾是創造大量外匯的產業；然近年因東南亞與大陸的水產加工產業興起，挾幅員廣闊、人工多、工資低、免稅等優勢，使臺灣的水產加工從1994年起逐漸式微成夕陽產業。近年來，因養殖業復甦，加上政策推動鮪魚季、沿海箱網養殖，及調理秋刀魚、魷魚開發成功，爲水產加工業注入一劑強心針。如能在原有的基礎上，持續保有領先的加工技術，加上較優的物流通路、管理制度和研發能力，朝高品質、高附加價值的精緻產品與生物科技方向轉型，應不難突破目前的發展瓶頸，再創產業高峰。

㈣海洋生物科技

二十一世紀是知識經濟的時代，加上地球正面臨人口快速成長後的糧食短缺、能源危機，及環境污染等三大問題，因此管理學大師彼得·費迪南·杜拉克教授（Peter Ferdinand Drucker, 1909～2005）曾預測生物科技與養殖漁業將是本世紀的兩個重要明星產業。爲了尋求

人類今日困境的出路，加強對海洋生物資源及海洋生物科技的研究，是當前非常重要的課題。

生物科技係指利用生物體（含動物、植物及微生物的細胞）來生產有用的物質或改進製程、改良生物的特性，以降低成本及創新物種的科學技術。隨著生物科技的興起，人類對於生物資源的利用與經營有了嶄新的定義，主要是運用各種現代科技開發地球生物資源，滿足人類農業、食品、健康醫藥與環境等各方面的需求。五十多年前DNA的雙螺旋結構被發現後，開啟了現代生命科學迅速發展的契機；尤其80年代遺傳工程技術的發展，利用微生物大量生產各種人類需求的生物產品，創造了無限商機。目前生物科技已成為科技產業發展的主流，而政府也在2002年正式將生物科技列為二十一世紀國家重點發展的科技產業。

現代生物科技的範疇涵蓋了生物製藥、環境污染、生物防治、生物能源、農業改良等多元領域。過去生物科技的發展，主要以陸上生物為研發對象，如基因改造作物、農業生質能源、人類與動物疫苗開發，或微生物遺傳工程等方面；尤其在農業生技方面，無論是作物基因改良、花卉品種開發、有機農業等，均累積了豐富的研究經驗；而在中草藥與保健食品方面的研發，亦有相當不錯的成就。

臺灣海洋環境優越，海洋資源和生物多樣性豐富，加上過去在生技研究發展上已有深厚的基礎，提供了絕佳的海洋生物資源開發環境，但是絕大部分集中在水產養殖生物的生長、品種改良的研發與防治疾病的疫苗開發上，較少接觸到海洋生物資源的開發與利用，且尚未有較具規模的研發工作。

有鑑於臺灣得天獨厚的海洋地理環境，未來在海洋生技產業的發展上將有無限的潛力。以下列舉幾項適合臺灣發展的海洋生技產業：

1. 生物活性物質開發：

海洋生物富含許多活性物質，可提供人類珍貴的醫藥保健資源。其中較為人所知的，例如甲殼類生物所富含的幾丁質（甲殼素），具

有很好的生物活性與保濕功能，已被廣泛應用在生醫材料與保健食品中。目前我們對於海洋生物活性物質的了解仍屬有限，亟待深入研究開發。此外，許多微生物中也含有豐富的酵素，如從海底熱泉中所分離出的嗜溫菌中，含有許多耐高溫的生化酵素，可被應用於工業用途，成爲耐溫持久的生物觸媒（Biological catalyst）。

2. 生質能源與生物廢棄物利用：

二十一世紀人類面臨能源枯竭以及全球暖化兩大危機，因此，如何利用生質能源取代現有能源，已成爲一項重要課題。由於海洋微藻固定CO_2的能力遠大於陸生植物，且有些藻類含有豐富的油脂，成爲提煉生質柴油的理想原料，目前已有一些歐美國家投入微藻生質柴油的開發。此外，許多大型藻類經過適當發酵後，可作爲酒精等生質能源的材料，像日本、丹麥與荷蘭等國家，均已著手進行相關的研究。甲殼類生物中富含的幾丁質，也是天然界中最豐富的生質能源，除了可應用在生醫材料與保健食品等用途外，經過適當的酵素分解，更可作爲生質酒精的原料。

3. 水產動物疫苗開發：

水產養殖產業可提供人類大量的食用蛋白質。臺灣曾經是全球最重要的養殖王國，但是接連的魚、蝦疾病感染，造成養殖產業一蹶不振。因此發展生物製劑、疫苗，將會是養殖產業永續發展的關鍵。

第三節　海洋工程與造船產業

傳統觀念中，海洋是地理上的障礙；然而，隨著人類科技的發展，海洋不但不再是危險的空間，甚至是生活資源的來源與便捷的交通要道。在開發、利用海洋的過程中，硬體的施設成爲人類探索、開發海洋的起點、工具與媒介。所謂「工欲善其事，必先利其器」，人類用千萬年累積的知識與經驗來建造這些硬體設施，成爲文明最具體的表徵；及至近代，更形成資本與勞力集中的產業；以知識的層面而

言，更是實用科學中需具備高專業度的領域。

有關硬體設備之建造的海洋產業，依設備的性質可概略地劃分為固定式與可移動式。所謂的「海洋工程」大多以固定式設備為施工內容，其項目繁多，無法一一列舉；相對的，造船產業則是以人類在海洋活動中不可或缺的可移動式載具為產業的核心。以下分項說明：

(一)海洋工程

海洋工程的產業目標是開發、利用，或保護、恢復海洋資源。由於必須考慮海水的腐蝕性，以及地震、潮汐、風浪、漂砂、生物污著等複雜的環境因素，使海洋工程的困難度與挑戰性遠高於一般陸上工程，且更需要高度的科學知識與技術的輔助。海洋工程的主體通常是位於海岸線向海的一側，包括硬體設備的新建、改建或擴建，並依其施工位置，可分為海岸工程、近海工程及深海工程三類；然三者往往有所重疊。

1. **海岸工程**（coastal engineering）：主要的施工內容包括海岸防護、填海、港埠（見圖12-7）、築堤、河口治理、海上疏浚、沿海漁業設施，以及環境保護設施等，向來是最受重視的工程類型。

2. **近海工程**（offshore engineering）：又稱離岸工程，主要內容包括在大陸架較淺水域的海上平臺、人工島等；以及在較深水域的如浮船式、移動半潛式或自升式平臺、石油和天然氣勘探採平臺、浮式貯油庫、浮式煉油廠、浮式飛機場等工程項目。

3. **深海工程**（deep-water engineering）：包括用於海洋資源開發的無人的深海潛水器和遙控海底採礦設施等。

(二)造船產業

造船產業是指設計、建造船隻的生產工業，屬二級產業。其任務除了為滿足社會對民用與軍用船舶的需求而從事船舶的建造與組裝，也包括船舶的維修、拆解。船舶的生產，通常是在一種專業設施，即造船廠的船塢或船臺中進行。從船身的打造，到各類機械、儀器的裝配，過程中需要應用到的科技十分廣泛而專業。

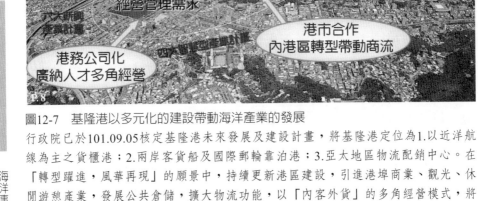

圖12-7　基隆港以多元化的建設帶動海洋產業的發展

行政院已於101.09.05核定基隆港未來發展及建設計畫,將基隆港定位為1.以近洋航線為主之貨櫃港;2.兩岸客貨船及國際郵輪靠泊港;3.亞太地區物流配銷中心。在「轉型躍進,風華再現」的願景中,持續更新港區建設,引進港埠商業、觀光、休閒遊憩產業,發展公共倉儲,擴大物流功能,以「內客外貨」的多角經營模式,將基隆建設為亞太地區具有特色的自由貿易港,同時帶動相關而多樣性的海洋產業。

資料來源:基隆港、臺北港、蘇澳港整體規劃及未來發展計畫(101年～105年)。

　　造船是始於史前時代的專門職業。根據考古證據顯示,人類至少在六萬年前,即已利用小船從東南亞航行到新幾內亞;古埃及人在西元前三千年就知道如何將木板組成船體,甚至用尼羅河三角洲盛產的紙莎草來建造船隻。

　　現代造船的工序包括:船體放樣、船體鋼材預處理、構件加工、船體裝配、焊接、密性試驗、船舶下水、艤裝、試驗、交船驗收等,過程十分繁複,且精密度的要求極高。就技術層面而言,可分成船體、艤裝、輪機與電機等部門:

　　　1.**船體**:以基本設計及結構設計為主,依材質可再細分為鋼鐵、鋁合金、玻璃纖維、水泥、木材、皮革及塑膠管筏等。

2. **艤裝**：包括電子設備、航海儀器、船艙家具，以及主機以外的其他設備之裝置。
3. **輪機**：以船用主機為裝配重點，如蒸氣渦輪機、燃氣渦輪機、柴油引擎、核子反應爐等。
4. **電機**：以船舶供電系統的製造與裝配為主，包括發電機、變壓器及各種船用電動機械等。

由此可知，造船產業不但是勞力密集產業，更具現代知識經濟的特性。由於現代造船產業對各類人才、技術、材料的需求量極大，因此，不但能提供許多就業機會，更能帶動相關產業的發展。1973年第一次能源危機發生後，政府所推動的十大建設便包括興建大造船廠。由於所需資金極為龐大，因此，包括我國在內，現代造船產業多屬於國有企業，其設立的目標通常是為了發展經濟，並追求國防自主。因此，船舶的建造與維修，是商務和軍事混合的工業。

臺灣的造船產業在發展之初，即被賦予支持航運、貿易、國防及發展相關產業等多目標之基本任務。以「臺灣國際造船股份有限公司」為例，不但以「國輪國造」為營運目標，更於1975年建廠的同時，即承建美商44萬5千噸超級油輪，同時合併原位於基隆的臺灣造船公司，成為臺灣造船產業的旗艦企業，且名列全球二十大造船廠之一，曾建造二十世紀80年代世界第二大油輪「柏瑪奮進號」。到了2010年，除了公營的大造船廠，臺灣尚有中型與小型修造船廠共49家、遊艇廠36家、船舶零件廠10家，全部從業人員1.5萬人，建造船艇共225艘，總產值達新臺幣540億。

近年來，國際競爭日趨激烈，以「臺船」成立之初，造船工業的發展遠遠落後於我國的韓國為例，現已超前並與中國大陸、日本並列為全球三大造船國，以艘數或噸位計，中、韓、日於2007年合計占全球比重達88%（見表12-2）。

表12-2 2010年主要造船國交船量（噸數）之比較

造船國	總噸數（單位：百萬）	全球比重
中國大陸	18.7	36.52%
韓國	15.9	31.05%
日本	9.6	18.75%
臺灣	0.27	0.52%
全球	51.2	100.00%

資料來源：Clarkson, "World Shipyard Monitor", Mar, 2011.

分析臺灣近年來造船產業積弱不振，有下列幾個原因：

1. 造船產業所獲得的獎勵及補助措施不足；

2. 為防範國際漁業資源保育組織的制裁，而採取漁船限建措施；

3. 造船廠資金周轉成本過高；

4. 龍頭企業臺船公司的公營事業型態，使營運管理機制流於僵化；

5. 東亞造船大國生產規模和效率持續提高，但全球經濟景氣下滑，供過於求的現象使市場競爭更激烈；

6. 國內造船人力面臨老化，年輕人受高科技產業吸引，投入之意願不高。

臺灣為海島型經濟，對外經貿需仰賴海運，除了建造商船外，為支援國防建軍及強化海防，亦負有造艦的使命；尤其造船為綜合性工業，可形成產業的群聚效應，提供大量就業機會。諸多因素說明了臺灣造船產業存在的必要性。為重振臺灣的造船產業，經濟部目前所擬定的發展策略如下：

1. 發展先進船舶，如環保綠能船舶。

2. 產品多元化，如開發海洋工程結構與裝備。

3. 加強全球化布局，如進行技術鏈分工。

4. 由政府制定造船產業政策，並給予業者適度的協助。

除此之外，更應把握中國大陸經濟發展模式的轉變，加速兩岸雙

邊貿易的進展，建立快捷船隊以因應兩岸船運的需求，以小型化、精
致化、快速化的物流模式，搭配「快速海運」及完整的陸上運輸網，
結合兩岸產業，建立具分工互補功能的機制，如成立「聯合船舶設計
發展中心」，應用創新技術，開發、設計具特殊功能的船舶，形成
「技術臺灣，組裝在地」的產銷鏈；再配合「國輪國造」政策，輔導
國內船廠建造船隊，以支援海峽兩岸未來雙邊貿易的海運需求。

(三)拆船產業

　　結構複雜，功能各異的船舶一如所有的工業產品，都具有使用
年限，一旦老舊或損壞，必須經過拆毀的過程，回收大部分船舶廢料
循環再利用。由於船舶是一種綜合性工業產品，拆解後的再生資源包
括：舊船板約占50%，廢鋼約占32%，銑鐵約占13%，機件約占2%，
廢銅、合金銅約占2%，廢非金屬約占1%。拆船業所帶動的相關行業則
包括：鋼鐵業、拖船業、清艙業、瓦斯業、氧氣業、金屬製品業、建
築業、運輸業、保險業、銀行業、煉油業、電子業、營建業、估物業
等。在我國天然資源缺乏的情況下，拆船所得之舊船板及廢鋼，依然
是國內鋼筋及煉鋼原料的主要來源，因此，拆船業對我國鋼鐵業的發
展影響甚鉅。

　　拆船作業分為海上解體、陸上切割、陸上分料及運輸三個步驟：

1. **海上解體**：一般採用「階梯式」切割法由上而下逐層拆解。民
   國60年代以後，多以國人自製的吊桿由下往上提，使許多機件
   保持完整，拆船的速度也增加了一倍。
2. **陸上切割**：將從海上解體下來的船板、鋼材、機件等，運到陸
   上廢料處理場後，由承包商負責整理，切割成卡車所能承載的
   體積，以利運輸。
3. **陸上分料及運輸**：將切割後的各種鋼鐵材料，依照形式及大小
   分類，運到鋼鐵工廠作為煉鋼原料。

　　臺灣的拆船業在民國58年至77年間，由於得到政府的充分支持，
建立了完備的進口解體船作業制度，拆船業者並致力於拆船技術的改

良以提升效率，臺灣因而成為國際拆船業的重心，並得到「拆船王國」的美譽。高雄因是內凹型的天然港口，潮差僅一公尺半及天候良好，全年能工作的天數比其他國家多；尤其大仁拆船專業區及專用固定碼頭興建完成後，拆船業的發展更是一日千里，業者甚至組成「臺灣區舊船解體工程工業公會」。

　　儘管拆船業長期以來對臺灣經濟的發展貢獻不少，但它所帶來水、空氣、噪音的污染，及工作環境中存在的高危險性，在環保主張、勞工權益、消費者意識抬頭的社會背景下，加上目前拆船業的技術及設備很難做到無污染，因而使產業的發展受阻而日趨沒落。從民國71年高達202家的拆船業者，至89年僅剩37家；拆船勞工從萬餘人衰減到幾百人。這些數字的變化顯示，拆船業在臺灣已成為夕陽產業。

第四節　海洋空間利用

　　隨著世界人口的不斷增長，陸地可開發利用的空間愈來愈小且日見擁擠；而海洋不僅擁有遼闊無垠的海面，更有深邃神祕的海底和潛力雄厚的海中。由海上、海中、海底組成的海洋空間資源，將帶給人類生存發展的新希望。

　　人類對海洋空間的利用，最早經由觀察、掌握季風和洋流的規律，以船舶進行海上航行，使海洋由地理的險阻轉變為交通的管道。十五世紀以後的大航海時代，全球航線陸續被開發出來，加上造船技術的精進，大大提高貨物運輸量，促進了國際貿易的快速發展。商品的流通使各國在經濟上產生相互的依賴，航運也因而成為全球最大的服務業。二次大戰後，全球經濟逐步復興，加上科技的快速發展，大多數國家都已由農業社會轉型為工業社會，民眾在工作與生活的壓力下，對休閒產生迫切的需求。在交通科技日趨便利的今日，海洋觀光遊憩的可及性大大地提高；加上海洋活動的項目與設施愈來愈多樣化，民眾從事海洋遊憩蔚為風尚，以致產業的規模也日益擴大，在

GDP所占的比重也相對提高。以下就目前利用海洋空間最普遍的產業「交通運輸」與「觀光休閒」分別說明：

(一) 海洋交通運輸業（marine communications and transportation industry）

俗稱「航運業」的海洋交通運輸業，是國際物流中使用最廣泛、最主要的運輸方式。航運業以船舶為主要工具，為海洋運輸提供服務，包括遠洋與沿海的旅客及貨物運輸、水上運輸輔助活動、管道運輸業、裝卸搬運及其他運輸服務活動。

現代的海洋運輸產業起源於1807年全球第一艘蒸汽船「大東方號」的誕生，使古老的海運業產生革命性的進展。早期工業大國為向全球輸出由機械大量生產的商品，多於海運方便的沿海地區設置工廠以降低生產成本，直接促成海港城市的興起。兩次大戰的軍事需求與重大海難的發生，加速運輸科技的進步，從無線電的發明到人造通訊衛星的應用，大大提升海運的安全性；加上船舶的設計、建造，也往大型化、高速化發展。現今，幾十萬噸的油輪、貨（櫃）輪、客輪，都以數十浬的時速航行於全球的海洋。

海洋運輸產業可說是國際貿易的基礎，貨運量占全部國際貨物運輸量的比重超過80%。目前，主要的裝卸區域分別位於發展中地區為60.6%、發達經濟體為33.6%和轉型經濟國家[1]為5.9%；而亞洲地區則主導經濟市場，占滿載貨物的40%；其次依序為美洲、歐洲、非洲、大洋洲。以世界經濟發展的角度來看，海洋運輸實占有舉足輕重的地位，其產業具有以下的特點：

1. **不受空間限制**：海洋運輸借助天然航道進行，不受道路、軌道的限制，連續性強，可隨政治、經貿環境及自然條件的變化，

---

[1] 轉型經濟國家（transition economic country）是27個中歐與東歐的前社會主義國家的統稱。這些國家都在二十世紀末都經歷了從中央計畫經濟體制向市場經濟轉型的過程，因而被當作一個群體而有此名稱。

隨時調整和改變航線，完成運輸任務。

2. **載運量大**：現代化造船技術精湛，船舶日趨大型化，可對各種大宗與笨重的貨物作遠距離運輸，如新一代貨櫃輪的載運能力已超過5000TEU（Twenty Equivalent Unit的縮寫，即以長度20英尺的貨櫃爲國際計量單位），超巨型油輪噸位已超過60萬噸。

3. **運費低廉**：海運航道爲天然形成，港口設施一般爲政府所建，海運業者可以大量節省基礎設施的投資。且船舶運載量大、使用時間長、運輸里程遠，單位運輸成本較低，爲低值大宗貨物的運輸提供了有利條件。

以上的優點之外，海洋運輸的缺點是速度較慢、受天氣的影響較大、需針對某些貨物提供運輸輔助設備；且全球貨物生產量及需求量，也會直接影響航運業的榮枯。基於以上特點，海洋運輸產業長期以來形成的營運模式如下：

1. **班輪運輸**：班輪公司所屬的船舶，在特定的航線和既定的港口之間，按照事先規定的船期表反覆進行有規律的貨物運輸業務，並按照事先公布的費率表收取運費。服務對象爲非特定的貨主。

2. **租船運輸**：是租船人向船東租賃船舶用於貨物運輸的方式，通常適用於大宗貨物運輸。有關航線和港口、運輸貨物的種類及航行的時間等，都按照承租人的要求，由船舶所有人確認後，雙方簽訂租船合同以確定權利、義務。

2008年以來，全球金融危機引發經濟衰退，導致國際貿易量減少，海洋運輸的成長也受到負面影響。此外，主要航線上日益猖獗的海盜活動，爲海洋運輸帶來安全上的威脅；全球氣候變遷也迫使海運船舶的溫室氣體排放量受到國際嚴格的監控與管理。當今全球大環境的變動，將爲前景充滿挑戰的海洋運輸產業帶來難以估計的風險與變數。

(二)海洋觀光休閒（marine tourism and recreation）

休閒（Recreation）是一個國家在經濟發展過程中，其國民在追求卓越生活與精神享受所不可或缺的手段，也是全球性的社會現象與趨勢。人類由於科技與經濟的迅速發展，生產力隨之提升，工作時間因而縮短，相對地增加了觀光與休閒的機會，觀光休閒遂在二十一世紀發展成為龐大且快速成長的全球性產業，其產值亦伴隨著各國的經濟發展呈正向成長。根據世界旅遊委員會（World Travel & Tourism Commission, WTTC）針對全球174個國家進行觀光旅遊業的經濟效益評估指出，2010年全球旅遊與觀光產業總產值約占全世界GDP的9.2%。

根據世界觀光組織（World Tourism Organization, UNWTO）的分析報告指出：觀光已成為許多國家外匯的首要來源，各國的平均外匯收入約有8%來自觀光休閒，總收益亦超過所有其他國際貿易種類，高居單一產業別的第一位。UNWTO也進一步預測：至2020年，全球的觀光人數將成長至16.02億人次，總收益也將達到2兆美元以上的經濟規模。此外，觀光休閒產業也在這幾年提供不少就業的機會。根據WTTC的推估，未來十年全球觀光產業成長情形為：旅遊產值自2.2兆美元成長至2.7兆美元，GDP成長率將從10.6%增至11.3%，就業人數將自目前1.98億人增加至2.5億人；而臺灣的觀光休閒產業約可提供65萬的工作機會。無怪乎已成為世界上產值最大之單一產業的觀光休閒產業被稱為「無煙囪工業」，並被視為「二十一世紀的產業金礦」。

地球有71%左右的面積為海洋所覆蓋，在提供人類生計與運輸服務之外，作為全球生命支援系統的重要組成之一的海洋，更是人類從事觀光休閒或運動的重要場所。長久以來，人類不斷被吸引到海邊去從事遊憩活動，為的是滿足身、心、靈的多重需求。以臺灣為例，由於人口稠密，陸地面積有限，每逢假日，各旅遊景點人潮擁擠、交通堵塞，造成遊客抱怨而裹足不前。幸好，我們擁有相當豐富的海洋觀光休閒資源，因此海洋遊憩已成為國人時下重要的休閒選擇，為追求沙灘、陽光、海水（Sand, Sun and Sea, 3S）的生活調劑，而前往海岸

或海洋從事遊憩活動的人也愈來愈多，海洋觀光休閒產業因而具有相當大的發展潛力與機會。有鑑於此，行政院於《海洋政策白皮書》中宣示海域觀光策略和工作要項如下：

1. **推動海洋觀光遊憩活動與產業**：落實推動海域公共使用之概念，釐清並宣導專用漁業權之權限，以使相關產業得以共同使用海域；推動海域多元利用，增加親水設施，建立海洋觀光遊憩活動與相關產業（含遊艇）發展之輔導管理機制，以提升海洋觀光遊憩產業之服務品質。

2. **推動休閒漁業**：結合漁村文化與周邊生態景觀，推動休閒漁業；健全娛樂漁船之經營管理；完善休閒漁港與漁村建設。

近年來，海洋觀光休閒因科技的進步，已增加不少活動內容，也使更多海洋觀光活動的開發受到關注；但由於社會大眾對海洋觀光普遍缺乏具體的認知，故多半把焦點放在潛水、海釣和遊艇等休閒性活動。因此，如何開發多樣性的海洋「觀光」資源，並提供多元化的活動與服務，以有效地吸引觀光客前來消費，一直是全球發展海洋觀光產業所討論的課題。Mark・Orams（1999）強調以海洋環境為主，或由海洋環境所引發的活動，皆屬海洋觀光休閒的範疇。日趨豐富而多元的海洋觀光活動，若從區位的角度，可歸納出四大類型：

1. **海邊活動**：在海邊或潟湖所從事的戲水活動；
2. **沿海旅遊**：沿著海岸從事水上遊憩或水底探索等活動；
3. **離島旅遊**：在近海島嶼從事水上遊憩或水底探索等活動；
4. **遊輪活動**：以移動式的「類飯店」遊輪從事海外套裝旅遊行程，遊輪上並附有各種軟硬體設施與娛樂節目。

由於海洋並非人類主要的生活環境，因此，海洋觀光休閒與其他形式的觀光活動，有著明顯區隔的特性：

1. 海洋觀光活動發生在我們賴以生存，但又不生活於其中的環境；
2. 海洋觀光產業的成長速度，比其他大多數的觀光產業要來得

快；

3.海洋觀光活動有著明顯的負面影響；

4.海洋觀光面臨管理上的獨特挑戰。

　　海洋環境提供了各類海洋遊憩活動的機會，根據「遊憩機會序列」（recreation opportunity spectrum, ROS）的概念，依據遊憩區所在位置（從極原始的自然區域，漸次發展到人工化的遊樂設施），設定不同性質的遊憩活動方式（從生態旅遊到商業觀光），以使觀光客獲得所需求的滿意體驗。若將不同使用者偏好的這些環境、活動、體驗類型加以組合，便能構成一序列的遊憩機會。ROS的基本假設是「提供多樣化的遊憩機會」，是達成高品質戶外遊憩的不二法門。ROS 的三個主要組成因子為環境機會（Setting opportunities）、活動機會（Activity opportunities）、體驗機會（Experience opportunities），是藉由不同環境創造出人們可接受的活動與體驗機會，所以ROS 的概念促成了戶外遊憩機會的多樣性。若依海洋遊憩機會序列的遊憩據點，可分為原始、自然、鄉村、都市四種發展類型，其特性如表12-3所示。

表12-3　海洋觀光遊憩機會序列

機會＼類型	原始型	自然型	鄉村型	都市型
環境機會	少許人為設施及未經修飾的自然環境	有些人為活動，如岸邊燈火或繫船浮標	在附近看得到人為設施如停車場	都市化環境、靠近或在都會區內的海灘與潮間帶
活動機會	垂釣、無動力船隻活動、揚帆航行、船上生活、不允許使用動力機械	垂釣、浮潛、水肺潛水、揚帆航行、動力船隻活動	垂釣、游泳、浮潛、衝浪、滑水、風浪板、拖曳傘無動力船隻活動	日光浴、游泳遊戲、餐飲遊覽、人看人設施高度開發
體驗機會	孤寂寧靜、自給自足、互動低	平和安靜、偶爾與他人接觸，互動中等	與他人有些接觸互動為中至高等範圍	與他人有非常多社交互動，出現大量使用者

資料來源：莊慶達等，2008。

由於臺灣是四面環海又擁有島嶼的海洋環境，加上亞熱帶的氣候條件，其可發展的海洋遊憩據點不但遍布全島海岸線與離島，且各有不同的特色與風情；尤其漁業的根基穩固，資源豐富，最適宜發展與觀光遊憩活動結合的休閒漁業。因此我國漁政與觀光部門自民國80年起，即合作積極推動休閒漁業，除於「漁業法」增訂娛樂漁業專章，並成立休閒漁業發展指導小組，訂定「娛樂漁業管理辦法」。整體而言，臺灣的休閒漁業可概分為幾大類型：1.運動娛樂型；2.體驗漁業型；3.生態觀光型；4.漁鄉美食型；5.教育文化型（見表12-4）

表12-4　休閒漁業的活動類型

類　　型	活動內容	工　具	範　　圍
1.運動娛樂型	海釣、磯釣、灘釣、漁撈及養殖觀光	娛樂船筏、釣具	海釣場、沙灘、礁岩、海岸
2.體驗漁業型	牽罟、漁村生活體驗、參與定置網、箱網養殖作業	娛樂船筏	漁村、民宿、海洋牧場、養殖區
3.生態觀光型	觀賞鯨豚、漁群及海上、海底風光	娛樂船筏潛水設備	沿近海、潟湖、紅樹林、藍色公路、漁人碼頭
4.漁鄉美食型	品嘗海鮮料理、漁村特色小吃	餐廚設備	觀光魚市、漁產直銷中心、漁人碼頭
5.文化教育型	魚苗放流；參觀漁業設施、文物、魚類生態博物館；民俗采風	船筏、漁具、建築	沿近海、漁村、文物陳列館、生態博物館

資料來源：莊慶達等，2010。

屬於三級產業的海洋觀光休閒產業，的確提供民眾新的休閒選擇及許多就業機會。然此一新興服務業的發展，除需有整體的軟、硬體配套措施外，服務品質、遊客安全及合理價位，更是經營者應遵守的職業規範。為了讓上表中的每一項海洋觀光活動順利推展，同時又能滿足不同層級的遊憩需求，業者除了以5P策略（產品定位product、市場通路place、廣告促銷promotion、價格制定price、政治遊說politician）做好全方位市場行銷，以創造實質效益的同時，有必要導入排他

性消費、污染控制，以及成長管理的概念與措施，以免因過度擁擠與環境污染，影響了遊憩活動的品質，為海洋環境與自然資源帶來超過其承載力的衝擊。

在發展海洋觀光休閒產業的過程中，唯有兼顧3E原則——生態（ecology）的永續性、經濟（economic）的可行性、社會（equity）的公平性，才能讓全民藉由海洋遊憩活動得到身、心、靈的復甦與平衡，也能增進對海洋的了解，進而親近海洋、愛護海洋、學習海洋。

綜觀海洋產業的發展，涵蓋多元化的面向，最重要的前提為產業的發展與自然環境之間必須維持穩定的平衡，才能在擁有充足資源的條件下，讓產業能永續發展、壯大。故而，自然環境及資源的保護與管理，必須與產業的發展同步進行。然而，隨著現今科技的飛躍進步，以及人類對於自然環境的過度利用，不僅影響海洋生態的平衡，也使大多數的海洋生物遭受迫害。因此，如何保護、保育、管理、開發，以及如何使人類對自然環境做到公平、節制和有效益的使用，是我們應該長期深思的重要課題。

海洋產業的基礎是建立在海洋科技的研究與創新之上，教育與人才的配合、政府具有宏觀與遠見的產業思維、正確的發展項目評選與推動策略，是決定海洋產業經營成功的基本要素。有鑑於海洋產業對臺灣未來的發展具有關鍵性的影響，本章內容從「藍海經濟」的全球性思維與趨勢出發，逐項檢視「藍色產業」在世界與臺灣的發展策略與現況，提供政府與業者研擬具有永續性與競爭力的海洋產業政策時之參考。

海洋觀察站

從海上看臺灣——兼談藍色公路與環島郵（遊）輪

10月3日《中國時報》報導，行政院陳沖院長在答覆立法委員丁守中的質詢時，當面承諾將爭取國際郵輪定期航班列入兩岸協商

議題。此一詢答內容，在立法院院會諸多的複雜議題中或許很難突顯，卻預示了兩岸郵輪經濟的發展性。

臺灣四面環海又多山，交通建設本有其局限性，因此在解嚴後，政府提出「藍色公路」的概念；但直到民國89年開始逐年分階段地開放海岸管制區後，才有觀光業者開始經營地區性的娛樂遊船，如臺北市、高雄市或新北市的淡水，其內容大多以遊河或搭載遊客來往於少數定點之間，必未充分發揮「藍色公路」的意涵與功能。當觀光已成為二十一世紀的黃金產業之際，政府願意與大陸協商開放來往兩岸的定期郵輪航班，固然是進步的做法；但更重要的是充分把握臺灣地理的特色和本已存在的藍色公路，發展本土郵輪觀光，才是更具自主性而有利於本土經濟的做法。

現代的郵輪旅遊興起於1970年代，如帶動風潮的「愛之船」，如今已是全球新婚或恩愛夫妻夢寐以求的浪漫旅程；每週一、兩個班次從基隆啟航的麗星郵輪，也是許多國內民眾連續假日的休閒選擇；而曾經到過埃及旅遊的民眾，尼羅河的郵輪一定會在記憶中留下深刻的印象，也成就了埃及觀光的特色；更不用說往來於金、廈間的郵輪，光是2011年的輸運人次就超過了84萬，成為兩岸間的「黃金水路」（見2012年2月14日《廈門日報》）。至於臺灣，除了目前方興未艾的城市水上遊憩，實應進一步將主要臨海城市規劃、串連成環狀海岸旅遊帶，既可搭載觀光客暢遊各城市的風景名勝及享受亞熱帶的海上風情；必要時，也能支援陸上交通，甚至開闢定時通勤航線，以紓解鐵、公路的負載壓力。

除了觀光與運輸的價值，郵輪觀光業正如汽車工業，所帶動相關民生產業的發展，應會對島內經濟產生相當程度的活化作用。尤其讓海洋院校培養出來的航運人才，即使不必遠赴海外，也有機會一展長才；加上其他人力的需求，對日益緊張的就業市場，也能產生一定的紓解效益。雖然近日香港發生旅遊船與交通船相撞的不

幸事件，但千萬別因噎廢食，浪費了我們所擁有的、寶貴的海洋資源。只要在利用藍色公路之前能妥善規劃，營運時也能隨時做好安全措施，應可避免類似的不幸事件發生。

自2000年以來，不論藍、綠執政，都以「海洋國家」為臺灣定位，也各提出「海洋立國」、「海洋興國」的政治主張，以及發展「藍海經濟」的願景，卻對環繞在臺灣四周的、真正的「藍海」，未能充分地發揮想像力和創造力。如果不能因勢利導，藉由政策的規劃，引導民眾擺脫傳統「由陸看海」的思維，從海上觀照臺灣，我們實在很難蛻變為真正的海洋國家。在此前提下，發展環島海上交通與郵輪旅遊，配合休閒、娛樂漁業，可使民眾在身心舒暢的氛圍中領略海洋對人類的意義，這不但是前景看好的「藍色產業」，也會是最好的全民海洋教育。

參考文獻

一、中文

1. 中國科普博覽，海洋能，北京，中國科學院。

2. 中國國家海洋局海洋發展戰略研究所，中國海洋發展報告，北京：海洋出版社，2009年4月。

3. 中國國家海洋局網站。檢視日期：2012年12月27日。

4. 中華民國國防部網站，檢視日期：2012年8月1-7日。

5. 日本海上白書2008。

6. 王曾才，國際史概論，臺北：三民書局，2008。

7. 王進旺，海巡勤務，臺北：行政院海岸巡防署編印，2006年。

8. 王進旺主編，臺灣海洋，行政院海岸巡防署，2009年，12月。

9. 丘宏達，現代國際法（修訂二版），臺北：三民書局，2006年9月。

10. 曲金良，海洋文化概論，中國海洋大學出版社，2012。

11. 曲金良，海洋文化與社會，中國：中國海洋大學出版社，2011。

12. 曲金良，圖說世界海洋文明，中國：吉林人民出版社。

13. 行政院研究發展考核委員會，海洋白皮書，臺北：行政院研究發展考核委員會，2001。

14. 行政院研究發展考核委員會，海洋政策白皮書，臺北：行政院研究發展考核委員會，2006。

15. 行政院海岸巡防署，2007年海巡白皮書，臺北：行政院海岸巡防署編印，2007年7月。

16. 行政院海岸巡防署，2008年海巡白皮書，臺北：行政院海岸巡防署編印，2008年4月。

17. 行政院海岸巡防署，中國主要海洋法規彙編，行政院海岸巡防署，2007年6月。

18. 行政院海岸巡防署，海洋事務法典，臺北：行政院海岸巡防署，2012年6月修訂3版。

19. 行政院海岸巡防署南部地區巡防局，南沙南疆鎮鑰，行政院海岸巡防

署南部地區巡防局，2012。

20. 行政院海岸巡防署編印，2001年工作年報，臺北：行政院海岸巡防署，2002年9月。

21. 行政院海岸巡防署編印，2003年工作年報，臺北：行政院海岸巡防署，2004年3月。

22. 行政院海岸巡防署編印，2004年工作年報，臺北：行政院海岸巡防署，2005年6月。

23. 行政院海岸巡防署編印，海巡新紀元2000年至2003年四周年專刊，臺北：行政院海岸巡防署，2004年5月。

24. 行政院海岸巡防署編印，海洋事務法典，臺北：行政院海岸巡防署，2012年6月修訂3版。

25. 行政院海洋事務推動小組2012.06.26第八次會議紀錄，行政院研究考核發展委員網站，2012.07.14檢視。

26. 克朗斯基，鱈魚之旅（*Cod: a biography of the fish*），臺北：新雨出版社，1999。

27. 宋燕輝，一九八九年中美有關北太平洋公海漁捕互動之分析，中美關係報告：1988～1989，臺北，中央研究院美國文化研究所，1991。

28. 宋燕輝，日本施行海洋基本法之政策意涵與可能影響：臺灣觀點，臺灣海洋事務策進會臺日周邊海域事務論壇，2008年4月24日。

29. 李明安，李國添，周宏農，邵廣昭，曾建璋，鄭明修。澎湖寒害對漁業之衝擊後續監測及預警體制之建立。行政院農業委員會98年度科技計畫研究報告，2009。

30. 李明安，劉光明。氣候變遷與生態衝擊。海洋臺灣—永續發展。臺北：財團法人臺灣研究基金會，2009。

31. 李明安、劉光明，氣候變遷與生態衝擊，海洋臺灣—永續發展。臺北：財團法人臺灣研究基金會。2009。

32. 李素芳，臺灣的海岸，新北市：遠足文化，2010。

33. 李素芳編著，臺灣的海岸，新北市：遠足文化，2001。

34. 周登賢，我國海上救難法制規範與機制運作之研究，國立海洋大學海洋法律研究所碩士在職班碩士論文，2006。

35. 林彬，「海上交通秩序之管制與維護」，海上執法及災害救護學術研

討會論文集，行政院海岸巡防署，2001年12月。

36. 邵廣昭（1998）。海洋生態學。臺北：明文書局。

37. 邵廣昭，海洋生態學，臺北：明文書局，1998。

38. 邱文彥，「濕地對於水資源的保育管理及永續立利用，子計畫七:海岸開發計畫中人工濕地及潟湖的規劃管理—濕地保育政策與相關規範的研究（第一年）」行政院國家科學委員會專題研究計畫成果報告，臺北，1999。

39. 邱文彥，海岸管理：理論與實務，臺北：五南圖書公司，2000年11月。

40. 邱文彥，海洋文化與歷史，臺北：胡氏圖書，2000。

41. 邱文彥、黃煌雄、李國添。海洋產業與科技創新。臺灣：財團法人臺灣研究基金會、國立臺灣海洋大學。2009。

42. 邱文彥、楊磊、張揚棋，「陽明山竹子湖水文水質調查研究計畫」，陽明山國家公園管理處委託研究報告，臺北，1999。

43. 俞寬賜，國際法新論，臺北：啓英文化事業有限公司，2007年10月。

44. 姜皇池，國際公法導論，臺北：新學林文化事業有限公司，2006。

45. 姜皇池，國際公法導論，臺北：新學林出版股份有限公司，2008年9月修訂2版。

46. 姜皇池，國際海洋法，臺北：學林文化公司，2004年。

47. 姜皇池，論海洋科學研究之國際法規範，臺灣大學法學論叢，28卷4期，2004。

48. 姜皇池等著，海洋事務統合法制之研究（第一冊），臺北：行政院研究發展考核委員會委託研究案，2009年12月。

49. 姚忠義等著，研訂海上交通安全法必要性研究，交通部運輸研究所委託研究案，九茹印刷，2005年3月。

50. 洪文泉、吳采芳，「全球禽流疫情威脅下海上查緝防疫作為—以臺中海巡隊查獲大佶輪走私大陸禽鳥案為例」，海巡雙月刊，第21期，2006年6月。

51. 洪美惠編譯，蔡麗伶審校，歐巴馬建立美國第一個國家海洋政策，摘譯自2010年7月20日ENS美國華府報導，（e-info.org.tw/node/57652）2010年7月26日。

52. 秋山昌廣，2007海洋基本法與日本新海洋政策，臺灣海洋事務策進會臺日周邊海域事務論壇，2008年4月24日。

53. 胡念祖，「水警的定位、定性與組織重組」，第八屆水上警察學術研討會論文集，2001年。

54. 胡念祖，海洋事務之內涵與範疇，海洋及水下科技季刊17(3): 20-56，2007。

55. 胡念祖，海洋事務部之設立：理念與設計，國家政策季刊創刊號，2002。

56. 胡念祖，海洋政策：理論與實務研究，臺北：五南圖書公司，1997。

57. 徐曉望。論古代中國海洋文化在世界史上的地位。廈門大學，福建廈門。2011。

58. 財團法人臺灣經濟研究院，海洋涉外事務規劃研究，行政院海岸巡防署委託研究，2006。

59. 國立中山大學海洋政策研究中心，海巡署涉外事務發展策略之研究，行政院海岸巡防署委託研究，2004。

60. 張長義，「臺灣沿海地區的環境問題與資源管理的探討」，國土學術研討會—臺灣教授學會，永續發展的綠色臺灣論文集臺北，1999。

61. 張崇和、陳慶昌，「從希臘籍阿瑪斯號貨輪擱淺漏油事件論我國海洋溢油污染防治體系」，第八屆水上警察學術研討會論文集，中央警察大學，2001年6月。

62. 教育部，海洋教育政策白皮書，教育研究委員會，臺北：教育部，2007。

63. 莊慶達、何宗儒、劉光明、王世斌、邱文彥、方天熹、陳明德。海洋資源管理：理論與實務。臺北：五南出版社。2008。

64. 莊慶達、陳凱俐、鄭蕙燕等。自然資源與環境經濟學—理論基礎與本土案例分析（2th ed.）臺北：雙葉書廊。2005。

65. 莊慶達、陳凱俐、鄭蕙燕等。海洋產業經營學，教學卓越計畫。基隆：海洋事務與資源管理研究所。2010。

66. 許晃雄，吳宜昭，周佳，陳正達，陳永明，盧孟明。臺灣氣候變遷科學報告，2011。

67. 許晃雄，吳宜昭，周佳，陳正達，陳永明，盧孟明。臺灣氣候變遷科

學報告2011。行政院國家科學委員會,2011。

68. 許嵐翔,「中共海域執法機制之研究」,世新大學行政管理學系碩士學位論文,2005年12月。

69. 許惠祐主編,臺灣海洋,行政院海岸巡防署,2005年。

70. 郭金棟,「海岸地區永續發展的研究」,中華民國永續發展學會委託研究報告,臺北:1999。

71. 陳正傑,「船舶碰撞損害及意外事故污染之民事損害評估與賠償責任研究」,國立臺灣海洋大學碩士論文,2009年2月。

72. 陳永明,于宜強,黃柏誠。澎湖海域2008年寒害分析報告。災害防救電子報第三十五期。國家災害防救科技中心,2008。

73. 陳建中。臺灣水產加工發展策略之研究。Unpublished 碩士論文。臺灣:國立中山大學,2005。

74. 陳泰廷,從2010「中國海洋發展報告」反思我國海洋政策,海巡雙月刊第49期,行政院海岸巡防署,2011年2月

75. 陳純瑩,解嚴後我國海上治安機關之建置(1999～2000),國立臺灣科技大學人文社會學報,第3期。

76. 陳荔彤,東沙環礁國家公園法制與實踐之研究,臺灣海洋法學報,6卷2期,2007年。

77. 陳鎮東、王巧萍,「廣植紅樹林以緩和工業區對潮間帶的衝擊」,海洋科技會刊,第15期,高雄,1994年。

78. 傅崑成,海洋管理的法律問題,臺北:文笙書局股份有限公司,2003年8月。

79. 傅朝卿。2005。世界文化遺產最新觀念:文化景觀,世界文化遺產課程。Tainan, Taiwan:國立成功大學建築系。http://www.fu-chaoching.idv.tw/file/tnn_wh/tnn_wh_03.pdf.

80. 傅朝卿。世界文化遺產最新觀念:文化景觀,世界文化遺產課程。Tainan, Taiwan:國立成功大學建築系。2005。

81. 游乾賜,「海岸巡防機關之現況與展望」,第8屆水上警察學術研討會,桃園:中央警察大學,2001年6月。

82. 游乾賜,海巡署成長與變革,臺北:黎明公司,2006年10月。

83. 游乾賜,海洋事務行政組織套裝模式之研究,法學叢刊第216期,2009

年10月。

84. 湯錦臺。大航海時代的臺灣。臺北：貓頭鷹出版社。2005。

85. 湯錦臺。閩南人的海上世紀：果實出版社。2005。

86. 黃向文，林頂榮，御風迎向公海漁業大國，耕耘台灣農業大世紀，行政院農業委員會，2012，p 80-118。

87. 黃異，國際法在國內法領域中的效力，臺北：元照出版公司，2006年12月。

88. 黑格爾／溫彬。2004。歷史哲學。臺灣：華立出版社。海洋教育教師手冊：教育部。2010。

89. 溫蕙宇。海洋能源與礦產。In 莊慶達、陳凱俐、鄭蕙燕等（Ed.），海洋事務總論課程計劃。基隆：國立臺灣海洋大學。2010。

90. 葉世燦，「我國當前海上助航與搜救實質問題之研究」，第一屆水上警察學術研討會論文集，中央警察大學，1994年6月。

91. 葉俊榮，建構海洋臺灣發展藍圖，研考雙月刊，2005年。

92. 廖中山，「對我國海上安全體系有關問題之研究」，第一屆水上警察學術研討會論文集，中央警察大學，1994年6月。

93. 臺灣大百科全書。臺灣：文化部。http://taiwanpedia.culture.tw.

94. 趙禹姿、蔡佩君、楊達鑫、吳秉叡。臺灣海洋經濟發展之研究，2004。

95. 劉少欽，我國國際海洋法公約內國法化之研究，國立海洋大學海洋法律研究所碩士論文，2011年6月。

96. 劉怡萍，「我國有關海上船舶油污染法規與政策之探討」，國立臺灣海洋大學海洋法律研究所碩士學位論文，2005年6月。

97. 劉靜靜，「臺灣海岸濕地保護策略與法制的研究」，國立中山大學海洋環境研究所碩士論文，1995。

98. 蔡宗亮。臺灣造船產業的迷思與契機。In 經濟部技術處（Ed.），建國一百，樂活臺灣。臺北：經濟部技術處。2011。

99. 蔡明彥，李玫憲，北冰洋安全問題與區域安全治理之挑戰，東吳政治學報 29(1)：113-177，2011。

100. 戴昌鳳（2003）。臺灣的海洋。新北市：遠足文化。

101. 戴寶村。2007。移民臺灣：臺灣移民歷史的考察。臺灣史十一講。

http://subtpg.tpg.gov.tw/web-life/taiwan/9608/9608-14.htm.

102. 戴寶村。臺灣的海洋歷史文化。臺北：玉山社出版事業服份有限公司。2011。

103. 謝尚穎。航運與造船業。In 莊慶達、陳凱俐、鄭蕙燕等（Ed.），海洋事務總論。基隆：國立臺灣海洋大學海洋事務與資源管理研究所。2011。

104. 魏靜芬、李明峻，日本海洋政策發展與運作研析，行政院海岸巡防署委託研究，2008年12月。

105. 邊子光，各國海域執法制度，臺北市：秀威資訊科技，2012年9月。

106. 邊子光，海洋巡防理論與實務，桃園：中央警察大學出版社，2005年。

107. 藺明忠，水下考古活動發展與水下文化遺產保護法制之研究，國立臺灣海洋大學海洋法律研究所碩士論文，2003。

108. 蘇達貞。2004。海洋能源的魅力，科普知識。臺北：行政院國家科學委員會網站。

二、英文

1. Botsford, L. W., Micheli, F., & Parma, A. M. 2006. Biological and ecological considerations in the design, implementation and success of MPAs. In FAO(Ed.), *Report and documentation of the expert workshop on marine protected areas and fisheries management: reivew of issues and considerations*, Vol. FAO Fisheries Report No. 825: 332. Rome: FAO.

2. Bugoni, L., Krause, L. g., & Virg??nia Petry, M.(2001). Marine Debris and Human Impacts on Sea Turtles in Southern Brazil. Marine Pollution Bulletin, 42(12), 1330-1334. 10.1016/s0025-326x（01）00147-3

3. Chang Y, Lee M-A, Lee K-T, Shao K-T. Adaptation of fisheries and mariculture management to extreme oceanic environmental changes and climate variability in Taiwan. Marine Policy. 2013; 38(0): 476-82.

4. Cho, D.-O.(2012). Korea's Oceans Policymaking: Toward Integrated Ocean Management. *Coastal Management* 40(2): 183-194.

5. Chung, C.-C., G.-C. Gong, et al.(2012). Effect of Typhoon Morakot on microphytoplankton population dynamics in the subtropical Northwest Pacific. *Marine Ecology Progress Series* 448: 39-49.

6. Cicin-Sain, B. and Knecht R. W. (2000). *The future of U.S. Ocean Policy-choices for the new century.* Island Press, Washington, D.C..

7. Cisneros-Montemayor, A. and U. Sumaila(2010). A global estimate of benefits from ecosystem-based marine recreation: potential impacts and implications for management. *Journal of Bioeconomics* 12(3): 245-268.

8. Derraik, J. G. B. (2002). The pollution of the marine environment by plastic debris: a review. *Marine Pollution Bulletin* 44:842-852.

9. Derraik, J. G. B. (2002). The pollution of the marine environment by plastic debris: a review. *Marine Pollution Bulletin*, 44(9), 842-852.

10. Doney, S. C., V. J. Fabry, R. A. Feely, and J. A. Kleypas. (2009). Ocean Acidification: The Other CO2 Problem. *Annual Review of Marine Science* 1:169-192.

11. Dudley, N.(2008). *Guidelines for applying proteced area management categories:* IUCN, Gland, Switzerland.

12. European Union, (2012). Facts and Figures on the Common Fisheries Policy. -Basic statistical data-2012 Edition. Luxembourg. Publication Office of the European Union.

13. FAO(2012). The State of world fisheries and aquaculture 2012. Rome. Food and Agriculture Organization.

14. FAO. (2009). Climate change implications for fisheries and aquaculture. FAO fisheries and aquaculture technical paper. No. 530

15. FAO.(2001). *International Plan of Action to Prevent, Deter and Eliminate Illegal, Unreported and Unregulated Fishing.* Rome, FAO.

16. FAO.(2010). *The State of World Fisheries and Aquaculture 2010.*Rome. Food and Agriculture Organization.

17. FAO.(2011). *Fisheries management. 4. Marine protected areas and fisheries* (Vol. No. 4, Suppl. 4). Rome, FAO.

18. Fluharty, D.(2012). Recent Developments at the Federal Level in Ocean

Policymaking in the United States. *Coastal Management* 40(2): 209-221.

19. Foundation Research Task Force on National Ocean policies, *Compilation of Summaries of National and Regional Ocean Policies-draft*. The Nippon Foundation, (2005).

20. Garrison, T.(2005). *Oceanography: and invitation to marine science* (Six Edition ed.): Thomson Brooks.

21. Gitay, H., A. Suarez, R. T. Watson, and D. J. Dokken. 2002. *Climate change and biodiversity*.

22. Hall, M. A., Alverson, D. L., & Metuzals, K. I.(2000). By-catch: problems and solutions. *Marine Pollution Bulletin*, 41(1-6), 204-219.

23. Halpern et al., (2008). A Global Map of Human Impact on Marine Ecosystems. Science. 319: 948-952.

24. Halpern, B. (2003). The impact of marine reserves: do they work and does reserve size matter? *Ecological Applications*, 13: 117-137.

25. Hans Konrad Van Tilburg. (2007). *Chinese Junks on the Pacific: Views from a Different Deck*. University Press of Florida Hardcover .

26. Hedgepeth, J. 1957. *Classification of marine environments and concepts of marine ecology.*, New York.

27. Hilborn, R., & Walters, C. J.(1992). *Quantitative Fisheries Stock Assessment: Choice: Dynamics and Uncertainty*. London, Chapman and Hall.

28. Hiroshi Terashima (2012). *Japan's Ocean Policymaking*. Coastal Management, 40(2).

29. Hoegh-Guldberg, O., Mumby, P. J., Hooten, A. J., Steneck, R. S., Greenfield, P., Gomez, E., Hatziolos, M. E.(2007). Coral Reefs Under Rapid Climate Change and Ocean Acidification. *Science*, 318(5857), 1737-1742. doi: 10.1126/science.1152509

30. Hogdson, G. (1999). A Global Assessment of Human Effects on Coral Reefs. *Marine Pollution Bulletin* 38:345-355.

31. Hong, Seoung-Yong, "*A Framework for Emerging New Marine Policy: The Korean experience*." Ocean and Coastal Management 25 (1995).

32. Houston, J.R.(1996). 'The economic value of U.S. beaches'. In J. Auyong

海洋事務概論

（ed.），Abstracts of the 1996 World Congress on Coastal and Marine Tourism. OregonSea Grant, Oregon State University, Corvallis OR

33. Hu, N.-T. A.(2012). Taiwan's Oceans Policymaking: Its Development and Assessment. *Coastal Management* 40(2): 195-208.

34. Huang, H.-W. (2011). Bycatch of high sea longline fisheries and measures taken by Taiwan: Actions and challenges. *Marine Policy*, 35(5): 712-720.

35. ICC.(2010). Trash travels 2010 report. U.S. Washington, D.C. Ocean Conservancy.

36. IOC.(2007). National Ocean Policy. The Basic Texts from: Australia, Brazil, Canada, China, Colombia, Japan, Norway, Portugal, Russian Federation, United States of America. Law of the Sea Dossier 1. IOC Technical Series 75. Paris: UNESCO Intergovernmental Oceanographic Commission.

37. IPCC,(2007).Climate Change 2007: Synthesis Report. Contribution of Working Groups I, II and III to the Four the Assessment Report of the Intergovernmental Panel on Climate Change [Core Writing Team, Pachauri, R.K and Reisinger, A.(eds.)]. IPCC, Geneva, Switzerland, 104 pp.

38. IPCC.(2001). Climate change 2001: Synthesis Report. Summary for Policy Makers. Geneva.

39. Jackson, J. B. C. 2008. Ecological extinction and evolution in the brave new ocean. *Proceedings of the National Academy of Sciences* 105:11458-11465.

40. Keyuan Zou (2012) *China's Ocean Policymaking: Practice and Lessons. Coastal Management*, 40(2).

41. Laist, D. W.(1987). Overview of the biological effects of lost and discarded plastic debris in the marine environment. Marine Pollution Bulletin, 18(6, Supplement B), 319-326. 10.1016/s0025-326x(87)80019-x

42. Marine Conservation Society (2007). Beachwatch 2006 - The 14th annual beach litter survey report (pp. 160). U.K.: Marine Conservation Society.

43. McDorman, T. L. and A. Chircop(2012). Canada's Oceans Policy Framework: An Overview. *Coastal Management* 40(2): 133-144.

44. McKinley, E. and S. Fletcher(2012). Improving marine environmental health through marine citizenship: A call for debate. *Marine Policy* 36(3): 839-843.

45. Miller, M.L. (1990). 'Tourism in the coastal zone: portents, problems, and possibilities'. In M.L. Miller and J. Auyong (eds), Proceedings of the 1900 Congress on Coastal and Marine Tourism. Vol. 1. National Coastal Resources Research Institute, Corvallis OR

46. Miller, M.L. and Auyong, J. (1991). Coastal zone tourism: a potent force affecting environment and society. *Marine Policy*, March: 75-99..

47. Moore, C. (2011). Plastic Ocean: How a Sea Captain's Chance Discovery Launched a Determined Quest to Save the Oceans. Avery.

48. Moore, C. J., Moore, S. L., Weisberg, S. B., Lattin, G. L., & Zellers, A. F.(2002). A comparison of neustonic plastic and zooplankton abundance in southern California's coastal waters. Marine Pollution Bulletin, 44(10), 1035-1038.

49. Munasinghe, M. and R. Swart(2005). Primer on Climate Change and Sustainable Development: Facts, Policy Analysis, and Applications, Cambridge University Press.

50. NOAA (2007). NOAA's marine debris program. U.S.: National Oceanic and Atmospheric Administration.

51. NOAA.(2011). Facts About Marine Debris & How You Can Help. U.S.: National Oceanic and Atmospheric Administration.

52. Office of International Affairs Office (2012). International Agreements Concerning Living Marine Resources of Interest to NOAA Fisheries. Silver Spring. NOAA Fisheries.

53. Orams, M. (1999). Marine tourism: Development, impact and management. New York: Routledge.

54. Orr, J. C., Fabry, V. J., Aumont, O., Bopp, L., Doney, S. C., Feely, R. A. Yool, A.(2005). Anthropogenic ocean acidification over the twenty-first century and its impact on calcifying organisms. Nature, 437(681-686). doi: doi:10.1038/nature04095

55. Peter A, R. 2008. The changing vision of marine minerals. *Ore Geology Reviews* 33: 618-666.

56. R. R. Churchill and A.V. Lowe, *The Law of the sea*, 3th ed. (Manchester University, 1999).

57. Ramirez-Llodra, E., P. A. Tyler, M. C. Baker, O. A. Bergstad, M. R. Clark, E. Escobar, L. A. Levin, L. Menot, A. A. Rowden, C. R. Smith, and C. L. Van Dover. 2011. Man and the Last Great Wilderness: Human Impact on the Deep Sea. PLoS ONE 6:e22588.

58. Rona, P. (2003). Resources of the seafloor. *Science* 299:673-674.

59. Rona, P.(2008). The changing vision of marine minerals. *Ore Geology Reviews* 33(3-4): 618-666.

60. Sherman, K. and G. Hempel, editors. (2009). The UNEP large marine ecosystem report: A prespective on changing conditions in LMEs of the world;s regional seas. United Nations Environment Programme, Nairobi, Kenya.

61. Sparre, T., & Venema, S. C.(1998). *Introduction to tropical fish stock assessment*. Part 1. Manual. Rome, FAO.

62. Stowe, K.(1995). Exploring Ocean Science, Wiley.

63. Supervisor Board of Los Angeles County.(2007). Statement of Proceedings for the Special Meeting of the Borad of Supervisors of the County of Los Angeles. L.A.

64. Terashima, H.(2012). Japan's Ocean Policymaking. *Coastal Management* 40(2): 172-182.

65. Toropova, C., Meliane, I., Laffoley, D., Matthews, E., & Spalding, M.(Eds.).(2010). *Global Ocean Protection: Present Status and Future Possibilities*. Brest, France, IUCN.

66. Trujillo, A. P. and H. V. Thurman(2007). *Essentials of Oceanography (gedition)*, Prentice Hall.

67. Trujillo, A. P. and H. V. Thurman. 2011. *Essentials of Oceanography*, 10th Edition. Pretice Hall.

68. Trujillo, Alan P., and Harold V. Thurman. 2011. *Essentials of Oceanogra-*

參
考
文
獻

401

phy, 10th Edition.: Pretice Hall.

69. Tsamenyi, M. and R. Kenchington(2012). Australian Oceans Policymaking. *Coastal Management* 40(2): 119-132.

70. U.S.Coast Guard Home檢視日期：2012年12月27日。

71. UNEP. 2011. The UNEP Large Marine Ecosystem Report Place, Publisher.

72. UNEP.(1990). GESAMP:The state of the marine environment. Regional Seas Reports and Studies No.115. UNEP.

73. UNEP.(2005). UNEP 2005 - Marine litter, an analytical overview. Nairobi, Kenya.

74. United Nations (1969). The Vienna Convention on the Law of Treaties.

75. United Nations(1958). Convention on Fishing and Conservation of the Living Resources of the High Seas. U. Nations. Done at Geneva on 29 Paril 1958. Entered inro force on 20 March 1966.

76. Winston, J. E.(1982). Drift plastic-An expanding niche for a marine invertebrate? *Marine Pollution Bulletin*, 13(10), 348-351. doi: 10.1016/002 5-326x(82)90038-8

77. Worm, B., Barbier, E. B., Beaumont, N., & Duffy, J. E.(2006). Impacts of Biodiversity Loss on Ocean Ecosystem Services. *Science*, 314, 787-790.

78. www.southpacificrfmo.org

79. www.whitehouse.gov/administration/eop/oceans，2012.12.27檢視。

80. Zou, K.(2012). China's Ocean Policymaking: Practice and Lessons. *Coastal Management* 40(2): 145-160.

三、網站

1. 大西洋鮪類保育委員會 International Commission for the Conservation of Atlantic Tunas, ICCAT www.iccat.int

2. 中西太平洋漁業委員會 Western and Central Pacific Fisheries Commission, WCPFC www.wcpfc.int

3. 中國海監總隊網站。

4. 中華水下考古學會。In 臧振華博士（Ed.），Vol. 2009. Taiwan. http://www.tuaa2009.org.tw/action.php?ITEM1=00000047&ITEM2=A01&nowpage=1.

5. 中華民國對外漁業合作發展協會 www.ofdc.org.tw

6. 互動百科，China. http://www.hudong.com/.

7. 內政部營建署全球資訊網，檢視日期：2012年8月20日。

8. 日本海洋外交策略http://www.mofa.go.jp/mofaj/gaiko/kaiyo.html

9. 日本農林水產省水產廳 http://www.jfa.maff.go.jp/

10. 印度洋鮪類委員會 Indian Ocean Tuna Commission, IOTC www.iotc.org

11. 吉貝石滬文化館。Penghu, Taiwan：澎湖縣文化局。

12. 江蘇鹽城工學院海洋館。http://hyg.ycit.cn/oHistory/index.htm.

13. 百度百科，China. http://baike.baidu.com.

14. 百度百科。中國。

15. 行政院文化部。文化資產cultural heritage. In 林會承（Ed.），臺灣大百科全書。Taipei, Taiwan：文化部。http://taiwanpedia.culture.tw/.

16. 行政院文化部文化資產總管理處。2006。七美雙心石滬，文化資產個案導覽。http://www.boch.gov.tw/boch/frontsite/cultureassets/caseBasicInfoAction.do?method=doViewCaseBasicInfo&caseId=MD09701000034&version=1&assetsClassifyId=3.1&menuId=302.

17. 行政院海岸巡防署網站，檢視日期：2012年8月1-8日。

18. 行政院國家永續發展委員會網頁，檢視日期：2012年8月20日。

19. 行政院國家科學委員會。2012，海洋學門資料庫，Vol. 2012。

20. 行政院經濟建設委員會。國家氣候變遷調適政策綱領。臺北：行政院經濟建設委員會。2012。

21. 行政院農委會水產試驗所全球資訊網，水產知識淺說。基隆：行政院農委會水產試驗所。

22. 行政院農業委員會漁業署 www.fa.gov.tw

23. 行新聞局網站，92年10月即時新聞info.gio.gov.tw/ct.asp?xItem=24428&ctNode=4617。

24. 亞太經濟合作 Asia Pacific Economic Cooperation, APEC www.apec.org

25. 拆船業興衰。In 高雄市紅毛港國小（Ed.），戀戀紅毛港。高雄：高雄

市紅毛港國小。

26. 林茂賢。1995。臺灣民俗文化研究室網站。靜誼大學：中文系臺灣民俗研究室。http://web.pu.edu.tw/~folktw/prospectus.html.

27. 南太平洋漁業委員會 South Pacific Regional Fisheries Management Organisation

28. 南方黑鮪保育委員會 Commission for the Conservation of Southern Bluefin Tuna, CCSBT www.ccsbt.org

29. 洲仔濕地網站，檢視日期：2012年11月24日。

30. 美洲熱帶鮪類委員會 Inter-American Tropical Tuna Commission, IATTC www.iattc.org

31. 美國商業部海洋與大氣總署海洋漁業署 National Marine Fisheries Service, National Oceanic and Atmospheric Administration, United States Department of Commerce www.nmfs.noaa.gov

32. 美國國務院海洋及國際環境科學局海洋資源保育組 The Office of Marine Conservation (OMC), Bureau of Oceans and International Environmental and Scientific Affairs (OES), U.S. Department of State http://www.state.gov/e/oes/ocns/fish/index.htm

33. 音樂的家：西風。http://www2.ouk.edu.tw/wester/composer/.

34. 海上保安廳Japan Coast Guard，檢視日期：2012年12月27日。

35. 特色能源知識網：能源科技中心。

36. 國立海洋生物博物館。全民挑海鮮。http://seafood.nmmba.gov.tw/ExtendStudy-2.aspx.

37. 國立臺灣海洋大學。海洋能源特色知識網。http://meterec.ntou.edu.tw/.

38. 國家重要濕地保育計畫網站，檢視日期：2012年11月24日。

39. 國際自然保育聯盟International Union for Conservation of Nature and Natural Resources, IUCN www.iucn.org

40. 國際海事組織 International Maritime Organization, IMO www.imo.org

41. 國際勞工組織 International labor organization, ILO www.ilo.org

42. 造船產業發展與現況，產業透視。臺灣：工業總會服務網。

43. 智庫·百科MBAlib，海洋經濟。

44. 經濟合作發展組織 Organization For Economic Cooperation And Devel-

opment , OECD www.oecd.org

45. 維基百科，http://zh.wikipedia.org/wiki/Wikipedia.

46. 臺江國家公園網頁，檢視日期：2012年8月20日。

47. 臺灣月刊雙月電子報2007年8月號。Taiwan：臺灣省政府。http://subt-pg.tpg.gov.tw/web-life/taiwan/.

48. 臺灣海洋生態資訊學習網，屏東海洋生物博物館。

49. 臺灣國家公園網頁，檢視日期：2012年8月20日。

50. 趙滿。1012。古埃及的海洋強國夢。In 趙滿（Ed.），三海一核。中國：中國大學生在線。http://uzone.univs.cn/news2_2008_376076.html.

51. 歐盟海洋事務 http://ec.europa.eu/maritimeaffairs/index_en.htm

52. 歐盟漁業政策 http://ec.europa.eu/fisheries/index_en.htm

53. 聯合國 United Nations www.un.org

54. 聯合國教科文組織United Nations Educational, Scientific and Cultural Organization,UNESCO www.unesco.org

55. 聯合國環境規劃署 United Nations Environment Programme, UNEP www.unep.org

56. 聯合國糧農組織 FAO/Fisheries www.fao.org/fi

57. 瀕危野生動植物種國際貿易公約Convention on International Trade in Endangered Species of Wild Fauna and Flora, CITES www.cites.org

58. baike.baidu.com/view/44580.htm檢視日期：2012年12月27日。

59. Census of Marine Life. (2010).

60. http://n.yam.com/cna/society/200812/20081210466398.html「淨海掃蕩金門海巡查獲8艘撈過界福建漁船」（檢視日期2009年4月3日）。

61. http://news.sina.com.tw/article/20081002/912647.html（檢視日期2008年12月27日）。

62. http://tw.wrs.yahoo.com.，檢視日期：2008年12月2日。

63. http://udn.com/NEWS/SOCIETY/SOC7/4603739.shtml「永昇106號遭日扣押今繳錢返航」（檢視日期2009年4月6日）。

64. http://www.cga.gov.tw/ETL/WS_03.asp「海岸管制區」（檢視日期2010年1月25日）。

65. http://www.cga.gov.tw/north/sea_01_02_1.asp（檢視日期2009年4月7

日）。

66. http://www.ckjorc.org，檢視日期：2008年4月1日。

67. http://www.klhb.gov.tw/Html/H01/doc/H0107/H010708/0616s.pdf「蘇澳港」（檢視日期2010年3月24日）。

68. http://www.soa.gov.cn/hyjww/jggk/jsdw/2007/03/09/1173404107659881.htm

69. http://www.tlri.gov.tw/Info/News_Detail.asp?RID=5427「大陸走私鴨，驗出H5N1與越南極相似，農委會呼籲國人到大陸與東南亞若曾進入禽場，返國後七天內不要到禽場，避免將禽流感傳染給國內禽鳥。」（檢視日期2009年3月29日）。

70. http://www.un.org/zh/documents/view_doc.asp?symbol=A/64/66&referer=http://www.un.org/chines4.e/ga/64/docs/sgreport.shtml&Lang=E，檢視日期2009年7月9日

國家圖書館出版品預行編目資料

海洋事務概論／莊慶達,李健全,游乾賜,黃向
文,碧菡著. －－初版.－－臺北市：五南,
2013.09
　　面；　公分.
ISBN 978-957-11-7041-1 (平裝)
1.海洋政策　2.國際海洋法
579.14　　　　　　　　　　10200396

1L82

海洋事務概論

作　　　者 ― 莊慶達、李健全、游乾賜、黃向文、碧　菡

發 行 人 ― 楊榮川

總 編 輯 ― 王翠華

主　　編 ― 黃惠娟

責任編輯 ― 盧羿珊、李美貞

封面設計 ― 童安安

出 版 者 ― 五南圖書出版股份有限公司

地　　　址：106台北市大安區和平東路二段339號4樓

電　　　話：(02)2705-5066　　傳　　真：(02)2706-6100

網　　　址：http://www.wunan.com.tw

電子郵件：wunan@wunan.com.tw

劃撥帳號：19628053

戶　　　名：五南圖書出版股份有限公司

台中市駐區辦公室/台中市中區中山路6號

電　　　話：(04)2223-0891　　傳　　真：(04)2223-3549

高雄市駐區辦公室/高雄市新興區中山一路290號

電　　　話：(07)2358-702　　傳　　真：(07)2350-236

法律顧問　林勝安律師事務所　林勝安律師

出版日期　2013年9月初版一刷

定　　　價　新臺幣480元